日中和平工作秘史

繆《みょう》斌《ひん》工作は真実だった

太田 茂 著

芙蓉書房出版

はじめに

きっかけはゼロ戦特攻隊員の回想だった

沖縄戦も迫るなど戦局が極度に悪化していた一九四五年二月下旬のことだ。鹿児島県笠之原の海軍航空基地から、大舘和夫《おおだちかずお》らは、「三笠宮」が搭乗する一式陸上攻撃機を護衛して上海に渡った。当時一八歳、予科練出身のゼロ戦特攻隊員であった大舘氏らは、来るべき沖縄戦に向けて台湾からの特攻出撃に備えるため、国内でゼロ戦を調達して台湾に帰還しようとしていた。

ところが、帰還予定の前夜、大舘氏らの粗末な兵舎に突然、立派な軍服の高級武官が現れた。武官は、「じつは私は三笠宮殿下の侍従でして、宮様は明日、陸攻機で中国の上海に渡られるのですが、護衛の戦闘機が一機もついていないのです。宮様の身が案じられてなりません。あなたがたは台湾に帰ると聞きました。まことに申し訳ありませんが、上海まわりで台湾へ帰ってもらえないでしょうか」と丁寧に依頼した。大舘氏らはこれに応じた。「侍従」が何らかの手続きをし、台湾直帰の予定が変更され、大舘氏らは翌朝、「宮様」が乗る一式陸攻を護衛して上海の基地に送り届けた。大舘氏らのゼロ戦は、先に離陸して上空を旋回して待機した後、すぐ近くの鹿屋基地から離陸した一式陸攻を左右の編隊で護衛して飛行した。途中、大舘氏がゼロ戦を一式陸攻の近くに寄せた時、「宮様」は窓からにこやかな笑顔で手を振ってくれた。大舘氏らは、一式陸攻が無事着陸し、乗員数人が降りて建物に向かうところまで、上空を警戒しながら見届けた後、着陸した。氏らは、その後台湾に帰還し、沖縄戦開始と共に特攻作戦に従事した。氏は七回の特攻出撃をした。多くの戦友は特攻戦死したが、氏は遂に敵艦に遭遇せず、一九四五年八月一五日、最後の出撃直前、天皇陛下の玉音放送によって出撃が中止され、奇跡的に生還した。

戦後、氏は警視庁警察官となり、亡き戦友らへの鎮魂の思いに支えられ、名刑事として活躍し、また幼いころからの剣道修行を、九五歳の今日もなお続けている。

私と剣友の元読売新聞記者西嶋大美《にしじまひろよし》氏は、警視庁朝稽古会の最長老である大舘氏と剣道修行を通じた縁があった。氏は戦後七〇年近くの間、特攻隊員としての戦争体験を公にせず沈黙していた。しかし、氏は、ついに、それを、私たちの執筆によって公刊することを決心してくれた。私たちは、氏から、三年をかけて二〇数回、延べ七〇時間以上の聴き取りを行い、『ゼロ戦特攻隊から刑事へ』（芙蓉書房出版、二〇一六年刊、二〇二一年八月に増補新版刊）という氏の生涯記を出版した。その英訳版『Memoirs of a Kamikaze』(TUTTLE Publishing) は二〇二〇年八月に出版された。

「三笠宮上海護衛飛行」の話は、同書の執筆過程で、氏から聞き出したものだ。

私たちは、大舘氏の記憶の裏付け作業を開始した当初、皇族に関するこのような重要な事実は、当然なんらかの記録に残っており、容易に確認できるだろうと期待していた。ところが、当たれる限りの文献・資料を探ったが、その片鱗すら見当たらない。

しかし、様々な資料を総合して、私たちは、この事実は真実だとの確信に達し、同書に「『三笠宮』上海行護衛飛行」という付記として掲載した。増補新訂版では、その後の研究結果も記載した。

秘められた日中和平工作史の一端か？

当初、大舘氏の記憶の信頼性の確保という視点から調査を進めていた私は、このエピソードの真実性の確認は、日中和平工作史の研究の観点から、少なからぬ意味を持つのではないかと考えるようになった。

もし三笠宮の上海渡航が真実であったのなら、それは、戦局悪化の下で、密かに重慶との和平交渉の糸口を探るためであったのではなかろうか？

八年間に及ぶ日中・太平洋戦争の過程において、日中、更には米英等連合国との間での和平工作は様々な段階、ルートにより試みられた。日中戦争初期のトラウトマン工作は、南京攻略の戦果に舞い上がった国民世論を受けて政府が和平条件を苛酷に吊り上げたため失敗した。一九三八年一月一六日の近衛文麿総理による「国民政府を対手とせず」の第一次近衛声明は、蔣介石の重慶政府との和平の可能性を閉ざしてしまった。第一次近衛声明の失敗を痛感した近衛文麿が宇垣一成を外相に登用して取り組ませた重慶との和平工作も、宇垣の辞任により挫折した。重慶政府を相手として、陸軍の今井武夫らが試みた桐工作も、第二次近衛内閣の外相となった松岡洋右や西義顕らが取り組んだ銭永銘工作も失敗した。他方、陸軍の影佐禎昭らは、蔣介石はもはや和平の相手となり得ないとして、日中和平のモデルとなる中央政府の樹立を目指して汪兆銘工作に取り組んだ。しかし、一九四〇年三月に南京で樹立された汪兆銘の南京国民政府は、日本の各界の強欲な権益要求合戦によって傀儡化されたため、和平の実現には無力なものとなってしまった。これらの和平工作は、関係者の懸命な努力にもかかわらず、日中の双方が拳を振り上げ、戦火が広がる過程の中で、客観的には実現の可能性が乏しかったというべきだろう。

和平の可能性が生まれた戦争末期の和平工作

日中の和平工作が再び試みられ、実現の可能性が生まれてきたのは、戦局が決定的に悪化し、一九四四年七月に東條英機首相が退陣に追い込まれたころからのことだった。軍部や政府の内部でも、敗戦は必至であり、国体が破壊され国土が灰燼に帰すことを防ぐには中国を始めとする連合国との和平しかないという考え方が暗黙のうちに共有されるようになった。そのため、かつて戦勝が続いた当時に吊り上げた和平条件は、現実を見据えて大幅に譲歩するものとなった。しかし、強硬派の徹底抗戦論がなお強い状況の下で、和平を公然と口にすることは許されず、和平工作の多くは密かに水面下で行われるしかなかった。最高戦争指導会議では、重慶政府の蔣介石との和平工作は南京の国民政府を通してのみ行うべきものとされた。その他のルート、特に民間人が試みる和平工作を軍部や政府は許さず、弾圧、妨害した。しかし、蔣介石は、数々の煮え湯を呑まされてきた日本軍部や政府、ましてや傀儡政権である南京の国民政府を全く信用していなかった。そのため、これらの窓口は相手にせず、密かに、心ある人々の天皇に通じ得るルートでの和平交渉を模索していた。

　そのような水面下の和平工作には様々なものがあった。重慶との和平工作は、いわゆる和平ブローカーによる怪しげなものも含めて玉石混交であり、数十に及ぶとの指摘もある。しかし、その中には、有力な立場の者による真剣なものがあった。主なものに、近衛文麿が関与した工作が挙げられる。日中戦争を泥沼化させたことに深く責任を感じていた近衛は、戦局が極めて悪化した一九四四（昭和一九）年秋ころから、陸軍の妨害を受けながらも、実弟の水谷川《みやがわ》忠麿《ただまろ》男爵らを通じた何世楨工作を試みていた。それが陸軍の妨害で挫折した後も、一九四五年春から、ブレーンだった中山優を通じるルートで重慶との和平工作に取り組んでいた。

　重慶との和平交渉の中で、内閣が直接に取り組んで失敗に帰した繆斌《みょうひん》工作は著名だ。これは、蔣介石から指示を受けたという繆斌が、一九四五（昭和二〇）年三月、日本との和平提案を持参して来日し、時の小磯國昭総理と緒方竹虎情報局総裁がこれを強く推進しようとしたものだ。これが成功していれば、ヒロシマも、ナガサキも、ソ連の満州や北方領土への侵略もなく、一九四五年五、六月ころには戦争は終結していただろう。東久邇宮や石原莞爾もこれを支援し、期待した。しかし、重光葵外相や木戸幸一内相の強い反対、また米内光政海相や杉山元陸相らの非協力、最後は天皇が小磯総理に中止の引導を渡したことでこの工作は水泡に帰した。

このほかにも、一九三九年に遡るが、陸軍の小野寺信中佐が、参謀本部ロシア課から派遣されて蔣介石との直接和平交渉を試みたこともあった。近衛文麿の長男文隆も加わっていた。繆斌工作や何世禎工作が進められていたころ、これらと時期をほぼ同じくして、陸軍の安江《やすえ》仙弘《のりひろ》大佐による重慶との和平工作もあった。安江は、かつて一九三八年、大連の特務機関長であった当時、ヒトラーの迫害を逃れるためシベリアから満州に入ろうとしたユダヤ人難民を救い、支援に大きな貢献をしていた。それは上海ユダヤ人社会との関係が深かった蔣介石ら国民党政府の要人によく知られていた。支那派遣軍総司令部の今井武夫も、桐工作の失敗後も重慶との和平工作を模索していた。中国通の野人吉田《よしだ》東祐《とうすけ》による和平工作もあった。

日中和平工作史の鍵は蔣介石の和平の意思の有無にあった

トラウトマン工作を始め、桐工作や銭永銘工作など戦争初期の段階の日中の和平工作については多くの研究がある。しかし、戦争末期の水面下の様々なルートでの日中和平工作についての研究はそれほど深くはなされてはいない。当時、蔣介石に和平の意思があったことを否定し、謀略に過ぎなかったと見る向きも強い。特に、繆斌工作は、当時も、現在も、それが蔣介石の和平の真意に基づいていた否かについて評価が分かれ、真実性を否定する見方の方が強いようだ。

その主な原因は、戦争末期においては、蔣介石の重慶政府は、軍事的支援を受けて連合国に組み込まれており、カイロ宣言で中国の主権と領土の回復が保障されていた上、日本の敗北は時間の問題であったため、いまさら日本との和平工作を行おうとする動機はないとの見方が強いことにあった。

戦争末期のこれらの日中和平工作に実現の可能性があった否かの鍵は、まず、当時、蔣介石に日本との和平を求める動機があったか否か、ということだ。また、蔣介石のみならず、アメリカを始めとする連合国にも、無条件降伏の要求を緩和して日本との早期和平を受け入れる可能性があったか否かも重要だ。

私は、二〇一六年以来、研究を進めてきて、戦争末期の繆斌工作を始めとするこれらの日中の水面下の和平交渉こそが、日本と中国、更には米英など連合国との早期講和の実現につながる可能性が最も高かったとの確信を深めている。

ヨーロッパを舞台とするアメリカとの和平工作

戦争の末期において、英米との直接和平の糸口を探るために、ヨーロッパを舞台としていくつかの工作が試みられた。スウェーデンを舞台とした小野寺信陸軍中佐による和平工作や、元駐日公使バッゲを通じた工作があった。また、スイスを舞台として、岡本清福《おかもときよとみ》陸軍中将、加瀬俊一《かせしゅんいち》公使やバーゼルの国際決済銀行の北村孝治郎理事、吉村侃《よしむらかん》為替部長らによる和平工作と、海軍の藤村義朗中佐による和平工作があった。バチカン国務省に勤務しているローマカトリックのヴァニヨッツイ司教らを通じた和平工作もあった。これらはいずれも、アレン・ダレスを始めとしたアメリカのＯＳＳ（戦略情報局）がアメリカ側で工作を担っていた。しかし、日本政府と陸海軍の中央は、客観的には全く実現可能性がなかったソ連を仲介者とする和平工作のみを進めるという愚を犯したため、これらのスウェーデンやスイス、バチカンルートの工作をすべて握りつぶしてしまった。日中の和平工作が実現するためには、アメリカを始めとする連合国に、日本の早期降伏を促すため日中の和平をも受け入れる余地があったか否かということも重要な鍵である。そのため、これらのヨーロッパを舞台とする和平工作も、並行して進められていた日中の和平工作の実現可能性という視点で重要な意味をもつこととなる。

情況証拠による事実認定

私は、歴史研究の分野では「専門家」ではない。戦史の権威である保阪正康氏が数千人の関係者に直接当たって取材を重ねたようなことは到底なく、また、蔣介石研究の権威である鹿錫俊教授（大東文化大学）が、中国や台湾で保存されている膨大な第一次資料、更にはフーバー研究所保管の蔣介石日記を数年にわたって克明に研究されたような専門的研究者としての経験や素養は持ち合わせていない。私の研究の方法は、末尾に掲げた約四〇〇冊の参考文献など、入手し得る限りの戦史や和平工作についての文献資料を虚心に検討する作業を続けるものだった。インテリジェンスの研究では、世界各国の情報機関が集める情報の約八〜九割は、新聞や雑誌、インターネットなどから得られる公開情報を丹念に収集分析によって得られると言われ、これはオシント（オープン・ソース・インテリジェンス）と呼ばれる。私の研究方法も、基本的にこれに類するものである*1。

*1 人と接触して情報を聞き出すインテリジェンスをヒューミントと言い、通信傍受や暗号解読などによるインテリジェンスをシギントという。

他方、私は、三四年間にわたる検事としての犯罪捜査・公判の経験を通じて、「情況証拠による事実認定」の手法を身に付けて来た。犯罪捜査・公判も、歴史研究も、過去に起こった事件や出来事について、その背景や動機、事件等の具体的情況、その結末などについて、様々な証拠により真実を探求し、解明していくことでは共通する。一般的な歴史事象の場合は、公的・私的な記録が残されることが多く、また生存する関係者から直接話を聞けることもある。しかし、犯罪の場合、被告人が罪を認めることもあるが、被告人が完全に黙秘し、あるいは頑強に罪を否認する場合も少なくない。犯人は自分の犯罪を記録に残すようなことはしないばかりか、その発覚を逃れるために様々な隠蔽《いんぺい》工作を行うことすら珍しくない。このように、犯罪の場合は、一般的な歴史事情とは異なって、それを立証する直接的な証拠がないか、乏しい場合が少なくない。

そのようなとき、検事としては、様々な間接証拠の積み重ねによる「情況証拠による事実認定」によって犯罪を解明し、起訴し、公判で有罪を求めていくこととなる*2。刑事の裁判は、被告人に死刑を含む重い刑罰を与えるものであり、被告人が公判で争う場合には、緻密な立証によって、合理的な疑いを容れる余地のない事実認定を求めていく必要がある。

*2 刑事事件における情況証拠による事実認定の詳細と具体例については、拙著『実践刑事証拠法』(成文堂、二〇一七年)と『応用刑事訴訟法』(成文堂、二〇一七年)。

情況証拠による事実認定は、いわばジグソーパズルを組み立てるようなものだ。パズルの一片を見てもそれだけでは全く絵が見えてこない。しかし、多数のパズル片を、置くべき場所に置いて組み立てていけば全体の絵が見事に浮かび上がってくる。公刊された多数の参考文献・資料に現れる、大小さまざまな過去の出来事、人の言動や回想、著者の指摘や見解などはそれぞれがジグソーパズルの一片だ。これらの極めて多数のパズルの片を集め、それを整理して組み立てることで、大きな歴史的事実が浮かび上がってくる。本書における私の事実の認定や推論、それを踏まえた歴史的評価は、このような情況証拠による事実認定の基礎を踏まえたものだ。

本書の主なテーマである繆斌工作の真実性について、そのジグソーパズルの一片を示そう。繆斌工作を進めた元朝日新聞記者の田村眞作は、繆斌の次の言葉を回想している。

「繆さんは意味深い笑いを浮かべながら私に言っていた。『満州と華北はなかなか複雑です。重慶側からは今度はあべこべに日本軍にもう少しいてくださいと頼むようになりますよ』」

この繆斌のなにげない言葉は、当時の蔣介石の和平の意思の有無、繆斌工作の真実性を立証するためのジグソーパズルの重要な一片である。

情況証拠による事実認定において、もう一つ大切なことは、積極事実のみならず、反対事実、消極証拠にもくまなく目を配ることだ。ある仮説ないし推論を立て、それを裏付ける積極事実や証拠だけを並べれば、一見、明快で切れ味の良い論述となる。しかし物事はそう単純ではなく、ある仮説ないし推論には、多くの場合、それを否定する方向での事実や証拠があるものだ。刑事や検事が、被疑者が犯人だと思い込んで、それを裏付ける積極事実と証拠の収集にばかり目が行き、被疑者の弁解に虚心に耳を傾けず、有罪と決めつけて起訴したところ、公判で弁護人側から、被疑者の無実を示す新たな証拠が提出されて、無罪となり、捜査官として苦渋の反省を迫られることもある。本書においても、私は、日中和平工作史を論ずるに当たって、私の仮説や推論について、常にこのような視点に基づき、反芻しながら検討したものである。それが的を得ているかどうかは読者の批判を待ちたい。

本書の執筆方針

本書の読者層は、戦史や和平工作史について予備知識が少ない一般読者の方々と、専門的知見の豊富な読者の双方を対象としている。本書で検討した約四〇〇冊の文献資料には、一般読者には入手や閲覧が容易でないものも多数ある。そのため、戦史や和平工作史について予備知識が少ない読者も、本書だけで自己完結的に基本的な理解ができるよう、ポイントとなる点については、できる限りそれらの文献資料の該当部分を具体的に引用した。

本文記載の根拠となる参考文献については、大きなまとまりの部分は冒頭に主な参考文献を列挙し、本文中の個別の記載部分の根拠となる参考文献については、当該部分の冒頭ないし末尾に参考文献と頁を表示した。

「 」で示す部分は、原文献の引用であるが、中略箇所は……で示した。引用部分が長文にわたる場合には、「要旨」として適宜要約して引用した。引用部分には、読みやすさのために一部現代文の表記に改め、内容的に問題がない限り、表現を多少要約した部分もある。引用部分の、現代語でない漢字や仮名遣いについて「ママ」は省略した。

脚注は、参照がしやすいよう、当該項目ごとに記載した。脚注によるまでもなく簡単な補充で足りる点については、当該文中に（※……）と挿入した。

参考文献は一括して末尾に掲載し、本文中に出典を簡潔に記載した。参考文献は、約四〇〇冊に及び、膨大であるため、「A　日中戦争・太平洋戦争関連」「B　和平工作史関連（近衛文麿が関与したもの以外）」「C　近衛文麿関連」「D　陸軍関連」「E　海軍関連」「F　天皇・皇室関連」「G　外交官関連」「H　アメリカその他国際関連」「I　蔣介石・中国関連」「J　その他（全般）」の10グループに大別し、各グループ内で整理番号を付した。これらは相互に関連するものが多いが、読者が参考文献の検索がしやすいようにするために主要なテーマや内容に応じた大まかな整理による。本文中の具体的引用個所には、原則として文献名と著者名、及びこれらのグループ表示と整理番号のみを記載した。出版社名と出版年については参考文献一覧に記載した。

年号については、原則的に西暦で表示した。「支那」「満州国」の国名や、今日用いられていない用語についても、参考文献記載の用語をそのまま用いた。

文中の敬称や敬語は、皇室関係も含めて、原則的に省略した。

なお、本書と同時に、私は『新考・近衛文麿論——「悲劇の宰相、最後の公家」の戦争責任と和平工作』を上梓した（芙蓉書房出版）。日中戦争の拡大を防げなかった近衛はそれを深く悔い、中国やアメリカに対して様々な和平工作に取り組んだ。両書で論じた数々の和平工作がいずれも失敗に帰した主な原因は、いずれも軍中央や政府のインテリジェンスの貧困にあった。両書は、独立のものではあるが、和平工作に関しては実質的に上・下巻的なものである。読者の関心に応じて、本書と併せ読んで頂ければ幸いである。

目　次

第**1**章

和平工作の諸相

やまほどあった和平工作

盧溝橋事件の勃発、日中戦争の拡大、泥沼化から日米開戦、当初の華々しい戦果から戦局の急激な悪化、敗戦が必至となり、ポツダム宣言受諾に至る戦争の過程において、日中、そして英米等連合国との和平を求める工作は、様々な段階、ルート、当事者によって行われた。

日中戦争当初の和平工作は中国のみを相手としていた。しかし、日米が開戦して日本が連合国と戦うことになってからは、中国のみを相手とする和平は極めて難しくなった。中国との和平は、それが連合国との和平につながるものでなければならなくなったのだ。

日中の和平工作には、本格的なものから和平ブローカーによる眉唾ものも含めて数十以上あったという。それらは、的確に進められれば和平実現の可能性があったもの、関係者は真剣に努力したが客観的には実現可能性が全く或いはほとんどなかったもの、和平を求めるふりをした「謀略」に過ぎなかったものなど様々だ。ここでいう「謀略」とは、和平を求める意思はないのに、そのふりをして相手方の状況を探ったり、相手方からの厳しい攻撃の矛先をかわすことを狙うものだ。他方、真の和平工作でも、最初から外交ルートには乗せられないため「謀略」から始まるものもある。「謀略」には二つの意味があることが重要だ。「謀略」という語がもつネガティブなニュアンスに引きずられて両者の違いを曖昧にしてはいけない。

本書の立場は、日中の和平工作は、日本の敗戦が必至となってきた一九四四年秋ころから敗戦直前までに行われた、重慶の蔣介石を直接の相手とする和平工作こそが最も実現可能性が高かったというものだ。主なものが、繆斌工作と、何世禎工作など近衛文麿らにより水面下で行われた幾つかの工作だった。この推論が正しいかどうかは、読者の批判を仰ぎたいが、その論証のために、まずは日中戦争開始から終戦までの間に行なわれた様々な主な和平工作の諸相を概観する。そのことが繆斌工作など戦争末期の和平工作の真実性と実現可能性を検討するための前提となる。繆斌工作については第4章で詳しく論じることとし、本章では簡潔にその流れを指摘するにとどめる*1。

＊1　近衛文麿がかかわった和平工作については、本書と同時刊行した『新考・近衛文麿論』で詳述する。

以下の様々な工作のうち、第1の1～7の船津工作から銭永銘工作までは、一九三七年七月の盧溝橋事件勃発後、日中戦争が拡大して泥沼化し、一九四〇年一一月三〇日に日本が汪兆銘の南京政府を承認するまでの間に行われたものだ。しかし、これらの工作は、関係者の努力にもかかわらず、客観的には、根本的な和平実現の可能性は乏しかったであろう。日本が戦勝気分に乗って侵略を進め、蔣介石と共産党が合作して徹底抗戦し、熱い湯がたぎるような状態では、本格的な和平実現のために双方が歩み寄れるような状況にはなかったからだ。

第2の1から5までの何世楨工作などの対重慶和平工作と、第3の1から6までのスウェーデンやスイス、バチカンを舞台とする各工作は、戦局が極度に悪化し、敗戦が間近に迫る中で進められた。海軍は壊滅状態となり、強硬姿勢を通して来た陸軍ですら敗戦は必至で和平を考えるしかないとの考え方が暗黙に共有されるようになってから行われた工作だ。したがって、的確に進められれば工作が成功し、和平が実現する可能性はあった。しかし、結局これらの工作は実らなかった。それは、蒋介石が置かれた状況やスターリン・ソ連に対する認識の欠如や誤りなど、軍部や政府中央のインテリジェンスの絶望的なお粗末さ、和平工作の組織権限や主導権争いなどに原因があった。第１の各工作が客観的には実現可能性が乏しかったことと比べれば、第２、第３の各工作が実らなかったのは、いわば人災だった。

和平工作の路線の乱れは、蔣介石への評価の対立に原因があった

一九三八年一月一六日の「国民政府を対手とせず」の第一次近衛声明は、日中戦争を泥沼化させた。その後の和平工作は、蔣介石を相手とすべきか否か、相手とするのなら、そのルートをどうするか（重慶との直接交渉か、南京の汪兆銘政府を介するか）などをめぐって錯綜しながら進んでいった。

蔣介石に対する日本の軍部や政治家などの考え方は古くから二つに分かれていた。一つは、孫文直系の蔣介石こそが中国統一と近代化のリーダーであり、その国家統一運動を支援し、国民党によって統一された中国と日本が連携していくべきだという考えだった。もう一つは、蔣介石の国家統一運動を否定し、蔣介石を失脚・下野させるか、せいぜい華中華南の地方政権にとどめ、中国は各地の地方政権で分治されるのがよいとの考え方だった。特に蔣介石が華北のみならず満州も含めて国家統一運動を進めることは断乎阻止しようとしていた。盧溝橋事件に端を発する拡大派と不拡大派の対立の背景には、このような蔣介石に対する考え方の違いがあった。関東軍が進めた内蒙古の自治政府樹立工作や、北支軍の特務部が進めた冀東防共自治政府、中華民国臨時政府の樹立工作は、蔣介石の国家統一運動に対する強力な反対・妨害活動だった。

盧溝橋事件勃発の後、陸軍では次第に拡大派が主導権を握った。蔣介石が抗日のために剿共作戦を停止

して共産党と合作したことは、拡大派の反蔣介石論にますます勢いをつけた。拡大派にとっては、蔣介石は絶対に許せない存在となったのだ。しかし、蔣介石に対する一撃屈伏論は、予想を超えた抗戦に遭って見込みを失った。そのため、蔣介石が屈服しないのなら、それを対手とせず、新たな親日政権を作るべきだとの考え方が拡大、加速した。

陸軍は、北支那派遣軍の特務機関の工作によって、一九三七年一二月一四日、王克敏を行政委員会委員長に担いで北平に中華民国臨時政府を樹立させた。一九三八年一月一六日の「国民政府を対手とせず」という第一次近衛声明は、近衛自身が積極的に旗を振ったというよりも、蔣介石による国家統一を否定・妨害し、他の中央あるいは地方の親日政権樹立を画策する陸軍を中心とした勢力が背後で後押ししたものだった。同年三月二八日には、中支那派遣軍の工作によって、梁鴻志を行政院院長に担いで南京に中華民国維新政府が樹立された*2。

*2 拙著『新考・近衛文麿論』(六八頁〜)参照。なお、これらの政府については関智英『対日協力者の政治構想』(I-31)、広中一成『傀儡政権　日中戦争、対日協力政権史』(I-32)が詳しい。

やはり和平の相手は蔣介石しかいない、との考え方が強くなった

「蔣介石は一撃で屈服する」との安易な暴支膺懲論は馬脚を現し、破綻した。それを端的に示すのが、盧溝橋事件勃発当時、参謀本部作戦課長として拡大派の中心だった武藤章の蔣介石・中国に対する認識の変化だった。武藤は、日中戦争拡大後の一九三七年一〇月、参謀本部から中支那方面軍司令部の参謀副長として派遣され、南京侵攻作戦にも従事した。しかし、一九三八年四月からの徐州作戦や一〇月の武漢三鎮攻略戦などでも中国軍の捕捉殲滅に失敗し、事変はますます泥沼化した。武藤は同年七月、北支那方面軍参謀副長として北京に転任し、北支の作戦指導に当たった。その間、武藤は、北支での日本人の無教養、

傲慢、強欲なふるまいを強く嫌悪し、「日本軍隊をも含めて日本人全部が真に反省し、真の日本人たる面目を発揮しなければ日支の融和即ち日支親善は不可能だと思った」と述懐した。また、武藤は「中支北支において二年間で見た支那人が、如何に抗日排日に一色に塗りつぶされていたかは一驚に値した」とし、「その思想は学校教育や新生活運動の賚《たまもの》であろう。……私は蔣介石を中心とする国府政府や延安共産政府の政治の力であると思う」と観察した。そして、ある時、「支那通」を自認する外交官と会談したとき、武藤は「蔣介石は今や支那民族の敬畏の中心であり、最大の英雄となっている。日本の対支政策は蔣介石を相手にせねば駄目だ。昭和一三年一月の国民政府を相手にせずとの声明は取り消すべきだ、北支の臨時政府や中支の維新政府は解消すべきものだ」と主張したという。武藤は事変の解決困難を認識するようになり、ある時「やっぱり石原さんの云った通りだった」と部下に述懐したという。また、武藤に長く仕えて心服していた石井秋穂も、一九三九年の二月か三月ころ、武藤が「どうだろうかね。いくらやってもダメというのなら国としても考え直さなければなるまいがのう」と漏らし、その後もしばしばそのような発言をしていたという（上法快男編『軍務局長武藤章回想録』（D－9）八八頁～、一〇〇頁～、保阪正康『陸軍良識派の研究』（D－37）三二頁）。

陸軍のかつての拡大派の巨頭でさえ、このように認識が変化した。拡大派にとって、蔣介石の予想外の強い抗日は「こんなはずではなかった」という気持だっただろう。こうして、日中戦争の解決のためには重慶の蔣介石を相手として交渉すべきだとの考えが、有力な政治家のみならず陸軍内でも次第に強まっていった。

中華民国臨時政府、中華民国維新政府、さらには汪兆銘政権が樹立されても、その傀儡性は明らかで、蔣介石に真に対抗できる政府となり得ないことは次第に明らかになった。そのため、和平工作は、蔣介石を対手とせざるを得なくなったことの認識の広まりを背景に、その具体的推進方策の違いをめぐって錯綜しながら進められることとなった。

しかし、日米の開戦によって蔣介石の国民政府が連合国に加わり、米英の支援を受けてますます抗日を強化するに至って、蔣介石との和平交渉は絶望的となった。

日本は、援蔣ルートの遮断のための南方作戦を進めたが効果は上がらず、一九四三年一一月のカイロ宣言は、中国に、日本に侵略されて失った領土と権益の回復を保障した。そのため、日本の軍部や政府の関係者の間では、ますます蔣介石の重慶政府との単独・直接和平交渉は困難だとの見方が広まった。しかし戦局の重大な悪化につれて、来るべき日米の本土決戦に備えて中国との戦争をなんとかして収めたいという考えも軍部政府の間で強くなり、一九四四年後半頃から、重慶との和平を求める動きも始まった。重慶政府は「屈服」させる対象から再び「和平」の対象となったのだ。しかしそのチャンネルとして、南京政府を通しての交渉に固執する考えと、南京政府を介さず重慶と直接の交渉を図る考えがあった。政府や陸軍中央の方針は前者であり、対重慶工作としては腰が引けた中途半端なものだった。海軍は対重慶工作には全く期待していなかった。それは、カイロ宣言で中国の領土・主権回復の保障を受けた蔣介石が日本との和平交渉に応じることは考えられないという思い込みと、当時の軍部や政府が全く見当違いのソ連や延安の共産党を志向する和平工作に傾いていた最大の誤りに起因していた。それが、本書の主題である繆斌工作や近衛を和平の要路とする水面下の対重慶和平交渉をことごとく潰すこととなった。

蔣介石は、少なくとも一九四四年後半からは、密かに、南京政府や日本の陸軍組織を通さず、天皇に通じる水面下のルートによる和平工作を真剣に考えていたと思われる。それをくみ取ることができなかった当時の軍部や為政者にはインテリジェンスの最大の欠陥があった。それを明らかにすることが本書の主題の一つであり、次章で詳述する。

第1　船津工作から銭永銘工作まで――客観的には実現の可能性は乏しかった

1　船津工作――川越大使の不適切対応と大山事件の勃発で水泡に

主に、石射猪太郎『外交官の一生』(G-10)(二七四頁〜)によると、外務省の石射猪太郎東亜局長は、盧溝橋事件発生以来、不拡大のために奔走していた。七月二五日から二六日にかけての廊坊事件、広安門事件を引き金に支那駐屯軍が北平と天津を攻撃し、占領した。数日後の三一日、陸軍省の柴山兼四郎軍務課長*3が石射を訪ね、停戦交渉策の相談をした。石射が広田外相から聞いたところでは、二九日の夜、天皇が近衛首相に、もうこの辺で外交交渉により問題を解決してはどうかとのお言葉があり、それが陸軍に伝えられたためであったという。石射は、柴山とは二〇数年の交遊があり信頼できる知己だった。石射は、柴山課長と海軍の保科善四郎軍務一課長と会談し、石射の腹案を基に停戦案と全面的な国交調整案をまとめ上げた。停戦案は①塘沽協定など華北での従来の軍事協定の一切を解消、②特定範囲の非武装地帯の設置、③冀察冀東両政府を解消して国民政府において任意行政を行う、④日本駐屯軍の兵力を事変前に還元する、というものだった。国交調整案は、①中国は満州を承認するか、あるいは今後問題とせずという隠約をする、②中日間の防共協定、③日本機の自由飛行を廃止、④両国間の経済連絡貿易の増進、などだった。これらは、従来のいきがかりを捨てた大胆かつ柔軟な譲歩案だった。公になれば陸軍の強硬派の反対も予想されたが、三省の事務当局間でまとまり、陸海外の三大臣会議で確定され、上海総領事に七日の未明に訓令が発電された。

この交渉で工夫されたのは、このような極めて重要かつ機微にわたる交渉案をストレートに外交ルートで提示することにせず、まず在華紡績同業会理事長の船津辰一郎を上海に派遣し、船津が仄聞した日本政府の意向だとして、国民政府の高宗武亜洲司長に提示し、その受諾の可能性を見極めたうえで、外交交渉の糸口を開くという方針であり、これも訓令に明示されていた。船津は元外交官で中国と長年の交流があり、多くの知己をもっていた。

＊3 柴山は陸士二四期、陸大三四期。陸軍では良識派の一人で、盧溝橋事件当時は陸軍省軍務局軍務課長で、不拡大に努力した。後に南京政府の最高軍事顧問、陸軍次官を務めた。柴山は日中の和平に様々な努力をしていたが、対重慶和平工作については南京政府を通じる方針にこだわり、繆斌工作を妨害した。

ところが、船津が上海に渡り、八月九日に高宗武との会談を行う段取りが整ったところに、前日上海に帰還した川越大使が、船津の使命を聞くや、高司長には俺が会って話すから、と言い出した。岡本総領事は、外務省の出先はこの会見にタッチするなとの大臣訓令が出ていることを言いたてて反対したが、川越大使は聴き入れなかった。

わざわざ上海に渡った船津は梯子を外されてしまった。しかも、川越大使と高司長との会談では、川越大使は日本側に寛容な態度の持ち合わせがあるということは伝えたが、停戦案や国交調整案の具体的内容は十分に高司長に伝えなかったという。石射は当時の日記に「川越大使、高宗武氏と会見、打診したのはよいけれども、船津を阻止して高との話をハグラカして了ったのは、まことに遺憾だ」と書いた。

のみならず、八月九日に発生した大山事件による戦局の急激な悪化により、この交渉は水泡に帰した。

船津工作で用意された停戦と国交調整の交渉案は、当時としては極めて大胆、寛容なものだった。そのため、もしこれが陸軍の強硬派、拡大派の知るところとなった場合、その実現が最終的に可能であったかは、疑問であろう。

2　トラウトマン工作――南京攻略で驕った日本の和平条件の吊り上げが蔣介石の退路を断った

以下は主に戸部良一『ピース・フィーラー』(B-2)(六七頁~)、石射猪太郎『外交官の一生』(G-10)(二八五頁~)などによる。

日本軍は上海攻略に成功はしたが、予想外の中国軍の反撃により多数の戦死傷者を出し、長期戦の様相となった。そのため、日本政府は第三国の斡旋によって事変を収拾する方策を考え始めた。一九三七年九月からは、イギリスのクレーギー駐日大使が広田外相に仲介の可能性を打診した。広田は、華北の非武装地帯の設定、排日取締りと防共協力を条件とする華北政権の解消と国民政府の行政の容認、満州国は不問とすることなどの条件を示し、これらの条件は蔣介石に伝えられた。しかし、当時蔣介石は、一〇月に予定された九か国条約関係国会議(ブリュッセル会議)での国際的な後押しの期待もあり、それらの条件受諾には否定的だった。

既にかなり前から、参謀本部の河辺虎四郎戦争指導課長は、多田駿参謀次長や石原莞爾作戦部長の指示によって、ドイツによる和平仲介の可能性をベルリンの大島浩武官に打診していた。参謀本部第二部の馬奈木敬信中佐は、石原の指示によって、ドイツを仲介とする和平の糸口を探っていた。馬奈木は駐華ドイツ大使のトラウトマンと友人であったことから、一〇月に入り、トラウトマン工作が開始された。不拡大方針が敗れて九月に関東軍に転出していた石原莞爾も後押しした。日本政府と軍部の首脳は、基本的に船津工作案の範囲内での和平交渉を行う方針を合意した。一〇月二七日、広田外相からドイツのディルクセン駐日大使に対して、ドイツを介した和平の斡旋が依頼された。一〇月二九日、トラウトマン大使が国民政府の陳介外交部次長と会見してドイツが仲介者となる用意がある旨伝達した。

一一月二日、広田からディルクセン駐日大使に日本の和平条件が伝えられ、五日、トラウトマン大使から王寵恵外交部長を通じ、蔣介石に伝えられた。それは内蒙自治政府の樹立や、華北や上海に非武装地帯の設定などを含んでいたが、「和平が成立するときは華北の全行政権は南京政府に委ねられる（長官には親日的人物を希望）」とするもので、満州国の承認や賠償条項は含まれていなかった。しかし、蔣介石は、日本側の要求を受諾すれば中国政府は世論によって押しつぶされるとし、すべて事変前の状態に戻すのでなければ和平には応じられないとした。蔣介石は、ブリュッセル会議でなんらかの対日制裁決議がなされることも期待していたこともあった。こうしてこの工作は一時中断を余儀なくされた。

しかし、更に日本軍の侵攻と中国軍の壊走が続き、南京陥落が目前に迫ったことや、ブリュッセル会議での中国への後押しが期待できなくなったため、一二月に入ると蔣介石は、日本の和平条件受諾を考えるようになった。蔣介石は国民政府と軍の首脳を集めて論議したが、和平条件に「華北の全行政権は南京政府に委ねる」との記載があることなどから、受諾賛成の意見が多数を占めた。蔣介石はこれを踏まえて、一二月二日、トラウトマンに日本政府提示の条件を基礎とした交渉開始の用意があることを伝えた。

ところが、戦局は一気に南京攻略、一二月一三日の占領へと進み、日本では提灯行列などの国民的喝采の状況に至った。これが、日本政府の和平交渉への態度を一変させ、講和条件の吊り上げ論が浮上した。一二月一四日の大本営政府連絡会議では、広田外相がドイツ側に示したものと大筋で同じ和平案が出され、石射が説明したが、杉山陸相、末次内相らから強硬な反対意見が出された。末次内相は「こんな条件では世論が納得するだろうか」との懸念を発言した。近衛は終始沈黙したままだった。盧溝橋事件以来、上海戦や南京攻略戦での多大の戦死傷者が発生したことも一気に和平条件を吊り上げ、会議の結論は中国側が到底受け入れられない苛酷なものとなった。一二月二一日に閣議決定された新和平条件では、当初の条件に含まれていなかった「満州国の承認」「非武装地帯の拡大（華北、内蒙、華中）」「内蒙自治政府及び華北特殊政治機構の承認」「保障駐兵」などがあり、とくに賠償については直接賠償に止まらず戦費賠償にもわたるものだった＊4。

＊4　石射猪太郎は、閣議の席で「かくのごとく条件が加重されるのであれば、中国側は到底和平に応じないであろう」と発言したが無視され、その日の日記に「こうなれば案文などどうでもよし。日本は行く処まで行って、行き詰らなければ駄目と見切りをつける」と書いた（石射猪太郎『外交官の一生』（G-10）二九四頁）。

苛酷化された交渉条件は、一二月二二日、広田からディルクセン大使に伝えられた。ディルクセンは、一読して、こういう厳しい条件では交渉はまとまるまい、と失望した。新条件を伝えられた蔣介石は「日本側の条件は、我が国を征服して滅亡させるためのものだ。屈服して滅びるよりは戦って滅びた方がよい。……断乎として拒絶せよ」と述べた＊5。回答期限は、一月五日から、一〇日、一五日と延期された。一四日、ディルクセンを通じて、「さらに新条件の具体的細目を知りたい」という中国側からの不満足な回答が伝えられた。近衛内閣はこれを単なる時間稼ぎだとして、一月一五日の閣議で交渉打ち切りを決定し、翌日の「爾後国民政府を対手とせず」の第一次近衛声明となり、事変を泥沼させた。

この閣議の席で、多田駿参謀本部次長は、「声涙共に下る」交渉継続論を主張し、孤軍奮闘したが、広田外相の「中国側に和平解決の誠意のないことは明らか」との発言や、米内海相が、参謀本部が賛成しないなら内閣総辞職も辞さないとの態度をちらつかせたことから、ついに多田次長も屈服するに至った＊6。

この近衛声明に至る経緯とその評価については第６章で詳論する。

＊5　鹿錫俊教授の『蔣介石の「国際的解決」戦略』（I-4）（三二頁）によれば、当時、蔣介石は、もし日本側が柔軟な条件を提示したら、これを受け入れるかどうか、中国の内部で対立が起こるかもしれないと懸念したが、いまこのような絶対に受け入れられない条件を見て安心した、と当日の日記に綴った。

＊6　多田駿の生涯やトラウトマン工作の経緯については、岩井秀一郎『多田駿伝』（D-41）に詳しい。多田は、

仙台藩士の末裔で、陸軍で支那通の代表的な良心的軍人であり、少年時から「弱い者いじめをしない」という信条を持ち、陽明学にも傾倒していた。関東軍に属して満州国軍の育成に努力したが、日本軍民が中国を見下して威張り、権益追及に走るのを厳しく批判していた。トラウトマン工作の継続が挫折した後、盧溝橋事件発生時は、石原らと共に非拡大に努力した。後輩である石原莞爾は多田に私淑していた。板垣征四郎陸相の後の陸相候補にも挙げられたが、陸軍内の反対の強さや、満州事変を起こした石原や板垣と多田が近かったことが天皇の意に沿わず、実らなかった。東條英機と対立して人事で冷遇され、北支那方面軍司令官を経て、一九四一年七月、陸軍大将に進級し、軍事参議官となったが、九月、予備役となり、館山に隠棲した。日米開戦にも反対していた。東京裁判では、検察側の証人として出廷したが、日中戦争は日本の計画的な侵略ではなかったことを毅然と主張し、また、松井、板垣、土肥原三大将のために堂々と弁護の証言をし、関係者を感銘させた。

「軍人らしからぬ軍人」であった多田は、良寛に傾倒し、良寛の研究者である相馬御風との交遊が深かった。日本の近代女性史に輝く相馬黒光は、夫の相馬愛蔵と共に新宿中村屋を創業した。相馬夫妻は、頭山満の求めに応じ、官憲に追われていたインド独立の志士ラス・ビハリ・ボースを、危険を冒し、家族・従業員の協力の下に長期間かくまったり、日本近代彫刻の祖の荻原碌山ら多くの芸術家を庇護したことで知られる。多田と相馬黒光とは、共に仙台藩士の末裔として「叔母・甥」に当たる縁戚であった。多田は後に御風とも遠縁に当たることを知ったという。

3　宇垣工作——近衛は期待するも、蔣介石の下野にこだわった宇垣の失策と外相辞任によりあっけなく崩壊

以下は主に、『宇垣一成日記』(D-8)、戸部良一『ピース・フィーラー』(B-2)(二〇九頁〜)、石射猪

太郎『外交官の一生』(G-10)(三〇六頁〜)などによる。

近衛文麿は「国民政府を対手とせず」の声明の失敗を早くから自覚した。「一撃膺懲論」が破綻して事変が泥沼化したため、近衛はこの声明から実質的に方向転換すべきだと考えるようになった。そのため、近衛は、局面打開のために、広田外相に代え、もともと国民政府との和平を志向していた宇垣一成を外相に登用した。また、嫌っていた杉山陸相に代えて、石原莞爾とつながりが深く、不拡大派と見られていた板垣征四郎を陸相に登用した。これらは、蔣介石を相手とする和平交渉推進の布石だった。

宇垣は一九三八年五月二六日の外相就任に当たり、「蔣政権を相手にせず云々に深く拘泥せず」との入閣条件を近衛に述べたが、近衛は、「余計なことを言った」のだから取り消しても構わないが「うまく取り消すように」と宇垣に語った。石射東亜局長は、宇垣の就任直後、とるべき方策としては国民政府相手論以外にはあり得ないことを具申する意見書を提出し、宇垣はそれに原則的に理解を示した。宇垣の工作は、六月から、香港で、国民政府の要人である孔祥熙の秘書喬輔三と、総領事中村豊一とを窓口にして開始された。日本側の交渉条件は、共産党の分離、蔣介石の下野、国民政府解消の三つだったが、最大の問題は蔣介石の下野を要求するか否かと、漢口の陥落後では和平が困難となるため、時期を急ぐことにあった。

しかし、この工作は、当初宇垣が蔣介石の下野にこだわったことから難航した。その後宇垣の態度軟化によって、孔祥熙が直接会談を行うための折衝が始められた。これらの動きと並行して、影佐禎昭や西義顕らによる汪兆銘工作も進められていたが、宇垣工作と汪兆銘工作とは統合されることなく、競合し、交錯していた。

しかし、九月二九日、宇垣は突然辞表を提出し、翌日辞任に至った。中国側の態度は硬化し、宇垣・孔祥熙工作は終了した。

4　汪兆銘工作——汪兆銘の梯子を外した南京政府の露骨な傀儡化が工作成功の芽を摘んでしまった

以下は、主に、戸部良一前掲書のほか、『人間影佐禎昭』(B-5)、松本重治『近衛時代(上・下)』(C-8)、松本重治『昭和史への一証言』(B-7)、犬養健『揚子江は今も流れている』(B-8)、小林英夫『日中戦争と汪兆銘』(B-11)などによる。

蔣介石と対立していた汪兆銘の引出し

王克敏の中華民国臨時政府も梁鴻志の中華民国維新政府も弱体な傀儡政権であり、蔣介石に対抗しうる中央政権となるには程遠かった。そこで模索されたのが、重慶の国民政府の大物である汪兆銘の引出しだった。汪兆銘は、蔣介石の国共合作による徹底抗日作戦には反対で日本との和平を志向しており、蔣介石と対立していた。

董道寧の来日と影佐書簡

発端は、一九三八年二月、国民政府亜洲司日本科長の董道寧が来日したことだった。董は日中の将来を憂いている熱血漢だった。董を参謀本部第八課長だった影佐禎昭大佐に引き合わせたのは西義顕だった。西は西義一陸軍大将の弟で、日中戦争前の約三年間、満鉄南京支所長を務め、亜州司長の高宗武や日本科長の董道寧と親交があった。西は、「長江イデオロギー」の信奉者だった*7。

＊7「長江イデオロギー」とは、上海や南京など国民党の膝元にいた日本の外交官、新聞記者、商社マンなど若いインテリの一部に強かった一つの信条。中国の民族統一と新生を目指すナショナリズム運動は歴史の本流で

あるから、日中関係の根本は、日本がまずこれを認め、それを代表する国民党との調和を図るとするものだった。これと対照的なのが北京天津など北支の日本人社会に支配的であった「北支イデオロギー」で、中国を動かすには実力行使しかないとする権力主義であり、日中戦争の原動力となり、「国民政府を対手とせず」の近衛声明の原動力ともなった（栗本弘「土井章と日中和平工作」（B-17）『東洋研究』第五六号、二四七頁）。

一九三八年一月一七日、上海のパレスホテルで、董は、同盟通信上海支局長だった松本重治*8、満鉄南京事務所の西義顕や、事務所に出入りしていた伊藤芳男*9と会った。董は、西の手配で訪日を決心した。松本重治は、影佐禎昭大佐を日本側の窓口とすることを提案した。西や伊藤は影佐と日中の将来を話し合う仲であり、松本は影佐と家族ぐるみの付き合いをしていた。入念な打ち合わせの上、董は、二月一四日長崎に向かい、一七日横浜のホテルで影佐と会見し、その紹介で、多田参謀本部次長や本間雅晴第二部長とも会った。影佐は、董の日中和平への情熱に心を打たれ、独断で、「日中両国が裸になって抱き合う気持ちになりたい、それができれば武士道の日本は中国と手を結べる」との意味の親書を、蒋介石の右腕だった何応欽、張群に宛てて董にことづけた（※影佐書簡）。影佐は、蒋介石の右腕だった何応欽や張群とは、陸軍士官学校の同窓だった。董の帰国後、三月一六日、上海キャセイホテルで、松本と伊藤は、董とその上司の亜洲司長高宗武と会った。その以前の三月五日、高は密かに松本に会い、蒋介石の諒解の下とのことで、まず近衛声明を日本が取り消してくれないかと相談したことがあった。松本は近衛との親交が深かった。高と董らは、影佐書簡を活用することとし、高が漢口に赴いて、影佐書簡を周仏海、汪兆銘に見せた。汪は陳布雷*10を通じて蒋介石に見せた。四月一六日、高と董から、蒋介石が影佐書簡を見て感銘したと伝

汪兆銘

達するよう言われたことや、日本が停戦すれば和平交渉に入るとの意向が伝えられた。影佐が後に高から聞いたところでは、蔣介石はこの書簡を見たが、これは秘密にしておく、と語ったという。次章で詳論するが、蔣介石は共産党と合作して徹底抗日を謳いながら、日本との和平あるいはそれに関する情報収集のルートを絶やすことはしていなかった。また、首都南京まで陥落し、更に日本軍の大陸中枢部への侵攻が迫る中で、蔣介石は、日本が第一次近衛声明を取り消して、再び和平の道を開く可能性に密かに期待していたものと思われる。

こうして、第一次近衛声明にもかかわらず、蔣介石との和平ルートの接点が生まれたように見えたが、四月から開始された徐州作戦は蔣介石の和平への期待を裏切り、その態度を硬化させた。陸軍の強硬策が影佐を動くに動けない状況にさせた。

この間、近衛は、五月二六日の内閣改造で外相に登用した宇垣による和平工作（前述）に期待したが、九月の外相辞任により水泡に帰した。

＊8　松本重治は、母光子が松方正義の娘。東京帝国大学を卒業、アメリカのエール大学などで学び、同盟通信社編集局長などジャーナリストとして活躍した。近衛文麿と深い親交があり、様々な日中和平工作に奔走した。戦後吉田茂から駐アメリカ大使を求められたが固辞し、国際文化会館理事長、アメリカ学会会長として、一貫して日米の民間交流に尽くした。著書に『近衛時代（上・下）』（C−8）、『昭和史の一証言』（B−7）がある。松本の生涯については開米潤『松本重治伝　最後のリベラリスト』（C−43）が詳しい。

＊9　伊藤芳男は、福島高商、ロンドン大卒で、満州国外交部嘱託をしていた（花野吉平『歴史の証言』（B−20）一八二頁）。

＊10　陳布雷は、中華民国の政治家・ジャーナリスト。国民党の要人で、蔣介石側近として重要文書起草に携わったことで知られる。

高宗武の来日、汪兆銘工作の筋書き

高は、なおも和平ルートの開拓に努力し、香港で西や伊藤、松本らと相談を重ねた。影佐書簡によって一時は和平に心を動かされた蒋介石も、徐州作戦での日本軍の侵攻に態度を硬化させ、高が香港で日本側と和平の交渉をすることに反対したという。しかし、高は、周仏海＊11から自分が責任を引き受けるので是非日本に行くようにと励まされ、交渉の継続を決意した。高は、松本らと会合を重ねて和平条件を検討した。一つの筋書きは、日本がまず撤兵を声明し、そこで汪兆銘が下野を声明、野に下った汪が和平運動を起こし、戦争をやめたい雑軍の将領たちがこれに結集する。そうすれば、蒋介石は長期抗戦ができなくなり、責任をとって下野するであろうとし、その先は一時汪が蒋介石に代わるが、最後には蒋介石が政権に戻って汪とのコンビで事態を収拾するというものだった。つまり、高らが考えた汪兆銘引出し工作は、蒋介石との完全な訣別や排除を意図したものではなく、最終的には蒋介石と合流して和平を実現しようとするものだった。これは、後の繆斌工作の真実性や実現可能性にも関連する重要なポイントだ。

＊11　京都大学に学び、汪兆銘に次ぐ親日派の大物で、汪兆銘とともに重慶を脱出し、後に樹立された汪兆銘の南京政府の行政院長や上海市長を務め、汪兆銘没後、実質的にその後継者となった。戦後漢奸として逮捕され、死刑（無期に減軽）となり、獄中で病死した。日中和平工作史の第一級資料である膨大な『周仏海日記』を残した。

一九三八年七月四日、日本海軍陸戦隊の監視をかいくぐって高宗武は上海から日本に渡った。伊藤芳男の出迎えで、築地の料亭で、高、影佐、西、伊藤、松本は打ち合わせをし、高は影佐の紹介で板垣陸相にも多田参謀次長にも会った。高は陸軍の責任ある立場の人たちが、撤兵声明も考え、領土や賠償は要求しないと考えていることを知り、和平の手ごたえを強く感じた。高は、国民政府を日本が否認した以上、蒋介石以外の要人との交渉が必要で、それには汪兆銘しかないと説いた。松本は影佐と何回か会ったが、影佐は撤兵問題で同意した。

高は帰国後、喀血して入院したことから、周仏海と相談して、今後は梅思平*12を交渉の窓口とすることになった。松本と梅は相談を重ねて和平工作の筋書きを考え、九月上旬、上海に戻った。しかし松本は腸チフスに罹患したため西と伊藤に梅との協議結果を伝えた。松本が一一月に快方に向かうまでの間、西と伊藤が、上海に出張していた参謀本部支那班長の今井武夫中佐に、松本と梅との協議の合意点を伝えた。今井は帰京すると陸軍中央の影佐らに報告した。陸軍中央では、この和平案を検討し、これを軸として修正案を作成することとなった。今井は盧溝橋事件で事変非拡大のために奮闘したが、ここで和平工作に邁進することとなった。

*12 周仏海の側近で、汪兆銘工作による南京政府の樹立後、中央政治会議委員、工商部部長の要職を務めた。戦後漢奸として死刑となった。

重光堂会談と日華協議記録

影佐は、板垣陸相の指令でこの修正案を携え、今井と西、伊藤、犬養健*13と共に上海に行って、梅、高と会った。一九三八年一一月一二日から一四日にかけての重光堂での意見交換の後、一一月二〇日、日中和平に関する「日華協議記録」と了解事項の調印に至った。これは、満州国承認、治外法権の撤廃、日華経済提携、互恵平等、戦費の不賠償、和平実現後即時撤退を開始し、二年以内に完全撤兵で合意、などの内容で、中国側もおおむね首肯できるものだった。日本政府がこれを発表すれば、汪兆銘らは蔣介石との絶縁を宣言し、機を見て新政府を樹立するという運びが予定された。

*13 五・一五事件で暗殺された犬養毅首相の三男。戦時中衆議院議員。汪兆銘工作など日中の和平工作に奔走し

た。ゾルゲ事件で逮捕されて起訴されたが無罪となった。戦後は法務大臣を務め、造船疑獄事件で指揮権を発動した。長女は評論家の犬養道子。前掲『揚子江は今も流れている』を著した。

影佐と今井は帰国後、板垣と多田に報告した。影佐は犬養と一緒に近衛に報告し、近衛は個人的に異存ないと言い、五相会議でこの方針を決めたいと約束した。今井は、陸軍省と参謀本部の中堅課長クラスに経過内容を報告、大いに賛同を得た。

ところが、一一月三〇日の御前会議で決定された「日支関係調整方針」は、「満州国の承認」「新支那の政治形態は分治合作主義」「新中央政府に少数の顧問派遣」「防共駐屯とそれ以外の日本軍隊のなるべく早期の撤収、但し、南京上海杭州には治安確立まで駐屯、支那の財政協力」「駐兵地域における鉄道航空通信等への軍事的要求権と監督権」「経済提携」などを謳った。影佐らによる「日華協議記録」に明記されていた「撤兵は二年以内」の具体的文言が消えて撤兵条項があいまいとなった上、日本の権益思想を色濃く反映したものになってしまった。

一方、梅は、一一月末重慶に戻り、重光堂での協議の状況を報告していた。汪兆銘や周仏海は大筋で同意できるとして蔣介石に会見を求め、蔣介石は陣営中枢の意見を求めた。当時武漢三鎮を占領され、最も苦しい時期だったが、日本と和平すれば共産党が敵に回り、内戦になる心配があった。そのため、蔣介石は、結局、汪兆銘に近衛内閣との和平交渉はやらないと伝えた。ここで蔣介石と汪兆銘は袂を分かった。立場を失った汪兆銘らは、妻陳壁君や側近と共に一九三八年一二月一八日、重慶を脱出してハノイに向かった。

ところが、汪兆銘の引き出しをバックアップするはずであった一二月二二日の近衛声明は、汪らが最も期待していた撤兵条項が完全に欠落していた。これが汪兆銘の梯子を外し、この工作の最初で最大ともいえる躓きとなってしまった（この原因と経緯については拙著『新考・近衛文麿論』九三頁以下を参照）。

汪は、翌一二月二九日、いわゆる艶電＊14を発し、広く「和平反共救国」を訴え、自己の行動への参加を呼び掛けた。しかし期待に反し、後に続いて重慶を離脱する領導らは誰も出なかった。

＊14　当時中国で用いられていた「韻目代日」という一つの日を漢字一字で表す表記法により、二九日の日付をとって艶電と呼ばれた。

蒋介石は汪らの離脱を怒り、逮捕令を発した。また、翌一九三九年三月二一日には、ハノイで、重慶から派遣されたテロリストが汪兆銘らを襲い、側近の曾仲鳴が暗殺された。憂慮した影佐は、今井や松本、犬養、西らの協力を得て、同年五月六日、汪兆銘らを上海に移動させた。

予定に反した汪兆銘の南京政府樹立、苦渋の梅華堂会談、露骨な傀儡政権化

汪兆銘は、もともとは、蒋介石と対抗する政府を南京に樹立しようとは考えておらず、南京以外の地において、日本との和平工作を推進し、いずれ蒋介石をそれに引き込もうと考えていた。しかし、上海に移った汪兆銘は、首都であった南京に政府を樹立し、それを日中の協力の下で発展させることによって、蒋介石に、抗日よりも、やはり日本との和平・協力こそが国を救う道だと示そうとの考えに変わった。これを聞かされた影佐や今井は、日本が占領している南京に政権を樹立することはその傀儡性が露骨になるため、当初は反対した。汪は、周仏海、梅、高、董らと新政府樹立について議論が沸騰し、周仏海らは賛成したが、高は、それは維新・臨時両政府の轍を踏んで傀儡政府になりかねないと反対した。しかし、汪の強い決意により、この方針に転換することとなった。

一九三九年五月三一日、汪兆銘は訪日し、平沼首相らと会見して日本が軍国主義、侵略的政策を放棄して真の和平を求めるよう強く主張した。その際、汪は「和平が実現したら自分はいつでも身を引く」と言い、和平が実現さえすれば南京に成立する政府の存続には、全く拘泥しない考えも語った。これも繆斌工

作を検討する上で重要な点である。

そこで、汪兆銘の南京政府の樹立に向けた中国との協議のため、同年八月二二日、日本政府は上海に影佐を中心とする「梅機関」を設置し、上海の梅華堂において、中国側の、高宗武、梅思平、陶希聖らとの協議が開始された。

ところが、前年一二月一六日に、以前宇垣が反対していた興亜院が設立されていた。興亜院は中国をめぐる関係省庁や組織による中国権益争奪戦の場と化した。同年一〇月の武漢三鎮の攻略占領はその動きを加速した。そのため、影佐らに示された興亜院決定の交渉原案は、日華協議記録はもとより、日支新関係調整方針、一二月二二日の第三次近衛声明を大きく逸脱して条件が苛酷化し、日本の強欲な権益要求をむき出したものとなった。影佐らは、日本政府との板挟みになりながらも、汪への条件を緩和させる懸命の努力を続けたが、その交渉は難航し、苦渋に満ちたものとなった。影佐らや中国側の担当者は、暗澹たる気持ちで交渉を重ねた。汪兆銘の寛容な決断によってようやく合意に漕ぎつけたものの、その内容は樹立される南京政府の傀儡性を露骨に示すものとなってしまった。

この交渉過程で、西義顕は、政府や軍中央の横暴さに怒って梅機関を離脱した。また、和平の前途に絶望した高宗武と陶希聖も交渉から離脱し、翌一九四〇年一月、香港で梅機関による協議内容を新聞で暴露し、内外の厳しい批判を招いた。

汪兆銘の忍耐やそれを支える周仏海らの努力により、一九四〇年三月三〇日、南京において汪兆銘政権が樹立された。それは、国民政府が南京に遷都するという形が取られた。しかし、その遷都式は、日本軍や出先機関の保護の下に、誠に淋しい雰囲気で行われたという。

汪兆銘は、漢奸とのそしりを受け、暗殺される危険を冒して日中の和平に身を投じた。汪兆銘は、和平工作を進める中で、「売国奴、漢奸とののしられても甘受したい、日本が約束を守ってちゃんとした政策を行ったことが中国中に知れ渡ったとき、私たちの苦難は光彩を放つ」と言っていたという。しかし、この時点ですでに汪兆銘は、日本の各界各層の露骨な権益要求の餌食となり、梯子をはずされてしまったのだ。

5　小野寺工作――影佐らの汪兆銘工作に屈して実らず

影佐らによる汪兆銘工作と平行して密かに進められたのが陸軍大佐小野寺信（※当時は中佐）らによる蔣介石との直接和平工作だった。以下は、主に吉田東祐『二つの国にかける橋』（B-22）、小野寺百合子『バルト海のほとりにて』（B-43）、岡部伸『「諜報の神様」と呼ばれた男』（B-42）などによる。

蔣介石との直接和平交渉のためにロシア課から派遣された小野寺

小野寺信は、戦争末期、後述するスウェーデン王室を介しての連合国との和平工作に腐心したことで知られる。諜報の神様、ヒューミントの達人と呼ばれた。小野寺は、陸軍幼年学校以来ドイツ語を学び、陸士三一期で、一九二五年陸大に合格するとロシア語を学んだ。盧溝橋事件発生当時、小野寺は参謀本部ロシア課に勤務していた。ロシア課は支那課が主導する日中戦争の拡大を懸念し、これを早期に解決して対ソ戦に備えるべきだと考えていた。小野寺は回想録で、「参謀本部は、部内で圧倒的に強い支那課の大陸侵攻作戦に引き摺られていた。しかし、日本の経済力には限りがある。ロシア課では早く戦争を終わらせなければ『重大な局面を迎える』と危機感を持っていた。なぜなら大陸で中国を相手に戦っているが、その背後には英米がいて中国を支援していることを支那課が気づいていないようだったからだ」と書いた（岡部伸前掲書九六頁）。

英米の大国が背後に控えていた国民政府は、一局面で敗退しても全面降伏するはずはない。ロシア課は、蔣介石との和平のきっかけを探るため、小野寺に白羽の矢を立てた。日本軍が南京を占領すると中支那方面軍司令部が置かれたため、小野寺は司令部付参謀として派遣された。表向きは「支那情勢を分析してその結果を報告せよ」との指令だったが、本当の任務は独自に蔣介石と直接和平の可能性を探ることにあった。ロシア課は、影佐らの主導で進められていた汪兆銘工作に懸念を抱き、その実現の前に重慶との直接和平工作を図るため小野寺を急遽派遣したのだ。

小野寺は、中国のナショナリズムを考えると、傀儡の汪兆銘政権では中国民衆の信頼を得られないので、根本的に解決するには、重慶の蔣介石政権と直接和平交渉を開くしかなく、そして天皇の決断なしに泥沼化した日中戦争の終結は無理だと考えていた。小野寺はラトビアでの勤務を通じて、ソ連が世界を共産主義化する野心を持っていることを学んでいた。小野寺は、国民党の背後に、本来国民党と敵対関係にありながら抗日で合体しようとする中国共産党があり、背後でコミンテルンが操っていることを見抜いていた。国民党との戦争が長期化すれば利するのは中国共産党であり、ソ連であるので、早急な蔣介石との和平が必要だと考えていた。

小野寺 信

小野寺は一九三八年一〇月、上海のアスターハウスホテルに事務所を構えて「小野寺機関」を発足させた。この機関に集まって協力したのは軍人は一人もおらず、意外にも共産党転向者が多かった。ロシア課は、中国共産党ひいてはコミンテルンが背後に控える中国の実情を把握するにはこれが有効だと考えていた。

汪兆銘工作を進めた梅機関（※影佐機関）は、対中国政策で主流派、体制派であったのに対し、小野寺機関は共産党転向者も含み人間関係でつながっているグループであるのが特徴だった。吉田東祐ら、一九三九年一月の近衛第一次内閣総辞職後まもなく、父文麿によって東亜同文書院理事として派遣された長男の近衛文隆や、武田信近、早水親重らも協力した。

小野寺の右腕となった吉田東祐

小野寺の右腕として動いたのが吉田東祐だった。吉田は、本名は鹿島宗二郎。ユニークな経歴で、一橋（東京高商）を卒業して私立高校教師をしていたとき、レッドパージで追い出され、古本屋を営みながら共産党員らと付き合い、入党した。共産党活動で検挙され執行猶予の有罪判決を受けた後、転向した。世界情勢について書いていた論稿が参謀本部ロシア班の関心を呼び、日本陸軍のソ連通である秋草俊中佐から中国で情報活動をするよう依頼されて上海に渡り、以後「支那屋」として活動を始めた。戦後は中国問題の専門家として活躍し、本名の鹿島宗二郎に戻って国士舘大学教授を務めた*15。

吉田は、小野寺の上海赴任以前から、蔣介石に通じる楊建威*16や朱泰耀らの人脈で和平に向けての情報活動を続けていた。

＊15　吉田東祐の思想や中国での和平をめぐる活動については、吉田自身の回想記『二つの国に架ける橋』（B-22）のほか、関智英『対日協力者の政治構想』（I-31）（三六三頁以下）に詳しい。

＊16　楊建威は、周仏海日記にも重慶側の和平工作員として時々登場している。

楊建威とは金相場の取引で親しくなり、吉田がいつも負けるのに楊は幸運が続くので訳を尋ねたところ、楊の背後に中国政府のある上海機関のしっかりした情報源があり、その情報で相場判断をしていることを知らされた。楊はその情報源の人物が朱泰耀だと打ち明け、吉田を引き合わせた。朱は自分がCC団*17に属することを話した上、

「（要旨）民族的独立を確立している日本と、もう一息でこれを完成しようとしている中華民族とが戦

いあうことは結局アジアの敗北であり、それを避けるために蔣介石が日本の思いあまった行動をこらえてきたこと、日本が蔣介石の苦衷を理解せずに押しまくれば蔣介石は妥協してくると思いこんでいることが戦争の原因であること、日本は今沿岸地域では戦争に勝っているように見えるが、奥地にいけばいくほど戦いは困難になること、今はヨーロッパの雲行きがはっきりしないが、いずれ英米はどんなに困ろうと日本が中国を独占市場とすることは許すはずがなく、蔣介石は戦争の前途にいささかの不安ももっていないこと、それにも関わらず日本が侵略を続ければ戦争の廃墟から勝利を得るのは結局中共であり、だから日本は国民党に反共を強要しながら結果においては中共を助けているのであり、これを一番憂いているのは蔣介石と我々ＣＣ団であること」

などと語り、吉田に、「日本が戦争をやめたいという意向をもっているならば、いやでも我々と手を握るべきだ」と懇々と説いた。

＊17　陳果夫、陳立夫の兄弟を中軸とする蔣介石の特務機関。戴笠の藍衣社と並んで特務諜報活動に権力を振るった。

吉田は、それまでの自分の中国との和平を模索する活動がなんら功を奏さないことに嫌気がさし、自暴自棄となって淫蕩な生活に耽っていた。しかし、小野寺の着任がそれを一変させた。着任した小野寺はすぐに吉田に連絡を取り、二人は会った。吉田の回想によれば、小野寺は中国についての知識はなかったが、民族運動には深い理解をもっており、「この人は頭がいいというだけではなく、なにか本能的に、ものの本質を直感することのできる人らしい」と感じたという。吉田は、小野寺が、日本の行動を束縛する日中戦争を一日でも早くやめさせなければならず、それには今までの行きがかりにこだわらず、蔣介石と和平交渉を開くほかないという主張をもっていることを知った。吉田は、「初対面の小野寺から『僕は中国のことはまるでわからないが、ただ、東京で、上海に行ったら一切は君に頼めと言われている。いわば君が唯一の頼みなんだから、何とかしてその糸口をさがしてくれ』と頼まれたときは、目頭が妙に熱くなった、いつかはこういう機会が来るだろうという確信はあったが、まさかこんなに早く来ようとは思わなかった」と回想する。

開始された対重慶和平工作、汪兆銘工作とのせめぎ合い

小野寺らによる重慶との直接和平工作は、影佐らの汪兆銘工作と平行し、しのぎを削りあうように進んだ。小野寺の同志、右腕となった吉田は、小野寺から相談を受けてすぐに朱のことが頭に浮かび、小野寺と朱をキャセイホテルで会見させた。

当時上海では、日本の憲兵の監視下にもかかわらず、重慶の国民党の地下組織が活動を続けており、テロも頻発させていた。首脳部は、蔣伯誠*18、呉開先、呉紹澍、姜豪（※上海の国民党代表）だった。呉開先は国民党組織部副部長で重慶と上海をよく往復しており、和平交渉には一番都合がよい人物だった。朱は小野寺に呉を香港で引き合わせることを約束し、一九三八年一二月には香港行の手筈までできた。同期の親友で参謀本部謀略課の臼井茂樹が、蔣介石と直接交渉する委任状を発行してくれた*19。

＊18　蔣伯誠は、蔣介石の駐上海軍事代表、呉開先と呉紹澍はいずれも国民党の幹部で、事変以降蔣介石側の和平工作員だった。周仏海日記には、これらの三人が、戦争末期まで重慶と上海を往復して和平工作を担っていた人物としてしばしば登場する。蔣伯誠は上海での重慶の秘密工作の重鎮であったが、周仏海とは一〇年来の知己で、しばしば会っていた。蔣伯誠は、南京政府に逮捕されたことがあるが、周仏海が蔣を保釈させた。このあたりが、「組織」よりも、人脈、人との信頼関係の方に重みがある中国社会の特色を示している。

＊19　岡部前掲書一〇六頁に写真があり「小野寺参謀ニ国民政府要路者ト東亜再建ニ関シ協議スルノ権限ヲ委任ス昭和一三年一二月、大本営陸軍部」となっている。

小野寺や吉田は、汪兆銘工作は重慶との直接和平の重大な障害になると考え、急いで両国の大物代表を香港で直接会見させようと企図した。吉田は呉開先と共に香港に行って会見の準備をし、小野寺は東京に飛んで首脳部に働きかけることとした。小野寺は、根回しのため、中支那派遣軍河辺正三総参謀長に意見を具申した。支那派遣軍の方面軍司令官山田乙三、河辺総参謀長、参謀長吉本貞一から同意を取り付け、参謀副長鈴木宗作、陸士同期生の作戦参謀公平匡武も「大賛成」だった。河辺は、直接交渉に必要な経費を総軍司令部から支出するとも語った。

小野寺は勇躍、一九三九年五月、東京に飛び、謀略課長に昇任していた臼井茂樹大佐（大本営陸軍部第八課）の取り計らいで、中島鉄蔵参謀次長らと面会した。板垣陸相は直接交渉に出馬することを受諾した。板垣は小野寺と同郷で仙台幼年学校の先輩だった。板垣は「香港はもちろん、場合によっては重慶まで行って蒋介石に会う」と語り、小野寺は大きな手ごたえをつかんだ。小野寺が残した覚書では、「大本営デハ汪（※兆銘）擁立ニ疑惑ヲ抱イテキタ作戦課ノ中枢、秩父宮中佐、堀場一雄少佐等と意見ヲ交換シタガ、何レモ暗黙内ニ鞭撻シテクレタ」という。

近衛文隆による対重慶ルート、美貌の女スパイ・テンピンルー

小野寺は重慶との直接交渉では、別のルートで近衛文隆らとも連携していた。文隆らのルートは、朱泰耀らのＣＣ団でなく戴笠が率いる藍衣社だった。藍衣社はＣＣ団ほど広汎な組織は持っていないが戴笠少将に統括されており、戴笠は蒋介石の信頼が厚く、蒋介石と宋美齢が寝ているところでもずかずかと入っていけるほどの間柄だったという。繆斌工作は藍衣社の戴笠が中心となったものだった。

文隆らが連絡ルートとしたのは重慶の女スパイの鄭蘋如《テンピンルー》だった。文隆らが彼女を使って小野寺を上海で戴笠に会わせたという話を聞いたとき、ＣＣ団との間で工作を進めていた吉田は、これは臭い、小野寺も

近衛も中国情勢に疎いから、贋者の戴笠に引き合わされたのではないかと思った。当時の状勢では中国の重慶組織の要人が上海で日本人と会うなどはあり得なかったからだ*20。案の定、小野寺は憲兵隊から本物の戴笠の写真を見せられたとき、それが誰かわからなかった。後に汪兆銘工作派がこの点を突いて小野寺の直接交渉路線は怪しいものだと宣伝した。

＊20 吉田はこのように認識していたが、桐工作において、今井の交渉相手が「宋子良」の名を語った別人であったことにも通じる問題であり、後述する（53頁〜）。

小野寺は、文隆に、文麿あての親書を書かせて、帰国の上、文麿に直々に面会し、文隆の親書を見せながら、直接和平論を説明しようと考えた。小野寺は、文麿と東海道線の車中で面会したが、文麿は「軍が同意さえすれば」というだけで諸手を挙げての賛成ではなく、小野寺は失望した。これが後にやぶへびとなって小野寺は軍の機密を漏らしたという理由で上海から追われることになった。

遂に影佐工作に屈する

小野寺は上海への帰途、福岡の雁ノ巣飛行場で、折から上京中の影佐と出会い、激論した。影佐は小野寺工作をかぎつけ、正面から異議を唱えて東京で巻き返すつもりだった。入れ替わりに上京した影佐は汪兆銘工作のために中央で大活動をした。影佐には、陸軍上層部を説き伏せる政治力があった。

大本営内でも現地軍でも汪兆銘工作に疑問を持つ軍人は多かった。しかし、これらの人々は欧米勤務経験者が多く、インテリで政治力がないのに対し、汪兆銘派の人々の政治力は強かった。形勢は一か月で逆転し、汪政権樹立が決定的となり、一九三九年六月六日、閣議は正式に汪兆銘工作を承認し、重慶との直接工作を一切とりやめる決議をした。こうして日本は、結局は失敗に終わった汪兆銘工作一本鎗で進むこととなった。

小野寺は最後に影佐の政治力に負けたのだ。吉田は「汪兆銘派の人々は長年の中国勤務で、世界的見地に立つ視野を欠いていたが政治力は強かった。結局中央は汪派にひきずりまわされた」と回想する。

小野寺は、その後も上海に戻り、引き続き参謀として再度工作できるよう周囲から押されたが、小野寺を上海に残したくない影佐が異を唱えたため、小野寺は陸大教官に事実上左遷され、古巣のロシア課にも戻れなかった。協力した民間人も、近衛文隆は、閣議で汪兆銘工作が決定されると帰国を余儀なくされ、荻外荘に軟禁された。早水親重は国外退去を命じられて上海に戻ったところを憲兵隊に逮捕された。そのほかのメンバーも逮捕され、汪政権が誕生する一九四〇年三月まで一年近く釈放されなかった。テンピンルーはこの間逮捕され、憲兵隊に処刑された。

小野寺は「自分の一生のうち、あれほど心血を注いで張り切って働いたことはなかった」と振り返った。小野寺が上海から帰国する直前、蔣介石は部下の姜豪を通じて小野寺に「和平信義」と蔣介石自筆の文字が彫られた金製のカフスボタンを贈り、「国と国の間は和平、人と人の間は信義」と伝えたという。

このように影佐らによって工作を妨害された小野寺だったが、戦後、影佐について、「面白い人だったよ。あの人が師団長で私が参謀長やったらよかったかも知れんなあ。待てよ期が近すぎるかな」と語ったと回想している（岡部前掲書一一四頁）。影佐は、後にラバウル司令官となり、「聖将」と呼ばれるほど、現地の部下将兵から慕われ、降伏後の敵軍将校幹部からも信頼された。和平路線では激しく対立しても日中の和平を命懸けで求めた者として、どこかで人間として畏敬し合えるものがあったのだろう。

小野寺は、極めて優れた諜報活動を推進したが、たとえ敵国の人間であっても人間的に尊重し、信義と誠実さを失わなかったことを髣髴《ほうふつ》とさせる。このことは、後に詳論する、重光葵や谷信之在華大使、清水董三書記官、岡本末正在スウェーデン公使らが、自分たちが反対・妨害した和平工作に関係した人物を、後々まで人格的非難まで含めて誹謗した狭量さとは対照的である。

しかし小野寺工作の芽は消えなかった

このように、対重慶工作では一敗地に塗れた小野寺だったが、小野寺が蒔いた種は、その後も消えなかった。吉田は朱らと香港で待機しているときに小野寺の本国左遷を聞き、上京して小野寺と会った。小野寺からは、吉田が重慶との直接交渉路線を極秘でつないでおくことだけを依頼された。

一九三九年の秋、小野寺から「同志が行く」との電報が入り、初対面の支那課長今井武夫と会った。今井は影佐らと共に汪工作派であったが、当時、汪工作派の中にも、日本は汪と本気で結合する考えの派と、汪は当て馬であり結局は蔣介石と結合しようと考える派があった。影佐は前者であり、今井は後者だった。今井は、吉田に「自分はたまたま支那班長であったがゆえに汪精衛（※汪兆銘の別名）工作に参加したが、決して汪精衛だけを頼りにしてはいけない。結局、この時局処理は、蔣介石との直接和平交渉によって決めるほかはない、と思っている。小野寺の考えは正しかったが、あまり派手に動きすぎたため、ああいうことになったのだ。自分は近いうちに、南京に赴任してくるから、それまでは内緒で姜豪らとの交渉を進めておいてくれ」と頼んだ。

間もなく、今井は総軍司令部の第二課長として赴任してきた。今井は腹心の鈴木卓爾少佐をアタッシェとして香港に赴任させ、桐工作（※「宋子良」工作）を始めることになった。

吉田はマカオで朱と姜に会ったとき、影佐らによる汪兆銘の南京政府樹立が眼前に迫っている中で、これを食い止めるには蔣介石からよほど具体的な意思表示がないとできないと朱らに訴えた。姜は、日本の政治の推進力のある軍部との間でまず和平停戦の原則的条件についての了解が必要であり、それは次の三条件が最低の条件だとした。①日本が中国の領土主権の完整を認め、華北を特別地区とすることも満州国を認めることもできないこと、②無賠償とし両国の間に勝利も敗北もない和平であること、③原則的な即時撤兵で、ある地域に保証駐兵の必要があればそれは条約で撤兵の期間を明示することとし、少なくとも華中、華南地域からは即時撤兵すること。ただ、①については、しばらく議論の外に置くことができ、要するに盧溝橋以前の状態に戻ることになるとした。これを日本が認めるならば、中国は喜んで和平に応じ、対欧州問題で共同歩調をとり、戦争終結を早めることもできると強調した。そして、汪政権を立てることは中国の独立の否定であり、日本がそれを放棄する決意があれば和平はすぐにも可能であると説いた。姜は、さらに、そのためには蔣介石は汪と共に自らも下野する用意があるとも語った。

吉田は、是非これを今井に伝えて今井を姜らと会わせたいと考え、上海に戻ろうとした。しかし、飛行機事故などで上海に戻るのが一か月も遅れてしまった。今井に姜らの申し入れを伝えると今井はあまり乗り気でなかった。実は、今井は、吉田の交渉と並行して自ら「桐工作」を進めていたためだった。

こうしてこの工作も実らなかった。しかし、小野寺が開いた吉田を通じる和平工作のルートは、戦争末期近くになって、動きを再開させることとなるが、これについては後述する（本章第2・2）。

6　蘭工作・桐工作——南京政府樹立と承認を妨害する重慶側の謀略の疑い?

汪兆銘工作の前後に、陸軍内では、やはり和平交渉の相手は重慶・蔣介石だとして、これを試みる動きがあった。

和知大佐らによる蘭工作

戸部良一『ピースフィーラー』（B-2）（二九九頁〜）、筒井清忠編『昭和史講義2』（A-2）（一五二頁〜）などによれば、一九三八年後半に、和知鷹二大佐と元天津市長蕭振瀛を窓口として重慶との和平交渉が進められた。日本側は陸軍を中心に和平工作の対象として有望視し、板垣陸相や近衛首相も一定の期待をしていた。

和知は、蘭機関長として、広西派など西南諸勢力の切崩しに従事していた。一九三八年七月下旬から八月上旬ころ、香港に到来し、九月頃から蕭振瀛と数次の会談をした。このころ陸軍は武漢・広東謀略戦で蔣介石政権の武力による屈服を目指しており、和知工作はその側面的支援の意味合いもあったという。

二か月にわたる交渉は、蔣介石の直接の指示のもとに進められたといわれ（※次章で述べる）、停戦して盧溝橋事件以前の状態に戻すこと、中国の領土・主権・行政の完全な施行の尊重、満州国問題は保留して誠意ある解決を図ること、共同防共、相互の不賠償などの意見がほぼ一致した。しかし、武漢の陥落、広州の占領などが進み、和平の前提が急速に崩れ、広東占領を受けた板垣談話によって、蔣介石は交渉打ち切りを決断し、「国民に告げるの書」を発表して徹底持久交戦を呼びかけることとなって交渉は挫折した。

この工作の挫折により、陸軍中央は、高宗武らを窓口とする汪兆銘工作にシフトすることになった。

今井武夫らによる桐工作

これは蘭工作の挫折後、汪兆銘工作と並行しながら、今井武夫らによって、陸軍中央も期待して行われた重慶との直接和平工作だった。以下は主に今井武夫『支那事変の回想』（B-13）、今井貞夫ほか『日中和平工作　回想と証言』（B-14）、今井貞夫『幻の日中和平工作』（B-15）、広中一成『日中和平工作の記録』（B-16）などによる。

《汪兆銘工作との調整》

今井は、影佐らと共に汪兆銘工作を推進したものの、汪兆銘の南京政府の樹立とその成功には長い年月を要する上、汪兆銘政府の傀儡性が次第に露わになったため、この工作の成功に懐疑的となった。今井は、汪兆銘工作一本に賭ける影佐とは温度差があった。今井は、汪兆銘政府の樹立とその承認に向けての工作と並行して、重慶との和平路線の開拓に努力した。これは、汪兆銘の立場を損なう危険を内在させていたが、今井は、汪兆銘や影佐に対して、重慶との和平工作をも並行して進めることの了解を得た。汪兆銘の決意自体が、蔣介石と永久に対立する政権を確立することではなく、自己が誘因となって蔣介石を和平に引き込むことにあった。これは影佐も理解していたことだったので、汪も影佐も今井の工作に反対はしなかった＊21。

＊21 このことも、繆斌工作において、重光外相らが重慶との和平工作は南京政府を通じて行うべしと固執した理由に必然性がなかったことを示している。

参謀本部においても、戦争指導班を中心に事変早期解決の意見が強く、同班に勤務していた秩父宮はその有力な推進者だった。陸軍中央も、今井の対重慶工作推進を了解し、むしろ期待した。一九三九年一〇月、南京に支那派遣軍総司令部が創設された早々、一一月末、新たに鈴木卓爾中佐を参謀本部から起用して、今井主導の下で重慶との連絡路線の設定に取り組ませた。

鈴木は、香港大学教授張治平の斡旋により、同年一二月、「宋子良」と香港で接点を作ることに成功した。宋子良は、蔣介石夫人宋美齢や、重慶政府の行政院長の経歴を持つ宋子文の実弟だった。「宋子良」から、日本が中国の名誉と主権を尊重するなら和平会談の用意があると連絡が来た。翌一九四〇年二月一四日、今井と鈴木は香港で「宋子良」と称する男と会談し、重慶政府がこの交渉に多大の期待を寄せていると伝えられた。

今井は二月一九日、上京して陸軍中央に報告し、中国側との予備会談開催承諾の決定を得、参謀次長から天皇にも上奏された。日本側の交渉委員は、大本営から第八課長の臼井茂樹大佐が派遣され、支那派遣軍総司令部から今井と鈴木が任命され、この工作は「桐工作」と命名された。

交渉の最大の問題は、満州国の承認、日本軍の撤兵と、汪兆銘政府の処置だった。今井らの懸命な交渉により、満州国を直ちに承認はせずとも事実上容認することや、撤兵の時期や程度についての考慮、また汪政権については中国の内政問題とすることなどで、歩み寄りが見られた。今井らはこれを踏まえて蔣介石、板垣総参謀長、汪兆銘の会談を設定する努力をした。しかし、満州事変の生みの親である板垣は、会談には賛成しても、あくまで満州国の正式承認に固執した。駐兵問題についての妥協は参謀本部の作戦部に強硬論が根強かった。その間、汪兆銘政府樹立の準備が進行し、宋からの回答も遅れたため、一九四〇年三月三〇日、国民政府の南京への遷都式が挙行されるに至った。

今井らはその後も「宋子良」らとの交渉を続け、蔣介石、板垣、汪兆銘による会談実現に努力した。「宋子良」は、今井との内話で、蔣介石が表面はともかく内心は和平を希望していること、会談が成立すれば共産党を討伐する計画も立てていること、和平反対派の馮玉祥に対してはやむを得なければ最後の強硬手段を取ることなどを伝えていた。

日本側では、板垣は満州国承認に固執はしても、会談には積極的だった。汪兆銘も蔣介石との難しい関係を理解し、協力的だった。しかし、「宋子良」側は会談の場所や実施条件などについて様々要求を行った。第二次近衛内閣成立間もない一九四〇年七月二五日に到り、第一次近衛声明を取り消すことを要求してきた。近衛は、重慶との会談に大いに乗り気であり、近衛と板垣は、八月下旬、蔣介石に宛てた親書を作成し、鈴木から「宋子良」に交付された。しかし、九月八日に到り、「宋子良」は鈴木に、近衛書簡が第一次声明を明確に否定していないことなどに不満を述べた。九月二一日、「宋子良」は鈴木に、日本が懸案の二件（満州国問題と撤兵問題）を譲歩しなければ和平実現の見込みなしと伝えてきた。

日本側でも、東條陸相はこの交渉に極めて否定的であった上、九月二七日に到り、三国同盟の締結によって更に強気となった。重慶側も英米の一層の支援が期待できる状況となったため、日中の和平が実現する望みはほとんどなくなった。こうして同日、桐工作中止が決定された。

今井はそれでもなお、汪兆銘政権を承認するまでにこの工作を成功させようと努力した。しかし、同年一〇月一日上京して工作の顛末を報告した結果、東條陸相から即座に軍は和平工作から手を引くよう厳命された。閑院宮載仁親王に代わって就任した杉山参謀総長からも、支那派遣軍による停戦和平交渉を一切中止するように命令された。そして、同年一一月三〇日、日華基本条約の批准と共に汪兆銘政府を承認するに至った。

《「宋子良」の偽者問題――これは小野寺工作にも繆斌工作にも通じる》

交渉の当時から、「宋子良」なる人物が本物であるか否かについて疑義があった。今井らはこっそり「宋子良」の写真を撮影してその真偽について裏付けを行ったが明確な判断はできなかった。しかし今井らは仮に「宋子良」が本物ではないとしても、その名を語って重慶の意を受けて日本側と交渉していることは確かだろうと推論し、交渉進行中に敢えてその真偽を質そうとはしなかった。しかし、一九四五年六月に、上海の憲兵隊に逮捕された中国人の中に、藍衣社首領の戴笠直系の有力幹部である曽廣という男がおり、彼こそが紛れもなく往年の自称「宋子良」であることが判明した。

今井は曽に過去をとがめることなく数回会見した。曽は往年の替え玉工作の非を詫びながら、日華和平そのものには何ら虚偽がなかったと釈明した。また、鈴木と「宋子良」との接点の斡旋をした張治平が、戦後一九五三年に来日して今井を訪ねた。張は、桐工作の内情について「この会談は蔣介石と戴笠が直接指導した極秘のもので、重慶政府としても大いに期待したが、途中でその秘密が漏れたため、行政院副院長と駐米大使から詰問的な意見を寄せられたため実行が鈍った」と語った。

前述の、小野寺工作において、交渉相手である「戴笠」が偽者であったことについて、論者によっては、小野寺が中国側の謀略で騙されたものだと揶揄する向きもある。しかし、それは、今井が推進した桐工作における宋子良が偽者であったこととも同根の問題だ。

吉田東祐は、今井が香港で交渉した「宋子良」が本物ではなかったと後で判明したことについて、「これはことのならないうちに中共が騒ぎ立てれば、あれは自分の知ったことではない、と逃げる蔣の常套手段だ」としている。日本と秘密に和平工作を進めていることが延安の共産党や米英に漏れれば、激しい非難にさらされることとなる。だから、和平交渉の初期の段階で、その使者に偽名を名乗らせるのは、工作が万一発覚した場合に備えるいわば安全弁だった。このことは、繆斌工作にも通じる問題であり、重要な点であるので第4章で改めて述べる。

蔣介石の和平の意思？

蘭工作や桐工作について、重慶側の本音は、汪兆銘の南京政府の樹立や承認を妨害しようとする謀略的な色が濃かったとの指摘が少なくない。周仏海は、一九四〇年七月一二日の日記に、今井らの工作について「おそらくこれもやはり日本の新政府承認を破壊しようという謀略なのではあるまいか」と書いた。吉田東祐はこの観察は的確であるとし、「事実、蔣は日本が中国の独立を認めない限り、板垣と会う意思もなければいわんや汪と会う意志などさらさらなかったのだ」としている。

しかし、フーバー研究所保管の蔣介石日記や中国側資料の広範・厳密な検討による蔣介石研究の権威である鹿錫俊教授（大東文化大学）の『蔣介石の「国際的解決」戦略：一九三七－一九四一』（I－4）によれば、蘭工作や桐工作の当時、英米が欧州戦に集中して対中国支援に冷淡であったため、蔣介石は一九四〇年八月四日の日記に、「敵が南下の野心に狂っている時に乗じて、我が国に有利な条件で講和を図ることは悪くない」と書いており、張季鸞に日本側との接触を命令し、講和の可能性を模索し始めたとしている（同書一五二頁）。

しかし、同年九月の三国軍事同盟の締結によって、英米と日本との決定的対立、開戦を確信した蔣介石は、中途半端な日本との妥協・和平方策を捨てることとなった。

7 銭永銘工作――松岡外相が張り切ったが、やはり影佐の汪兆銘工作に負けてしまった

《西義顕がルートを開拓し、松岡外相が張り切る》

日本政府は、汪兆銘工作によって一九四〇年三月に樹立された南京国民政府を承認するための手続き交渉を開始した。しかし、汪兆銘工作に失望して離脱していた西義顕は、新たに蔣介石との直接交渉のルート開拓に取り組んだ。西は香港の銀行家で懇意だった張競立を通じて、蔣介石に近い浙江財閥の銀行家である銭永銘とのルートを開拓した。同年七月、西は香港に行って銭に接触して交渉の根回しに着手した。上海の銀行家で蔣介石とも縁のある周作民もこの工作に加わった。西はこの交渉に取り組むことについて、汪兆銘とも面会して了承をとりつけた。

同年七月に成立した第二次近衛内閣の外相に松岡洋右が就任した。西は、松岡とは満鉄での縁が深かったので、松岡にこの工作を進言し、九月一八日、西は張競立を松岡にも会わせた。松岡外相は、この工作に取り組むことを決意し、同月、南京の日本大使館参事官に赴任した田尻愛義を指名し、元総領事船津辰一郎にも西を援助させることとした。西はこの交渉を進めることは軍部にも連絡した。しかし、そのころ今井武夫らが進めていた桐工作が失敗したので、陸軍はこの工作に冷ややかだった。

松岡は和平を二週間以内で実現させると豪語していた。交渉の舞台は香港だった。この交渉は、汪兆銘の南京政府承認への手続きとの時間の争いだった。一一月に重慶側から伝えられた交渉条件は、日本軍の全面撤退の原則的承認、南京傀儡政権の承認取消し、この条件履行を確約するのであれば中国政府は日本と和平交渉をする用意がある、というものだった。しかし、松岡は満州国承認問題、撤兵問題などについ

て、なんら国内的に施策することなく交渉を進めさせるだけだった。

松岡は南京政府の承認を一日延ばしにして交渉にこだわったが、結局一一月二七日、何の成果もなく交渉は断念され、一一月三〇日、日本政府は南京政府の承認に至り、この工作は水泡に帰した。これも、桐工作と同様、蔣介石が、汪兆銘政府の樹立と承認を遅延させ、妨害するための謀略であった可能性が高いとの指摘がある。

《蔣介石との直接交渉を主張し、汪兆銘工作には反対だった良心的外交官田尻愛義》

『田尻愛義回想録』（B-18）によれば、田尻は、小学校教員出身の異色の外交官で、外交官人生の大半を中国で勤務し、日中の善隣友好、互恵平等の実現を念願し、和平のために力を注いだ。中国を蔑視し、力で抑え込めると考えていた軍部や政府・上司と対立しても節を曲げない信念の人であった。敗戦後は、官途に就くことを潔しとせず、民間人として東亜学院なる中国語専門の学舎を設けるなど、その生涯を日中両国の友好のために捧げた。

田尻は、かねてから、民族主義が高まる中国との和平は蔣介石との間で進めるべきだと考えており、「国民政府を対手とせず」という近衛声明についても、こんな無茶な声明を外務省が起案したと知って強く憤った。田尻は、汪兆銘工作についても不当な謀略で邪道であると批判していた。しかし、一九三八年一一月に香港総領事に赴任していた田尻は、この工作への協力を命じられて関与せざるを得なくなった。一九三九年九月、田尻は大使館の一等書記官として上海への勤務を命じられた。当時、影佐らの梅機関による汪兆銘政府樹立のための協議が進められていた。田尻は、影佐に対し、重慶相手に仕掛けた戦争は重慶を相手に交渉妥結すべきであると強く説いたが、影佐らが進めていた汪兆銘工作の流れを押しとどめることはもはやできなかった。前述したとおり、梅機関における汪兆銘との協議過程で、汪兆銘の引出し過程での日華協議記録や第三次近衛声明の方針すら押し曲げて興亜院から日本の利権拡大の要求が強まり、これに憤った西義顕や高宗武、陶希聖が工作から離脱した。田尻は、この間の勤務を「無意味で無目的な、そして良心に反する痛々しいものであった」と回想した。

アジア一課長として帰国した田尻は、その後も重慶を「対手」として和平工作を始めることの必要性を強調したが、周囲からは容れられなかった。一九四〇年九月、南京大使館参事官として中国に戻った田尻は、西義顕らによる銭永銘工作に意欲的に加わったが、この工作は前述のように水泡に帰した。

田尻は、一九四一年一一月に外務省調査部長となって帰国した。翌年一一月、特命全権公使、南京大使館上海事務所長として赴任したが、南京政府の不調、汪兆銘の不人気を実感した。

田尻は、その後も、重慶との交渉は南京政府に任せるとの内閣の方針に反対だった。重光外相に対し、浮足立った南京政府に重慶工作を任せても日本が蔣介石に接近する機会は得られないので、日本政府自ら直接にその任に当たるべきことを具申したが、重光からは無視された。田尻は、一九四五年一月、突然マニラへの転勤を命じられた。それは、柴山南京政府顧問が、汪兆銘のいなくなった後の南京政府を田尻が攪乱して壊滅を図る危険があるから召還するよう東條総理に進言した結果のフィリピンへの島流しであったと田尻は回想している。

これは、重光が、重慶との和平交渉は南京政府を通じるべきだと固執して繆斌工作を潰した判断の誤りにも通じるもので、見逃せないことだ。

重慶との直接交渉工作の失敗、汪政権に対する重慶や国民の反発、ヨーロッパでの枢軸の華々しい勝利、翌年一二月の太平洋戦争緒戦の成功などが日本の気炎を煽り立て、重慶との直接交渉は途絶えてしまった。

日米開戦により、蔣介石の国民政府は連合国の一員となったため、もはや日中の直接の和平工作のルートは途絶えてしまった。日本に残されているのは、中国戦線でひたすら中国軍を追い詰めつつ、仏印の援蔣ルートを遮断して蔣介石を屈伏に導く道のみであった。

第2　戦争末期に試みられた中国との和平工作——実現の可能性を秘めていた

以下の工作は、日本の敗戦が必至となっていた一九四四年の後半以降に試みられたものだ。日本の軍部や政府の指導者の間では、もはや和平を求めるしかないということが暗黙の了解になりつつあった。しかしそれを公言することはできなかった。蔣介石は、共産党との事実上の内戦に苦しみ、連合国内でも孤立を深め、戦後のアジアを見据えて日中の連携が必要だと考えるようになっていた。アメリカでも、日本への本土上陸作戦による膨大な犠牲を恐れ、スターリンの戦後国際社会への野望を警戒し、無条件降伏要求を緩和して日本を早期に降伏に導くべきだとの考えが根強く主張されていた。これらの状況は、第1の各工作が行われた時期からは大きく変化していた。このような状況の変化の下で、以下の和平工作は、的確に進められれば実現する可能性を秘めていた。

1　何世楨工作——近衛文麿の実弟水谷川忠麿が取り組んだ

これは、一九四四年後半から、近衛文麿の実弟水谷川忠麿や土井章らによって進められた重慶との直接和平工作だった。しかし、重光外相は重慶との直接交渉に反対であり、また支那派遣総軍では、今井武夫や佐藤賢了らが、自分たちのルートによらない重慶との和平工作を妨害したため、一九四五年一月末、挫折した。この詳細は、拙著『新考・近衛文麿論』で論じる。

2　吉田東祐によるその後の工作

第1・5で述べたように、一九三九年に行われた小野寺信と吉田東祐らによる重慶との和平工作は、汪兆銘工作に負けて実らなかった。しかし、小野寺の右腕となっていた吉田東祐は、その後も一九四二年ころから敗戦直前までの間、重慶との直接和平交渉のために様々な動きをした。以下は主に吉田東祐『二つの国にかける橋』（B-22）による。

吉田は、自他ともに認める野人だった。小野寺工作挫折後も、上海で「申報」という大新聞に南京政府の腐敗や日本軍に対する迎合、中国人に対する差別的取り扱いなどを批判する論評を書き続け、日本は中国政府の本当の自主独立を認めない限り全面和平は不可能だ、ということを、批判や脅迫にさらされながら訴え続けた。

朱泰輝から伝えられた蔣介石の和平の意志

それが重慶側にも伝わっていたのか、小野寺工作でつながりができていた朱泰輝から、一九四二年一二月の始め、CC団の某要人が吉田を国賓として抗戦地区に迎え、和平問題についてじっくり話し合いたいとの申入れがあった。当時すでに太平洋でも、ヨーロッパでも、アメリカやソ連が大攻勢に転じていた時期であり、蔣介石は連合国と一枚岩だと思われていたので、吉田は疑問を感じた。しかし、朱の答えは意表をつくものだった。

朱は、次のように言った。

「実は今ソ連に勝たれてしまうのは、国民党として少し困る。……アメリカが参戦した以上、日本が結局負けることは『鉄のような事実』だからわれわれとしては少しも心配していない。ただ気がかりなのは、勝利のあとの国内問題、つまり対中共の問題だけである。ソ連がいま勝てば、連合軍の反撃準備のできない今日、ドイツがことごとくソ連の勢力下に入ることは間違いない。その時のソ連の威権は、アジアにも当然ひびいてこよう。一番直接の影響を受けるのは中国で、もうそのときには国民党は中共をどうすることもできなくなる。だからわれわれとしては、今のうちにアジアの時局を自分たちの手でおさめたいと思っている。もちろん、今となっては、中国と日本だけで話をつけるわけにはいかない。しかし、日本に話のわかる政治家が立って、軍部内閣に代われば、中国はアメリカと日本人との間に立って話をつけてもいい。日本が徹底的に負けてしまわないうちに、また国民党がこれ以上傷つかないうちに、両国間で話がつけば、中国と日本の手には、まだ充分に発言権が残るから、米英側に多少の難点があっても押すことができる。アジアの戦争をヨーロッパよりも一足さきにおさめることは、アメリカの希望でもあるから、この方面でも問題はないと思う」（吉田前掲書一六九〜一七〇頁）

呉紹澍と苦心の会見をして蔣介石の和平の意志を伝えられる

吉田はこの話に魅力を感じ、応じることとして一九四二年一二月一〇日に出発した。朱や同志の案内で、汽車、バス、船、車を乗り継ぎ、太湖の西方で、抗日軍の前線基地のある張渚という町に入った。ここは顧祝同＊22の前線司令部の所在地だった。朱が吉田に会わせる人物とは呉紹澍＊23だと知らされて驚いた。

呉は、当時国民党の上海地下政府の市長だった。地下政府の責任者は蔣伯誠、呉開先、呉紹澍の三人で、呉紹澍が一番若くてやり手の人物であり、後に抗日戦勝利の日、上海市の副市長に任命された男だった。迎えに来た男は、姜夢麟という男で、吉田は驚いた。それは、姜が、かつてジェスフィールド76号＊24の密偵に逮捕されたのを、吉田が朱や楊から頼まれて軍に働きかけ、解放させたことがあったからだった。吉田は、姜が呉の右腕であり、そのことも呉がわざわざ自分を相手方として招いた背景にあったと知った。

吉田は、姜の案内で、籠に乗り、さらに一日をかけて山道を進んで、山中にある呉の拠点の家に到着した。

＊22 中華民国の軍人。最終階級は国民革命軍・中華民国陸軍一級上将。陸軍総司令や参謀総長、国防部長などを歴任した。

＊23 前述の小野寺工作当時からの重慶側の和平工作担当者である。

＊24 上海のジェスフィールド76号に、日本の陸軍の支援の下に設置されていた南京政府の特務機関。李士群や丁默邨らが中心で、重慶側の要人や工作員らに対して激しいテロ攻撃をし「魔窟」と恐れられていた（晴気慶胤『上海テロ工作76号』（B-12）に詳しい）。

呉は、吉田に、威厳を持って次のように語った。

「（要旨）現在の日本は軍という『狂気の頭』に支配されており、これから解放されない限り日華の和平は見込みがないこと、汪兆銘では中国をどうすることもできないと日本の軍部も悟ってはいるが、自からはこの政策を撤回できずにおり、このままでは破滅に至るであろうこと、中国は、国民感情としては日本の惨敗を望んでいるが、政府の理性としては日本の破滅は欲しておらず、もしそうなれば、中国だけではアジアの発言権は失われ、ソ連や中共の進出を阻む力も減少してしまうこと、したがって、日本としては世界情勢のもっとわかる政治家が、日本に残っている正気の力を結集して軍を抑圧しうる権力を作るのが急務であること、日本にもしそういう運動が起きれば、我々は決して傍観せず、それと連結し、和平の提議を与えることができること、（吉田は）賓客として国内に招待されたただ一人の日本人であり、我々の意向を日本のもののわかる政治家に伝えて、日本の破滅の前に狂気の頭を是正して世界と融和できる条件をつくりだすよう努力してほしいこと」（吉田前掲書一九二〜一九五頁）

吉田は非力な自分に対する期待の大きさにたじろぎつつ、双方の連絡線をもっと強固にする必要を話し、呉から、いつでも必要なときは朱を通じて直接呉と連絡できるとの答えを得た。

吉田は日本の要路に、蔣介石の和平意志を伝えた

吉田はそれから、呉の言葉を秘かに「もののわかる政治家」に伝えるための運動を開始した。そのための資金も必要だったが、意外だったのは、周仏海から運動資金の定期的な提供がされたことだ＊25。吉田は申報での論評で南京政府の批判を続けていたため周仏海からは睨まれていると思っていたので周の意図が分からなかった。吉田は初めて周仏海と会ったが、周は多弁で、さっそく重慶との全面和平について語りだし、吉田に「貴方は貴方の道を邁進してください」と激励したという。戦後、吉田は周仏海の日記を翻訳したが、一九四〇年一二月二〇日、周の日記には、汪や自分が重慶を脱出して和平を求めたことについて次のように書いていることを知った。

「重慶にいたころ、私が日本に下した観察は非常に間違っていた。それが今となって事実として現れた。これは抗戦派の理論の正確さを証明するに足るものである。この認識不足については、当然その罪は私が受けるべきものだ。これらはただ一心に国のために尽くし、どうあろうとも国家のために一筋の生きる道をとどめておかなければならぬ」（吉田前掲書二〇〇頁）

吉田は、周仏海のことを「他の人が蔣介石との直接交渉によって和平が達成できるなら、自分の運命がどうなろうともかまわない、という澄んだ心境に達していたものであろう」とし、「私は今でも、彼の政治家としての生き方には賛成できないが、その人の善意については、もっともよく理解している一人だと思っている」と回想している。吉田が戦後に、当時誰にも顧みられなかった周仏海日記を翻訳出版したのは、周のこのような心と厚誼に報いたかったからだという（吉田前掲書一九九頁）＊26。

一介の野人にすぎなかった吉田であったが、その後、呉紹澍らから聞いた蔣介石の和平の意思を日本の関係要路に伝えるため、吉田はしばしば東京と往復した。

＊25　周仏海日記には、一九四四年一二月九日に「午後、向井を接見。話によれば。明日吉田東祐と共に内地に赴き、呉紹澍と接触することにしているが、資金がないので困っているとのことで、その場で百万を与える。日本人はこの額を目にして狂わんばかりに喜ぶ」と記載がある。

＊26　このことも、重光らが、南京政府にこだわり、その解消に強く反対して繆斌工作を潰したことの誤りを示すものでもあり、第４章で詳述する。なお、本書が引用する周仏海日記は、一九九二年にみすず書房から出版された蔡徳金編であるが、吉田東祐の訳によるものは、一九五三年に東京の建民社から発行されていた。

近衛文麿はこれを理解して乗り気になった

吉田はその後も重慶との和平工作のために運動を続けた。吉田は一九四五年三月ころまでの間に、幣原喜重郎、池田成彬、有田八郎、富田健治、宇垣一成らと会談した。松平康昌式部長官らがよく世話をしてくれたという。初めのころはまだ日本の敗戦が決定的とまでは認識されていなかったので、人々は中国の実情に興味を示す程度だったが、東京空襲が頻繁になってからは、誰もどうしたら和平ができるかと真剣に吉田の話を聞くようになったという。

吉田は、中国から確かな和平の保証さえ得られれば日本の和平勢力を結集することは不可能ではないと思うようになり、上海に戻って朱泰輝に相談した。朱を通じてもたらされた呉の返事は「日本の政治家、とくに天皇に一番近い近衛の具体的な意思表示がなければ、蔣は動かないだろう」というものだった。

吉田は、躊躇せず日本に帰り、一九四四年の暮れか一九四五年の初めころ、内閣書記官長の富田健治に連れられて、小田原で初めて近衛文麿と会った。吉田は、近衛の威厳、鷹揚なものやさしさを好意的に評価した。吉田は次のように回想している。

「第一に感じたのはこの人の甘さだった。宇垣一成や池田成彬には、すぐ懐に飛び込めない、いかめしさや冷たさを感じたが、この人にはまったくそれがない。彼の地位はもって生まれたもので、忍耐や刻苦精励の結晶ではない。おそらく、それを失うことを心配したことなど、生涯一度もなかったろう。彼の甘さもここからきていると思う。彼についてはよく堅実味や慎重さを欠き、粘りがないなどといわれている。これはよくとれば、地位の重量感で行動を制約されることがなかったということだ。この点で彼は中国政治家の特徴を備えている。私はこの人と中国の、たとえば蔣介石と直接ぶつからせて、終戦への確信をもたせたら、ずいぶん思い切った処置をとるのではなかろうかと考えた。私ははじめて、夜道に行き悩む旅人が、かすかな光を見出したような喜びを感じた」（吉田前掲書二一一～二一二頁）

「組織」ではなく「人」を見極め、人とのつながりによって物事を動かそうとする中国人や中国社会を知り尽くした吉田の人物眼の鋭さを感じさせよう。

吉田は、朱や呉から伝えられた重慶、蔣介石の真意を懇々と近衛に伝えた。近衛は、最初は得体のしれない浪人者の吉田への警戒心があった。しかし、だんだんそれはほぐれ、数日後に、近衛から軽井沢で会いたいとの申し入れがあった。吉田は、手ぬぐいが凍るほど寒いころに富田健治と伊藤述史（※近衛内閣の情報局総裁、貴族院議員を務めた）の案内で軽井沢の近衛邸を尋ねた。

近衛らからの質問に対し、吉田は、蔣介石は天皇制の廃止を求めておらず、連合国がそれを主張しても反対するはずだ、と答え、自然に終戦の方法に話が及んだ。吉田は、近衛が決意をするなら重慶から和平の保証をとることができること、そのためには、「蔣介石を認めず」の近衛声明について、蔣介石宛の親書で謝罪することが必要だと力説した。近衛は自らは答えず無口だった。しかし、帰りの列車の中で富田から、近衛は決心しており、蔣介石への親書も書くので吉田に下書きを頼むと伝えられた。こうしてできあがった親書の文面は吉田の記憶では次のようなもので、出来上がった親書は奉書に達筆で書かれていた。

「日華両国ノ和平ハ、余ノ常ニ念願スルトコロナリ。余ハ曽ツテ声明ヲ発シテ、汪精衛ノ政府ヲ支援シタルモ、ソノ真意ハ中国ノ自主独立ヲ認ムルコトヲ、事実ニヨッテ表明シ、以テ閣下トトモニ全面和平ヲハカランガ為ナリ。然ルニ我ガ国政情ノ変化ハ、ソノ後ノ発展ヲシテ悉ク余ノ意ニ反シ、事態紛乱シテ今日ニ至ル。ソノ責任重大ナル、余ノ深ク自省スルトコロナリ。惟ウニ日華和平ノ緊切ナル、今日ヨリ甚シキハナシ。乞ウ。閣下余ニソノコトヲ協議スルノ機会ヲ与エラレンコトヲ」（吉田前掲書二一六頁）

時間との争いで、近衛のソ連への特使派遣により吉田の努力は崩壊

近衛の親書を届けるため一刻も早く重慶に行かなければならないと吉田は焦ったが、福岡の雁ノ巣飛行場が空爆を受けたり、上海行の飛行機が米軍機と遭遇して済州島への不時着を余儀なくさせられるなどし、上海に戻ったのは五月になっていた。しかしなかなか朱に会えず一か月も時間を空費した。ようやく朱に会うと、朱から、「われわれのキャッチしている確かな情報では、近衛は日本の特使としてソ連に行こうとしている。蔣主席を通じて和平しようというような空気は日本にはまったくなくなった」と聞かされ、吉田は驚愕して言葉を失った＊27。

＊27　最高戦争指導会議構成員会議でソ連を利用した和平工作の可否が議論されたのは五月一一日から一四日であり、その方針が確定したのは六月二二日の秘密御前会議だった。当初広田・マリク会談でその交渉が始まったがうまくゆかず、近衛を特使として派遣することは、七月八日に東郷外相が近衛と会って依頼し、七月一〇日の最高戦争指導会議で決定された（江藤淳監修『終戦工作の記録（下）』（B-1）五六頁～）。吉田が朱からこの話を聞いたのは、前後関係から六月ころないしそれ以降のことと思われるが、重慶側が極秘事項である対ソ交渉のことを既に知っていたことには驚かされる。日本の軍部や政府の中央のインテリジェンスの貧弱さとは対照的である。

吉田は、日本には戦争のいかなる時期にも満州国を取り消す意思が見られなかったのであり、同時に中国はそれを承認する意志がなく、自分の内臓に矢がささったままでは生き長らえないことを誰でも知っている、と述懐し、たとえ近衛が重慶に行ったとしても日本は行きつくところまでゆかなければならなかったろうと回顧する。しかし、この点、私は「取り消し」とか「承認」に双方が固執する限りどちらも拳は下ろせないが、蔣介石は日本の満州への特殊な関係について理解はしており、またソ連や共産党に対抗する関係から、この問題は当面棚上げして日本との間で現実的な配慮をする意図はあったものと考えており、次章や第4章で詳述する。

こうして、吉田の努力は実らなかったが、吉田がこの交渉の過程で朱泰輝や呉紹澍から伝えられた蔣介石の日本と和平を求める目的、動機が、当時、蔣介石が様々なチャンネルで、信頼できる日本の関係者に伝えていたものと完全に近いほど符合していることは、蔣介石に当時日本との和平の意思があったことを示す情況証拠として極めて重要である。

3　今井武夫による工作——認識の甘さに衝撃、時すでに遅かった

以下は、今井武夫『支那事変の回想』(B－13)を始め、今井武夫関係の各文献資料による。

水谷川忠麿や土井章らによる何世楨工作に協力しなかった今井武夫は、後に思い直して何世楨工作の復活に取り組んだ。しかし、時すでに遅かった(拙著『新考・近衛文麿論』で詳述する)。今井は何世楨工作とは別ルートでも重慶との直接和平工作に取り組んでいた。一九四五年二月、今井や佐藤賢了が水谷川忠麿らの何世楨工作を妨害して潰したしばらく後のことだった。かつて南京政府の参謀総長を務め、その後は悠々自適だった楊希一上将が今井を訪ねて来た。楊上将来訪の目的は、旧友であった何柱國上将が派遣し

た重慶の特使呉樹滋＊28の要請を受け、呉を今井に紹介するためだった。何柱國上将は重慶政府の第十戦区副司令長官兼第十五集団軍司令官だった。呉は、数か月前から南京に潜入していたが、楊希一上将の弟の楊振中将とも相談の上、今井と会う決心をしたとのことだった。楊と呉の話では、何柱國上将が呉を派遣したのは蔣介石の許可も得ているとのことであった。今井は、当時、陸軍による和平交渉を禁じられていたが、独断で何上将との会見を申し込んだ＊29。

＊28「呉樹滋」の人物については資料が見当たらない。吉田東祐の和平工作の相手方だった呉紹澍と名前が似ているので同一人物かも知れないが定かでない。

＊29 今井はそう回想するが、当時陸軍による和平交渉が禁じられていたのでないことは、拙著『新考・近衛文麿論』（一八九頁〜）で詳述する。

その結果、五月中旬、呉から非公式に中国側の和平原則大綱が提示され、①日本軍の山海関から広東に渡る中国本土からの全部撤兵、②今後日華協議の上、決定される条件に従い、満州から兵力を撤収、③中国は中国以外の戦場における日本軍の行動を妨害しない、というものだった。

一九四五年七月四日、今井は飛行機で南京を出発し、難行の末、目的地の新站集にたどり着き、呉の案内で、同月九日、ようやく何柱國上将との会談に漕ぎつけた。今井が、日華両国の直接和平交渉の希望を伝えたところ、何はこう語った。

「日華和平はカイロ宣言の今日、到底実現の可能性がない。従って日本が中国と和平を希望するなら、必ず同時に世界和平を不可欠な要件とする。……日本が敗戦の結果衰亡することは、中国として決して望むところでない。寧ろ戦後においても東洋の一強国として残り、中国と相携えて東洋平和の維持に協力されたい希望である。したがって必

今井武夫

要な国力を完全に消耗しきらないうちに、早く戦争を終結するよう日本政府の聡明と善処を熱望している。……それがため、中国は万一日本の要請があれば、日本の和平提案を連合国に取り次ぐことに決して吝かでない。特に蔣介石主席は日本の天皇制存続に好意を寄せ、既に各国首脳にも其の意向を表明した。……戦後日本は、満州を始め、海外の全兵力を撤収するは固より、朝鮮、台湾、樺太等を譲渡せねばならぬ。本件は既に連合国として協議済みであるから、今更変更の余地がない」

今井は、満州も含めて日本が海外からすべて撤退するという連合国側和平条件の余りの厳しさに驚き、従来自分たちが考えていた希望的観測が如何に甘くて手前勝手であったかを痛烈に思い知らされた。

今井は、カイロやテヘランで会談が行われたことは知っており、新聞の片隅に乗ったカイロ宣言を読んだことはあった。しかし、それは連合国が戦争遂行の戦略として威嚇や示威を加味した宣伝戦の一種だと考え、重視していなかった。いわんやヤルタ秘密協定の内容は知る由もなかった。しかし、何上将から連合国で決定済みの既定条件として示された内容に、今井は、次のように回想する（『支那事変の回想』（B-13）二〇九頁～」、『日中和平工作　回想と証言』（B-14）一八八頁）。

「『百雷一時に落下したような衝撃』を感じた。数年前までに日本が重慶政府に提案した和平条件に比べれば、天地の差があることを知り、歴史の歯車の速やかな回転と現実世界の厳しさに慄然とした。自分は、小磯内閣の九月の譲歩案すら知らなかったので、何が示した条件は残酷であり、我々の準備不足を思い知らされた」

この今井の何柱國上将との交渉のエピソードには、重要な意味がある。今井は満州も含めて日本軍の全面撤兵という厳しい条件に衝撃を受けたことだ。今井は、盧溝橋事件以来、事変の不拡大と拡大後の和平工作に心血を注ぐなど、極めて良心的な陸軍の軍人だった。しかし、日本は、太平洋戦線では海軍は壊滅状態に陥ったものの、中国戦線では、点と線ではあるがほぼ勝利を重ね、大陸打通作戦にも成功していた。

そのため、中国の日本陸軍関係者には、日本が敗けているという意識はほとんどなかった。これは、後述する岡村寧次支那派遣軍総司令官の認識にも共通する。したがって、今井ら在中国の陸軍関係者（これは谷大使ら外務省関係者にも通じる）には、和平の条件に満州からの撤退まで要求されるなどとは思いも及ばなかった。せいぜい、盧溝橋事件発生以前の状態に戻り、せめて満州の権益は維持して和平が可能だというのが、彼らの大方の意識であっただろう。それまでの今井らの和平の努力も、そのような意識を前提としていた＊30。

＊30 周仏海日記には一九四四年一〇月一七日、谷正之大使が周仏海と会談したとき、周仏海が、満州を返還しなければ和平を語ることはできないと主張した。谷大使は、新聞を見せて、台湾を襲撃した米機動部隊の主力がほぼ全滅し、一八隻の空母が撃壊、撃沈したと言った。これが全くの虚報であったことは後に判明したが、谷大使はこれを鵜呑みにしていたのだろう。後の繆斌工作で、それに反対する上申をした谷大使の主張には、戦局の厳しさの認識不足がにじみ出ている。

満州くらいは確保できるとの希望的観測に立った今井らの努力は、客観的には実現不可能だった。他方、日本では東京空襲を始め全土への空襲が激しくなり、沖縄戦も近づき、米軍の本土上陸決戦も控えている中で、深い情報に接していた近衛ら要人は、国体護持以外の無条件降伏を覚悟していた。国体さえ護持できれば、領土は本土のみで足り、満州も放棄し、日清日露戦争以前の状態に戻ることも覚悟していた＊31。このような覚悟こそが連合国との和平成立の前提だった。戦局の決定的厳しさを正確に踏まえた近衛らによる工作の前提条件や、繆斌工作で示された和平条件にこそ、客観的な実現可能性があった。それが今井を始めとする陸軍や外務省の妨害で実らなかったことに最大の悲劇がある。

＊31 近衛は、一九四五年一月二五日、京都の別邸虎山荘で、極秘に岡田啓介、米内光政を招いて終戦工作の密談をしたが、その時には満州も含めて本土以外の一切の領土権益を放棄し、国体護持さえできればよく、天皇

を退位させる策を語った。ここに、今井武夫が、一九四五年六月に何柱國上将から連合国の厳しい条件を聞いて驚愕したこととの大きな違いがあった。

4 中山優・傅涇波、スチュワート工作

これは、近衛文麿のブレーンだった中山優が戦争末期に試みた工作だ。中山優は、清貧・硬骨の漢学者で、近衛から信頼され、近衛声明や演説の起草をしばしば任されていた。緒方竹虎の信頼も厚かった。中山は、満州建国大学の教授も務め、東亜連盟で日中の友好のために努力したが東條英機の弾圧により連盟が解散し、帰国していた。戦争末期に満州国の公使として中国に渡り、上海において、重慶との和平工作に心血を注いだ。中山は、燕京大学の学長で、蔣介石とつながりが深かったレイトン・スチュワートの秘書の傅涇波と、一九四五年五月、密かに和平のために会談した。中山はこの会談を踏まえて、日本で東郷外相や阿南陸相らに根回しし、和平交渉の進展に努力したが、現地陸軍の非協力のため、特使派遣は八月にずれ込み、敗戦によって水泡に帰した（拙著『新考・近衛文麿論』（一九八頁〜）で詳述する）。

5 安江仙弘陸軍大佐によるユダヤルート工作

――ユダヤ人を助けた安江大佐に重慶は注目した。石原莞爾も支援

安江《やすえ》仙弘《のりひろ》大佐は、一九三七年に大連の特務機関長となった。安江は、ハルピン特務機関長を務めた樋口季一郎と共に陸軍きってのユダヤ通だった。安江と樋口は石原莞爾とも陸士二一期の同期で、三人の信頼は厚かった。安江や樋口は、ヒトラーに迫害され、シベリア経由で中国に逃れようとする多数のユダヤ人

たちを満州に受け入れて救済したため、二人は満州を始めとする中国のユダヤ人社会から深い信頼と尊敬を集めていた。安江と樋口は、ユダヤ人社会での最高の栄誉であるゴールデンブックにも登載された。

その安江が、戦争末期に、ユダヤ人組織の幹部からの深い信頼により、蔣介石やアメリカとの和平の糸口を開くこととなった。この安江工作は、繆斌工作とほぼ時期を同じくしていた。安江工作は、繆斌工作が真に蔣介石の意思に基づくものであったか、また当時アメリカに日本との和平を受け入れる可能性があったか、を検討する上で大きな意味を持つ。そのため安江工作については、第４章の繆斌工作の章で詳述する（三五八頁〜）。

第３　欧州を舞台とする和平工作
――アメリカのソフト・ピース派のアレン・ダレスらＯＳＳが主導、アメリカの和平の意思を示すが日本の為政者の無理解により実らず

戦争が末期に近くなり、日本の敗戦が迫ってきたころ、欧州を舞台として、連合国とのいくつかの和平工作が密かに進められた。スウェーデンを舞台とした元駐日公使バッゲによる工作と小野寺信陸軍大佐による工作、スイスを舞台とし、アメリカのＯＳＳ（※戦略情報局、Office of Strategic Services）のアレン・ダレスを窓口として行われたダレス工作、そして、バチカンを仲介者とするバチカン工作がそれだ。これらの工作は、当事者の努力にもかかわらず、いずれも実らなかった。その主な原因は、外務省の重光前外相と東郷外相の引継ぎの悪さ、現地の外交官の陸軍に対する敵意と不信、陸海軍の中央の無理解と冷淡

な対応にあった。そして何よりも、当時、政府と陸海軍の中央がヤルタ密約を知らず、あるいはその情報を握りつぶし、実現可能性が皆無のソ連を仲介とする和平工作にしがみついていたことにあった。

本書の主題は日中の和平工作である。しかし、戦争末期に近い時期に行われた繆斌工作や近衛文麿を要路とする重慶との和平工作が実らなかった原因の多くは、これらの欧州での和平工作失敗の原因と重なっている。そこには、当時の日本の為政者や軍中央のインテリジェンスの貧弱さ、洞察力の欠如、組織の悪しき論理など、今日にも通じるであろう様々な反省点がある。

また、日中の和平工作が実現できるかどうかは、蔣介石に日本との和平の意思があったか否かと共に、アメリカを始めとする連合国も、日本との早期和平の実現を望んでいたか否かが重要な鍵だった。以下に述べるスウェーデンやスイス、バチカンを舞台とする連合国との和平工作は、この観点から大きな意味を有するものだ。

1　バッゲ工作――重光外相が東郷外相に引き継がなかった

発端と経緯

以下は主に、外務省編『終戦史録2』（A‐72）、重光葵『昭和の動乱・下』（G‐7）、『東郷重徳外交手記』（G‐9）などによる。

この工作の発端は、ジャーナリストだった鈴木文史朗*32が、戦争の前途は真っ暗であるとの認識から、かねて懇意だった在日スウェーデン大使館ウイダー・バッゲ公使と、スウェーデンを介した和平工作について度々憲兵の目を盗んで会談したことだった。鈴木は、バッゲに、スウェーデンの斡旋によりまず英国にさぐりを入れたい、その条件として日本の占領地域の返還や満州国をも放棄する可能性がある、この計画は近衛公等がその責任者である、などと告げて尽力を求めた。バッゲは、戦後、「主要な点は戦争中征略した領土は一切返還するにあった。満州国放棄の可能性さえも考慮に入れてよいというのであった。鈴木氏は近衛公及び周囲の一派の人士がこの計画の責任者であって、彼らはこれをスウェーデン政府に届け、スウェーデンを通じてロンドンにさぐりを入れるよう要望方余に依頼した」と回想した＊33。

バッゲがこれに応じたので、鈴木は一九四五年三月三一日、重光外相を訪ねてこれを提案した。重光は「ご意見謹聴しました」と言ったので鈴木は重光が賛成したと思った。鈴木が当時懇意だった下村海南＊34に出した手紙には「重光外相は、バッゲ氏帰国の上、英国の事情も探り、その上でスウェーデンとしての戦争終結、平和交渉の案をたてて見てくれぬか、その通信はストックホルムの日本公使館を通じてやるようにしようということであったそうで、同公使もこれほど重大なことを打ち明けられ且つ信任されたことを喜び、日本のために一肌脱ごうということになりました……」などと書かれていた（『終戦史録２』〈A-72〉一一四頁）。

＊32　戦時中は東京朝日新聞でシベリア出兵の従軍記者やパリ講和会議などの特派員として活躍。社会部長や取締役を歴任して敗戦直後退社。『リーダーズ・ダイジェスト』日本語版編集長、全国出版協会理事長、ＮＨＫ理事を歴任。一九五〇年参議院議員に当選したが翌年に死去した。

＊33　この工作にも近衛文麿が関与していたことは注目される。また、和平条件に満州国の放棄さえ考えていたということは、前述の今井武夫の認識と大きな違いがあった。

＊34　本名下村宏。当時貴族院議員で鈴木貫太郎内閣で内閣情報局総裁となり、ポツダム宣言受諾の実現に尽力した。戦後拓殖大学総長。

バッゲは、旧友で前フィンランド公使であった昌谷忠とともこの件で会談していた。昌谷は、重光と相談した上、バッゲに対し、「講和問題は大いに急を要し、重光氏は本国政府に対しこの問題を取り上げるため（バッゲ氏が）できるだけ速やかに出発し、ストックホルムに直行方希望している旨を述べた」と伝えた。ただ、その際、「重光は、『スウェーデン政府が自己の発意により講和条件に関する米国の意向を探って貰えるなら仕合せである』と申された」ともバッゲに伝えた。

重光は、小磯内閣が総辞職したため四月七日に外務大臣を辞したが、バッゲは、四月一三日、スウェーデンに向け出発する直前に重光と会談した。重光文書「平和の探求」（『終戦史録２』一二〇頁所収）には次のようにあり、重光はこの工作に期待していたようにも見える。

「若し日本が平和を申入るるとすれば信頼すべき仲介者を通じて直接米英に対して意向を探るの最も有利なるを感ぜざるをえない。……東京駐在の中立国の代表者としては唯スウェーデン公使バッゲ氏か、若しくは法王庁代表に依頼するの外はないと考えられた。バッゲ氏は永く東京に駐在し日本を解し且つ誠実の評の高い人であるが、同氏は近くソ連経由ストックホルムに帰ることになった。同氏は熱心に和平に付いて記者（※重光）に申出をなし遂には『永き歴史を有する立派な日本を破滅に陥し入れるに忍びない』とさえ言いだした。記者は同氏に対して日本の名誉を救うことを条件として如何なる平和に米英側が用意を有っているかを探ってストックホルムにおける岡本公使を通じて報告することを依頼した」

重光は東郷に引継がなかった

四月一一日、昌谷は就任直後の東郷外相を訪ねたが、東郷は「自分はこの問題につき未だ誰からも報告を受けて居ないが自分は急速講和を願望して居るから、スウェーデン公使の提案を実現させるよう公使（※駐スウェーデンの岡本公使のこと）に話してもらいたい」とのことだった（『終戦史録２』一一七頁所収の昌谷忠口供書）。つまり東郷には初耳のことだった。

昌谷は、翌一二日、離任直前のバッゲを訪ね、東郷大臣の意向は前外相と同様であると告げたところ、バッゲは、非常に喜んだという。つまり、重光は、バッゲや昌谷には、この工作に一見前向きな姿勢を示していながら、それを東郷新外相には全く引き継いでいなかった。鈴木文史朗が重光を訪ねてこの案を持ち掛けたのは重光がまだ在任中の三月三一日であったので、重光は少なくともこのような工作の可能性があることについて、自ら、現地の岡本公使に対し、何らかの指示あるいは情報提供をすることができたはずだ。しかし、重光はそれを何もしていなかった。重光がこの工作に期待していたのなら、部外者であるバッゲに依頼して岡本公使に報告を求めることよりも、まず自らが岡本公使に適切な指示や情報提供をするとともに東郷にそれを引き継ぐべきだっただろう。

東郷は次のように記している。

「重光前外相からは、予の就任直後、繆斌問題については一時間余にも渉り詳細の申継があったが、本件については一言も触れなかった。東京裁判でこの問題が重視されてきたので、当時の首相小磯君にも聞いたが、当時何も重光からは何も聞かなかったとのことで、又木戸内府も何も知らなかったとのことである」（『東郷茂徳外交手記』（G-9）三二七頁）。

繆斌問題は、後に詳述するが、重光は徹底的にこれに反対し、この工作を潰した中心人物だった。小磯内閣総辞職とともに繆斌工作は水泡に帰していた。にもかかわらず、重光は、既に潰れてしまった繆斌工作については延々と東郷に語りながら、肝心のバッゲ工作については一言も引継ぎをしなかったのだ＊35。

＊35 バッゲ供述書（『終戦史録2』一一六頁）では、東郷の外相就任の翌日、「使者（※昌谷忠）が来訪し、東郷氏は重光氏と余との会談のことを聞いており、且氏は講和問題に対し同一の態度を取っていると述べた」となっており、重光からの引継ぎがあったかのような趣旨となっている。しかし、東郷はこれを明確に否定しており、重光も東郷に引き継いだとは述べていないので、やはり引継ぎはなかったとみるべきだろう。

岡本公使は、バッゲの訪問で初めてこれを知った

バッゲは、一九四五年五月、スウェーデンに帰国後、岡本公使を訪ね、平和交渉に関する努力について秘密の電報を受け取ったかと尋ねた。しかし、岡本は何も聞いていないと答えた。驚いたバッゲは岡本に大至急本省に照会してもらうよう依頼した。約二週間後に岡本は「今東郷氏から電報を受け取ったが、本件は前内閣の取り扱ったものであるから調査を要する」とバッゲに伝えた。岡本もバッゲもこの本省の回答には大いに失望した。バッゲは、この理由について、東郷が、講和に対する努力はむしろモスクワに対してやろうとしたこともわかってきた、としている。

岡本末正自記「瑞典における和平打診工作の経緯」（『終戦史録2』（A-72）一一二頁所収）にはこう書かれている。

「（要旨）五月一〇日、帰着直後のバッゲ氏から至急会いたいとのことで来訪を受けた。バッゲから、和平に関する重要電報が来ているはずだと尋ねられたが初耳だった。バッゲから、重光外相らとの話し合いの経緯を詳細に聞き、大至急東京への照会を依頼された。直ちに誰にも漏らさず暗号電報で紹介したところ、回答がなかなか来ない。五月一八日の東京からの回電で『前内閣当時に行われたことについては、篤と調査して見る必要があるから、本件は相当時日を要するものと御承知ありたい』いうだけの簡単なもので非常に失望した。二三日、バッゲ氏にその趣旨を伝えたところ明らかに非常な失望の色を示し、『自分としては甚だ遺憾ながらこの上話を進めるわけにはいかないから、暫く様子を見るの外ない、自分の推測では日本政府はおそらく他の方面の斡旋を求められる御意向であるものかと思う』と述べた」

東郷茂徳の口述では次の通りである。

「就任後間もなく、前フィンランド公使昌谷忠氏の来訪を受け……余はかかる話を聞くのは初めてであ

るが、余は固より戦争の早期終結を望むものであるから、バッゲ公使及びスウェーデン政府の計らいは余はこれを多とするものであると述べ、その旨同公使に伝うるよう昌谷氏に告げた。然しその後本件は何等発展を見る事なく、その間ソ連の和平仲介を求むる努力が始められた……中立国関係として、法王庁、スイス、スウェーデンは見込みなしとした。又蔣介石は、カイロ会談以後期待は持てないとした」（『終戦史録２』一一八頁）。

また『東郷茂徳外交手記』（G－９）（三二六頁〜）では次の通りである。

「（要旨）五月下旬であったと思うが、在スウェーデン岡本公使から、バッゲ公使と会見した旨の電報が入ったが、それによると、仲介の話は日本政府の依頼によるものととれるものであり、表向きの話となると米国では無条件降伏という懸念があり、日本から無条件降伏の申出があるものとストックホルムで喧伝される恐れがあったことや、当時、自分の方では軍部等の対ソ接近を誘因として和平に導いてきた間際であったので、バッゲ公使の方は暫くそのままとするようにと回答させた」

つまるところ、重光も東郷も、この工作については、鈴木や昌谷、バッゲに対して社交辞令的な対応をしたのみであり、まともに取り組もうとする考えはなかったのだ。

五月一四日には最高戦争指導会議で、対ソ工作を始めることが議論され、バチカン、スウェーデン、スイスなどでの非公式和平交渉は打ち切られることとなった。二三日、バッゲは岡本公使から返電内容を聞かされ、失望し、工作は立ち消えとなった。戦後バッゲは、小野寺信やバッゲとの交友が深かった朝日新聞の特派員衣奈多喜男に語った。

「五月に入ってからの二週間、それは日本の運命を決する大切な時期であったと私は思っている。しかし私は微力で何一つできなかった。……私が帰国してくるとすぐあちら側から呼ばれて、熱心にいろんなことをきかれた。私は私の信じているところをできるだけ述べた。その中には天皇制を保持することについての意見も含まれている。そしてこれらの報告なり、意見は連合国側の首脳部に相当強く響いたことと信じている」（衣奈多喜男『最後の特派員』（B-46）二八五頁）

この情報はアメリカには伝わっていた

長谷川毅『暗闘　スターリン、トルーマンと日本降伏』（H-14）（八九頁）によれば、トルーマンの就任以降、日本の無条件降伏を緩和すべきだとの圧力があり、その一つにザカリアス大佐からの報告があった。大佐は、戦時情報局に勤務していたが、一九四四年から日本の国内政治の情報収集に乗り出し、米内と高木を中心とする和平派の存在を確認した。さらに捕虜となった海軍将校とスカンディナビアのある国の外交官（おそらくスウェーデンのバッゲ大使であろう）の内部情報と照らし合わせ、日本に和平派が存在することを確認したという。

同大佐はフォレスタル海軍長官を説得して、この和平派を積極的に終戦に向かわせるための心理作戦のプログラム「OP-16-W」を開始した。アメリカが要求する無条件降伏は、日本民族と国家の破滅を意味するものでないということを一連の短波放送で日本に流すことを目的とした。ザカリアスの意見はフォレスタルを無条件降伏修正論の有力なスポークスマンとした。

つまり、日本では為政者に一顧だにされず潰されてしまったバッゲ工作の情報は、アメリカの政策責任者にはきちんと伝わっていたのだ。

2　小野寺工作――岡本公使の妨害と陸軍中央の無理解により実らず

ヒューミントの達人小野寺信

小野寺信は、前述したとおり、一九三九年、陸軍省ロシア課から中国に派遣され、吉田東祐らとともに蔣介石との直接の和平交渉に腐心したが、平行して進められていた影佐禎昭らによる汪兆銘工作によって押しつぶされ、失意のうちに帰国していた。小野寺は、中国から帰国後、陸大教官に事実上左遷されていたが、ストックホルムの陸軍武官を命じられ、一九四一年一月に着任した。小野寺がそのたぐいまれな情報士官としての能力を発揮したのは、ヨーロッパを舞台とする諜報工作だった。

以下は、主に岡部伸『諜報の神様と呼ばれた男』（B-42）、岡部伸『消えたヤルタ密約電』（B-44）、小野寺百合子『バルト海のほとりにて』（B-43）、衣奈多喜男『最後の特派員』（B-46）、外務省編『終戦史録２』（A-72）などによる。

小野寺は、「諜報の神様、ヒューミントの達人」と呼ばれた。英国立公文書館にはＭＩ５が監視して調査した人物として、日本の武官では唯一小野寺のみのファイルがあるというほど、小野寺の行動と能力は連合国から注目、警戒されていた。小野寺は、ソ連の侵略で祖国を奪われたポーランドやバルト三国の情報士官たちを精神的、経済的にサポートし、信念と友情で深い信頼関係を築き、小野寺に心を許した彼らから貴重な機密情報を得ていた。その行動は日露戦争における明石元二郎の活躍を思わせるものがある。

ヒューミントは人間的信頼関係を構築して協力者から秘密情報を得るインテリジェンスの王道だった。小野寺は、これを駆使して、ヤルタ会談でソ連が対日参戦を密約した情報など、日本の命運を左右する重要情報を入手していた。小野寺は現在の貨幣価値で年間数十億円もの機密費を使うことができた。小野寺の基本姿勢は、国や立場を超えて、協力者に対する信頼と信義を守ることだった。例えば、小野寺は独ソの侵攻でロンドンに亡命を余儀なくされたポーランド参謀本部きっての大物インテリジェントオフィサーであるミハール・リビコフスキーが、ゲシュタポから追われているのを、日本人名での旅券を与えるなどして庇護し続けた。

リビコフスキーは、独ソ開戦の決め手となる情報を小野寺にもたらし、また、ロンドンに移ってからも小野寺に情報を送り続け、一九四五年二月のヤルタ密約の情報を小野寺に伝えたのもリビコフスキーだった。リビコフスキーは、「マコトは命の恩人だ。自分をゲシュタポから守ってくれたのはマコトだ」と語り、その友情は、一九八七年に小野寺が死ぬまで続いたという。小野寺は、戦後、米戦略諜報部隊の訊問に対して、「最初は金銭というよりも友情と協力だった。……彼らの信頼と忠誠心を高めるには、祖国を失い、精神的にも経済的にも窮乏している時期に、彼らの家族に様々な援助を続け、保護することが必要だった」と答えたという。

小野寺は、独ソ戦が開始される直前にベルリンで行われた武官会議で、ただ一人「独ソ戦は必ずある。ドイツは英本国まではいかない」と主張し、参謀本部からは「貴官は英米の日独離間工作に乗っている」と警告する電報まで受けたという。しかし、小野寺は、大島浩大使らがヒトラーから伝えられる一方的な情報を鵜呑みにしていた中で、ヒューミントで得た確かな情報に基づいて、「ドイツは日本が考えているように全面的に協力的ではない」「米英を相手に戦争を絶対にしてはいけない」などの情報や意見を送り続けた。小野寺は、アメリカが原爆を開発・製造している情報もほぼつかんでおり、戦後小野寺を訊問した米戦略諜報部隊の秘密文書にはそのことが記載されているという。

スウェーデン王室を介する和平工作の開始

ヤルタ会談情報を入手した小野寺は、ストックホルムで、ソ連参戦前に戦争を終わらせようと和平工作の打診を開始した。話はさかのぼるが、日本が破竹の進撃を進めていた一九四二年五月、小野寺はグスタフ五世国王に拝謁したとき、国王から「日本は戦勝に酔っているようだが、戦いは勝つときばかりではないから、適当な時期に終戦を図るべきだろう」と忠告を受けており、心に深く響き、機会が来ればスウェーデン国王と親戚関係にあるイギリス国王との間に和議の道が開けないかとの期待を大戦初期から胸に秘めていた。

ストックホルムの岡本公使は有力な情報源も和平工作のチャンネルも開拓していなかった*36。岡本公使よりも小野寺の方が遥かにスウェーデン王室など和平工作を行うルートを構築していた。一九四四年九月、肝胆相照らす協力者となる扇一登海軍大佐がストックホルムに来た。小野寺と扇は、スウェーデン国王を通じた和平工作による戦争早期終結で意気投合した。海軍はそのころ早期和平に前向きで、中立国で情報収集を装った和平工作を行わせる辞令を、三月一日に発令し、ストックホルムには扇を、ベルンには藤村義朗中佐を派遣することになった。しかし、岡本公使は、扇のスウェーデン入国に力を貸さず、小野寺らによる和平交渉に対する邪推からこれに協力しなかったという。

＊36　ただ、小野寺側の文献では岡本公使に対しこのような批判がされているが、岡本公使は、小野寺の工作を妨害はしたものの、自らも終戦間際まで貴重な情報を本国に送り続け、ポツダム宣言受諾に貢献したと評価されている（「おわりに」参照）。

ドイツの降伏まもない五月九日、日本陸軍武官事務所の小野寺を、グスタフ五世の甥のプリンス・カール・ベルナルドッテが、スタンダード石油スウェーデン総代理店支配人のエリック・エリクソンと共に訪ねて来た。二人は、ドイツが降伏した以上、日本は一刻も早く和平の手を打って終戦すべきだと強く勧めた*37。エリクソンは実はＯＳＳのエージェントだった。小野寺はそれに乗る決心をしたが、岡本公使には情報の保秘に信頼がおけなかったため打ち明けなかった。ＯＳＳが、小野寺工作にも関与していたことは重要な視点である。

ＯＳＳのアレン・ダレスは、後で詳述するスイスでの和平工作の当事者であり、ダレスは後述の「サンライズ作戦」によって北イタリア戦線のドイツ軍を降伏に導いた実績があった。岡部伸は、小野寺のこの工作は、プリンス・カールやエリクソンの方から強く小野寺に働きかけたものであり、エリクソンが、小野寺とのやりとりを在ストックホルム米国公使のジョンソンに逐一報告していたことを詳述している（岡部伸『「諜報の神様」と呼ばれた男』（B-42）三三二頁〜）。

＊37　岡部伸によれば、小野寺へのこの働きかけはこれが初めてではなく、約二か月前の三月から、「王室はイギリス王室とは親しいのだから、小野寺より国王にお願いして、イギリスと日本の間のお取り成しをお願いしてみてはどうか」と提案しており、和平工作はアメリカ公使館の要請で行われていたという。

しかし、小野寺は、和平工作について軍人は路線の準備までは任務としても、その先は中央に委ねるべきだと考えており、外交ルートを無視したり、それと対抗・対立する工作を行う意図は決して持っていなかった。あくまで、いずれは外交ルートに乗せるという意図で、プリンス・カールやエリクソンのルートを、非公式のバックチャンネルとしてその鍵を開ける役目を果たそうとしていたのだ。

五月一六日、エリクソンが小野寺の不在中に訪れ、百合子夫人に「必ず良い結果が期待できます」と告げた。エリクソンは、小野寺とのやりとりをすべて在ストックホルム米国公使のジョンソンに報告していた。五月一一日付で、ジョンソンからワシントンのステチニアス国務長官に送ったエリクソンと小野寺との「小野寺は……和平は無条件降伏でないことが必要であること、これを国王の弟のプリンス・カール・シニアに取り次いで欲しいと要請したこと」など、具体的やりとりを伝える電報が国立公文書館に残されており、これは、イギリス外務省の公刊史「イギリスの第二次大戦中の外交政策」にもこれを裏付ける記載があるという。

岡本公使の妨害と陸軍中央の無理解により挫折

しかし、小野寺工作は、前述のバッゲ工作とバッティングすることとなる。

前述のように、バッゲは帰国後すぐの五月一〇日、日本公使館で岡本公使に経緯を説明したが、岡本には本省からなにも届いていなかった。重光と交代した東郷にはこの工作は知らされていなかった。岡本は本省に問い合わせるといっただけだったので、バッゲは失望した。

小野寺自身は、バッゲ工作と張り合ったり対抗しようなどとの考えはまったくなかった。小野寺は、和平交渉のチャンネルはいくつもあった方がよいと思っていた。小野寺によるプリンス・カールのルートとは違うが、バッゲ工作にも期待を寄せていたのだ。これは重要な点であり、外交ルート以外の交渉を嫌い、排除しようとする職業外交官と、組織や建前論を超えたヒューミントにより工作をしていた小野寺との違いだった。自分の工作も、他の者が行う工作も最終的な目標は同じなのだから、両方とも並行し、ときには協力して進めていけばよく、いずれ合流すればいいのだ、という懐の深い考え方と、自分以外のルートによる工作を毛嫌いし、排除しようとする狭量な考え方との違いだ。この点も後述する何世禎工作や繆斌工作の妨害に通じることだ。

「岡本末正自記」（『終戦史録２』一二一頁〜）によると、五月一六日、バッゲが岡本公使を訪ね、バッゲが「実は、今日はギュンター外相の命で来訪した」として、

「自分（バッゲ公使）が日本外相より内密の依頼を受けて英米側に対して和平に関する打診に乗り出そうとしつつある矢先に、一陸軍武官が横合いから斯かる策動をするのは不都合であるのみならず邪魔になるという意見であるから、取りあえず右の事情を貴公使に内報すると共に斯かる策動をさせない様に措置をとられることを希望すると述べ（た）」

ということになっている。そして、岡本公使は、東郷外相に

「一武官が策動するは不可解なるのみならず、そのやり方も拙劣にしてこれを継続せしめる時は本筋の交渉の邪魔になり、かつ極めて危険なり。……小野寺武官の件は陸軍中央の命によるものと否とにかか

わらず、かくのごとき横合いよりの行動禁止方、至急中央において内密かつ的確に御措置ありたし」と小野寺がスウェーデンで勝手な和平工作をしていると抗議した。外務省の外交史料館には小野寺を感情的に誹謗中傷する岡本公使の電報が残されており、その後も岡本は小野寺の罷免まで要求する電報を送った。この人格的誹謗中傷まで含んだ岡本の公電は、繆斌工作において、在華の谷大使が、繆斌を誹謗中傷してその信頼性を徹底的に否定した公電を彷彿とさせる。

しかし、岡本がバッゲから「抗議」されたという供述は疑問だ。まず、岡部伸によれば、ギュンター外相がこのことを知ったのは、小野寺を説得して賛同を得たプリンス・カールとエリクソンが、ギュンター外相を呼んで意見を求めたことにあった。しかし、だからといって、ギュンターが、プリンス・カールらが熱心に進めていたこの工作をいきなり潰しにかかるとは考えにくい。

それを窺わせるのは、当時スウェーデン駐在の朝日新聞特派員の衣奈多喜男*38の記憶だ。衣奈は、小野寺の工作が進んでいることを知っており、小野寺と信頼関係にあった。衣奈は、バッゲとも知己であった。衣奈は、バッゲから、岡本公使がバッゲ工作に冷淡であることを打ち明けられ、「本当に困ったという顔で私に相談を持ち掛けてきた」という。バッゲは、

「岡本公使とは一度食事をしただけで……私から日本公使を呼び出して、たずねることもならず、向こうは何一つおっしゃるでなく……一体どうするのがよいと思うか」

と衣奈に相談した。衣奈は、バッゲ工作を初めて重光に持ち込んだ鈴木文史朗からスウェーデンルートの工作について話を聞いていた。衣奈は、小野寺工作が進んでいることを知っていたので、岡本公使より幅広い人脈をもつ小野寺の方が終戦工作にふさわしいと考えていたという。そこで、衣奈は、小野寺を紹介してバッゲ工作を急いで進めてもらうよう口を添えた（衣奈多喜男『最後の特派員』（B-46）二八三頁～）。つまり、衣奈は、小野寺に、小野寺自身の工作のみでなく、バッゲ工作の支援をも相談したのだ。もともと

小野寺は、複数のルートがあってもよいという考え方であり、この時にバッゲに対して冷淡な態度をとったとは考えにくい。

私の想像であるが、バッゲが岡本公使を訪ね、小野寺工作の存在を口にしたのは事実であろう。しかし、バッゲがそれに「抗議」したとまでは考えにくい。小野寺は、かねてから岡本公使の保秘の甘さを警戒しており、岡本に対して自分の工作のことを話していなかった。そのため、岡本はバッゲの口からこのことを聞いて、職業外交官としてのプライドを著しく傷つけられたのであろう。そして、小野寺工作を潰すために、自分自身だけでなく、バッゲからも「抗議を受けた」と誇張する報告をしたというのが真相ではなかろうか。

＊38　衣奈は、太平洋戦争直前にローマに派遣され、終戦まで、イタリア、ドイツ、スウェーデンより戦況を刻々と日本に打電し、ムッソリーニの失脚、ノルマンデイの戦場、終戦前夜のスウェーデンなどの情報を送り続けた。

外務省から強い抗議を受けた陸軍では、六月二四日、梅津参謀総長から、「最近ストックホルムにおいて、中央の方針に反し、和平工作をするものあるやの情報なり。貴官において真相を調査の上、一報ありたし」と事実上「和平工作などするな」との叱責の電報が小野寺に届いた。

小野寺は、戦後、「六月になって日本がソ連を通じて和平工作を始めたことを知ったとき、『ソ連を通じての和平工作はもっとも悪い。私はルートを持っている』と参謀本部に打電したが握りつぶされてしまった」と語った（岡部前掲三四九頁）。

バックチャンネルの重要性

陸海軍武官らが行った終戦工作はしばしば二重外交との批判を受けてきた。しかし、岡部伸によれば、小野寺自身「和平工作のような国の重大政策に関わる問題は軍人がなすべきことではなく、路線の準備をするところまでは任務としても、その先は中央に委ねるべきである」と考えていた。終戦工作は、表に出ない極秘の裏交渉が大前提だが、ベルサイユ条約以降、外交機関が秘密外交を行うことは困難となったので、裏の「汚れた仕事」を情報組織が担うようになった。

更に冷戦以降、近年では、表の外交交渉で行えない事案をインテリジェンス機関が極秘で裏で調整することが一般的であり、表の外交で解決できない場合に備えて主要国はバックチャンネル（裏ルート）を用意している。インテリジェントオフィサーによるネットワークは、外交関係が機能しない場合の安全弁として、また外交関係がない国とのパイプとして活用されている。小野寺が大戦末期にスウェーデン王室に確かな人脈を構築し、和平を打診する工作を行ったのはその先駆けだったという。

なお、興味深いのは、小野寺は、一九四三年九月、大本営政府連絡会議から特使として欧州に派遣された岡本清福中将とベルリンの日本大使館で会い、和平工作に取り組むことで意気投合したという。次に述べる岡本清福中将らによるダレス工作も、正規の外交ルートによらないバックチャンネルにより開始されたものだった。小野寺はスウェーデンで、岡本らはスイスで、それぞれ並行して、連合国につながる和平ルートのバックチャンネル構築に心血を注いだのだ。

3　欧州での和平工作に活躍したアレン・ダレスとＯＳＳ――繆斌工作の真実性判断の上でも重要

ＯＳＳとは、アメリカの戦略情報局（Office of Strategic Services）のことだ。本書の主題である日中の和平工作において、ＯＳＳは直接には関係しない。しかし、ＯＳＳを知ることには二つの意味がある。一つは、次項以下で述べるスイスやバチカンを舞台とする連合国との和平工作はＯＳＳがそれを担っていたことだ。前項で述べたスウェーデンでの小野寺工作の相手方だったエリクソンも実はＯＳＳのエージェントだった。繆斌工作を始めとする日中の和平工作が実現するためには、蒋介石の和平の意思のみならず、アメリカを始めとする連合国もそれに乗る可能性があったかが重要な鍵だ。ＯＳＳが、ヨーロッパを舞台に枢軸国との極秘の和平工作を進めていたことは、その可能性を強く示唆するものだ。もう一つは、「謀略」の意味だ。繆斌工作当時、重光外相らは、この工作を「謀略」と決めつけ、徹底的に反対、妨害した。そこにはインテリジェンスの恐るべき貧困さがあった。しかし、ＯＳＳが行った様々な和平工作は、最高度のインテリジェンスとしての「謀略」によって行われた。その最大の例が、アレン・ダレスらが、北イタリアのドイツ軍を降伏に導いた「サンライズ作戦」であり、「謀略」の真髄だった。サンライズ作戦と繆斌工作を対比することで、この工作が失敗した原因をよく理解することができる＊39。

＊39　私は二〇二二年九月に『ＯＳＳ（戦略情報局）の全貌』を芙蓉書房出版から刊行した。ＯＳＳの組織と活動の全容については同書を参考としていただきたい。

ＯＳＳとは何か

ＯＳＳは、弁護士・政治家・軍人出身の優れた指導者であったウイリアム・Ｊ・ドノヴァンが、ルーズベルト大統領の理解と承認を得て、一九四二年六月に創設したものだ。これからの戦争は、心理戦、政治戦、情報戦が重要になると考え、大統領に直属する統括的・総合的な諜報組織を作るのが目的だった。「ワイルドビル」ことドノヴァン長官は、その強力な指導力でＯＳＳを拡大発展させ、当初約六百人でスタートした組織は、終戦時は非正規職員も含めれば三万人にも及ぶものとなり、膨大な予算を持

ダレス

ち、世界の各地に拠点を置いて活動した。OSSの最大の特徴は、単なる諜報機関ではなく、ゲリラ戦や破壊工作などの実戦をも行うことだった。アメリカには陸海軍や国務省を始め多くの組織にそれぞれ諜報部門があった。新参者であり、急激に成長したOSSはこれら既存組織から反発を受け、摩擦が絶えなかった。

ドノヴァンは、枢軸国との戦いに役立つ人間であれば、右から左まで思想を問わず採用した。アメリカのアカデミズムの世界には共産主義の影響が及んでいたが、OSSのワシントンの本部には、共産主義者や容共主義者たちが多数採用された。そのためOSSは批判者たちから「Oh So Social」（なんとまぁ社会（主義）的な）と揶揄された。

世界各地の戦線でOSSは活発な活動を行ったが、それは、大きな成果を生んだこともあった反面、しばしば軍や国務省・大使館との対立、軋轢をもたらした。OSSの余りにやり過ぎた活動は、トルーマン大統領らから批判され、戦後間もない一九四五年九月二〇日、OSSは解体された。

しかし、OSSは、その後一九四七年七月に設立されたCIAの母体となった。サンライズ作戦を成功させたアレン・ダレスがその長官となった。そのため、今日のCIAが抱える光と影の両側面の多くはOSSの遺産を引きずっているといえる。

諜略の真髄だったサンライズ作戦

サンライズ作戦はOSSがその真価を発揮した最大の成功例だった。一九四二年一月、スイスのベルンにOSSの支局長として赴任したアレン・ダレスは、北イタリアで激しく抵抗を続けるドイツ軍を降伏に導くための活動を開始した＊40。

このまま、ドイツ軍が抵抗を続ければ、東側から進出するソ連軍がイタリアに侵入し、イタリアが共産化されるおそれがある。ドイツ軍と連合国軍との戦闘が続けば、北イタリアの歴史的遺産が破壊され、膨大な軍人・市民の犠牲者も生じる。ダレスはそれを防ぐため、この作戦を開始した。ダレスは、それらの危機感を共有する有力な協力者を開拓した。実業家のＧ・ゲヴェールニッツが右腕となった。戦争終結を願うスイスの軍人、カトリックの宗教者、教育者のみならずパルチザンの闘士らもこれに加わった。これらの人脈を通じ、密かに降伏を模索している北イタリア戦線のカール・ヴォルフら、ドイツ軍の将軍を発掘し、それとの極秘の連絡ルートを確立した。ヴォルフ将軍は、イタリア戦線のＳＳ（ヒトラー親衛隊）の総司令官だった。

和平交渉を進めるため、ダレスらは、ドイツ側の了解を得てチェコ人の無線通信技術者「リトル・ウォリー」を送り込み、ＳＳ本部内に極秘の無線拠点を設置させた。交渉の過程で、ドイツ側の誠意を示させるため、ドイツ軍が拘束していたパルチザンの闘士二人を解放させた。その一人のパルリは、戦後、初代イタリア首相となった人物だった。交渉が進み、ヴォルフ将軍らと、連合国のライマン・レムニッツァーとテレンス・エアリーの両将軍との極秘の会談がスイスのアスコナで行われた。そのために、両将軍は、偽名と架空の肩書でアスコナに乗り込んだ。

この秘密交渉は、ヴォルフらにとって、ヒトラーからの弾圧・粛清の恐怖との戦いだった。しかしヴォルフ将軍らの懸命な努力により、遂に北イタリア戦線の他の将軍らもこの降伏方針を受け入れた。五月二日、ドイツ軍の代表者が、カゼルタの連合国軍本部に来て、降伏の調印が行われた。この間、この秘密交渉を知ってソ連は激怒し、妨害工作にも走ったが、ダレスらの努力でそれを乗り越えることができた。

ダレスらが、スイスやバチカンを舞台とする日本との和平工作を進めたのは、サンライズ作戦の成功がその大きな自信となったのだ。

＊40　その詳細は、アレン・ダレス『静かなる降伏』（H-12）参照。

4　海軍の藤村ルートによるダレス工作

日本関係者がスイスで行ったダレス工作には次の二つのルートがあった。
①駐スイス海軍武官藤村義朗中佐――フリードリッヒ・ハック――ダレス
②陸軍武官岡本清福中将・スイス公使加瀬俊一《かせしゅんいち》――バーゼルの国際決済銀行理事北村孝治郎・同行為替部長吉村侃――同行経済顧問ペル・ヤコブソン――ダレス
まず、藤村工作から見てみよう。

藤村中佐による工作の開始と概要

この工作は、ドイツ人フリードリッヒ・ハックを仲介者とする。ハックは第一次大戦中に日本の捕虜となったが、釈放後も日本に留まって多くの日本人の知己を得た。帰国後、ナチス政権で外務省の極東軍事顧問となったが反ナチの傾向を示したため投獄され、在ベルリンの日本海軍の救いの手でスイスに亡命し、海軍の物資調達代理人として働いた。そのためベルリンの日本人サークルでも顔が広かった。ハックは、日本の対米英戦開始当時からその無謀を強く主張し、戦局悪化に伴い、日米の和平を求め、藤村による和平工作の支援者となった。ダレス文書ではハックはダレス機関の工作員の一人となっていた上、北村孝治郎らの工作においても仲介役を務めていた形跡があるという。

藤村は、戦後一九五一年に、文藝春秋への寄稿により藤村工作の全容を語るようになった。藤村が自ら語るところでは、藤村はハックと和平交渉の対策を練り、ハックがダレスの秘書だったゲヴェールニッツ（※前述のサンライズ作戦での中心人物）と会見して日本側の和平の希望を伝えた。五月三日、ダレスからハックを通じて次のような回答が得られた。

「速やかに戦争を終熄せしむる事は単に日本のためのみならず、世界全体のために望ましいことであり、日本が之を希望するならば、余（ダレス）は、之をワシントン政府に伝達し、その達成に尽力しよう」

藤村は勇躍、五月八日に、海軍大臣と軍令部総長あてに、この工作の推進を上申する緊急第一電を送った。以後、藤村は、五月二〇日まで、七回もの電報で、ドイツの悲惨な最後を報じ、竹槍戦法による本土決戦の無謀を警告し、ダレス工作を進めるべきだと具申したという。ところが、五月二一日か二二日に海軍省軍務局長から返事の電報が届いた。

「貴武官のダレス氏との交渉要旨はよく分かったが、どうも日本の陸海軍を離間しようとする敵側の謀略のように思える節があるから充分に注意せられたい」

藤村は東京の無理解に怒り、その後も、和平条件などについてハックとの相談を進める一方、五月下旬から六月一五日までの間も東京に電報を送り続け、それは合計二一電に及んだという。六月一五日の電報では、特に米内海相宛に親展で、ダレス機関との連絡について従来の経過を説明し「今やあなたには残っている戦力、国力の総てを捧げてこの対米和平を成就することが唯一の国に報ゆるの所以ではないでしょうか」とまで強調したという。

ところが、六月二〇日、米内海相から藤村に届いた電報はそっけないものだった。

「貴趣旨はよく分かった。一件書類は外務大臣の方へ廻したから貴官は所在の公使その他と緊密に提携し、善処されたし」

藤村は「ああー東京に人なきを痛感した」と怒り、慨嘆した。翌日から加瀬公使の問い合わせがあり、これまでの経過を説明するとともに、加瀬公使や北村・吉村らが並行してダレス工作を進めていることも知ったという。

ただ、藤村のこれらの戦後の述懐については、疑問が呈されている。有馬哲夫は、アメリカが解読していたマジック文書との整合性などから多角的に検証し、藤村が東京に打電を開始した時期を一か月も前倒ししたり、電報の内容も、和平工作を強く上申するというほどのものでなく、状況報告が中心であったことなどを指摘し、藤村の述懐には誇張や美化が少なくないことを詳述している（『「スイス諜報網」の日米終戦工作』（B-45）。

海軍幹部は取り上げなかった――高木惣吉は前向きだったが応じなかった米内

しかし、藤村が、程度や内容はともあれ、ダレス工作を上申したことは事実であり、それを海軍の幹部が握りつぶしたことも間違いない。

当時海軍で和平工作研究に専念していた高木惣吉は、その「終戦覚書」で、藤村から「四月下旬以来、和平条件について意見の交換を重ね、中央の交渉として取り上げるよう電報してきた」とし、ダレス工作についての上申があったことを語っている。そして、この情報について「作戦部長は好意的に取り上げるを有利とするとの意見で、高木も海相に面談して、強く藤村の苦心をものにしたらと薦めたが、豊田総長と大西次長が、これは敵のわが陸海軍離間策だと疑って反対したため、遂に取り扱いを外務に移したまま、折角の端緒を立ち消えにしてしまった」という。高木は、米内に対して、藤村工作に関して慎重なのはいいが、もう少し好意的に受け取られたいとたびたび進言していた。高木は、米内に、「自分を派遣してもらいたい。本土上陸だけでも食い止められる気がする」と一生にただ一度の自薦を申し出たがこれも取り上げられなかったと回想する（工藤美知尋『東條英機暗殺計画　海軍少将高木惣吉の終戦工作』（D-44）二四二頁）＊41。豊田副武（※元連合艦隊司令長官で、五月二九日に軍令部総長となっていた）の手記には次のように記されている。

「当時スイスから来たそれについての電報の内容ははっきり記憶していないが、結局海軍省も軍令部もそんなものは危険だ、第一言って来ているのが中佐で、こんな大問題を中佐くらいに言ってくるのはおかしいという訳で真剣に取り上げるものはなかった」

東郷外相の手記では、藤村による工作と、後述の北村・吉村らによる工作とを混同すらしている。要するに、対ソ和平交渉しか頭になかった海軍の幹部も外務省もこの工作をまともに取り上げる気持ちはなかったのだ（※これらの覚書や手記は、外務省編『終戦史録２』（Ａ-72）一九九頁〜」に記載がある）。

＊41　高木惣吉は、七月二八日に、「（米内は）筆者らの願いを顧みず、ダレス工作を見捨ててしまい、ポツダム宣言に対しても『宣言は先に出した方に弱みがある。チャーチルは没落するし、米は孤立に陥りつつあるから、政府は黙殺でゆく。アセル必要はない』と落ち着き払っていた」と、米内に対して、批判的に回顧している（高木惣吉『自伝的日本海軍始末記続編』（Ｅ-15）二二六頁）。

５　バーゼルの国際決済銀行（ＢＩＳ）の吉村、陸軍の岡本、外交官加瀬らによるダレス工作

心ある民間人、陸軍軍人、外交官が連携した工作

この工作は、藤村工作より少し遅れて動き始めた。以下の工作の詳細は、前掲の竹内修司や有馬哲夫による。北村と吉村は、バーゼルにある国際決済銀行（ＢＩＳ）に勤務していた。ＢＩＳは一九三〇年に設立され、当初はドイツの賠償金支払いの取扱い銀行として機能していたが、後に中央銀行間の協力を推進する機関となっていた。北村も吉村も、反ナチであった上、いまやドイツが降伏し、ドイツに義理立てする必要もなくなった。そのため、日本は和平の手を打たねば手遅れとなり、軍自体の無条件降伏はやむを得ないが、その他は有条件での和平交渉を開始すべきだと考えていた。

前年秋に日本を侵略国呼ばわりしたスターリンのソ連に仲介を依頼するよりも＊42、米英を直接相手と

して交渉するのがよいと考えた吉村と北村は、同年五月中旬、スイス公使館付武官の岡本清福中将と相談した。岡本は「梅津さん（※梅津美治郎は当時参謀総長で岡本と親しかった）は私の進言をきっときいてくれる」と断言し、陸軍の意向としてもこれを進めてよいと吉村らを強く促した。北村らは民間人に過ぎないため、ベルンの公使館の加瀬公使にだけはこれを伝えることとし、加瀬もこれに賛同した。加瀬公使は、既に五月一四日、ドイツの降伏後、日本の敗北も必至であること、ソ連が連合国との関係を犠牲にするとは考えられず、ソ連に和平の仲介者を期待するよりは、直接米英と交渉して失敗することのほうがまだましであるなどと、切々と説く電報を本省に送っていた。

＊42　一九四四年九月六日、スターリンは、日ソ中立条約がありながら、革命記念日における演説で日本を侵略国だと非難した。

北村と吉村は七月四日、ＢＩＳ銀行顧問のベル・ヤコブソンに打ち明けて仲介を依頼した。ヤコブソンはＯＳＳの欧州支部のトップでサンライズ作戦を成功に導いたアレン・ダレスと数年前からの知己であり、この話はダレスにもっていくのが最も適切だと考えた。ここで重要な点は、スウェーデンでの小野寺工作は、外務省岡本公使の狭量さのために妨害されたが、吉村らによるダレス工作では、民間人の吉村らと、陸軍の岡本、外務省の加瀬らが連携協力して進めたことにある。

ヤコブソンが記録した、吉村らが示した日本側の条件は、無条件降伏という言葉の修正、陛下の御安泰、憲法不変、満州国国際管理、朝鮮・台湾は日本領土として残る、とされていた。

ヤコブソンは七月六日、ベルンに赴いて、旧知のＯＳＳメンバーのジョン・ストロングやパトリック・ムーアに会い、岡本や北村らの希望を伝えてＯＳＳとして動くことを要請した。翌七日、ヤコブソンは吉村と長時間協議し、米側は日本国民の皇室への敬意は米側も理解しており、無条件降伏以外は受け入れられないが、たとえ「無条件降伏」の下でも憲法と天皇が共に保持されるのならそれを受け入れるべきではないか、と説いた。その後の和平工作交渉の鍵は、この「無条件降伏」の意義をめぐるダレス側とのぎりぎりの折衝と、日本の軍部・外務省の理解をとりつけてこの工作を軌道に乗せるための岡本や加瀬らによる困難な努力の成否にあった。

サンライズ作戦を成功させたゲヴェールニッツも加わった

岡本は北村と吉村の報告を受けて、本国に「無条件降伏」を促すことに一致し、九日、吉村がヤコブソンにそれを伝えて米側に接触開始の意図があるかを探ることを依頼した。ヤコブソンのＯＳＳ側との検討には、サンライズ作戦を成功させたゲヴェールニッツも加わっていた。

七月一一日付でゲヴェールニッツからダレスに充てた文書で、ゲヴェールニッツは、ヤコブソンとの相談内容を詳しく報告し、岡本は東京の陸軍最高指導層に絶大な影響力があることや、日本側にその影響力を証明させるために、日本の手にある捕虜の高級将校若干名の釈放を求めたことなどを伝えた。これはサンライズ作戦でドイツ側の誠意を示させるため、ドイツが拘束していたパルチザンの闘士を釈放させたことを想起させる。サンライズ作戦の成功で自信を深めていたダレスやゲヴェールニッツが、スウェーデンのエリクソンを介した小野寺工作、スイスや後述するバチカンでの対日和平工作に期待していたことが窺われよう。

七月一三日、吉村邸でヤコブソン、北村の三人が会談し、北村はヤコブソンにダレスとの直接交渉開始を要請した。討論の中で、ヤコブソンが、皇室と憲法を傷つけないための最上の途は無条件降伏を受け入れる動きをすることだろうと北村に言うと、北村は同意しつつも東京を説得することの困難さを口にした。ヤコブソンは、「自分の命を救いたいと思う者はそれを失うが、私のために命を失う者はそれを得る」という聖書のマタイ伝の言葉を引用して北村らの決意を促したという。

同日、「統合参謀長会議への情報メモ　主題・日本　ＢＩＳ行員を通じた日本人の和平工作の見込み」という極秘文書がＯＳＳの長官代理チャールズ・チェスタートンから統合参謀長会議秘書のマクファーランド准将あてに送られた。それには「アレン・ダレス氏からの同封レポートを取り急ぎお送りします。……なるべく早く大統領に個人的にお目にかけるようご手配いただきたく」との添え書きが付されていた。その極秘文書のメモには、北村が加瀬俊一公使や東京と直接に通じている岡本清福将軍らと共に動いており、日本の固執する唯一の条件は皇室についてのしかるべき配慮であるとほのめかしていること、北村らがサンライズ作戦の成功に導いたＯＳＳの活動を熟知していることなどが記載されていた。

七月一四日、ＯＳＳのダレス、ゲヴェールニッツ、ムーアが会議を行った。ダレスは、藤村海軍中佐とハックの間の交渉も知っており、当初はむしろこの方をより重視していたという。吉村らの信頼性、無条件降伏を日本が受け入れる可能性、交渉を行うとすればその場所とルート（スイスかマッカーサー経由かなど）について話し合われた。七月一五日、ヤコブソン、ダレス、ゲヴェールニッツは引き続き会談し、二日にわたる会談は八時間も行われたという。ダレスは自らポツダムに行って旧知のスティムソン長官に直接相談することとした。

ＯＳＳ長官からアメリカ軍中央にも報告されていたが、日本の陸軍中央は乗らなかった

七月一六日、吉村と北村はヤコブソンからダレスとの会談の内容を詳しく聞いた。同日付でＯＳＳ長官ドノヴァンからマクファーランド准将に届けられた極秘文書に、ダレスらのヤコブソンを介した北村らとの交渉内容の詳細が報告されている。それには岡本清福中将が欧州における日本情報機関の長であることや、北村らの和平グループには梅津参謀総長、米内海軍大臣、東郷外務大臣らが含まれていると称していることなども記載されていたという。

当時、徹底抗戦主張の声がまだ強かった陸軍中央に対し、岡本は、無条件降伏受け入れを上申することにためらいがあった。しかし、岡本は、北村らとの厳しいやりとりの上、東京に打電する決意をし、七月一八日、部下の桜井大佐に命じて、梅津参謀総長あてに電報を打った。桜井は三通の暗号電報を打ち、最後は八月九日で「涙をふるって聖断を仰ぐべし」で始まる長文のものだったと記憶しているという。しかし、その電報は残っていない。竹内修司はその理由として、受信した参謀本部担当者が握りつぶしたか、読んでいながら参謀本部も陸軍省もあえて握りつぶした可能性もあるとしている。

工作の意義を理解できなかった外務省と軍中央の鈍感さ

日本の外務省や軍中央が見向きもしなかったこれらの工作について、アメリカの方は政権中枢にまで話を進めていた。七月二〇日、ダレスはポツダムに行き、一〇年来の知己であるスティムソン陸軍長官に会った。スティムソンは、その日の日記に「彼は最近日本から彼にもたらされた『あること』を我々に話してくれた」と書いた。その日の夜、加瀬公使も東郷外相あてにダレス工作の詳細な経過を報告する電報を打った。

しかし、それとは入れ違いに、外務省から加瀬公使あてに、藤村工作については海軍中央がこれは謀略ないし離間工作の疑いがあり、海軍中央としてはこれを取り上げない意向なので、委細を海軍武官から聴取して Dullas（ダレスのこと）なる人物の確実性に関する見込みなどを調査返電するべしとの訓令電報が来た。このルートに対する積極的な姿勢は全くなかった。

吉見直人『終戦史』（A-77）（二七二頁）によれば、当時の松本俊一外務次官はダレス工作について、戦後次のように語った。

「例のアレンダレス辺りのはね、あんなもの無意味ですから……僕らは情報を持っていたけど、そんなものは相手にしたくもない……謀略だと思うよ」
また、戦後に東郷がこの工作について語ったコメントでは、そもそも、藤村―ダレスルートの工作と北村・吉村―ヤコブソン―ダレスルートでの工作を混同していたなど、まともな事実認識すらできていなかったことが明らかだ。少なくとも今日の目からすれば、外務省と陸海軍中央のインテリジェンスのお粗末さには唖然とさせられる。その程度の認識しかなく、外務省も陸海軍中央も、ひたすらソ連頼みの和平工作に没頭していたのだ。

七月二六日、ポツダム宣言により、吉村や北村は衝撃を受け、吉村は「ダレスというルートがあるのにいったいどうして公式宣言などしたんだ」と嘆いた。しかし、その後も吉村らや、ヤコブソン、ムーアらは、宣言の内容を分析し、日本の降伏受け入れのためにスイスルートで、日本側の全権を招くことができないか、などの日米の接触の可能性を探る努力を続けた。

ＯＳＳ側の資料には、八月に入ってからも、二日付及び九日付で、ＯＳＳワシントン本部から統合参謀長会議に宛てて出されたＯＳＳ長官代理チャールズ・チェスタートンによるこの工作の状況についての詳細な二通の報告文書がある。九日付の文書には「この問題が極めてデリケートなものであることに鑑み、ダレス氏は今後とも最大の注意を払いつつこれを取り扱うつもりである」との記載がある。日本の外務省や陸海軍中央よりもアメリカ側の方がはるかに事態を正確かつ真剣に認識し、検討していたのだ。

もし日本側が、北村や藤村らのルートで皇室の保持のみを事実上の条件とした降伏に応じる意思をアメリカに伝えていたとしたら、ソ連の参戦前、広島・長崎の原爆投下前の和平が実現していた可能性はあろう。しかし、まったく見当違いのソ連の仲介を最後まで当てにしていた政府と軍部の中央がそれを潰してしまったのだ。

一一日午後、北村と吉村は、ヤコブソンを夕食に招き、この工作が実らなかったことについて、北村はしきりに、モスクワなどという誤った途を採った東郷外相の非を鳴らした。しかし、北村は、加瀬公使も自分たちも、ヤコブソンの努力とアドバイスに深謝し、東京に送った数々の電報が中央の見解を決めるのに役立ったのであろうと述べた。

岡本清福中将の自決、良心的軍人の最後

八月一五日夕刻、岡本中将は拳銃で自決した。これに先立ち、岡本は、一二日、吉村に宛てて、吉村、北村、ヤコブソン、ダレスらの尽力に対する深い感謝を伝える手紙を出していた＊43。有馬哲夫は、この工作自体は成功に至らなかったものの、この工作によってもたらされた情報が、ポツダム宣言の受諾可否の最後の論争において、東郷外相と天皇に対し、アメリカは天皇制の護持を許容しているとの確信を抱かせることになり、天皇の聖断につながったものと評価する。

八月二二日付でロバート・P・ジョイス米国公使館特別補佐官が、ヤコブソンに宛てた手紙が残っている。それには次のように書かれている。

「私はアレン・ダレス氏からメッセージを受け取りました。日本軍隊の無条件降伏を実現する上で影響力を行使したスイスの日本人グループとの連絡であなたの果たして下さったご助力に対し、彼の名において深甚なる感謝の意を表するよう要請するメッセージでした。ダレス氏は、そのこれら日本人達からあなたが得て下さった情報が、最近の状勢の進展を裏書きするものであり、米側のしかるべき権威が日本の状況を判断するに当たって恂に有益であったと述べています」

松本俊一外務次官の前記認識との落差は余りにも大きい。

＊43　岡本清福は陸士二七期、陸大三七期で、一九四四年三月、スイス公使館付武官として派遣された。華々しい軍歴はなかったが、岡本を知る人々は、皆その人柄などを好意的に語っている。盧溝橋事件勃発のしばらく

前の六月中旬、陸軍省軍務課高級課員だった岡本は北平に出張して大使館付武官の今井武夫と会うなど現地の情勢調査を行った。当時、岡本は、まだ現地の状況を危機的とは判断せず、楽観的な報告を中央にしていた。しかし、後日岡本が新たに天津軍参謀に任ぜられて到着した時、今井に会うなり、「自分の楽観的報告に反して現実に盧溝橋事件が勃発したことは全く自分の不明によるもので、君に対しても申し訳ない」と「自ら其の過誤を恥じ、正直に贖罪的態度で私に詫びながら直話した」と今井は回想する（今井武夫『支那事変の回想』〔B-13〕一〇頁）。また、陸軍省で共に働いた稲田正純は、「岡本清福は二年先輩だが、弟のように面倒を見てくれて、性格的には強引に押し切ることがなく常識の勝った人だった」と回想する（中村菊男『昭和陸軍秘史』〔D-35〕二一八頁〔〕）。日米諒解案交渉に奔走した岩畔豪雄も、「岡本清福は、田中新一軍事課長時代の高級課員だった。表裏のないまじめな人だった」と回想する（岩畔豪雄『昭和陸軍謀略秘史』〔D-20〕一六五頁〔〕）。これらの回想などが示す岡本の誠実で謙虚な人柄が、ダレス工作において、民間人の北村・吉村や、加瀬公使らとの所属組織を超えた連携を可能としたのだろう。

ダレスは、『静かなる降伏』〔H-12〕二三五頁〜」で次のように回想している。

「われわれがサンライズ作戦にとりかかっている間にも、この作戦のうわさがスイスの日本代表部に達していた。一九四五年四月……ゲヴェールニッツと私は、スイスで日本の陸海軍のスポークスマン、バーゼルの国際銀行の日本人役員から接触を受けた。彼らは日本の和平を確立するために、サンライズ作戦のためにつくられたワシントンとの秘密チャンネルを使ってくれるかどうか打診してきたのであった。私はワシントンに報告し、日本側の言い分を聞く権限を与えられた。国際決済銀行の有能なスウェーデン人の経済顧問であるペル・ヤコブソンもこの話し合いに加わり、ワシントンとベルンの間では活発な意見が交換された。一九四五年七月二〇日、ワシントンからの指令の下に、私はポツダム会談におもむき、私が東京で知り得たこと——もしも天皇と憲法を保持することができ、それが降伏という破滅的なニュースが伝えられた後でも日本に規律と秩序を保つ基盤となり得るなら、降伏したいと望んでいること——をスティムソン陸軍長官に伝えた。この頃までには北イタリア軍降伏のニュースと、それがどのようにしてもたらされたかという次第が広く公表されていて、その効果は拡がる一方だった。残念なことに日本のケースは、われわれにとって時間切れになった。われわれの方に和平への確実な道があり、彼らが交渉しているアメリカ人がワシントンの最高権力筋と直接の連絡を持って居る、ということに東京の政府が確信を抱く前に、モスクワが仲介者として現れ、日本政府はソ連を通じて和平を求めることに決した。……もし、この交渉チャンネルを発展させるもう少し時間を与えられていたとしたら、日本の降伏の事情はもう少しちがってものになっていたかもしれない」

北イタリア戦線で、ヒトラーの粛清の恐怖にさらされながら、連合国との和平交渉に献身したヴォルフ将軍らとダレスやゲヴェールニッツらの努力によるサンライズ作戦の成功と、同じダレスルートを用いながら、日本の陸海軍と外務省中枢幹部の無理解により現地の努力を潰してしまったその明暗の差は余りにも大きい。

６　バチカン工作

これも、戦争末期に欧州で行われた連合国との和平工作で、バチカンを舞台とするものだった。以下は、この工作に取り組んだマーティン・Ｓ・キグリーの著書『バチカン発・和平工作電　ヒロシマは避けられたか』（B-48）による。

ＯＳＳ長官ドノヴァンの指示による工作の開始

ドノヴァン

キグリーは、一九四一年からＯＳＳの前身であるＣＯＩ（情報調整局）に入り、ＯＳＳの成立とともに入局して諜報活動の訓練を受けた。中立国アイルランドに派遣されて諜報活動に従事したが、その人物能力を評価され、一九四四年一二月からローマに派遣された。キグリーは「アメリカ映画製作者配給者協会代表」を装っていたが、その密命は、ローマ及びバチカンのカトリック教会の組織に入り込み、アメリカのために軍事面で有利な戦略情報をつかむことだった。イタリアはヨーロッパ随一の映画生産国でイタリア国民は映画好きであり、また、映画産業とカトリック教会組織との結びつきには長い歴史があった。そのため、キグリーの肩書はイタリアでの活動に極めて有効だった。

キグリーは、ＯＳＳ長官のドノヴァン将軍からイタリア派遣を命じられたとき、「頃合いを見計らって、東京に和平案を持ち込む糸口をつかめ。日本の降伏について協議するのだ。結局、そのような工作が可能な場所は、バチカンなどごく限られた場所しかない」と驚くべき指示をされた。キグリーは、連合国が日本に進攻すれば多大な死傷者を出すに違いないという現実を考えれば、もしバチカンの非公式な協力を通すことによって、連合国の戦争目的を完全に満たす解決方法が得られるなら、国際世論はそれを文句なく受け入れるだろうと考えていた。

当時、イタリアは既に連合軍に占領されており、キグリーはバチカンの有力なカトリックや政財界の大物たちとの人脈を築いていった。当時バチカンには、特派使節原田健公使が大使待遇で勤務し、部下に金山政英書記官、渡辺真治電信官がいた。原田の妻も金山もカトリックだった。キグリーは、原田に通じるルートとして、日本人のカトリック司祭で日本使節の教務顧問だったベネディクト富沢神父を考えた。キグリーは、バチカンで将来嘱望される有力な聖職者モンシニョール・エジッジョ・ヴァニョッツイ（※戦後、フィリピン駐在大使や駐アメリカ教皇庁使節などを経て枢機卿会長となった）と極めて懇意になっていた。富沢神父はヴァニヨッツイと同じバチカン市国内の司祭館に住んでいたので、キグリーは、ヴァニヨッツイを介して富沢神父神父に働きかけようと決意した。

富沢神父を通じた原田公使への働きかけ

一九四五年五月二六日、キグリーは、ヴァニヨッツイに、自分が実はＯＳＳの秘密情報員であることを打ち明け、日本がもはや絶望的な状況にあり和平工作の好機が到来したこと、日本が講和の仲介を求めて頼れる相手は極めて少なく、それにはバチカンが適切であることなどを語り、懇請した。

「日本を降伏に導く対話の道を開くために、仲介の使者になっていただけますか。……富沢神父に取り次いでください。そして日本の外交官たちの反応を、どのようなものであってもそのまま私に伝えてください。ワシントンに報告しますから」

ヴァニヨッツイは、これを受けることを決意したので、キグリーは、ＯＳＳの名前は出さずに「ワシントンと強力なつながりがあるアメリカ人ビジネスマンがいる、と言ってください。……もし日本側に関心があるなら、アメリカはごく短時間のうちにトップレベルの交渉当事者を派遣し、ローマ市内かその近郊で降伏協定を締結する秘密会談を開く準備がある、と伝えてください」と語った。

翌日、ヴァニヨッツイは、富沢神父に会い、キグリーの話を懸命に伝えた。富沢神父は事の深刻さ、重大さに驚いたが、熟慮の末、原田公使に伝えることを決意した。富沢神父は、原田公使に面談を求め、原田は金山を同席させて富沢神父の話を克明に記録させた。原田は、事の重大さから本国に報告すべきかどうか悩み、金山や渡辺電信官と数時間にわたる議論の末、本国への報告を決意した。原田が、二回にわたり本国に打電した暗号電は、アメリカのマジックにより解読されたが、六月五日付の電文は以下の内容だった。キグリーは一九八六年、数千頁のマジック、傍受文の中からこれを発見した。

「前駐米教皇庁使節参事官で現在はバチカン国務省に勤務しているヴァニョッツイ司教が、二七日に当使節館の嘱託である富沢司祭を訪れて次のような発言をした。

『数か月来ローマに滞在しているアメリカ人が、和平問題について日本と連絡を取りたがっており、私に橋渡しを求めてきた。彼の身分も名前も明らかにできないが、彼の父親は社会的にかなり有力な地位におり、彼自身もカトリック教徒で真面目な人物である。彼自身は公の立場にないので、さらに進んだ話し合いが行われることになれば、当然ながら公式の立場にある者が交渉に臨まなければならない、と彼は言っている』

このような動きが出てきた背景についてヴァニョッツイは次のように語っている。

『ヨーロッパにおける戦争は終結したが、ソ連の態度によって政治的な状況が次第に悪化しそうな兆しを見せている。極東の情勢からすると、最終段階でソ連が参戦して満州国を占拠し、中国の共産党政府をそそのかして自国の足がかりを得ようとすることも考えられる。しかも、これまでの……を考慮すると、将来アメリカが多大な犠牲を払わなければならなくなることは確実だろう*44。日本の立場について言えば、勝利の見込みがないことはすでに確実視されている。アメリカ側の休戦条件について、そのアメリカ人は、あくまで推測であるとしたうえで、占領地の返還、陸海軍の武装解除、朝鮮の占領などを挙げている。彼は日本の国体に関することにはふれず、日本本土は占領されないと思うと述べた。ソ連との関係という点から見てこの件は極めて微妙なので、取り扱いには注意が必要である』

本官（原田）は、この件をしばらく放置しておくことにした。なぜならば、まったく非常識な休戦条件であるし、彼の目的に関しても様々な疑惑を持ったからである。

するとヴァニョッツイはなんらかの返答が欲しいと伝言してきたので、私は富沢神父に次のような短い返事をした。

『現時点では、日本に和平を急ぐ意向はないと思う。しかし公の身分も素性も分からない人物と、われわれがそのような問題を論じあえないことは言うまでもない。彼が公式の立場の人間であり、アメリカがなんらかの伝達の希望があることが確認されれば当然ながら考慮の対象となる。ただし、いわゆる無条件降伏に限定した提案であればまったく問題にならない』

＊44　この視点は、当時蔣介石が置かれ、恐れていた状況と符合している。

原田公使のネガティブな報告

この電報で、原田は、富沢神父を通じて伝えられた内容を報告しつつ、その信憑性について批判的な評価をし、「本官はこの件をしばらく放置する」としている。それは、当時、徹底抗戦が叫ばれ、和平を口にするものは敗戦主義者、親英米主義者として指弾される状況にあったため、原田が自分の立場をある程度担保したいという心情が働いたのであろう。

しかし、原田は、ヴァニヨッツイからの話を重視し、本国からの返答を待つ一方で、富沢神父に依頼して、ヴァニヨッツイから、アメリカの降伏条件についての考えを最大限聞き出すように依頼した。富沢神父からヴァニヨッツイを介してこの要望を聞いたキグリーは、考慮の末、自分として考えられることとして

①米軍による日本占領
②アメリカへの永久的な領土の割譲はない
③日本国民の決定による場合以外には、天皇の地位に変更を加えない

との三点を書いたメモを手渡した。ヴァニヨッツイはキグリーに、「何度も繰り返されている『無条件降

伏』の要求は緩和されるとおっしゃるのですね」と聞くと、キグリーは『無条件降伏』というのは本質的に宣伝（プロパガンダ）のための用語なのですよ。歴史を見る限り、降伏には常に何らかの条件が伴っています」と答えた。

翌朝、ヴァニヨッツイは、この三点を自分の言葉に直して富沢神父に伝え、富沢神父は直ちに原田と金山に報告した。原田は「これで外務大臣に追加報告ができる」と喜び、第二電を起案し、これは六月一二日に発信された。マジックにより解読されたこの電報では、

「この人物は、いまの時点でアメリカ側を説得して『無条件降伏』の要求を変えさせるのはきわめてむずかしいものの、『無条件降伏』という言葉は多様な解釈ができる、とも述べたようだ。だが、本官には彼が、言い逃れをしているとしか思えない」

とされていた。原田は、極めて慎重な姿勢から、伝えられた三点を明示せず、あいまいな表現とし、懐疑的な解釈を付した報告をしたのだ。

他方、キグリーも、このルートによる工作を本国に打電報告し、指示を待った。

しかし、ＯＳＳの本部からキグリーに対して、また外務本省から原田に対して、結局なんの反応や指示もなくこの工作は陽の目をみなかった。

工作失敗をあきらめきれなかったキグリーの執念の調査

キグリーは、戦後、この工作が成功すれば、ソ連の参戦前の和平が実現し、ヒロシマ・ナガサキもなく、ソ連が参戦による膨大な利を得ることがなかったという強い思いを持ち続けた。キグリーは、なぜ日本とアメリカのそれぞれの本国で、これらの報告が握りつぶされたのかについて、アメリカや日本のそれぞれの関係部署に保存され、公開された資料の調査や、原田を始めとする関係者への直接の聞き取りなどを含

めた懸命な調査研究を続けた。また、パトリック・オコーナーというアイルランド人の神父であるジャーナリストや、週刊評論誌『アメリカ』の編集者でイエズス会のロバート・Ａ・グレアム神父もこの問題について長期の研究を続けていた。

マジックで解読された二通の電報は、それと完全に一致するものが日本の外務省関係の記録に保存されてることが確認された。しかし、日本では原田の打電報告が外務省や陸海軍軍部の中枢において取り上げられて検討された形跡はまったくなかった。それは当時すでに、日本はソ連を相手とした終戦工作のみに的を絞っていたためであろうと推測された。また、一九七二年に日本で出版された『日本外交史　第25巻　大東亜戦争　終戦外交』では、二通とも、「無条件降伏」が緩和される可能性に言及した部分は削除された上で掲載されている。キグリーが、その執筆者から確認したところでは、その部分は、翌年亡くなった原田の要請で削除した、ということだった。

天皇の期待に応えられなかったことを悔いた原田公使

キグリーは、原田の生前、一九七二年二月に原田に手紙を書いて、自分の提案が日本でどのような扱いを受けたかを尋ねた。原田からの返事には、東京は当時すでにモスクワを仲介にして和平を求める決定をくだしていたことと、陸軍を説得して戦争終結に同意させることが極めて困難だと考えられていたことなど述べた上で、「今振り返ってみて私がさらに重要だと思う点は、戦争勃発前に天皇陛下がバチカンと外交関係を結び、使節を派遣するよう政府にご命じになっていたという事実です。戦争を防ぐことを最も強く望んでおられた陛下は、やむを得ず戦争になった場合に備えてバチカン駐在使節に和平交渉の準備をさせるおつもりでした。この事実は、後に出版された天皇の政治顧問木戸内大臣の日記に記されていますが、(四一年一〇月一三日)。ぜひ指摘しておかなければならないことですが、真珠湾攻撃の二か月も前に和平の道を見通しておられたのは天皇陛下ただお一人でした。それだけに、陛下の特使としてバチカンにいながら、陛下の当初の思召しにかなう働きができなかったことを実に申し訳なく思っています」と書いた＊45。

＊45『昭和天皇独白録』（F-2）九六頁」で、天皇は「私は嘗て『ローマ』訪問以来。法皇庁とはどうしても連絡をとらねばならぬと思っていた。……開戦后、私は『ローマ』法皇庁と連絡のある事が、戦の終結時期に於て好都合なるべき事、又世界の情報蒐集の上にも便宜あること並に『ローマ』法皇庁の全世界に及ぼす精神的支配力の強大なること等を考へて。東條に公使派遣方を要望した……大使を送って置けばよかったと思ふ……日独同盟の関係上、『ヒトラー』と疎遠な関係にある法皇庁に対し、充分なる活動の出来なかった事は残念なことであった」と回想している。木戸日記の一九四一年一〇月一三日には、「対米英戦を決意する場合には、尚一層欧州の情勢殊に英独、独ソの和平説等を中心とする見透し及び独の単独和平を封じ日米戦に協力せしむることにつき外交交渉の必要あり。又、戦争終結の場合の手段を初めより十分考究し置くの要あるべく、それにはローマ法皇庁との使臣の交換等親善関係につき方策を樹つるの要あるべし」と天皇の御話があった記載がある。

原田は、戦後外交官としての職業人生を全うし、宮内庁式部官長を拝命した。金山も長く輝かしい外交官生活を送り、欧亜局長やニューヨーク総領事、駐大韓民国大使などの重責を歴任した。

当時、一億徹底抗戦が叫ばれていた中で和平を口にすることが極めて困難であり、また、仮に正確に報告されていたとしても、和平問題についてはソ連一辺倒の議論しかなされていなかった状況があり、それが取り上げられる可能性は極めて乏しかっただろう。しかし、誠実な原田としては、富沢神父から伝えられた内容を積極的に受け止めず、ネガティブな評価を加えて本国に報告したことについて、忸怩たる思いを終生ぬぐうことができなかったのではないだろうか。

一方、アメリカにおいて、キグリーからの報告が取り上げられなかったのは、ＯＳＳが、ルーズベルト時代にはドノヴァンとの関係が密接であったが、トルーマン大統領になってからその関係が冷却していたことや、これに加えて、以前に別ルートでバチカンから送られていた情報が虚偽であったことが判明し、ＯＳＳがバチカンからもたらされる情報全体について疑惑の目を抱くようになっていたことなどが原因であろうとキグリーは推測している。

キグリーの的確な洞察――「仲介の候補に挙がっていた国々――中国、スイス、スウェーデン、バチカンのほうが、ソ連よりもはるかにましだった」

キグリーは、この情報が取り上げられ、無条件降伏を緩和して天皇制の維持を認める可能性が日本の外務省に適切に伝えられていれば、開きかけた東京との対話のルートを先に進めることができ、和平が実現に向かったことも考えられるとする。

キグリーは、日本の対中国政策の誤りや、真に可能性のあったスイス、スウェーデン、バチカンをルートとする工作を握りつぶしてソ連を仲介とする和平工作のみに走っていたことの愚かさを、次のように厳しく指摘した。

「バチカンやローマカトリック教会の人々は何世紀もの布教活動を通じて、中国に対して深い憧憬と知識をもっていた。一九四五年春、日本の支配は主要都市に限られており、共産党が実質的な権力を握っていた。中国政府の高官たちは、ソ連の対中国政策に深い懸念を抱いていた。中国政府のエリートたちは、ドイツが降伏すればソ連は必ず日本に宣戦布告するだろうと何か月も前から予想していた。彼らはさらにソ連は軍事作戦の一環として中国に進出し、満州も占領するに違いないと読んでいた。次にはそれに対する代償として、満州を中心とする内陸部にソビエト共和国を建設する恐れがあった。また、帝国主義路線をひた走るソ連は、必ず太平洋側の不凍港、おそらく大連あたりを租借地にしたいと言って

くるはずだと予測する情報通もいた」＊46

「中国との全面戦争が続く中で、日本は対中政策を変更し、一九四四年に中国を味方に引き込むため懐柔作戦に出た。『大東亜共栄圏』の構想を掲げて、日本と中国はともにアジアの兄弟であり、日本の目標は飽く迄米英との戦いであることを強調した＊47。しかし、ローマの聖職者たちは、①これまでさんざん敵対政策を採り続けておきながら、いまさら路線変更してもすでに遅すぎる、②中国人はそのような見え透いた宣伝文句に騙されるほどお人よしではない、との理由から、この作戦は失敗するだろうと見ていた」

「東郷自身は、カイロ、テヘラン、ヤルタの後ではもはや軍事的にも経済的にもソ連を利用する手立てはない、として米内と激論した。……最高戦争指導会議のメンバーはソ連についての理解が不十分で、それ以上にバチカンが和平調停役となり得る資質についての認識が不足していた。……仲介の候補に挙がっていた国々……中国、スイス、スウェーデン、バチカンのほうが、ソ連よりもはるかにましだった」

＊46 この指摘は、次章で詳述する蔣介石による情勢の分析や洞察とほとんど符合している。

＊47 これは当時東條や重光が打ち出していた対支新政策や、一九四三年一一月に開催した大東亜会議などを意味するだろう。しかし、バチカンもこれを冷ややかに眺めていたのだ。

第2章

蔣介石論

蔣介石は日本との和平を求めていた

和平実現の兆しが見えてきたのは、日本の敗戦が必至となり、軍中央や為政者の間に、もはや和平しかないという意識が暗黙に共有されるようになってからのことだ。トラウトマン工作当時、南京攻略の成果に舞い上がった日本が和平条件を苛酷に吊り上げたような時期はとうに過ぎた。和平の条件としては、国体の護持は必須として、中国からは撤兵するが満州だけはせめて維持したい、いや、それすらも無理で日露戦争以前の状態に戻るしかないなどと、程度の違いはあるが事態を冷静に判断する動きが徐々に広まった。そのような状況に至ってようやく和平工作成功の可能性が生じてきたのだ。

しかし、日本側ではこのような変化が生じていたものの、これらの工作の真実性や実現可能性の最大の鍵は、蔣介石が、日本との和平を望んでいたか否かということだ。日本が和平条件のハードルを下げても、肝心の蔣介石が、連合国の一員として日本の無条件降伏を求め、和平工作には応じないという姿勢を維持していたのなら、戦争末期近くの各工作も実現可能性はなかっただろう。蔣介石側が和平に応じるかのような姿勢を示したとしても、それは、日本の足元を見た上での情報収集や攪乱のための「謀略」に過ぎなかったということになる*1。

＊1　前述のスウェーデンやスイス、バチカンを舞台にした和平工作を黙殺し、繆斌工作を潰した外務省や陸海軍中央は、まさにそのような認識であった。

しかし、本書の結論を先に述べれば、蒋介石は、日中戦争の開始期からその終わりまで、時期と情況により、和平を求める温度差や期待する和平条件の内容に変化があっても、その内心では、一貫して日本との和平を求めていた。戦後の国際社会を見据えて、東亜で真に連携すべき相手は日本しかないと認識していた。日本の侵略的で居丈高な軍事や外交の姿勢が露骨に現れている時期には、蒋介石も抗日の姿勢を強く示さざるを得なかった。しかし、その意識の底には、日本の軍部や為政者の侵略的姿勢は時の悪しき狂気や勢いであって不変のものではなく、背後には天皇を始めとして日中の友好と連携を願う良識ある人々がいるという思いが常にあった。

そして、日本の敗戦が必至となる一方、国共合作が崩壊し始め、事実上の内戦状態が進むにつれて、蒋介石は、真の敵は、戦後の中国の支配と権益拡大をもくろむ毛沢東の共産党とスターリンのソ連、また、アジアの植民地支配の維持に固執し、香港の返還には絶対に応じようとしないイギリスだと強く認識し、それに陥る前に日本と和平する必要性をますます強く意識するようになった。

だから戦争末期に行われた前章第2と第3の各工作こそ、外務省や陸海軍の中央がそれを正しく理解して積極的に取り組んでいれば、実現の可能性があったというべきだ。以下は、主に『蒋介石秘録』（I‐1）、『同改訂特装版』（I‐2）、『蒋介石書簡集』（上・中・下）（I‐3）、保阪正康『蒋介石』（I‐7）、鹿錫俊『蒋介石の「国際的解決」戦略』（I‐4）、鹿錫俊『中国国民政府の対日政策　1931～1933』（I‐5）、家近亮子『蒋介石の外交戦略と日中戦争』（I‐9）、黄仁平編『蒋介石―マクロヒストリーから読む蒋介石日記』（I‐8）、張群『日華・風雲の七十年』（I‐11）、蒋偉國『抗日戦争八年』（I‐12）、A・C・ウェデマイヤー『ウェデマイヤー回想録　第二次大戦に勝者なし』（H‐6）、ピョートル・ウラジミロフ『延安日記（上・下）―ソ連記者が見ていた中国革命』（H-10）、長谷川毅『暗闘　スターリン、トルーマンと日本降伏』（H-14）、江崎道朗『日本は誰と戦ったのか』（A-64）、江崎道朗『コミンテルンと日本の敗戦』（A-65）、渡辺惣樹『誰が第二次世界大戦を起こしたのか』（A-57）、麻田雅文『蔣介石の書簡外交（上・下）』（1-19）などによる。

1　蔣介石は、日本を深く理解していた

師である孫文を助けた日本

孫文は、辛亥革命の途上で来日中、宮崎寅蔵（滔天）と知り合い、宮崎は犬養毅を紹介するなど、政財界人による孫文支援の態勢を作り上げた。その人脈によって、孫文は、大隈重信、尾崎行雄ら政治家、政界長老で民間志士ともつながりの深い副島種臣、更にその紹介で頭山満、平岡浩太郎（※前玄洋社社長）、秋山定輔、久原房之助、山田良政、萱野長知といった志士、財界人と近づいた。久原と犬塚は、資金面などで大いに革命を支援した。山田は、一九〇〇年、孫文が革命勢力を結集して起こした恵州蜂起に参加し、日本人として初の革命の犠牲者となった。萱野は大アジア主義実践者の代表的人物の一人で、日中戦争中も一貫して日中の和平に奔走した。

一九〇五年八月、赤坂の阪本金弥代議士の別邸で、中国革命同盟会の成立大会が開催され、孫文が初代総理に就任した。孫文は一一回目の武昌起義をきっかけとして辛亥革命に成功したが、それまでの数次にわたる蜂起では多くの日本人の志士たちが海を渡って参加した。

一九二一年、孫文は北京政府や北洋軍閥打倒のために第一次北伐を開

孫　文

蔣介石

始した。しかし、孫文に協力を装いながら北伐に反対し、広東での覇権しか考えていなかった広東軍内部の反孫文派が孫文殺害を企てて反乱を起こした。蔣介石は孫文の下に駆け付け、四二日間孫文と生死を共にする激戦に従事した。

一九二四年一一月、孫文は、最後の旅で上海から北京に向かう途中、日本に立ち寄り、一一月二八日、神戸で「大アジア主義」の講演をした。全アジアの発展のため、日本が覇道ではなく王道を求めることを求めた。中国は兄、日本は弟であり、弟たるものは兄を心配し、まず不平等条約を廃止し、中国が自由を回復するのを助けるべきだと強調した。

蔣介石は、一九一〇年に初めて孫文と出会い、忘れがたい印象を受けた。孫文を師と仰ぎ、その後継者となった蔣介石は、辛亥革命を支えた日本に深い敬意を抱くとともに、孫文が語ったような中国と日本が全アジアの中の兄弟国として手を結ぶべきだという想いを持ち続けていた＊2。

＊2 孫文については、中国革命の父と一般に高く評価されている。しかし、吉野作造は、孫文は軍資金もなく「孫君が言論思想の雄にして実行の人に非ざる」ことを多くの革命家は知っており、孫文の革命党に力はないと孫文を批判していた（葦津珍彦『大アジア主義と頭山満』（A-25）一八二頁が引用する吉野の「中国革命史論」）。宮脇淳子も、孫文を日本人は持ち上げて支援したが、「孫文は客家で、中国では何の漢籍の教育も受けず、大陸に地盤はなく、外国の援助を受けて革命運動をちょこちょことやっていただけで、逃げ回っていた。それにだんだんと気付いた日本人から愛想を尽かされると、ソ連と組んでしまった、いわば最悪な人物」との手厳しい評価をする（宮脇淳子『真実の中国史』（A-10）二一七頁〜）。他方、葦津珍彦は、少年時代から頭山満に接して深く私淑し、頭山が大アジア主義の下で支援していた中国の革命運動に精通していた。葦津の前掲書に現れる革命家として孫文の生涯は、孫文が単なる言論の士、大言壮語家でしかなかったとは

考えにくい。孫文がそのような人物にすぎなかったのであれば、あれだけの長い期間、人物眼に優れた頭山満や犬養毅を始めとする日本の要人の支持を得続けることはできず、革命の指導者として生涯を送ることはできなかったであろう。ただ、宮脇も、孫文に対して手厳しいが、蔣介石に対しては肯定的な評価をしている（同上三〇五頁～）。

日本への留学で日本人や軍隊の良い面を学んだ蔣介石

陸軍の保定軍校に入学した蔣介石は、一九〇七年、留日陸軍学生に選抜され、一九〇八年、二二歳のとき、日本に留学し、振武学校（※清朝廷から派遣された軍事留学生専用の陸軍予備学校）で三年間勉強した。

蔣介石は、中国が近代化するためには日本の明治維新に学ぶべきだと考えていた。蔣介石は、留学途上の船上で、中国人学生が甲板にタンを吐くのを見た船員から、日本人はこんなことをせず、タンは手ぬぐいで拭って持ち帰ると聞かされたことがいまでも忘れられない、と回想している。

一九一〇年一二月、蔣介石は新潟県高田町（※現上越市）の陸軍第一三師団野砲兵第一九連隊に士官候補生として入隊し、厳格な規律のもとに一年間の兵営生活で訓練を受けた。蔣介石は、日本の将兵が軍馬を酷使せず愛護し、冷たい飯の粗食の生活に堪え、兵舎内の清掃、清潔の維持などの兵営生活を送っていることに感銘を受けた。それと中国の軍隊の統率のなさや安逸な食生活、非衛生などと比較し、後年の日中戦争のさなかにおいてさえ、しばしば、敵軍である日本の軍隊生活と精神を中国も見習うべきことを訓辞している。

蔣介石は、日中戦争の間、民衆や学生、軍人に対し、生活革命としての新生活運動を展開した。それは、日本の明治維新後の発展の鍵となった日本人の礼儀廉恥にかなった行動様式や、高田の軍隊で経験した、冷飯の食事や水での洗顔の習慣などの原体験に基づくものだった。

当時の師団長長岡外史や、留学生の指導官小山田三郎陸軍大尉らは、厳しさの中にも日常生活では蔣介石に暖かく接した。蔣介石は、隊の生活を通じて明治維新の立国精神や武士道精神を感得し、戦後の一九七〇年に至っても、「私は、日本の伝統精神を慕い、日本の民族性を愛している。日本は私にとって第二の故郷である」とまで、外国人記者に語った。

長岡師団長は、一九二七年に下野した蔣介石が訪日したときに再会したが、「蔣君のように恩義を忘れない人はほんとうに得難い。日本留学時には何ら異彩ははなたなかった蔣君が、今日のような地位にあるのはこうした心の中の美徳による。私は恩義を忘れぬ蔣君に無限の尊敬を持った」と評した。これらの新潟時代の思い出と日本軍から学んだことは、蔣介石が『蔣介石秘録（上）』改訂特装版(I-2)二一二頁以下で自ら詳しく語っている*3。

*3 サンケイ新聞社の出版による『蔣介石秘録』に引用された「蔣介石日記」については、当時、台湾の当局の政治外交的で宣伝的な意図もあり、取捨選択がなされたり、日記の原本とは不整合な点も少なくないと指摘されている（山田辰雄ほか編『蔣介石研究』(I-21)一一九頁以下の川島真論文など）。しかし、本書では、少なくともその大意において日記の内容が反映されているであろうとの前提で関連部分を引用する。なお、蔣介石が若いころから日本を愛し、敬意を持ち続け、戦後台湾に逃れてからも日本との関係を重視していたことは、関榮次『蔣介石が愛した日本』(I-18)に詳しい。

「敵か？友か？」の発表

一九三三年の塘沽協定の後も日中間の緊張が増す中で、蔣介石は、一九三四年一〇月、「敵か？友か？」と題する論文を公にし、

「理を知る中国人はすべて、究極的には日本人を敵としてはならないことを知っているし、中国は日本

と手を携える必要があることを知っている。……日本人の中にも同様の見解を抱く者は少なくないと思う」

としつつ、現在の日本の侵略的な姿勢と行動を次のように厳しく批判した。

「日本は……四五〇〇万平方里の中国全土を占領しつくすことはできない。中国の重要都市と港湾がすべて占領されたとき、たしかに中国は苦境におちいり、犠牲を余儀なくされよう。しかし、日本は、それでもなお中国の存在を完全に消滅することはできない」

その後の歴史はこの通り経過した。この論文は、日本の武力がいかに強くとも、十分に民族意識を備えた国民をことごとく取り除くことはできないと主張し、日本が国民党を打倒しようとする認識の誤りなどを指摘したものだった。

しかし、その一方で、蒋介石は、中国と日本が兄弟として手を結ぶことの重要性と、それを戦時中になしえなかったことの痛切な悔恨を語っている。一九五〇年五月の「革命実践研究院演講」で、蒋介石はこう述べている。

「日本と中国とは同文同種の国であり、もし兄弟牆にせめいで（※兄弟喧嘩して）惨殺し合うようなことがあれば、同帰於尽（※ともに滅亡に帰する）以外にないということは、中華民国建国当時からの（蒋介石の）主張であった。アジアに独立自由の日本がなければ、中国は存在し得ず、また、独立自由の中国がなければ日本も存在し得ない。日本は八年間の戦争によってそれに失敗し、勝利を得た中華民国も、その後ソ連にそそのかされた中共の反乱によって等しく失敗した」（『蒋介石秘録(上)』（I-2）一七頁」）。

ある時は風前の灯となり、あるいはほとんど姿を消した日中の和平工作であったが、その背後には、蒋介石のこのような基本的な認識が深く存在していた＊[4・5]。

＊4　入江昭は、『日米戦争』（A-53）（六一頁）で、「東南アジアにおける日本軍緒戦の勝利は、白人支配の伝統を

破ったという点で、彼（蔣介石）もひそかに歓迎するものであった。そして日本の東亜新秩序政策に抵抗していくためにも連合国陣営はアジアの解放を標榜していくべきである、というのが蔣政権の立場であった。その意味では、日本軍国主義が敗退した後に、日本と提携していく余地もあったのであり、むしろ西欧帝国主義に対する日中の協調という図式は、常に彼等の念頭を離れることがなかったともいえよう。したがって日本側からの和平接触は表面的には斥けつつも、なんらかの形で日中戦に終止符を打って両国間に平和をよみがえらせることは、蔣介石にとっても望ましかったことであろう」としている。

＊5　盧溝橋事件勃発の際、現地で不拡大のため腐心した池田純久は、『日本の曲り角』（D・24）（八〇頁）で次の回想をしている。一九三八年から駐米大使を務め、帰国後は北京大学学長を務めた国民政府重鎮の胡適と池田は懇意だった。胡適は排日の巨頭のように言われていた。しかし、戦前、胡適は池田に、「日本は武力をもって東三省の土地を奪い取った。その代わり四億の民衆を敵に走らせた。実に愚かなことだ。もし日本に大政治家がいて、満州を支那に返せば、支那民衆は欣然として日本に手を差し伸べるだろう。……私は支那人だから支那に対して限りない愛国心をもっている。ところが日本はなんといっても東洋の重鎮である。そして支那から見れば、日本は東洋平和のための防波堤である。防波堤日本が破壊すれば東洋はたちまち大混乱を招くことは火を見るより明らかである。だから私は防波堤日本の健在を祈ってやまない。……しかるに最近の日本は……今に世界の袋叩きに会って……崩壊し去るであろう。日本は自業自得であろうが、その結果支那も巻き添えを食うおそれがある。だから私は、日本に筆誅を加えて反省を求めているのだ」と語った。池田は、「これが心からの親日論者かもしれなかった。……博士の先見の明にはただただ頭が下がるばかりである」と回想する。このような考えは蔣介石を始めとして国民党の少なからぬ幹部が共有するものであっただろう。

２　反共と国共合作のジレンマに悩み続けた蔣介石

蔣介石は共産主義を全く信じていなかった

《孫文による第一次国共合作》

孫文は、自著『三民主義』の中で、階級闘争を手段とするマルクス主義は三民主義とは根本的に相容れないものとし「マルクスのいう階級闘争は、社会が進化するときに発生する一種の病症である。……マルクスが社会問題を研究して得たものは、すべて社会進化の病症でしかなく、社会進化の原理ではない。マルクスは単なる〝社会病理学者〟であって、〝社会生理学者〟ではない」としており、共産主義には同調していなかった。しかし、孫文は、軍閥や北京政府と対抗して革命を達成するために共産党やソ連と妥協し、「連ソ」「容共」の方針をとらざるを得なかった。

国民党は一九二四年一月二〇日、広東で開催した第一次全国代表大会で、綱領に「連ソ」「容共」「扶助工農」の方針を明示し、第一次国共合作が成立した。同月、孫文は、中華民国陸軍の士官養成学校である黄埔軍官学校を設立したが、蔣介石はその設立準備委員長に任命され、五月には校長に任命された。総教官には生涯蔣介石の右腕となった何応欽が任命されたが、葉剣英が教授部副主任、周恩来が政治部副主任となるなど、共産党員も混在していた。

孫文は、共産主義に同調はしないものの、ソ連との提携には自信をもっており、共産主義を強く警戒する蔣介石には、心配のしすぎだ、と言っていた。しかし、孫文による容共路線が決定すると、共産党員は続々と国民党に混入し始めた。

共産党の一九二三年八月二五日の秘密文書では、「本団団員で国民党に加入した者は、中国共産党党員の主張に賛成し、発言、行動を完全に一致させなければならない」「われわれは国民党に加入したが、われわれの組織は従来通り保存する。また、各労働者団体、国民党左派のなかから、階級意識に目覚めた革命分子を吸収し、われわれの組織をしだいに拡大し、われわれの規律を厳格にし、強大な大衆をバックに共産党の基礎をうちたてる努力をしなければならない」「国民党とソ連を接近させるよう努力しなければならない」などと、露骨に面従腹背を指示していた。

《ソ連視察で反共産主義者となった蒋介石、第一次国共合作の崩壊》

孫文の後継者の蒋介石は一九二三年にソ連を視察し、共産主義革命の長所と欠点を学んだ。蒋介石は一九五六年に書いた『中国の中のソ連』で、訪ソの体験を次のように回想した。

「ソビエトの政治制度は専制と恐怖の組織であり、われわれ中国国民党の三民主義政治体制とは根本的に相いれないものであることを改めて認識した。……ソ連共産党の指導者は、代表団を手厚くもてなしてくれたが、ことソ連の利害に関する問題になるとガラリと態度を変えた。とくに異常なまでの関心を見せたのは外蒙古問題である。……ロシアは……辛亥革命のどさくさにまぎれて、ロシアの保護のもとに外蒙古を『独立』させ、属国化を進めていた。……ソ連の旅で得た印象をひとことでいえば、ソ連共産党の政権がひとたび強固になれば、ツァー時代の政治的野心を復活する可能性があった。それが中華民国と国民革命に災いを及ぼすことになりはしまいかという不安を禁じ得なかった」(『蒋介石秘録　改訂特装版(上)』(I・2)三五〇頁〜)

訪ソ以来、蒋介石は共産主義否定の強い確信を持ち続けた。蒋介石は、後年ヤルタ会談での密約の存在を察知し、ソ連の中国に対する裏切りの可能性を見通していたが、その背景には、このようなソ連に対する根本的な不信感があった。

ソ連は、一九二三年からコミンテルンの工作員ミハイル・マルコビッチ・ボロディンを孫文の顧問として派遣し、共産主義勢力の拡張に努めた。一九二五年三月、孫文が北京で死亡すると、共産党はそれを国民党分裂の絶好の機会ととらえ、ボロディン指導の下に、国民党を左派、中間派、右派に分裂させて内部抗争を起こさせ、そのすきに党の主導権を握ろうとした。共産党は蔣介石追い落としの策謀も進めた。

蔣介石は、一九二六年三月の中山艦事件で共産党弾圧を開始した。この事件は、国民党左派が蔣介石と陳立夫を捕えてソ連に拉致しようと企て、軍艦中山艦を黄埔軍官学校沖に派遣したのを蔣介石が察知し、艦長はじめ共産党やソ連軍事顧問団関係者多数を検挙したものだったといわれる。さらに、一九二七年二月から、北伐に呼応して共産党が上海で起こした武装暴動に対し、蔣介石は徹底的な反撃・鎮圧を行い、共産党の一切の組織を解散させて共産党員ら一〇〇〇名余を逮捕し、主要人物を処刑した（上海クーデター）＊6。これによって第一次国共合作は崩壊した。

その後の蔣介石の最大の任務は、中国統一闘争を進めるため、孫文の遺志をついだ北伐となった。一九二六年七月一日、蔣介石は、北伐宣言をして北伐を開始するとともに、共産主義勢力を排除するための剿共作戦も強力に推し進めた。北伐軍の北上につれて、満州や華北から華中に勢力を有する日本軍や居留民との衝突や軋轢が顕著となった。

＊6　上海クーデターで共産党粛清に活躍して頭角を現したのが中国の最大の秘密結社青幇の首領杜月笙だった。青幇は、アヘン密売などの犯罪組織として生まれながら、上海などの大都市の裏社会のみならず、金融、商業、社会福祉など広範な世界に勢力支配を拡大した。杜月笙は、日中戦争中、蔣介石が重慶に移ってからもその右腕の一人として暗躍し、蔣介石の密かな日中和平工作の試みにも少なからぬ関与をした。

盧溝橋事件勃発による面従腹背の第二次国共合作

一九三七年七月七日の盧溝橋事件勃発の翌八日、共産党中央は早くも「日本軍の盧溝橋進攻にさいしての通電」を発し、「日本侵略者に抵抗しよう。国共両党は親密に合作し、日本侵略者の新たな攻撃に抵抗しよう」と呼びかけた。七月九日には、彭徳懐、林彪ら人民抗日紅軍を率いる全指揮官が一致して「われわれ紅軍の全員は、紅軍を国民革命軍と改名することを願うとともに、抗日先鋒部隊として、日本侵略者と決戦を交えることを、命令されるよう希望する」と蔣介石に電報してきた。盧溝橋事件は、背後で共産党が仕組んだという説もあるが、少なくとも、この事件を引き金に日中戦争が勃発、拡大すれば、日本との戦争で国民党軍が疲弊し、蔣介石の力が弱まることは共産党にとって願ったりかなったりだったろう。

七月一六日、蔣介石は廬山（江西省）での各界指導者の談話会に周恩来を招いて会談し、共産党が政府の指揮下に入ることを改めて確認した。表面的には共産党は誠意をもって国民党に従おうとしているようにみえた。しかし、蔣介石は見抜いていた。蔣介石は、八月一三日の日記に「共産党は、じつは戦争の機会に乗じて、その陰謀を発動しようとねらっている。その防止策を忘れてはならない」と書いた。その不安は的中し、共産党は早くも八月一二日には「抗戦中における地方工作の原則と指示」という秘密指令を流し、「群衆を組織化、武装化し、その中で指導者の地位を獲得せよ、共産党員は抗日積極分子として体裁をつくろって政府、軍隊の中にはいり、指導的地位を獲得せよ、あらゆる方法を用いて、共産党の公開、非公開組織を拡大し、同時に党の秘密組織を強化拡大せよ」などと指導していた。

九月二二日、国民政府は共産党の帰順を認めることを公式に宣言し、第二次国共合作が成立した。共産党は、「三民主義実現のために奮闘する、国民党に対するすべての暴動政策や赤化運動をとりやめる、ソビエト政府を取り消す、紅軍の呼称と番号を取り消して国民革命軍に改編し、国民政府軍事委員会の統括を受ける」などと約束した。しかし、これらはその後すべて裏切られた。

アルバート・コアディ・ウェデマイヤー将軍は、一九四四年一〇月に、蔣介石と激しく対立していたスティルウェル将軍の後任として、中国におけるアメリカ軍の指揮官となり、共産党との事実上の内戦で苦しんでいる蔣介石の良き理解者となった。ウェデマイヤーは、戦後『ウェデマイヤー回想録―第二次大戦

に勝者なし』(H-6) を著した。同書によると、一九三七年一〇月の毛沢東の指令では

「中日戦争はわが中国共産党にとって党勢拡張の絶好の機会を提供している。我が党の一貫した政策は、その精力の七〇%を党勢拡張に、二〇%を国民党との取り引きに、残る一〇%を日本軍への抵抗に振り向けることである。……第一段階は妥協の段階であり、われわれは、表面的に中央政府の命令に服従し、三民主義を守っていることを示すために自己を犠牲としなければならないが、実際には、この自己犠牲は、わが中国共産党の存立と発展をはかるためのカモフラージュの役を果たすはずである。第二は闘争の段階である。二、三年の期間をわが党の政治と軍事力の基礎を築くために当て、ついには、中国共産党の政治力及び軍事力が国民党と対等になり、国民党を打倒し、国民党の勢力を黄河以北地域から駆逐するまでに発展させねばならない。非常事態の発生を希望する一方、われわれは日本侵略軍に対して、ある程度の譲歩を行なうべきである。第三は攻勢の段階である。わが部隊は中国中央部に深く進出して、国民政府軍の交通線を各地で分断し、政府軍部隊を各地に分散隔離して、ついには中国の主導権を国民党の手から奪い取るため、反攻大勢をとる用意をととのえなければならない」

としたという（三七一～三七二頁）＊7。そのため共産党軍の戦術は勢力の大規模損耗を避けるゲリラ戦が中心だった。

＊7　この記述は、フレッグ・ユトレイ著『Last Chance in China』（1947）の記載を根拠にしている。ユトレイは、「中国共産党問題に関する文書」から転載した毛沢東の文書を根拠としている。この文書は、一九四一年三月、毛沢東が人民政治委員会に提出したもので、一九四四年、重慶において最高国防委員会から公表されたという。

日中戦争中も国民党軍と共産軍は、戦後の中国支配の主導権確保のため争い続けていた

蔣介石は戦後、次のように激しく批判した*8。

「共産党の第八路軍はまともに抗日戦を戦わず、日本軍と正面から戦おうとしなかったにもかかわらず、政府軍が勝ち取った成果を横取りし、あたかも彼らが勝ったかのように宣伝した」

国民党軍が日本軍の激しい攻撃に直面している間、共産党は抗日根拠地である「辺区」を着々と増加させていた。共産党勢力の拡大は国民党からみて撹乱要因だった。一九四一年一月には「皖南事件（※新四軍事件）」が発生した。蔣介石は一九四〇年一〇月、華南の新四軍*9に北上して抗日戦に参加するよう命令したが、新四軍はこれを無視してむしろ南下しようとした。これを契機に、九〇〇〇名の新四軍を八万人の国民党軍が包囲して戦闘し、二〇〇〇人以上が戦死し、以後、国共の争いは公然化した。

ユン・チアンほか『マオ　誰も知らなかった毛沢東』（I-29）上巻（三八五頁〜）は、「新四軍を死の罠にはめる」との見出しで、毛沢東が、当時スターリンが許していなかった共産党軍による蔣介石・国民党軍への攻撃を認めさせようとの魂胆で、意図的に、毛沢東と対立していた項英が率いる新四軍を国民党軍支配地域に進軍させて、国民党軍の激しい攻撃にさらさせた、との背後事情を詳述している。

＊8　ただ、一九四〇年八月から一二月にかけ、山西省・河北省周辺一帯において、華北の八路軍と日本陸軍が戦った「百団大戦」では、中共軍の攻撃により日本軍にも大きな損害が出た。戦死傷者の数では中共側の発表と日本軍側の記録とに大幅な違いはあるが、蔣介石も、百団大戦については「敵軍に相当な脅威を与えた」と肯定していた（鹿錫俊『蔣介石の「国際的解決」戦略』（I-4）一五五頁）。

＊9　新四軍とは、江西ソビエト地区で遊撃戦を行っていた紅軍の残勢力が、盧溝橋事件のあと、新編第四軍となり、第三戦区の国民革命軍の指揮下に入っていたものだった。

国民党と共産党は、相手が日本と密かに通謀していると相互に中傷合戦をしていた

共産党は「抗日」で合作しながら、その実は、裏で巧みに日本軍と密かなチャンネルを作り、日本軍を利用して国民党軍の勢力を削ぐことを画策していた。ソ連から延安に派遣されていた記者のピョートル・ウラジミロフは、『延安日記　ソ連記者が見ていた中国革命（下）』（H-10）（四六七頁）で、次のような生々しい話を伝えている*10。

「（要旨）たまたま新四軍の指令部からの電報をみた。この電報をみても、中共党指導部と在華日本軍総司令部とが絶えず接触していたことは明らかだ。日本軍総司令部との接触についての報告が定期的に延安に送られていることはこの電報から明らかで、私は、中共軍と日本軍の両司令部の接触が長い間行われていたことをあとで確かめた。……葉剣英は毛沢東に私が新四軍からの電報の内容を知っていると話した。そのため主席は私に党指導部が日本軍司令部と接触を持つことに決めた理由を長々と説明した。恥ずべき行為である。だからこそ、毛沢東は躍起になって私を納得させようとしたともいえる。日本軍司令部との関係はずっと以前に極秘のうちにつけられた。中共指導部でもこれを知っているのはほんの数人だ。毛沢東のエージェントが南京の岡村将軍の司令部に出入りしていたのだ。必要な際は日本の防諜機関がこの男を用心深く護衛し、自由に南京と新四軍司令部の間を往来していたのである。新四軍司令部にはこの男（日本人）宛ての主席からのしかるべき情報が届いており、この男が南京から持ってくる情報は、新四軍司令部を通じて直ちに暗号で延安に打電される仕組みになっていた」

また、蔣介石は、「毛沢東の謀略」として、戦後次のように語っている（『蔣介石秘録　改訂特装版（下）』（I-2）三五五頁～）。

「（要旨）共産党は、日本軍と結んで頻繁に政府軍の背後を襲撃した。一九四三年末の湖南省西部、湖北省西部の戦いや、一九四四年の平漢鉄路南段の戦いでは、共産党は政府軍の軍事配置や作戦計画を日

本の特務機関に漏らした。このような連携作戦の陰には、密約があり、戦後、国民政府国防部の調査（一九四七年七月二二日発表）によって、明らかになった。それは、一九四三年八月一二日、山西省神池で、北支那方面軍司令官岡村寧次が、毛沢東との間で、①八路軍と日本軍は携手共同して政府軍に打撃を与える、②日本軍は共産軍にたいして小型の兵器工場十工場を贈る、③共産側は、政府軍の作戦計画を日本側に通報する、というものだった。……戦後一九六四年七月一〇日、北平で日本社会党の佐々木更三、黒田寿男、細迫兼光らが、毛沢東と会見した際、佐々木らが日本の侵略を謝罪したのに対し、毛沢東は『なにも謝罪することはない。日本の軍国主義は中国にたいへん大きな利益をもたらし、中国人民に政権を奪取させた。あなたがたの皇軍がなかったら、われわれは政権を奪取することができなかったろう』と語った」*11

*10 前掲のウェデマイヤーの回想録が引用する毛沢東の指令でも「われわれは日本軍に対して、ある程度の譲歩を行なうべきである」とされている。

*11 前掲ユン・チアンほか『マオ　誰も知らなかった毛沢東』（I-29）は、膨大な聴き取り調査により、毛沢東は抗日に熱心ではなく、日本軍が蔣介石を打ち負かしてくれればよいとの考えで対日戦略を考えていたことを論証している。また、遠藤誉は『毛沢東　日本軍と共謀した男』（A-46）で、毛沢東の共産党が日本軍と共謀して蔣介石の国民党軍に打撃を与えていたことを詳細に論じている。他方、蔣介石は、このように衣の下の鎧をちらつかせ、あるいは公然と反抗を仕掛けてくる共産党に対抗するため、密かに日本との和平を模索していた。蔣介石は、共産党との合作はかりそめの方策に過ぎず、いずれは共産党と中国の支配を争うことになると確信していた。日本の敗戦が必至となった戦争末期に行われた蔣介石の極秘の日本との和平工作は、このような流れの中でその意味が明らかとなる。

ジョン・エマーソン*12は『嵐の中の外交官　ジョン・エマーソン回想録』（H-9）（一七三頁～）で、次の回顧をしている。

「(要旨）一九四五年一月一〇日、エマーソンは延安に行った。国共の関係は極めて厳しくなっていた。一一日、ディキシーミッションの情報将校エヴァンズ大尉が、司令部とウェデマイヤー宛の二つの極秘電を見せてくれ、それには『国民党政府がひそかに日本側との協定を交渉しているという確度の高い極秘情報を共産側は持っている＊13』と述べていた。共産側はどちらの電文もハーレー大使には見せないよう要望していた。エヴァンズはこの暴露情報に大変興奮しており、エマーソンに、この蔣に対する告発を調査するため、その日重慶に帰る予定を延ばすように求めた。そこで、エマーソンは、この問題を直接ウェデマイヤー将軍と話し合い、徹底的に調査するよう進言するとエヴァンズに確約し、重慶に戻った。翌日の一月一二日早朝、エマーソンはウェデマイヤーに会って報告した。その日の五時三〇分、ハーレー大使に会い、エマーソンが、情報の重要性から調査の必要があると述べると、ハーレーは同意はしたが、『共産側の非難に反論しようとして宋子文外交部長がもうすぐやってくる。毛沢東らが、何年にもわたって日本側と取引していたという証拠を持ってくる。毛沢東たちは何年にもわたって白人に対抗して全アジア人を団結させる計画を練っている』と共産党批判に話題を変えた」

＊12 米国の知日派職業外交官で、一九三六年に日本に赴任し、グルー大使の下で開戦前の日米関係を体験した。戦時中はペルー、インド、ビルマ、中国勤務で日本との戦争に関わり、戦後はＧＨＱの政治顧問として日本に戻り、ライシャワー大使の下で駐日公使を務めた。エマーソンは、中国勤務中、延安で共産党の野坂参三らと接触し、戦後野坂の帰国後もその釈放に尽力したことなどから、共産主義者と見られ、戦後、マッカーシー旋風の攻撃にさらされた。ただ、エマーソンの前記著書を読む限りでは、エマーソンは、ヤルタ密約を批判し、日本の早期降伏のための天皇制の保障を主張していたことなど、ソ連・コミンテルン直系の共産主義者とまでは考えにくい。田中英道は、エマーソンは当時は完全な共産主義者であったがマッカーシー旋風

の中で過去を否定して変節したとしている（田中英道『戦後日本を狂わせたＯＳＳ日本計画』（Ｈ-25）八九頁）。

＊13　これは時期的にみて、繆斌工作あるいは何世楨工作である可能性が高いであろう。

このように、当時、共産党は国民党を打倒するために密かに作戦や情報面で日本軍と通じ合い、他方、蔣介石は密かに日本との和平を模索していた。しかし、相互にそれをひた隠しにし、相手側の日本との接近だけを非難中傷するという、ねじれた対立関係にあった。蔣介石は、日本と和平の交渉をすることを延安の共産党やソ連には絶対に知られてはならず、万一それが発覚した場合には、それを否定する必要があったのだ。

このことは、繆斌工作など蔣介石の日本との直接の和平工作の真実性を検討するために重要な視点だ。

蔣介石は重慶のアメリカ軍や大使館員の共産主義者たちから苦しめられていた

以下は、主に、『ウェデマイヤー回想録』（Ｈ-6）、Don Lohbeck『PATRIC J. HURLEY』（Ｈ-8）、Milton E. Miles『A Different Kind of War』（Ｈ-7）、「Maochun Yu『OSS in China』（Ｈ-11）、ジョン・アール・ヘインズほか『ヴェノナ　解読されたソ連の暗号とスパイ活動』（Ｈ-19）、ジョセフ・マッカーシー『共産中国はアメリカがつくった』（Ｈ-20）、コーネル・シンプソン『国防長官はなぜ死んだのか』（Ｈ-21）、ロナルド・Ｈ・スペクター『鷲と太陽（上・下）』（Ｈ-37）、ウォルター・ラフィーバー『日米の衝突』（Ｈ-1）などによる。

《重慶のアメリカ軍や大使館には多くの共産主義者たちがいた》

連合国の一員である中国には、抗日戦への支援のためにアメリカから軍隊が派兵されていた。陸軍のジョセフ・スティルウェル将軍が中国戦線のアメリカ軍司令官で蔣介石の総参謀長だった。スティルウェルは、在華大使館武官を務めるなど中国勤務が長く、中国語も堪能で、陸軍きっての中国通だった。スティルウェルは、組織上は、蔣介石指揮下の司令官だったが、ビルマ戦線での戦闘方針などで蔣介石とことごとく対立していた。

当時国務省から、重慶にジョン・デービス、ジョン・サービス、レイモンド・ルッデン、ジョン・エマーソンらが重慶の大使館に派遣され、デービス、サービスらはスティルウェルの軍事顧問となっていた。彼らを批判する人たちは彼らを「四人のギャング」と呼んだ。デービス、サービス、ルッデンは、中国語が堪能な中国通だったが、共産主義者ないし親共産主義者であり、蔣介石や国民党よりも延安の共産党を強く支持していた。スティルウェル自身は共産主義者ではなかったが、サービスらの影響を受けて、反蔣介石姿勢をますます強め、延安への親近感も抱くようになっていた。

デービスやサービスらは、本国の国務省に対する報告で、蔣介石や国民党が腐敗堕落し、抗日戦をまともに戦っていないと非難の限りを尽くしていた。他方、中国共産党は真の共産主義ではなく農地改革者であると称賛し、中国の将来は共産党こそが担うべきだとのプロパガンダを送り続けた。当時、ビルマからの援蔣ルートが途絶えていたため、連合国の軍事物資はヒマラヤ越えの空輸に頼るしかなかったが、スティルウェルらの反蔣介石姿勢のため、蔣介石側に割り当てられる軍事物資は極めて少なかった。

デービスは、スティルウェルに延安に視察団を派遣するよう進言し、蔣介石は抵抗したが、デービスらの画策により、一九四四年夏、「ディキシーミッション」と呼ばれた視察団が延安に派遣された。デビット・バレット大佐が団長で、サービスも加わり、延安で毛沢東らから熱狂的な歓迎を受けた。アメリカの特派員記者らも大勢延安に乗り込み、デービス一派と同様、共産党礼賛、蔣介石非難のレポートを書き続けた。

しかし、デービスやサービスらはやりすぎてしまった。当時のアメリカの対中国の基本政策は、飽くまで蔣介石の重慶国民党政府との連携と支援だった。しかし、デービスらは、重慶政府がいずれ倒れることを目指し、アメリカの軍事物資を直接中国共産軍に提供することや、蔣介石に共産党との連合政権を樹立させようと画策した。デービスらに洗脳されていたスティルウェルもそれを支持した。しかし、蔣介石は、共産党が望む「連合政権」とは、いずれ共産党が政府を乗っ取るための画策だということを、第一次国共合作、第二次国共合作の過程で熟知していたので、デービスらの画策を断固拒絶していた。

しかし、後述するスティルウェルの更迭とウェデマイヤーの着任、パトリック・ハーレー大使の着任により、事態は一転し、蔣介石と両者の信頼関係が樹立された。国務省の親共産主義者らの暗躍を苦々しく思っていたハーレーらにより、一九四五年二月、デービスとサービスは重慶から放逐され、戦後サービスはスパイの嫌疑で逮捕された。

《蔣介石はスティルウェル将軍と対立、決裂した》

スティルウェルは、一九四二年から、中国戦線でのアメリカ軍の司令官で、蔣介石の総参謀長として中国や仏印戦線の指揮をとった。しかし、主にビルマ戦線での戦略をめぐって蔣介石と激しく対立した*[14]。スティルウェルは、蔣介石を「ピーナッツ、気が狂った奴、頑固で無知、偏見に満ちた貪欲な暴君、無礼なガラガラ蛇」などと罵倒し、ワシントンに蔣介石批判の報告を送り続けた。

一九四四年秋、スティルウェルは、中国・ビルマ戦線で、アメリカ軍と中国軍は蔣介石の指揮下に入らず自己が指揮すべきとして蔣介石の指揮権排除をルーズベルトに強く要請した。ルーズベルトはいったんこれを受け入れ、スティルウェルが勝ったかに見えた。しかし蔣介石は巻き返した。蔣介石は、ルーズベルトに対し、スティルウェルを更迭しないのなら、「中国は独自の道を行く」と宣言し、更に山中に退却しても日本軍との戦闘を、どこからも助けを求めることなく遂行するとの決意を表明した。当時パトリック・ハーレーが事態解決のために派遣され、ハーレーは、ルーズベルトにスティルウェルの更迭を進言した。

ルーズベルトはスティルウェルの解任を決意して一九四四年一〇月、スティルウェルは更迭された。A・C・ウェデマイヤー将軍がその後任となった＊15。

他方、クレア・リー・シェンノート将軍は、アメリカ陸軍航空隊の将校だったが、中国に派遣され、国民政府軍の航空参謀長を務め、「フライング・タイガース」を指揮して活躍した。シェンノート率いるフライング・タイガースは、中国軍と協力して中国の基地から日本軍への活発な空爆を行っていた。シェンノートと蔣介石との関係は円滑だった。

＊14　一九四二年にビルマ戦線を指揮したスティルウェルは敗退してビルマルートを奪われた。スティルウェルはその原因は蔣介石にあると非難していた。スティルウェルは軍人としてのプライドから、ビルマの奪回に異常なまでの執念を示し、中国軍を更に投入して自己の指揮下におくべきだと主張していた。一九四三年のカイロ会談当時、スティルウェルはビルマ奪回を主張した。蔣介石もビルマルートの回復は願っていたので、もし、イギリスも海上からビルマを攻撃するのであれば、それと合わせて陸上作戦を中国軍も担うと同意した。しかし、チャーチルはいったんそれを約束したが、ヨーロッパ戦線を重視し、あっさりと反故にした。一九四四年に入ると、日本軍の大陸打通作戦が激しくなり、イギリス軍の海上からの攻撃がない中で、蔣介石がビルマ戦線に中国軍を投入する余裕はなかった。そのため蔣介石とスティルウェルとの確執は更に深まっていた。

＊15　ルーズベルトが蔣介石の要請に応じた動機は、当時日本の敗戦は必至で、中国戦線の重要性は低下し、スティルウェルに期待することが少なくなっていたことにもあるだろう。アメリカ軍の本来の作戦は、中国本土に上陸し、中国本土から日本に空襲するための基地を確保することだった。しかし、サイパンの陥落により、B29によるサイパンからの日本への空襲が可能となったため、この作戦の重要性は低下していた。それに加

え、「独自の道を行く」と宣言した蒋介石を、そうさせずに連合国につなぎ留めておくには、蒋介石の要求に応じることが賢明だと判断されたためだと思われる。このことは、繆斌工作を検討する上でも念頭に置くべきことである。

戴　笠

中国のOSSは、蒋介石や戴笠と対立し、苦しめた

OSSは、ヨーロッパ戦線で、アレン・ダレスらが、北イタリアのドイツ軍を降伏に導く大きな成果を上げた。OSSは、ドノヴァン長官の強力な指導により世界各地の戦線に拠点を設け、枢軸国と戦った。ドノヴァンは中国にもOSSを進出させた。OSSは、ドノヴァンが、枢軸国と戦う者であれば右でも左でも思想を問わず、膨大な要員を奔放に採用した。その中には共産主義者や容共主義者が多く含まれていた。そのため、中国のOSSの活動は、大使館の共産主義者、デービスやサービスらと足並みを合わせ、延安の共産党とのつながりを深め、これを支援しようとした。

また、もともと、OSSは、イギリスの諜報機関SOEとのつながりが深かった。イギリスは中国に対する権益の維持を強欲に戦後も図ろうとしていた。そのため、中国のOSSは、反共・反英の蒋介石や戴笠と激しく対立した。OSSの中国での活動は、結局、中国を混迷させ、共産化への後押しをすることになった。その状況を克明に伝えるのは、アメリカの海軍から中国に派遣され、ゲリラ戦や諜報工作で戦ったミルトン・E・マイルズ少将による『A Different Kind of War』(未邦訳)(H-7)の大著だ。

日米開戦間もないころ、アメリカ海軍は、将来の日本上陸作戦前に、まず中国に進出して抗日戦の拠点を作ろうと考えていた。マイルズはそのために、アーネスト・キング将軍の直命により、中国へ派遣された。その受入れの手配をしたのは、蒋介石の右腕で中国特務機関「藍衣社」の首領、戴笠だった。一九四二年春から終戦まで、マイルズは戴笠や蔣介石と深い信頼関係を築き、両国の合意で設立した「中米合作社（ＳＡＣＯ）を母体として、抗日のゲリラ戦・諜報工作を共に戦った。その記録は「アラビアのロレンス」よりも面白いとの評価もある。当時、戴笠については、デービスやサービスらの激しい批判と悪意の宣伝により、ワシントンに対して「テロリスト」「ぞっとする男」などの悪評が植え付けられていた。しかし、マイルズの回想は、戴が、中国の古典を愛し、人々から慕われ、智謀と勇気に満ちた優れた指揮官であったことを生き生きと伝えている。

繆斌工作を実質的に指揮したのは戴笠だった。戴笠については、中国では今日も関心が深く多くの研究があるが、日本ではほとんど知られていない。戴笠がどのような人物であったかは、繆斌工作の真実性を検討する上でも重要な要素である。詳しくは、拙著『ＯＳＳ（戦略情報局）の全貌』を読んでいただければ幸いである。

ウェデマイヤー将軍とハーレー大使は蔣介石の理解・支持者となった

蔣介石のルーズベルト大統領に対する強い要請によって一九四四年一〇月、スティルウェルが更迭された後、後任のウェデマイヤー将軍は蔣介石の理解者となった*16。またガウス大使の後任となったパトリック・ハーレー大使も蔣介石のよき理解者となった*17。ウェデマイヤーは、着任後の当初は、ジョン・デービス、ジョン・サービスらの延安共産党への支持や礼賛の影響を免れていなかったが、次第にその問題性を認識するようになった。

こうして、中国における国務省関係者やアメリカ軍内の共産主義者やそのシンパと、蔣介石を理解し、支持するウェデマイヤーやハーレーとの溝は深まった。それは、次章で述べる、アメリカ政府内で、ルーズベルト側近の共産党員やそのシンパが、ハルノートの作成を主導し、無条件降伏に固執していたのに対し、グルー元大使ら親日派が懸命に無条件降伏を緩和して日本との早期和平を求めて烈しい対立をしていたことにも通じるものだ。繆斌工作の真実性は、このような背景も抜きにしては論じることができない。

＊16　蔣介石や国民政府を理解し、支援するようになったウェデマイヤーは、『ウェデマイヤー回想録』（H-6）で次のように回想している（要旨）。

「（一九四三年、インドや中国を視察してスチルウェル将軍に会ったとき）中国通とされながら、中国共産党の連中にうまくだまされて蔣介石や国民党に偏見をいだき、中国問題をまるで理解していないように見受けられた」

「カイロ会談では、英米がビルマに上陸作戦を実施するために東南アジア司令部に兵力と船舶の追加割り当てを決定し、蔣介石は非常に満足して帰国した。しかし、テヘラン会談で、スターリンの主張により、ノルマンジー上陸作戦を確実にするための兵員資材の計画割り当てがなされ、その結果、カイロ会談でビルマ方面に向けられることとされていた兵力などがビルマでなくイギリスに送られることにされた。こうしたことは、戦争の全期間を通じて中国がずっと経験していたことであり、中国にとって、援助供与の約束と希望は大きな失望に代わり、中国が戦争継続のためにのどから手が出るほど欲しがっていた兵器類の大半は中国以外の国々に流れていき、こういう経験は何回も味わされた」

「一九三七年以来、ほとんど独力で日本と戦い続けた中国は、アメリカがイギリスとソ連に与えた厖大な、ほとんど、無差別の軍事援助にくらべ、ほんの僅かばかりの援助しか受けていなかった。……中国国民は連合国のどの国民よりも長い間戦争に従事し、どの国よりも困っていた。そのうえ、ルーズベルトは、ドイツ打倒をアメリカの最高目的と考えてチャーチルと肩を組んでしまった」

「スティルウェルやそれと親しいアメリカ新聞通信員たちから報告されていたように国民政府がやる気がないどころか、日本軍の攻撃に対し、目を見張るような抵抗をしたり困苦欠乏に堪えていることが分かりかけてきた。……フランスはドイツの攻撃後僅か六週間で降伏したが、中国は日本の攻撃七年目になってもなお抵抗を続けていた。……主要会戦で日本軍の激しい攻撃に耐え、日本軍にかじりつき、殺されたのは国民政府の疲れ切った兵士たちであった」

「国民政府にとって、西欧帝国主義者、ソ連、中国共産主義者はすべて敵であった。アメリカはイギリスと同盟を結んでいたが、蔣介石はイギリスの中国に対する長期間の略奪と圧迫の歴史を知っていた。蔣介石は、スチルウェルとその助言者たちが共産主義者たちに好意的態度をとっていたので、アメリカの意図に疑念を持つようになっていたが、ウェデマイヤーとの間で急速にうちとけた交友関係が作り上げられた」

「(ウェデマイヤーは）毛沢東や周恩来と会談し、彼らの主たる関心は日本軍の攻撃によって国民政府軍が撤退した後の地域を占領することにあり、日本軍との戦争に関心を持っていないことを知った。……蔣介石が真の愛国者であり、国家と国民の利益に非常に深い関心を寄せていると固く信ずるようになった。……ジョン・デービス、ジョン・サービス、レイモンド・ルッデン、ジョン・エマーソンの四人の報告書はどれもこれも国民政府を強く非難し、中国共産党に対しては好意的意見を述べていた。……デービスは、中国共産主義者に対する援助の主張が極めて強く、国務省への報告で『最終的には蔣介石を見捨てることについてアメリカは良心の呵責を覚えるべきでない。……多数の人民が国民党から共産中国のほうに移動し、アメリカ政府は、中国における最も組織の整った進歩的かつ強力な勢力と連携することになろう』と書いた」

「蔣介石はスティルウェルの親共産党、反蔣介石の立場と行動によって絶望的な立場に置かれていた。……イギリスもソ連と同様に中国を弱体化し不統一のままにしておくことを希望していたのは明らかだ。……連合国側の過失のうち最大のものは、ソ連の戦後に対する意図を正しく判断できなかったことだ。ルーズベルトは一九四四年三月八日、『余としてはソ連は全く友好的であると考える。ソ連はヨーロッパの残りの地域を全部貪り取ろうとはしていない。ソ連は他国を支配するような考えは少しも持っていない』と述べていた。

……」

＊17　ハーレーは、フーバー大統領時代に陸軍長官を務めた。ハーレーは以前から、国務省が共産主義者やそのシンパたちから不当な影響を受けていることを嫌悪していた。また国務省の親イギリス者たちをも嫌っていた。ハーレーは、蔣介石とスティルウェルの対立問題解決のため大統領特使として派遣され、スティルウェルの更迭を進言した。その後蔣介石の希望により、ルーズベルトから中国大使を要請され、いったんは固辞したが、これを受けることとなった。着任したハーレーは直ちに蔣介石と信頼関係を築いた。ハーレーは、国務省や陸軍省から重慶の大使館員やスティルウェルの軍事顧問として派遣されていたジョン・デービス、ジョン・サービス、ジョン・エマーソン、レイモンド・ルッデンらが、国民党よりも延安の共産党を支持支援しており、国務省に、「腐敗した蔣介石政府は中国の政府たりえない、将来は共産党が政権を担うべきで彼らは共産主義者ではなく農地改革者だ」との報告をし続けていたことを知っていた。ハーレーとウェデマイヤーは蔣介石の政府と共産党との連合の可能性について意見が分かれる点はあったが、基本的には考えが同じだった。ハーレーはデービス一派とは常に対立し、ようやくその追放に成功した。ハーレーは「蔣介石は八年間抗日戦を戦った。そのうち四年間は孤独の戦いだった。長く勇敢な戦いの後、帝国主義国家から見放され、その奴隷となってしまった」と回顧し、ヤルタ密約の非道を非難した。ハーレーは、チャーチルが、蔣介石を対等な連合国の一員とは認めず、見下し、戦後の植民地支配の復活をもくろんでいることもよく知っていた。ハーレーは、戦後も、「ヤルタ密約は中国の共産化ための青写真であり、当時のアメリカの軍事力はソ連の参戦を必要としていなかった」と大戦中のアメリカの国策の誤りを批判し続けた（Don Lohbeck『PATRIC J.HURLEY』（H-8））。

３　カイロ宣言の甘言と、テヘラン、ヤルタでのスターリン、ルーズベルト、チャーチルの裏切り

カイロ宣言は蒋介石への甘言。蒋介石はスターリンの強欲な魂胆を見抜いていた

一九四三年一一月下旬、カイロで、ルーズベルト、チャーチル、スターリン、蒋介石が会談し、一二月三日、カイロ宣言が発表された。中国に関しては

「右同盟国の目的は日本国より一九一四年の第一次世界大戦の開始以後において日本国が奪取しまたは占領したる太平洋における一切の島嶼を剥奪すること並びに満州、台湾及び澎湖島のごとき日本が清国人より盗取したる一切の地域を中華民国に返還することにあり」

というものだった。それは日本が日清日露の戦争の勝利によって正当に獲得した権利をもすべて放棄させるもので、蒋介石にとっては一〇〇パーセント以上の勝利だといえた。

それとともに、朝鮮の自由と独立、日本軍の無条件投降などを三大同盟国の名で要求するものであり、蒋介石にとっては、七年を超える日本との戦いを経て得られた偉大な成果であった。しかし、その表面上の蒋介石の勝利の裏側には、ソ連とイギリスとアメリカが、蒋介石を軽視してその宣言を骨抜きにしようとする強欲な魂胆が潜んでいた。蒋介石は、当時そのことに早くも勘づいており、一二月四日の日記には、次のように書いている。

「内外の世論は、中国外交史上空前の勝利として、称賛しないものはなかった。が、私の心の中にはいささかの憂慮と恐れを禁じ得ない」（『蒋介石秘録

スターリン

ルーズベルト

チャーチル

14』（I・1）一二五〜一二六頁）。

蔣介石は、日清戦争と下関条約については厳しく批判しているが、「日露戦争に関して、中国の民意は、日本に同情的であった」とし、それはロシアの横暴さに対する憤りからくるとしていた。義和団の乱を口実に東北三省に居座り、事件発生当初東北国境付近で五〇〇〇人の大虐殺を行ったこと、日露戦争で形勢不利となると統制を失ったロシア軍は暴徒と化したことなど、中国民衆のロシアへの憤りを述べるなど、もともとソ連には強い敵意を抱いていた。他方、ソ連は、日本の侵略行動をはげしく非難しながら、その本音は、日中の衝突をほくそえんでいた。日中が戦えば、ソ連は外蒙侵略の漁夫の利を得られるし、彼らの手先である中国共産党の勢力伸長をはかることで中国を赤化できると読んでいた＊18。

＊18　一九三七年の盧溝橋事件発生後間もなく、ソ連は中国に相互不可侵条約を提案し、同年八月二一日これが調印された。蔣介石は対日戦争のためにソ連との対立関係は避けなければならなかったのでこの条約を締結したが、ソ連に対する警戒心は決して失っていなかった。蔣介石は八月六日の日記に「ソ連が相互不可侵条約を提案してきた。われわれが彼らと交渉するときには、外蒙問題の解決と共産主義を宣伝しないことに、特に注意を払わなければならない」と書いた（『蔣介石秘録12』（I・1）七八頁）。

蔣介石とスターリンとは、カイロ会談の段階から既に根本的に対立していた。ソ連は、この会談で中国のステータスが高まることに強く反対し、妨害していた。蔣介石は、スターリンが、対日参戦を切り札に、中国にしわ寄せをする危険を当時から感じていた。

カイロで、蔣介石は、自らルーズベルトに、ソ連の今後の行動と実際の姿にはなお十分留意するよう指摘し、「私はとてもソ連を深く信用することができない」とはっきり告げた（『蔣介石秘録14』（I・1）一二三頁記載の一一月二三日の日記）。

蔣介石は、こう回顧している（同一二四頁）。

「共産党問題にたいする米国の決定的な『誤解』は、これを単に中国の国内問題にすぎないとみていたことである。当時、コミンテルンは解散していたものの、スターリンは『ポーランドおよび中国の赤化』を世界戦略の第一目標とし、各国共産党にたいしても『蔣介石を徹底的に攻撃せよ』と指示していた。このスターリンの指示は、米国側でもすでにキャッチしていたのにもかかわらず、米国はスティルウェルをはじめ、共産党にまどわされた米大使館員の重慶情報のほうを重視していたのである。共産党の『米中離間政策』にうまうまと乗せられた。このような米国の『誤解』は戦後の大陸の難局を予見させるものであった」

近年、フーバー元大統領の『裏切られた自由』の公刊などにより、ルーズベルトは共産主義者の側近らによって親ソ政策に引き込まれ、第二次大戦は結局、アメリカの若者の膨大な犠牲のもとにスターリンだけを利することとなった、という主張が高まっている。しかし、蔣介石は、当時から既にこのことをしっかりと見抜いていたのだ。

繆斌工作を始めとして、蔣介石に日本との和平の意思が真にあったか否かは、このような視点での検討が不可欠である。

蔣介石はチャーチルの強欲さに苦しみ、イギリスを憎んでいた

蔣介石は、イギリスがアジアにおける植民地支配を戦後も維持しようともくろみ、中国が強い国家に育つことを妨害しようとする強欲さに怒り、憎んでいた。蔣介石を始めとする中国の人々の反英感情は、アヘン戦争以来の根深いものがあった。イギリスは巧みな外交政策によって中国人の反英感情を緩和させることに成功したが、蔣介石は、中国の真の敵は、日本よりも、白人のアジア支配の元凶であるイギリスだという確信を持ち続けていた。

カイロ会談で、最大の問題は、米英両国の世界観の差だった。戦後の世界のあり方について、米国は民主的な国際組織によって、一九世紀的植民地主義を一掃したいと考えていた。しかし、イギリスは、中国が大国になることを望まず、逆に大国のバランスオブパワーによって大英帝国の権益を維持しようとしていた。チャーチルは、中国や蔣介石を明らかに見下していた。宣言の原案においても、英国は、日本の台湾などの中国返還、朝鮮の独立に反対し、日本が放棄することを銘記すれば足りると最後まで主張した。それは、原案の内容が、香港を始めイギリスの既得権の放棄や返還につながることを恐れたためだった。ルーズベルトは、蔣介石に、「最大の悩みはチャーチルの問題で、英国は中国が強国となることを願わないのだ」と慨嘆して言った。蔣介石は、『蔣介石秘録14』（I-1）（一二七頁〜）記載の一九四三年一一月三〇日「本月の反省録」に次のように書いた。

「英国はほんのわずかでも自分の利益を犠牲にして他人を助けるようなことは、決してやろうとしない。……中国の存亡、生死などは、一顧だに値しないことなのだ〜英国のみずからを利し、人を害するさまは、まこと帝国主義の模範たるに恥じないものがある」*19・20。

*19 パトリック・ハーレーは、重慶に着任後、イギリスのホーレス大使と会談したが、ホーレスは、「国民党と共産党との妥協による中国の統一は不可能であるばかりか、中国の統一は、東南アジアにおける植民地や治外法権の喪失につながる」とあからさまに帝国主義の考えを語ったと回想する（PATRIC J. HURLEY（H-8））。

*20 アンソニー・マクガーデン『ウインストン・チャーチル』（H-34）によれば、チャーチルは、人生の前半を大英帝国が権力の絶頂にあったヴィクトリア女王統治のもとで過ごしたことで、イギリスがその優位をもってほかの国を導くのが当然で、それが植民地のためであるという世界観をもっていたという。チャーチルは、自伝で、若いころインドを訪ねたとき「イギリスがインドで挙げつつある偉大な業績と我々の安寧のために

統治する使命の気高さをひしひしと感じて」誇らしかったと述べた。チャーチルが開戦時に首相になった時、外相で政治上のライバルだったハリファックス伯爵エドワード・ウッドが対ドイツ・イタリアへの融和策を主張し、断固戦いを主張したチャーチルと対立した。ハリファックスは、インド総督を務めた経験があり、インドをカナダやオーストラリア並みの自治権を与えることを主張したが、チャーチルは、そうなればインドにおける大英帝国は消滅するとしてこれに強く反対していた。

チャーチルはイギリスの帝国主義による権益保持を臆面もなく求めたが、他方で、ソ連に対する見方については、ルーズベルトと異なっていた。アメリカはソ連が戦後、必ず強国になるとみていたが、それが国際情勢にどのような緊張をもたらすかを十分に認識していなかったのに対し、英国は、ソ連が強国になれば、ヨーロッパは破壊されると信じていた。

米英とソ連がしっくりいっていなかった原因は、二年以上くすぶり続けたヨーロッパでの第二戦場開始の問題だった。特に、対独戦で疲弊していたためにこれを求めるソ連と、なかなかこれに手を付けないイギリスとの対立は大きかった。他方、米国は、対日作戦の一つとしてシベリアに空軍基地をつくりたいと望み、また、ソ連の対日参戦を強く望んでいた。ソ連を対日作戦の仲間とすることができれば、米国の将兵の犠牲、経済的損失は減少させることができると考えていた。このような、ソ連をめぐって戦後社会をどう見据えるかや、当面の作戦面での考慮などについて、ルーズベルトとチャーチルにはかなりの違いがあり、スターリンとのいわば三つ巴の考えが交錯していた。

ビルマ作戦について、英国の陸海軍の参加を求める蔣介石と、海軍の出動をしぶるチャーチルとの間で論争となった。ビルマ作戦は、仏印からの援蔣ルートの再開のために蔣介石にとって重要だった。スティルウェルは更に強くこれに固執していた。しかし、チャーチルは常に欧州戦線を優先し、蔣介石の要請に応えず、ビルマ作戦を軽視し続けた。

結局、チャーチルは、戦後香港の中国への返還に応じず権益を死守した。

天皇制を擁護した蔣介石

カイロ会談では、戦後の天皇制をどうするか、ということも議論となった。蔣介石は、ルーズベルトから、天皇制を存続させるか、廃止するかの意見を求められ、こう答えた。

「まず日本軍閥を根本から消滅させ、軍閥が二度と日本の政治に関与できないようにすることが必要である。しかし、それ以上の国体（国家形態）をどうするかといった問題は、日本の新しい世代の目覚めた人々が、自分で解決するのがもっとも好ましい、と私は考えている」

また、蔣介石は、「日本民族の精神構造上、天皇がどのような位置を占めているかは、西洋人にはわからなくても、同じ東洋人である中国人にはよく理解できることであった。ルーズベルトもこれに深く同感した」と回顧している（『蔣介石秘録14』（Ⅰ-1）一二〇頁～、黄仁宇『蔣介石　マクロヒストリーから読む蔣介石日記』（Ⅰ-8）三四六頁）。

蔣介石はカイロで架けられた梯子をテヘランで外された

カイロ宣言によって、四大国の仲間入りを果たしたように見えた中国は、その後のテヘラン会談でカイロ宣言の内容を大幅に反故にされてしまった。カイロ会談後に、一九四三年一一月二八日から開かれたテヘラン会談は、中国に議案も知らされず、中国抜きで行われた。ルーズベルトは健康状態の悪化にもかかわらず、遠路テヘランまで赴き、ソビエト大使館を宿舎として、三者会談のほかに、チャーチル抜きでスターリンと三度も会談した。

チャーチルには、ソ連のヨーロッパ共産化の野望が見えており、スターリンとは険悪になりつつあった。

しかしこの会談は、米英の対ソ低姿勢に終始し、カイロ会談で決定した中国関係の条項も、中国に不利なように改変されてしまった。ルーズベルトは側近の共産主義者らによって共産主義とスターリンに対する警戒心を失わされていた。ルーズベルトは、スターリンの「戦後にはロシア内に信教の自由、私有財産制度、一層の民主主義的制度を導入する」との大風呂敷に感激し、ポーランドの国境線引きについてのソ連の自由裁量やバルト諸国の支配を容認した。ルーズベルトもスターリンもチャーチルも、大西洋憲章＊21の精神を守る気は、はなからなかったのだ。

ルーズベルトがテヘラン会談でソ連に迎合的態度に終始したのは、ソ連に対日参戦をさせたいことや、戦後の国際機関にソ連を参加させたいためだった。テヘラン会談で、スターリンが頼まれてもいないのに対日参戦をアメリカに申し出たことが、ヤルタでのルーズベルトのソ連への大幅な譲歩の引き金となった。

スターリンは、中国の対日作戦を誹謗し、ドイツが降伏すればソ連はシベリア方面の軍事力を増強して日本に宣戦すると表明した。チャーチルはこれをヨーロッパ最優先の口実とし、ビルマ反攻に使うだけの軍需物資があればヨーロッパ戦線に回すべきと強硬に主張した。カイロで蔣介石に約束されていたビルマ反攻作戦は一〇日もたたないうちに白紙に戻された。カイロでの約束の一八項のうち、完全に履行されたものは、三分の一に過ぎなかった。援蔣ルート回復のためのビルマ反攻、香港の中国返還、ソ連は東北四省の中国の主権を尊重し、中国共産党を支持しない、一〇億ドルの対米借款、などはすべてご破算となってしまった。中国の国際的地位はカイロ会談によって政治的には上昇したが、テヘラン会談によって、戦略的に下降し、極めて苦しい立場に追い込まれることになった＊22。

＊21 大西洋憲章とは、日米諒解案交渉が進められていた最中、一九四一年八月に、ルーズベルトとチャーチルが会談して調印されたもので、①合衆国と英国の領土拡大意図の否定、②領土変更における関係国の人民の意思の尊重、③政府形態を選択する人民の権利、④自由貿易の拡大、⑤経済協力の発展、⑥恐怖と欠乏から

の自由の必要性、⑦航海の自由の必要性、⑧一般的安全保障のための仕組みの必要性、を宣言したものだった。

＊22　渡辺惣樹『誰が第二次世界大戦を起こしたのか』（A-54）（一七六頁〜）によれば、テヘラン会談で、チャーチルはルーズベルトとスターリンに押し切られ、スターリンが望んだフランス北岸からの上陸計画が決定され、南フランスへの侵攻も決まった。チャーチルが期待していたバルカン半島経由のベルリン侵攻計画も潰えた。これによってドイツ全体を赤軍が連合国軍に先んじて占領する可能性が生まれ、またバルカン半島の共産化は確実となった。戦後の東欧の姿はテヘランで決まった。また、第二回モスクワ会談（一九四四・一〇・九〜二〇）で、スターリンとチャーチルは、ルーマニア（90-10）、ギリシャ（10-90）、ユーゴスラビア（50-50）、ハンガリー（50-50）、ブルガリア（75-25）の諸国に対する影響力の割合を数字で示して合意した。チャーチルが書き、スターリンがチェックしたそのメモの写真が同書に掲げられている。大西洋憲章など、はなから無視したものだった。

日本は、蒋介石の苦しい立場をまったく理解できていなかった

カイロ宣言は、外見的には、中国が四大国の仲間入りをし、連合国の一枚岩の一員となった中国の完全な勝利だった。中国はアメリカを始め連合国から対日戦争のための軍事的支援を得ていた。連合国の一員は枢軸国とは単独で講和はしないとの縛りもかけられていた。これらの外見的な状況が、当時の日本の陸海軍の中央や為政者の間に、カイロ宣言以降は蒋介石には日本との和平の意思は全くない、と思い込ませることとなった。

しかし、その実は、前述したように、蒋介石は、貪欲・強欲なチャーチルやスターリン、親共に染まっていたルーズベルトとの間で、いわばテーブルの下で足を激しく蹴りあうような関係にあった。一九四三

年一月に開催されたカサブランカ会談に蔣介石は参加せず蚊帳の外に置かれ、テヘラン会談に至っては、蔣介石は参加できなかったのみならず、カイロでかけられた梯子を外されてしまった。英米ソの連合国の強国の中で、日本と八年近くも苦しい戦いを続けてきて、対日戦では同格であるべき中国の立場は名ばかりであり、スターリンやチャーチルは、中国と蔣介石を露骨に見下していた。このような状況の下で、戦後の国際社会を見据えた蔣介石は、密かに日本との講和、それを通じた連合国との講和を、ソ連の参戦前に実現しようとの考えを強く抱くようになったのだ。それを、日本の陸海軍中央や外務省の為政者らがまったく洞察できていなかったことに悲劇がある。

４　蔣介石は中国を裏切るヤルタの密約を早くつかみ、苦しんだ

中国を裏切り、ソ連に売り渡したヤルタ密約

テヘラン会談で梯子を外された蔣介石は、さらにヤルタ密約で米英ソから完全に裏切られた。一九四五年二月四日から一一日にかけてクリミア半島のヤルタで開催された、ルーズベルト、チャーチル、スターリンによるこの会談では、第二次大戦の処理について、ドイツの分割統治、ポーランドの国境策定、バルト三国や東欧諸国の戦後処理が協議され、ヤルタ協定が締結された。ルーズベルトは、スターリンの、戦後にはロシア内に信教の自由、私有財産制度、一層の民主主義的制度を導入するとの大風呂敷に感激し、ポーランドの国境線引きについてのソ連の自由裁量やバルト諸国の支配を容認した。これには日中戦争の処理問題はなんら含まれていなかった。

しかし、その裏で、ルーズベルトとスターリンは秘密協定を締結し、ドイツ敗戦後九〇日以内のソ連の対日参戦と、それと引き換えに千島列島・樺太・朝鮮半島・台湾などの戦後処理を密約した。

中国に関する密約では、ルーズベルトは、対ソ戦参加の見返りとして、大連・旅順に関して、スターリンが要求した大連の自由都市化やソ連の旅順の租借を簡単に受け入れた。東清鉄道と南満州鉄道については、中ソの共同管理下に置くこととし、それには「ロシアの優先的利益が保護される」という文章が挿入された。これらは九か国条約や大西洋憲章を全く無視したものだった。要するに日本がそれまで得ていた権益をソ連が横取りし、更にそれ以上の分け前をソ連に与えるようなものだった。この協定は明らかに中国の主権を侵すものであったが、ルーズベルトは、中国政府には一言の相談もなく、スターリンの要求を簡単に受け入れた。チャーチルは、ヨーロッパやアジアでのソ連の共産勢力の支配拡大を恐れてはいたが、この会議では主導権を取れなかった。戦後の大英帝国の植民地支配を維持したいと考えていたチャーチルは、戦後の植民地支配の解放の旗印を掲げるアメリカとの対立を避けなければならなかったこともあった。

スターリンとルーズベルトは、密約の内容を当面は中国に秘密にしておくこと、その時期が来たとスターリンが判断したときに、初めてルーズベルトが蔣介石にその内容を伝えることとしていた。これは中国に対する蔑視にもとづくもので、ルーズベルトにとっては、ソ連の参戦を勝ちとることが至上命令であり、そのために中国の主権を侵すことなど意に介していなかった。戦後の国際機関の設立が悲願だったルーズベルトは、ソ連の参加を求めるためにもスターリンに迎合的になっていた。テヘラン会談以来著しく健康が悪化していたルーズベルトは、気力や体力でもスターリンと張り合える状態になかった。

ただ、この密約内容を現実化するためには、協定は蔣介石の同意を要するとされた。しかし、いかに蔣介石の同意が必要であるとはいえ、米ソの大国が約束した事実は重くのしかかり、その後のソ連との交渉で蔣介石を圧迫し、苦しめることとなり、結局蔣介石はその大半を吞まされることとなった。

ルーズベルトは、国務省専門家の意見も軍関係者の意見にも耳を傾けず、スターリンに迎合してこの密約をした。チャーチルが大連の権益や旅順をソ連が租借することに反対しなかったのは、それを認めることで香港からの撤退が強要されるロジックがなくなるためだった。

ヤルタ密約は、ルーズベルトはトルーマンにさえ引き継がず、一九四六年二月にホワイトハウスの金庫から発見され、二月一一日に初めてその内容がアメリカ国民に明かされた。翌日のニューヨーク・ワールド・テレグラム紙は、次のように批判した。

「合衆国はジャップとの戦いに参加させるためにロシアを賄賂で釣るようなことをしてしまった。まったく不要なことであった。こんな意味のない賄賂が、これまでにあったろうか。ようやくルーズベルト、チャーチル、スターリンの合意が公になったが、恐れていた以上にひどいものだった。これまで大統領も国務省も秘密協定は一切結んでいないし、これからも結ばないと言っていたのではなかったか。千島列島とサハリンを差し上げることは、大西洋憲章第二項の領土的変更不可の精神に違背し、国際連合の宣言にも反する。カイロ宣言にも反する。日本には、暴力と欲望を以て獲得した領土は認められないが、千島列島はそのような領土ではない」

この密約は、テヘラン会談に続き、蔣介石に対する完全な裏切りだった。ウェデマイヤーは、前掲『ウェデマイヤー回想録』（四四八〜四五〇頁）で次のように語っている。

「（要旨）カイロ会談で承認された中国の満州に対する主権は、ヤルタ会談で蔣介石に知らせることなく、反故にされた。ルーズベルトとチャーチルは、ソ連が日本のあとがまに座り込み、満州を支配できるような極めて大きな譲歩をスターリンに秘密に約束した。旅順を再びソ連の海軍基地とし、大連はソ連が税関の検査を受けず無関税で商品を売り捌ける自由港とし、大連の港湾施設の半分をソ連が所有し、ソ連の満州鉄道の共同所有権も認められ、スターリンに満州の事実上の支配権を与えた。こうしたすべての譲歩に対し、蔣介石が同意することを余儀なくさせるような中ソ条約調印の圧力も含まれていた。

要するに、ルーズベルトとチャーチルは、中国が過去一五年間にわたり日本に譲り渡すまいと苦心した満州における帝国主義的な特権をソ連に与えるように仕向けた」

蔣介石はヤルタ密約による裏切りの情報を早くからつかんでいた

ヤルタの密約は、その二か月後の一九四五年四月一二日に死んだルーズベルトがトルーマンにさえ引き継いでいなかったように、蔣介石には全く知られないはずのものだった。ルーズベルトとスターリンは、この密約を当面蔣介石には知らせないこととしていた。しかし、蔣介石は、その情報を早くからつかんでいた。このことは、繆斌工作や何世楨工作の当時、蔣介石に日本との和平の意思があったか否かを検討する上で極めて重要な点である。

前述のように、既に一九四三年一一月のカイロ会談の時から、蔣介石は「私の心の中にはいささかの憂慮と恐れを禁じ得ない」と日記に書いていた。蔣介石は、連合国の一員でありながら、既にそのころから米英ソ主脳の魂胆に警戒心を抱いていた。

ヤルタ会談の開始前から、この会談に不安を抱いていた蔣介石は、こう回想している。

「チャーチルは自国の植民地主義に固執しており、共産主義者たちの宣伝に乗せられたルーズベルトもまた、中国には冷淡になりつつあった。このような二人が『分け前』の確保にのみ野心を燃やすスターリンの策謀に引きずられる可能性は極めて大きかった」(『蔣介石秘録14』(I・1)一七九〜一八七頁)。

蔣介石は、ヤルタ会談の当日から、既に日記に不安な胸の内を次のように書いていた

二月八日の日記

「きょうルーズベルト、スターリン、チャーチルの黒海(ヤルタ)会談の最初の公報を見る。ルーズベルトが英ソにくみして中国を犠牲にするようなことがなければいいが」

二月一二日「前週の反省録」

「ソ連が我々との交渉を引き延ばし、また中共の態度が悪化したのは三国会議の影響を受けたためと思われる」

蔣介石の不安は的中し、その後も、より確かな情報がもたらされた。まず駐英大使顧維鈞、および駐ソ大使傅秉常から報告電報が届いた。蔣介石秘録にはその経緯と内容が詳細に記載されている。

二月二一日の日記

「駐ソ傅秉常大使の来電を読んだ。駐ソ米国大使からルーズベルトとスターリンの会談の大意の通告を受けた結果、スターリンの対華方針が明らかになったという。しかしその中には口にしがたい内容が含まれており、まだはっきり私に告げることができないものがあるようだ。顧大使の言もこれを裏付ける。ソ連が東北と旅順・大連にたいする特権回復を要求したという伝聞は見当はずれのものではない。国勢の危険はすでにきわまった。いつの日に救われるのだろうか」

三月一五日の日記

「ヤルタ密約をめぐる詳細な情報は、三月一五日＊23に、駐米大使魏道明から届いた。……魏道明大使からの電報を読み、ルーズベルトとスターリンの間で行われた極東地域に関する話し合いをくわしく知ることができた。

①満州の鉄道について、スターリンは、国際的に管理を代行させるが、主権は中国に属すると提起した

②スターリンは、旅順あるいは大連を、太平洋の出口となる不凍港として欲している。ルーズベルトはスターリンに対し、このことについてあまり急がないように言い含めた。しかしわれわれに対しては、旅順をソ連の長期租借地とし、主権は中国に属させるように言ってきている。

この電報を読むと、ただ痛憤を覚え、自省するばかりである。ヤルタ会談で果たして中国は売られてしまったのだろうか。もしそうならば、このたびの黒海（ヤルタ）会談では、ソ連の対日参加が決定した、

と断定できる。そうだとすれば、われわれの抗日戦争にかけた理想は夢まぼろしになってしまうであろう」

＊23 第4章で詳述するが、この日は、繆斌が和平交渉のため訪日する前日であり、繆斌が蔣介石に指示事項を求めて電報を送った日に一致する。

四月七日の日記

「ヤルタ密約で大きな分け前の保障を得たソ連は、それを契機に対日参戦に向かってアクセルを踏んだ。……四月五日、日ソ中立条約の不延長を日本政府に通告した。これはソ連がいよいよ具体的に対日戦準備に入ったことを意味し、中国として重大な関心を抱かざるを得なかった。六日夜、幹部を招集して情勢を検討し、『ソ連は必ず近いうちに日本に対して宣戦するであろう。われわれが積極的に準備をととのえるべき事項は、甲　ソ連が対日参戦したときにとるべき態度、および手続き、乙　日本が中国に和平条件を提出してきたときにとるべき態度および手続きの二つである＊24』

＊24 蔣介石は、『蔣介石秘録14』（Ⅰ-1）（一八九頁）に、四月七日の軍事会議で「ソ連は近い将来、日本攻撃を名目にわが東北を占領してくることは確実であり、対日戦局は急転直下の可能性がある。わが国の軍事指導者は、徹底的に覚醒し、懸命に自強をはからなければならない。そうでないかぎり、あらゆる革命の基礎と希望は完全に絶滅しよう」と指示したと書いている。

ハーレー大使は、蔣介石の依頼でヤルタ密約の存在を調査し、確認した

蔣介石が、ヤルタ会談間もないころ、既に中国の主権を侵害する密約がなされたことを察知したことを具体的に裏付ける他の資料もある。極めて注目されるのは、パトリック・ハーレーの伝記（Don Lohbek『PATRIC.J.HURLEY』（H-8））で、主な個所は以下のとおりだ。

「(要旨)　蔣介石もハーレーも、太平洋戦線の総指揮をとるマッカーサーも、ヤルタ会談では蚊帳の外に置かれていた。しかし、二月中旬、ハーレーは、蔣介石から、蔣介石が外交ルートや、極東を訪問するアメリカの軍人からの諜報により、ヤルタで極東に関する重要な密約がなされたとの疑いを質された。最初ハーレーはこの中国の主権にかかわる重要な問題を調べるため、二月下旬、ワシントンに戻った。最初に国務省内で関係者に尋ねたが、そのような密約の存在を否定された。徹底的に調査してこの陰謀と戦うことを決意したハーレーは、ルーズベルトと会い、ヤルタでなされた中国の主権を侵害する密約の存在を質した。当初、ルーズベルトはそのような密約はないと否定した。しかし、ハーレーは、口の重い関係者に、国民に真実が知らされないで重要な外交的決定がなされることは国を誤らせると熱心に説き、ある者から、ルーズベルト自身が、ソ連とイギリスの戦後国際社会の構想に乗ることで大西洋憲章の原則を否定してしまったとの話を聞きだした。三月に入るまで、ハーレーはルーズベルトとの会談を続け、遂に、ルーズベルトはヤルタ会談の記録をハーレーが閲覧することを認めた。記録を精査したハーレーは、正規の会談記録から除外されたヤルタ密約のメモを発見し、そのコピーをルーズベルトに見せて問い詰めた。ルーズベルトは、ハーレーが恐れていた中国の主権の侵害になることを認めた。しかし、ハーレーはルーズベルトを責める気にはなれなかった。ルーズベルトの握手する手は骨ばかりとなり、死の様相があって余りにも痛々しかった。ルーズベルトは、ヤルタ会談に臨むに当たって、自らの一貫した方針はなく、その準備も充分でなかった。ルーズベルトがヤルタに飛んでチャーチルやスターリンと互角の議論ができるような状態ではなく、この密約は親共産主義者の側近、特にアルジャー・ヒスにルーズベルトが乗せられたしまったものだとハーレーは思った」

ハーレーは、ルーズベルトにこの密約が中国の主権を犯した過ちを主張した。密約は、あらゆる国の主権と領土の独立、不可侵を謳った大西洋憲章に反するものだった。ルーズベルトは、その是正が必要だと認め、ハーレーに、「ロンドンとモスクワに行き、チャーチルとスターリンに会って、中国を欺いた密約を是正し、アメリカの伝統的な極東政策に戻るための方策を求める」という特命を与えた。ハーレーはこれを受けて、四月三日、ロンドンに飛び、五日、チャーチルと談判した。ハーレーとチャーチルは激論し、チャーチルはアメリカの中国の独立を認める政策は幻想に過ぎず、イギリスの植民地支配、香港の維持は絶対に譲れないと居直り、険悪な雰囲気となったが、チャーチルは、戦後の中国の主権と領土は尊重すると語った。モスクワに飛んだハーレーは、四月一七日、スターリンやモロトフと会談した。ハーレーの追及に対し、スターリンやモロトフは、アメリカの中国政策には反対しないし、ソ連は中国共産党を支援することはしないとのらりくらりと受け流した。

ハーレーがロンドンからモスクワに向かう途中、ルーズベルトは死んだ。

『蔣介石秘録14』収録の四月二五日の日記には次の記載があり、ハーレーの回想と完全に符合している。

「(四月二四日、蔣介石は、英国ソ連歴訪を終えたハーレイからくわしく事情を聞いた)中国の独立と統一、自由にして民主的な政治の建立にあたって、友邦の心労があり、さらには英ソの同意を求めなくてはならないというのは、まことに我が国にとって恥辱である。国家が自立せず、国民が自強しなかったならば、この宇宙がいかに広大であっても、わが民族生存の地はない。戒しめ、おそれずにいられようか。チャーチルは香港を中国に返還する問題は、命にかけても認めないといい、また、米国の対中政策を一大幻想だと述べた。英国はこうまでわが国を蔑視しているのか」

つまり、ヤルタ会談間もない二月の中旬に、蔣介石は、前述した、駐英大使顧維鈞らの報告などでヤルタ密約存在を察知し、それを確かめるため、ハーレー大使にその疑いを質したのだ。そして、ハーレーが帰国して徹底的な調査をしてルーズベルトからそれを聞き出し、四月に重慶に戻って蔣介石に伝えたのだ。

このように、幅広く情報を収集し、洞察力に富んでいた蔣介石は、ヤルタ会談が行われた二月の段階から、早くもヤルタ密約の存在をかなりの程度察知し、それが中国にもたらす害悪をすでに見通していた。蔣介石にとって、その苦境を脱する唯一の糸口は日本との和平になっていたのだ。後に詳論する、繆斌工作や何世楨工作が進められ、岡村寧次大将や安江仙弘大佐に、蔣介石から和平打診のシグナルが送られてきたのは、まさにこの頃のことだった。このことは繆斌工作など戦争末期の重慶との直接の和平工作が、蔣介石の真意に基づいていたのか否かを検討する上で最大の鍵の一つだ。

蔣介石は、ヤルタ密約によるソ連の強欲な圧力に苦しんだ

蔣介石が恐れていたとおり、ソ連は対日参戦を準備する一方で、蔣介石にその刃をむき出しにしてきた。ソ連は四月三日、突然、駐華大使を更迭してペトロフを起用した。これはきたるべき中ソ交渉の布石だった。ペトロフは六月一一日、会見を申し入れ、一二日から会談が開始された。ヤルタ密約をタテに中ソ交渉に入るよう要求し、ヤルタで密約された五つの「先決条件」を押し付けてきた。それは、①旅順港の租借を回復してソ連の海軍根拠地を作る、②大連商港を国際化すると同時にソ連の同港における優先権を保証する、③中東鉄路と南満鉄路については中ソ合弁の会社を組織して共同使用する、④蒙古人民共和国（外蒙古）は現状維持し、独立国家とする、⑤樺太南部と隣接する諸島及び千島列島はソ連に帰属する、という強欲極まりないものだった。

ヤルタ密約に中華民国は一切関与しなかったのだから、国際的になんらの拘束を受けるものでなかったが、既成事実としてのしかかる重みは大きかった。

六月一二日からのペトロフ会談、六月二七日からのモスクワでの宋子文＝スターリン会談、蔣経国＝スターリン会談など、この時期の中ソ交渉は苦痛に満ちたものとなった。

既成事実の重みに抗しきれず、結局、中国はヤルタ密約の筋書き通りに譲歩を押しつけられた。難航を

続けていたモスクワ交渉も、ついに中国側の譲歩によって八月一四日、締結に至った。ヤルタ密約は「追認」されたのだ。八月八日、ソ連は日本に宣戦し、満州になだれこんだ。

蔣介石は、こう回想している。

「モスクワでの交渉で、われわれは次のように国家権益に関して重大な譲歩をせざるを得なかった。①外蒙の独立自治を承認する、②東北長春鉄路の共同経営、③大連を自由港とし、長春鉄路によるソ連の輸出入物資は関税を免除する、④旅順港を両国共同使用の海軍基地とする。同時に、ソ連は、①国民政府に対する軍需品その他の援助、②中国の東北における領土と主権の完全性の承認、③日本降伏三か月以内の完全撤去、を約束した。しかしスターリンは、これらの約束を一切守らなかった」(『蔣介石秘録14』〔I-1〕(一九五~一九六頁)

ソ連は八月九日の攻撃開始後わずか二週間で東北三省のほとんど全域を手中に収めた上、三か月以内に撤退するどころか、東北三省をそっくり共産軍の手に渡して国民軍に対する反乱を助長した。戦後のアジアにおける国際緊張の根本原因を作ったのだ。

蔣介石は、このようなヤルタ密約がもたらした結果が、のちの大陸赤化、朝鮮戦争、ベトナム戦争を生み出したことはいうまでもないとし、共産主義者の宣伝にまどわされた米国、植民地主義の夢を捨てきれなかった英国、そして、世界赤化の野望をもやすソ連——この三つの国の大国外交が残した後遺症は極めて大きかったと回顧する(同一九二頁)。

フーバー元大統領の『裏切られた自由』や、ハミルトン・フィッシュの『ルーズベルトの開戦責任』などが明らかにしたソ連の野望とそれを見抜けなかったルーズベルトらの過ちを、蔣介石は、その当時から既に正確に見ぬいていたのだ。

日本の敗戦に乗じて、さっそくソ連と共産党は中国支配に乗り出した

日本の降伏が伝えられると、蔣介石は全国各部隊に現状のまま命令を待つよう指令し、特に八路軍の司令官朱徳には特別の命令で、日本軍の武装解除や政権の行使などはすべて政府が決定するので命令を待つよう、詳細な指示をした。しかし、朱徳は「君の命令はまったく誤っている〜〜私は君の命令に徹底的に反対する」などと公然と反抗する長文の返答を送った（『蔣介石書簡集（下）』（Ⅰ・3）一一一一頁〜）。朱徳は勢力下の軍隊に反乱を命じ、特にソ連軍、外蒙軍との呼応作戦を呼びかけていた。毛沢東も、うわべでは国民党に従うそぶりを見せつつ中共軍の増強を強力に進めていた。共産党と国民党とは、いかに早く自己の側に日本軍を投降させ、その武器弾薬を先に接収するか、いかに早く日本軍を投降させた地域に支配権を確立するかの熾烈な争いとなり、すでに内戦状態に達していた。

九月二日、日本の降伏調印式が行われた。しかし、八年間の困難で激しい戦争の後の完全勝利を得たように見えた蔣介石は、次のように日記に書いている。

「きょう、わが国最大の敵国日本は、……無条件投降をした。五〇年来の最大の国恥と私が歴年受けてきた圧迫と恥辱は、ここにいたってことごとくそそぐことができた。が、旧恥はそそいだにもかかわらず、新恥が次ぎ次ぎに生じている。この恥をいつの日にそそげるかはわからない」（『蔣介石秘録14』（Ⅰ-1）（一九八頁）

九月八日、南京において支那派遣軍総司令官岡村寧次が、降伏文書に署名し、何応欽に提出した。しかし、蔣介石はその翌日九日の日記にこう書いた。

「今日は……本党の五〇年にわたる革命の光栄と勝利の一日である。しかし、東北の失地はなおソ連軍の手にあり、新疆の重要地区もまた、ソ連のカイライ匪賊の反乱により喪失している。ウルムチも恐慌状態に陥っている。外蒙問題も決着がついていない。人々は今日をもって栄誉としているが、私は深い

憂慮と屈辱を感じている。ああ……抗戦は勝利したが、革命はいまだに成功しない」

また、九月九日には、次のように憂慮していた。

「党と国の危機は、九・一八（※満州事変）以来、今日よりはなはだしかったことはなかった。……現在の唯一の政策は、国内各地区の敵軍の投降と武装解除を受け付け、ついで東北の失地を接収して、ソ連が条約の義務履行を第一とせざるをえないようにすることである。西方の辺境では不穏な動きもある。ソ共と敵寇につけ入らせるところとなれば、中国を分裂、混乱させ、収拾できなくなるだろう。そうなっては革命はまさにすべて失敗に終わる」（同二〇〇頁）

しかし、蔣介石の恐れはあっという間に現実のものとなった。

ソ連軍は一気に満州全域を占領し、これと呼応して山西省から北上した共産軍はソ連軍の手引きでやすやすと東北三省に兵を進めた。ソ連軍は、一般兵士が中国人家庭や商店、工場に乱入し、片っ端から金目のものを略奪した。国民政府が、中国に対する現物賠償にあてると通知していた、日本が百億ドルを超える投資により作り上げた、発電、銅・鉄・石炭の採掘、セメント、紡績、石油、化学工業などの工場設備などを、ソ連は戦利品だとしてそっくり取り外して盗み去った。

華中以南に主力があった国民軍の東北三省への展開は困難を極めた。国民軍はようやく一一月五日、山海関に達したが、共産軍の守備は固くその突破は難航し、東北三省まで到達するのにわずか二〇〇キロに一か月近くを要した。この間、次々に先着する共産軍をソ連は迎え入れていた。東北三省の関東軍七八万の投降受け入れはソ連軍が担当し、その処理が終わった後で国民党軍が進駐してソ連から引き継ぎを受けるはずであったが、ソ連軍は共産軍と手を結び、いったん占領した地域を共産軍に引き渡していた。ソ連は、かつて関東軍が「十年間の戦争を維持できる」と豪語した、大量の武器装備を奪取し、それらを共産軍にそっくり引き渡した。中ソ友好同盟条約に基づく経済関係機関、交通機関などの管理引継ぎもまったく実現しなかった。共産軍は、ソ連の手を経て、歩兵銃七〇万、軽機関銃一万一〇〇〇、重機関銃三〇〇〇・大砲一八〇〇、迫撃砲二五〇〇、戦車七〇〇、飛行機九〇〇などの日本軍武器を入手していた。

もし、蒋介石が日本と早期に和平ができていたら、国民政府軍と連携した日本軍が、協定に基づいて計画的、段階的に撤兵を行うまでの間、がっちりと満州や華北を守り、ソ連軍や共産軍のこれらの横暴を許さなかったことは容易に推察できよう。

５　蒋介石は、満州問題の特殊性をよく理解していた

日露戦争以降、日中・太平洋戦争の終戦に至るまで、日中関係の根本的かつ最大の問題は満州にあった。一〇万人の将兵の犠牲と莫大な国家予算を投じてロシアと戦い、権益を獲得した満州は日本の「生命線」だった。しかし、北伐による中国の国家統一を目指した孫文やその後継者蒋介石にとっては、満州も含めた中国の主権と独立の確保が必須の目的だった。両者の対立は日中の喉に突き刺さった大きな棘であり、これを抜かなければ日中の根本的和平は実現できなかった。

しかし、満州をめぐっては、中国の国内においても複雑な歴史的経緯があった。以下は主に、葦津珍彦『大アジア主義と頭山満』（A-25）（二六八頁〜）による。

孫文が主導する革命党（国民党）は、「滅満興漢」の強烈な民族主義による満州王朝の打倒を主張した。孫文は満州人をイギリスと同じように異民族だと断じていた。孫文は、日本人に対して「日本は大いに満州に進出したがいい」とさえ言っていた。辛亥革命以前には、革命党は、その勢力が万里の長城以北の満州に及ぶとは考えておらず、満州は中国革命の外にあると考えていた。革命が成功しても、満州だけは満州族が確保するだろうと考えていた。孫文は、ロマノフ王朝の権力が満州に伸びて来るよりも、むしろ日

本の勢力が満州に伸びた方が、革命中国のためにもはるかに有利で安全だと考えていた。

清朝政府は、封禁令という法律で、漢人の満州移住を厳しく制限していたため、三国干渉以前には、満州の人口五〇〇〜六〇〇万人のうち、満蒙人が約三〇〇万人で、漢人は二〇〇〜三〇〇万人にすぎなかった。孫文は、頭山満の側近の大アジア主義者の内田良平に、「元来吾人の目的は、滅満興漢にあるものなれば、革命成就の暁は、満蒙、シベリアの如きは、挙げて日本に付与するも可なり」とすら語っていた。

頭山 満　　　内田良平

しかし、清王朝を認める立場からいえば、満州こそは中国本土以上に大切な王朝発祥の地であり、これを外国に委ねることは許しがたかった。また、辛亥革命によって事情が大きく変化した。満州王朝は極めて無力となり、満州での一国としての政権維持の余力はなく、革命によって生まれた中華民国は古い清国の領土をそっくりそのまま相続できることとなった。また、三国干渉によって満州に勢力を伸ばしてきたロシアが、鉄道建設などの開発に膨大な労働人口を必要としたため、山東省を中心とする華北の貧農などの大人口が満州に流入し、二〇年近くの間で十数倍に増加し、漢人が満州での圧倒的多数者となった。封禁令は消し飛び、満州の天地は漢民族社会に変質してしまった。また、日本の対華二一か条要求などによって高まった反日感情は、満州における日本の権益に対しても激しい批判をもたらすことになった。こうして、満州における日本の権益を正面から認めて日本と連携しようとする孫文の考えは、次第に維持できないものとなった。孫文もそのことを自覚するようになった。

一九二四年、国民党が国共合作を宣言し、孫文が北上宣言をして北京に入ることとなったとき、孫文は神戸で頭山と会談した。内田良平は頭山に満州問題についてはしっかり釘を指すよう熱心に求めた*25。

頭山は満州問題についての理解を求める孫文に対し、次のように述べた。

「（満蒙における日本の）特殊権益の如きは、将来貴国の国情が大いに改善せられ、何等他国の侵害を受ける懸念がなくなった場合は勿論還付すべきであるが、今還付の要求に応じるが如きは、我が国民の大多数が承認しないだろう」

孫文は一瞬緊張したが、反論しなかった。頭山は、日華両国が共同戦線を結成してインドの独立を支援すべきことを提案した。孫文は深く同感し、アジア主義の講演を行った。孫文は日本が不平等条約を撤廃成功して初めてアジアの独立国となったことを高く評価し、日露戦争がアジア人を励まし、アジアを解放するのに偉大な役割を果たしたことを語ったが、満蒙の日本の権益問題に触れることは避け、一言も触れなかった。

孫文の跡を継いだ蔣介石は、一九二七年九月、張群、殷汝耕らと共に来日した。蔣介石は東京では渋谷の頭山満邸の隣家に滞在し、先師孫文の親友の頭山を朝夕訪ねて、懇ろにその大アジア主義の精神について教えを乞うた。孫文も蔣介石も、日露戦争による日本のロシアへの勝利がアジアの諸国に大きな希望を与えたことを高く評価しており、蔣介石も満州における日本の権益や特殊な立場についてもその歴史的経緯からよく理解していた。しかし、張作霖爆死事件や満州事変などによってますます激化する反日感情や運動の中で、蔣介石は、孫文以上に、満州を含めた中国の統一の旗印を強く維持せざるを得なくなっていた。

とはいえ、蔣介石は、満州が他の中国領土とは歴史的、政治的、文化的にも異なる特殊性を理解していた。また、容共的だった孫文と比べ、蔣介石は強固な反共主義者だった。だから、蔣介石にとっては、満州が中国の主権下にあり、その領土であるという原則さえ日本が認めるのであれば、共産党やソ連に満州での勢力や権益を拡大させるよりも、日本の満州における特殊な立場を理解し、日本と連携して満州を発展させる方がよいと考えていたのであろう。日中戦争中の様々な和平工作の場面で、蔣介石が満州についてとった態度には、このような含みが多くみられる。

＊25 この滞在中、蔣介石は張群と共に、渋沢栄一邸を訪ねて懇談した。渋沢は、日中が「恕」の精神をもって交わり、中国が国家の統一とともに経済発展し、両国が共存共栄すべきだと諄々と説き、蔣介石は深く感銘を受けた（関榮次『蔣介石が愛した日本』（Ⅰ-18）九四頁〜）。

6 蔣介石は、日中戦争の「国際的解決」を基本方針としつつ、日本との和平方策も捨てず、それは状況に応じて変化していた（鹿錫俊教授による蔣介石日記の分析）

日本で入手・検討できる蔣介石関連文献でも、これまでに述べたように、蔣介石は基本的に日本との友好・連携を望んでおり、日中戦争の中にあっても、節目節目で日本との和平を模索していたことが窺える。蔣介石は、側近を通じて、近衛文麿、今井武夫、吉田東祐を始め、日中和平を希求する人々に対し、密かに和平の意図を伝えたり、和平の申し出に応じるかのような姿勢をちらつかせていた。しかし、蔣介石が見せる和平への姿勢は、それが真に和平を求める意図に基づくものかどうか、日本側からは分かりにくいものがあった。桐工作や銭永銘工作についても、南京政府の承認を妨害するための謀略だったとの指摘が少なくなかった。

鹿錫俊大東文化大学教授の『中国国民政府の対日政策 １９３１〜１９３３』（Ⅰ-5）、『蔣介石の「国際的解決」戦略 １９３７〜１９４１』（Ⅰ-4）の両著は、日本の研究者が及んでいなかった、中国や台湾の膨大な蔣介石関連文献の一次資料の緻密な分析による貴重な労作だ。特に後者は、スタンフォード大学フーバー研究所保管の蔣介石日記の原典を数年にわたり緻密に検討・分析して執筆されたものだ。この両書によって、これまで日本側の文献のみではその真意を測り難かった蔣介石の対日和平への意図や対応について、多くの疑問が氷解する。以下は、私が理解したその要点である。

蔣介石の基本方針は「国際的解決」だったが、日本との和平のカードも持ち続けていた

蔣介石は、一九二九年七月九日に北平で行った演説で、このように既に喝破していた。

「中国にとって、帝国主義を打倒し、徹底的な独立を実現するために最も必要とされるのは『機会』と『機会の利用』である。……その機会とは世界戦争の再発にほかならない。帝国主義諸国間では相互に利害が対立するから、その衝突は避けられない。特に英米と日本及びソ連と中国の間で、衝突の趨勢は最も明白である。しかもその衝突の焦点は中国にあるから、第二次世界大戦の起点も必ずや中国にある。帝国主義国家間の相互殺戮の日は、すなわち中国の独立復興の時である。……機会の到来は、遠く見ればあと一五年後、近く見れば随時可能である。……中国は機会到来までは、国家の統一と国力の増強という準備工作に専念すべきであり、機会到来後は、列国の利害を利用すべきである。……『戦わずして勝つ』という古訓は、軍事においてのみならず、国際政治においても最善最高の戦略である」

蔣介石の戦争終結、中国の主権の確立と領土の保全・回復のための基本的方針は「国際的解決」であった。満州事変による日本の満州、更に華北への侵略に始まり、盧溝橋事件勃発による日中戦争の開始以降、不戦条約に反し、九か国条約による中国の諸国への平等な開放の原則に反して、中国の支配権益を独占しようとする日本の侵略に対する列国の怒りに訴え、日本に厳しい制裁を加えさせ、米英などの列国をして中国の抗日戦争を支援させ、更には列国をも日本に対する戦争に参加させようと考えていた。蔣介石は、究極的には、抗日戦を戦い抜くことにより、ヨーロッパ戦争に始まった世界戦争と日中戦争を同時に終了させ、中日問題と世界的問題の同時解決を目指す「二つの同時」を目指そうとした。

満州事変後、蔣介石は列強の強い対日制裁を期待した。しかし、列強は、極東問題にまで実力で干渉・介入する余裕はなく、道義的な支援にとどまり、蔣介石を失望させた。日本軍が、華北に迫るため一九三三年一月から展開した熱河作戦では、国民党軍はわずか二週間で敗退して熱河を失い、中国側に大きな衝撃を与えた。米英仏は中国の要請にも関わらず、対日制裁をせず座視した。共産党は、日本とすべての帝国主義に反対、国民党の南京政府とすべての反革命派閥に反対、の旗印で勢力を拡大し、国民政府は終始日本軍と中共軍の挟撃を受ける苦境に立たされていた。

蔣介石は、短期的な国際的解決が期待できないことを知り、塘沽協定を受け入れる屈辱をなめつつ、それによる当面の日中緩和を利用して臥薪嘗胆し、剿共作戦を遂行するとともに、来るべき華北や華中での本格戦争に備えて軍事力や国力の向上に努めた。熱河作戦での長城抗戦の時期においてすら、蔣介石は「東三省は勿論、台湾・琉球をも八年以内に中国に回復しなければならない」と誓っていた。しかしその実現はまだとうてい期待できる情況にないため、蔣介石は、将来の希望としての国際的解決をも模索しつつ、軍事上は抵抗を実施し、他方外交上は対日交渉を行うという「三線並行」策をとっていた。

盧溝橋事件が勃発し、上海事変以降の日中戦争拡大の中ですら、米英の支援は乏しかった。そのため、国際的解決が短期的には期待できない中にあって、蔣介石は、日本との和平のカードを持ち続けていた。和平の条件の程度や内容、目的には変化があった。蔣介石の究極の目的は、日清戦争や日本の満州・華北などの侵略によって奪われた領土や主権の完全回復にあった。しかしそれは短期的には困難であり、それに至るまでに、まずは、これ以上の日本の侵略を停止すること、盧溝橋事件以前の状態に復帰させること、塘沽協定以前の状態に復帰させること、満州事変以前の状態に復帰させることなど、様々な程度や段階での和平の条件が考えられた。塘沽協定の後には、侵略の範囲をこれ以上拡大させないため、満州問題を棚上げし、現状を維持することが当面の目標とされた。領土や主権の完全回復の実現は遥か先になるとしても、これらの段階で何らかの和平を実現することにも意味があった。このように、国際的解決に対する期待や実現可能性の程度と和平条件との間には相関関係があった。列強の強い干渉や圧力が期待できず、列強が中国と共に枢軸国と戦う可能性が乏しい時期や状況においては、蔣介石は、現在の苦境を逃れるために、不十分であっても日本と一定の条件で和平する途も模索していた。また、蔣介石は、米英に対し、日本との和平のカードをちらつかせることにより、その支援を引き出そうともしていた。ただ、日本の侵略が激しい時期においては、中国側から進んで和平を働きかけることはせず、日本が試みた和平工作を拒否せずに対応することが主であった。初期のトラウトマン工作などが進められたのには、このような背景があった。

一九三八年に入り、「国民政府を対手とせず」の第一次近衛声明の後でも、徐州作戦など日本軍が華々しく侵略進撃をし、武漢・広州の陥落も迫る中で、宇垣外相による対重慶和平工作が進められ、蘭工作も開始された。蔣介石はこれに応じて日本との和平を模索したが、宇垣の辞任などにより工作は実らなかった。しかし、一一月の第二次近衛声明の「東亜新秩序の建設」宣言や一九三九年二月の日本軍の海南島占領の南進は、アメリカを著しく刺激し、蔣介石にとって最大の頼りは、英米ソの並列からアメリカ中心にシフトした。

欧州戦争の開始により、国民党内部では、中国の取るべき対応に主張が分かれた。蔣介石も、一時は対独宣戦論に傾いたことがあったが、欧州戦と列強の動きを慎重に見極めるべきだと考え、抗日戦を最後まで屈服せずに堅持しつつ、国際情勢の変化を待つ路線を打ち出した。

ドイツが破竹の進撃をしてフランスが降伏し、イギリスも危機に瀕したため、一九四〇年六月、仏領インドシナの総督は日本の圧力に屈して、仏印ルートによる援中物資の輸送を停止した。七月、イギリスも、日本に譲歩し、援蔣のビルマルートを閉鎖した。これらは蔣介石を深く失望させた。アメリカの議会や世論も国際紛争に対する不干渉論が根強く、実力による中国への支援はまだ期待できなかった。

しかし、一九四〇年九月の日独伊三国同盟の締結や、「東亜新秩序」「大東亜共栄圏」構想、日本軍の仏印進駐などが、アメリカを著しく刺激し、中国の抗日戦への支援を強化した。三国同盟の締結を知った蔣介石は、「抗日戦の困難はまた一つ減った……日本の失敗をただ待てばよいのだ……四国同盟はソ連の致命傷となる……まさに神の助であり、人の業の及ぶところではない」と日記に書いた。

蔣介石は、それまで、抗日戦を堅持しても、独伊の枢軸国と、連合国との関係では、日本を除いてどちらの側にも立たない「両全方針」を採っていた。蔣介石は、三国同盟などによる状況の好転を背景に、対日講和を模索し始めた。東北の失地の回復は他の機会に譲り、まずは盧溝橋事件以前への回復を狙った和平を考えた。一九四〇年一〇月初頭から、蔣介石は、ドイツの調停による日本との和平工作に応じる姿勢をとった。松岡外相や西義顕らが進めた銭永銘工作に蔣介石が対応した背景にはこのような事情があった。これは、一方では、英米に対してこのような姿勢をちらつかせることにより、英米側の対中援助を増強させ、他方では日独による汪兆銘政権の承認を阻止しようとする「策略講和」の試みでもあった。

しかし、一九四〇年一一月三〇日の日本の南京政府承認によって、これらの和平工作の道は途絶えた。蔣介石は、欧州戦争に対する静観策と日独伊三国同盟に対する曖昧な対応を改め、米英第一の外交政策の基軸による、「二つの同時」を目標とした。一九四一年七月の日本の南部仏印進駐などによって、日本とアメリカとの対立が決定的になり、蔣介石は、アメリカを巻き込んだ国際的解決への期待を高めた。一一月二四日、蔣介石は、胡適大使からアメリカの対日暫定協定案の報告を受けて猛烈に反対し、強く抗議した。イギリスもこれを支援し、二六日のハルノートに繋がった。真珠湾攻撃による日米戦の開始は、蔣介石に抗日戦の勝利を確信させ、「二つの同時」による国際的解決への自信を深めさせた。このように、当初の蔣介石の国際的解決への「近い将来の期待」は揺らいでいたが、次第に「遠い将来の期待」が現実のものとなった。日本の敗戦は必至のものとなり、カイロ宣言では、満州はもとより、台湾や澎湖島の返還をも保障し、蔣介石の究極の目的である日清戦争以来失われた領土と主権の完全回復すら約束された。鹿錫俊は、これらは、蔣介石自身の力というよりも、日本自身が、その軍事的政治的判断の誤りによって、蔣介石の期待した「国際的解決」に向けて逆の方向から後押ししたものだと的確に指摘する。

しかし、日本の敗戦が必至となり、またテヘラン・ヤルタでの蔣介石に対する裏切りの情報をつかんだ蔣介石は、それまで背後に隠れていた延安の共産党とソ連の中国支配の野望と戦うことになった。そのため、再び日本との和平のカードが浮上した。しかし、それは、かつての日本の侵略を防ぐための和平が目的ではなく、戦後の国際社会を見据えて、日本と連携することによって、共産党やソ連に対抗しようとする目的に変化し、全く異なる様相を示すことになった＊26。

＊26 鹿教授の論文は、一九三一年から四一年までの蔣介石日記等の研究に基づくものであり、本文中、それ以降に関する記述については、私の推論に基づく。

蔣介石は、列強のエゴイズムを痛感しており、真の連携の相手は日本だと思っていた

蔣介石が、日本の軍隊での留学経験などを通して日本の良い面を学び、また孫文の遺志を継ぎ、「敵か友か」に示されたような日中の連携がアジアの安定の柱となるとの信念を持っていたことは前述した。孫文の持論は、「中日両国は兄弟で、いかなる面から見ても唇歯輔車の関係にある。……東亜の和平を保障するには、中日両国は国際関係において、緊密に提携し、共同奮闘しなければならない」というものだった。満州事変以来の日本の侵略に怒り、苦悩しながらも、蔣介石は、日本と中国との連携の必要性、重要性の認識を失ってはいなかった。蔣介石は、日本の満州、華北への侵略に対し、臥薪嘗胆しながら、「国内が統一しなければ対外的勝利は得られない」として「安内先行論」により、剿共作戦を進めた。それは、

蔣介石が、中共のソビエト革命は中国の根本を潰すものであるが、日本の侵攻は「皮膚の病」にすぎず、中共の攪乱こそが「心腹の禍」であり、それを先に根絶するべきだと考えたからだった。

他方、蔣介石は、米英仏ソなど列強のエゴイズムを痛感していた。満州事変や日本軍の熱河侵攻の当時も、列強は中国に冷淡であり、道義的に支援するだけで中国の苦境を座視した。独ソ不可侵条約の締結は、蔣介石に日ソの開戦を期待させた。しかし、ノモンハン事件での日ソの停戦協定、ソ連のポーランド侵攻は蔣介石に衝撃を与え、「国家の信義も国際の道徳も跡かたなく消えた」と慨嘆し、列強のエゴイズムと強欲さを痛感させた。ドイツの華々しい侵攻により、フランスがあっという間に降伏し、イギリスも危機に瀕したため、一九四〇年六月から七月にかけてフランスとイギリスが日独からの圧迫に屈して援蔣ルートを封鎖したことは蔣介石に激しい怒りと列強に対する根本的な不信感を深めさせた。蔣介石は、「イギリスはずる賢く、信義も法も守らず、ただ自分の利害あるのみで、理も法も全く存在しない」と激しく非難した。

ヨーロッパ戦線の激しい進展や列強の混乱した対応ぶりは、蔣介石に、列強は結局、自らの利益にならなければ、中国を真に助けることは決してしない、との確信を植え付けさせた。ソ連との関係では、共産党とソ連の中国赤化の陰謀の粉砕、中東鉄道利権の回収問題、外モンゴルが中華民国の一部であることをソ連に承認させることが蔣介石にとって最大の課題だったが、その解決は容易ではなかった。日本の侵略に対抗するため、蔣介石はやむを得ずソ連との国交を回復するなどの妥協はしたものの、ソ連に対する不信感や警戒心は常に失っていなかった。一九四〇年一〇月二日、蔣介石は「枢軸国は狂暴、ソ連は陰険、英米はケチで自分勝手。これらの諸国は何れも中国の友人としての資格もなければ、中国の友人になりたい気持ちもない。誰もが中国を損ない、中国を独占しようとする」と日記に書いた。日米諒解案交渉継続中の一九四一年八月にも、蔣介石は、「米英は利己的であり、中国の対日戦の困難と犠牲を考慮しない。

彼らは蘭印に対してもソ連に対しても日本の侵略を容認しないと明確な保証をあたえたが、中国にだけは同様な保証を与えず、借款や協力の面においても誠意を感じられない。要するに米英は中国を犠牲にして自分の安全を守るのである。これを思うと本当に憤慨した」と日記に書いていた*27。

＊27　盧溝橋事件以来、中国は七年以上の苦しい抗日戦を続け、一〇〇万人以上の日本軍を中国大陸に引き付けていたが、アメリカの中国に対する軍事支援は、イギリスやソ連に対するものと比べ、極めて少なかった。ある計算によると、大戦中にアメリカは三八か国に五〇〇億ドルを提供したが、中国に供与した額は、その内三・二％に過ぎず、特に英ソ両国とは大きな差があったという（麻田雅文『蔣介石の書簡外交　下巻』（I-19）一二一頁）。

しかし、そのような時期においてすら、日米諒解案交渉が進められていた最中の八月三一日、蔣介石は「本月反省録」に、こう書いていた。

「アメリカは未だ対日開戦を決心していないが、これは中国にとって大きな不利ではない。なぜなら、中国は今度の戦争において九か国条約に基づく栄誉ある平和を獲得したいだけで、日本の全滅を望まないからである。また、東亜の大局から見ると、中国が軍事的に独立するより前に、日本が全滅することは中国の利益にならない」

「中国は日本の全滅を望まない」という認識は、日中戦争開始前の蔣介石の対日関係の認識を踏まえたものであり、戦争末期の日本の敗戦が必至となった時期に、蔣介石が複数の心ある人々のルートで日本に送った和平のシグナルと一致し、一貫している。

蔣介石は「独裁者」ではなかった

日本側の文献に現れる蔣介石のイメージは、強い信念を持つ強力な国家指導者である反面、一見、「独裁者」的な印象も与える。しかし、蔣介石は「独裁者」ではなかった。

満州事変以降、国民党指導層の中では、抗日強硬論が根強かった。むしろ外交部など文官の側が対日には強硬論の一点張りだった。しかし、熱河作戦での衝撃的な敗退は強硬論に水を差すこととなった。徹底抗日論は動揺し、蔣介石の安内優先論により、塘沽協定以降の臥薪嘗胆の時期には、将来の抗日戦に備えての国力の充実に努めることとなった。

その後のヨーロッパ戦争開始による劇的な進展の中で、国民党の指導層の間では、ソ連との強い連携を主張する者、ドイツとの連携を主張する者、日本との一切の和平工作を否定し、強硬な抗日方針を主張する者、徹底した英米協調路線のみを主張する者など、様々な方針の対立があった。ヨーロッパ戦争への介入を主張するなどの強硬論も見られた。国民党中央での会議や、国防関係の会議では、議論が百出し、蔣介石の主張や方針と対立することも少なくなかった。蔣介石自身も、一時は対独宣戦の方針に傾いたこともあった。しかし、蔣介石は、列強が、ヨーロッパ戦争の進展や情勢の激変の中で、結局は自国の利害のみでしか動かないことを深く認識していた。そのため、蔣介石は、日本の三国同盟締結の後においても、抗日の方針は堅持するが、ヨーロッパ戦争には介入せず、アメリカが参戦して連合国と枢軸国とが開戦するまでの間は、ヨーロッパ戦争の両陣営に対して共に友好関係を保持する「両全方針」を貫いた。ドイツの華々しい進撃に惑わされ、「バスに乗り遅れるな」とドイツに追随した日本の軍や政府の指導者と、透徹した見識を維持した蔣介石とは雲泥の差があった。

蔣介石は、軍部や政府の中に対立する主張があっても、強引に自己の主張を押し付けることなく、他の意見にも耳を傾け、国民党指導層の分裂を招かず、抗日戦の遂行や対応に専念した。近衛文麿を始め、日本の首相や閣僚は、世論や議会、マスコミのポピュリズムに煽られ、強硬論に迎合したのに対し、蔣介石は、国民党の軍事力や政治・経済的な国力の弱さや限界を冷静に見極め、強硬論に対しても冷静・沈着に対応し、決して煽られなかった。日本では、内閣は短命で次々に交代し、戦争や和平についての指導層の主張や対応は混迷を極めたのに対し、蔣介石は、最高の国家指導者であり続け、国際的解決の長期的な期待を維持しつつも、その時々の現実の情況に即した短期的な施策を推進した。当時の重慶の国民党政府の意思が、「蔣介石」の固有名詞で表現されることが多いのはそのためであろう。

蔣介石の戦争と国際情勢の見通しは極めて的確だった。独ソの開戦後、日本も対ソ開戦をすると信じ、予測したことだけは的中しなかったが、独ソ不可侵条約締結後であっても、遠からず独ソが開戦することを的確に見通していた。一九四〇年一〇月下旬には、蔣介石は既に「英勝独敗」と判断し、ドイツに見切りをつけた。一九四一年一月三一日、蔣介石は、「ドイツはイギリス本土への侵攻を敢行する勇気がないため、唯一の進路は近東に進行し、地中海におけるイギリスの心臓部を破壊し、エジプトを占領することである。これを実現するためには、ドイツはまずソ連の西部を攻撃し、黒海を掌握しなければならない。その結果、必然的に独ソ戦争を引き起こすことになる」と書いた。ドイツの勝利を盲目的に信じ、他力本願に終始し、独ソの対立の進行と開戦や、戦後社会に向けた中国共産党やソ連の野望を全く見抜けていなかった日本の軍部・為政者とは雲泥の差があった。

蔣介石は、一九三九年一一月の五期六中全会の閉会式で、次のように鋭く的確に批判していた。

「日本の政策は支離滅裂で自己矛盾に満ちている……アメリカに対しては妥協の成立を望みながら九か国条約の廃棄と門戸開放政策の排除にこだわる……ソ連に対しては、関係改善を図りながら満蒙の独占にこだわる……ドイツに対しては接近を図りながら、今日の情勢下においても防共協定の履行を要求している……中国に対しては、事態の収拾を狙いながら、東亜新秩序の放棄という王道を拒否し、傀儡政権の樹立という邪道を歩んでいる」

戦後の中国をめぐる国際関係についても蔣介石の懸念や見通しは正確だった。このような卓越した国家指導者であった蔣介石に対し、日本の陸軍の主流は、その力量や見識を見抜けず、中国は国家としての体を為さず統一国家たりえないとして、蔣介石の下野や排除に固執したことが、日中戦争と対中国国策を根本的に誤らせたのだ。

7　蔣介石の「以徳報怨」は、その一貫した対日姿勢の具体化だった

以徳報怨の演説

蔣介石は、八月一五日の玉音放送に一時間先だって、「全国軍民ならびに世界人士に告げる書」を発表し、「われわれ中国同胞は、須らく『旧悪を念わず』『人と善をなす』が我が民族伝統の至高の徳性であることを知っている。われわれは一貫して声明してきた。武を汚す日本の軍閥を敵とするだけで、日本人民を敵とするものではないことを……われわれは決して報復を企図するものではない。まして敵国の無辜の人民に対して汚辱を与えてはならない……我々は全世界の恒久平和は、人類の平等自由の民主精神と博愛互助の合作という基礎の上に築かれるものと信じている。われわれは民主と合作の大道に向かって邁進し、それによって世界の恒久平和を共同して擁護していなければならない」と述べた。これが著名な「以徳報怨（とくをもってうらみにむくいる）」の演説であり、中国の敗戦国日本に対する基本的理念となった。

蔣介石の以徳報怨の放送は世界的に大きな反響を呼んだ。アメリカ人からはむしろ意外であり、驚きをもって受け止められた。東洋文化の中に育った人間でなければ、国家百年の恥辱をあっさりと帳消しにできる心境は理解しがたいと指摘された。トルーマンが戦勝演説で「われわれは真珠湾を忘れない。日本の軍閥の悪業は決して回復もしなければ忘れられることもないだろう」と語り、スターリンの「これで日露戦争の仇が討てた」と声明したのとは対照的だった。

しかし、「以徳報怨」の理念は、日本の敗戦によって蔣介石が突然に考えたものではないだろう。それは単に人道的な理念にとどまるものではなく、蔣介石の戦後の国家戦略具体化のための極めて現実的、実際的な思考に裏付けられたものだった。さらに、本書の結論を先取りすれば、蔣介石は、この理念により、日本の敗戦後ではなく、それに先んじて日本との和平を実現させたかったのだ。

以下は、主に『蔣介石秘録』（Ⅰ-1）、蔣偉國『抗日戦争八年』（Ⅰ-12）、舩木繁『支那派遣軍総司令官岡村寧次大将』（D-30）、中村祐悦『白団～台湾軍をつくった日本軍将校たち』（Ⅰ-13）、門田隆将『この命義に捧ぐ』（Ⅰ-14）、野嶋剛『蔣介石を救った帝国軍人』（Ⅰ-17）などによる。

蔣介石は、降伏した日本軍の名誉を損なわなかった

降伏調印式翌日の九月一〇日、何応欽総司令の申し入れで、岡村寧次大将は、今井武夫参謀副長、小笠原参謀と共に何応欽と会談した。何は「日本もすでに武装がなくなったので、これからは本当に中日の和平提携ができると思う。またお互いにそう心がけましょう」と勝者敗者の立場でなく相互扶助の態度を明らかにした。岡村はこれに深い感銘を受けた。一〇月二四日、何応欽総司令から岡村に一人で来てくれとの事で、先方は何総司令ら四名との水入らずの会談で、接収が順調に進んでいることをねぎらい、リキュールで乾杯し、和気あいあいたる雰囲気で懇談した。

一二月二三日、突然蔣介石委員長が会見したいというので、岡村は小林総参謀長と共に会談した。岡村の謝意に対し、蔣介石は「ご健康ですか。ご不便があれば遠慮な私か何総司令に申し出られたい」「日本居留民も何か困ることがあれば訴えられたい」「中日両国は、わが孫文先生のご遺志に基づき、固く提携することが緊要と思う」などと発言した。岡村は蔣介石が終始微笑を浮かべつつ温顔人に迫るものがあり、特にこの会見の機会を作って労いの言葉を述べたことに感服したと述懐している。

蔣介石は日本の軍人と居留民の早期帰国のために最大の尽力をした

中国全土で投降した日本の軍民は約二一三万人にのぼった。岡村には、これらの軍民を内地に無事、早期に復員帰還させるという最大の難事業が待ち構えていた。

しかし、蔣介石や何応欽らは、「以徳報怨」の理念を、この投降と復員帰還事業に文字通り活かして実現した。

降伏した日本軍人の名誉を損なわせないよう、「俘虜」といわず「徒手官兵（武器を持たない兵士）」と称した。軍人としての体面を傷つけない配慮であり、派遣軍将兵に好感を呼んだ＊28。日本軍の指揮関係も、岡村の肩書を「日本官兵善後総連絡部長官」と改称し、従前の組織を活かした。一般居留民に対する態度も、中国政府官僚の態度には、接収財産の分配に熱中するなど問題はあり、一部トラブルはあったが、概して良好だったという。蔣介石は、「これによって敵軍と偽軍は安心して投降し、共産党に煽動と誘惑の機会を与えることがなかったのである」（『蔣介石秘録14』〈Ⅰ-1〉二〇二頁「一二月三一日、今年の総反省」）と書いた。ここにも、以徳報怨の理念が、共産党への対抗戦略としての実践的意味も含んでいたことが窺われる。

＊28 拙著『ゼロ戦特攻隊から刑事へ』には主人公大舘和夫氏の興味深い回想がある。大舘氏が台湾で終戦を迎えてからしばらくして蔣介石軍が台中の町に進駐してくるというので見に行ったときのことだ。「中国の兵隊は一見作業着風の服装で、天秤棒の両端に下げた竹かごに衣類などを入れ、編笠をかぶってやってきた。裸足の者もいた。あまりの意外さに目を見張った。日本軍の武装解除の総指揮を執っていたのは、日本の陸軍大学校卒で中国軍の最高幹部の中将だった。『飛行機を頂戴するにあたり、操縦技術を教えてくれ』というので、残った飛行機を修理整備し、ひき渡すことになった。私たちは、ゼロ戦の離着陸など基本的な操縦訓練の指

導をした。中将の指導が行き届いていたためか、彼らは私たちを『先生』と呼び礼儀正しくまことに紳士的で、少し戸惑いを感じた」。台湾においても、蔣介石の「以徳報怨」の精神が兵士たちに徹底されていたことが窺える。

蔣介石は、日本降伏直後の八月一五日、中国兵の復員の不便を忍んでも、「使用できる輸送用具を動員して日本軍俘虜及び日本人居留民二〇〇余万人を速やかに帰国させる」よう指示した。

日本降伏受入れや日本軍民の帰還作業に臨んで何応欽はまさに適任者だった。何は、塘沽停戦協定時に、岡村寧次と数回会談し、敵将ではありながら、お互い敬意を抱いていた。何は、武装解除、復員にあたって常に理解のある態度を失わず、岡村も誠意をもってこれに応え、総てが順調に進行した。何らは、そのために、中国の国民軍を輸送すべき列車を止め、食料を運ぶ輸送船を割いてまで日本人の集結と送還に力を尽くしたという。日本軍民に対しては、なんらの報復的措置をとることなく、一九四六年六月までに、一部の戦犯を除く軍人一二〇余万人、民間人九〇万人全員が無事に日本に帰還できた。戦後の混乱の中で、このような膨大な帰還作業がわずか一〇か月のうちに実現したということは驚異的であった。

スターリンが膨大な日本の将兵をシベリアに抑留して苛酷な労働作業に酷使したこととの対比はいうまでもない。

繆斌工作で、繆斌が示した和平条件案では、日本軍の名誉を保った撤兵条項が含まれ、また、満州については、日本軍との連携によるソ連や共産党の侵入を防ぐ方策も示唆されていた。その内容が甘言ではなく、現実的合理的に考え抜かれたものだったことは、日本の敗戦後ですら、蔣介石が実行したこれらの配慮に基づいた軍民の引き上げの事実が強く裏付けている。

蔣介石は、岡村寧次大将を戦犯裁判から救った

一九四九年一月、湯恩伯将軍が、病臥中の岡村を見舞った。湯将軍は、上海の投降受理者としてきわめて親切懇篤に処理し、一〇万の居留民から感謝された。湯将軍は、当時、長江下流警備総司令として上海にあり、岡村の戦犯裁判に当たっては、当初から無罪を主張し、何応欽の同意を求め、蔣介石の裁決を仰いだ。一月二六日の公判で、岡村に無罪判決が下った。南京大虐殺などに岡村は関係がなく、日本政府の正式投降後、被告は直ちに停戦し、一〇〇万の軍を率いて命に従い投降したと評価された。岡村は蔣介石を始めとする諸将軍の終始一貫の好意に深く感謝し、戦犯服役中の二〇〇数十名の旧部下の内地服役の実現に努めるとともに、病が癒えたならば、日中の提携に身を投じようと固く誓った。

岡村は当時知らなかったが、蔣介石総統が中共対策等で紛糾して辞職した後、代理総統となっていた李宗仁は、中共との和平のために岡村の身柄を引き渡すことを条件として再逮捕を命じていた。しかし湯恩伯将軍はその命令を握りつぶし、東京の中国代表商震も、占領軍当局と協議してこの引き渡し要請を拒否した。再逮捕の情報を察知した東京の代表団付武官王武少将は、岡村を再逮捕から免れさせるため、アメリカ軍と連絡し、岡村を収容して帰還させるための船の派遣を手配した。ジョン・W・ウィークス号という、船長以下は日本人だが、監視のためトンプソン大佐以下数百人が乗り込んでいた。岡村を乗せた同船は一月三〇日の朝、出航した。日没時、機関長が「東京のラジオ放送によれば、中共は国民政府に対し和平条件の一つとして岡村を引き渡すべしと要求しているが、わが船はすでに領海外ですよ」と笑いながら伝えたという。間一髪であった（船木繁『支那派遣軍総司令官　岡村寧次大将』（D-30）三四三頁～）。

蔣介石は、天皇制を擁護し、ソ連の日本占領を防ぎ、賠償も放棄した

蔣介石が、カイロ会談で天皇制を擁護する意見をルーズベルトに語ったことは前述したが、蔣介石は、戦後も日本の領土の保全と賠償の放棄に尽力した。

ソ連は、わずか数日の戦争で得たものでは満足できず、強欲にもっと大きな既成事実を獲得しようと考えていた。日本占領軍の最高統帥の人選についてのソ連の候補者の推薦、日本の分割占領による北海道北部へのソ連軍進駐などがそれだった。しかし、これは中華民国の蔣介石の反対でようやく断念させることができた。

一九四五年九月一〇日からロンドンで開かれた米英仏中ソ五か国外相会議で、ソ連外相モロトフは、米英中ソによる日本の四か国共同占領を要求してきた。このときは中国外交部長が、米国国務長官と打ち合わせの上、強く反対して要求を棚上げさせた。その後もソ連は日本進駐をマッカーサーに強く要求したが、マッカーサーはこれを拒否した。その後も、一九四六年三月には中華民国軍一万五〇〇〇人の派遣がいったんは決まったが、直前に中国の決断で中止された。それは、蔣介石が、ますます露骨となったソ連の日本占領の野心を封じるためだった。もし中国軍が日本に進駐すれば、ソ連は必ずこれを言いがかりにして赤軍を北海道に進駐させるに違いないと判断したからだった。もし、この時に、蔣介石が中国軍を九州などに進駐させて分割統治することを受け入れていれば、北海道はソ連が占領し、日本は戦後の朝鮮半島と似たような運命をたどった恐れもあった。蔣介石は、天皇制の護持と、米国だけが日本に占領軍を派遣するよう、連合国内で極力主張した。この「以徳報怨」の大徳が、国際間の報復主義の悲劇を終わらせ、人類の互諒互敬の精神を創造し、相互信任の関係を樹立したのであり、誠に歴史的な大精神であったと蔣介石は回顧する。

蔣介石は、戦争賠償も放棄した。蔣介石は、こう語っている。

「中華民国が受けた損害は、まさに天文学的数字に達し、肉親を失った人々の悲しみは、大金をもってしてもあがなえないほど大きい。しかし、ここで多額の賠償を取り立てることは、戦後の日本の生命を奪うことにひとしい。赤色帝国主義が日本をねらっているいま、多額の賠償負担によって日本を弱体化させるような措置は避けなくてはならない。アジアの安定のためには、日本が強力な反共国家であってくれなくてはならないのだ」

ここにも、「以徳報怨」の理念とその実行は、蔣介石の戦後の国家戦略の具体化でもあることが示されている。

蔣介石の寛大な対応は、日本軍人を感激させ、蔣介石の支援者となった――白団

国民党と共産党は戦争中から熾烈な争いをしていたが、一九四六年一月一〇日、国共の停戦協定が成立して政治協商会議が開かれた。五月一日、国民政府は重慶から南京に還った。しかし、七月に至り、ソ連の援助が確実に見込まれる中共は、アメリカの援助を頼む蔣介石と対立し、全面的な国共内戦が始まった。それからの蔣介石と国民党は苦難の道を歩んだ。

一九四九年一〇月一日、中華人民共和国が成立し、蔣介石の国民党は、遂に大陸を放棄し、蔣介石は一二月、台湾に移った。しかし、蔣介石は台湾に移ってからも、大陸への復帰と共産党政府との戦いに執念を燃やした。

共産軍は、国民党軍を追って、台湾への侵攻に着手した。蔣介石にとっては大陸の奪還はおろか、台湾の確保すら危ぶまれる状況に陥った。

この蔣介石の窮状を知り、「以徳報怨」の恩義に報いるため立ち上がったのが岡村寧次元大将らによる「白団」の結成派遣だった。蔣介石が敗戦国日本にとった「以徳報恩」の立場と戦争責任賠償権の放棄をはじめとした寛大政策の恩義に報いたいという一心であった。「白団」の名称は、その団長となった富田直亮元陸軍少将の中国偽名が「白鴻亮」だったからだ。

一九四九年九月、東京高輪の旅館の一室で、国民政府軍から派遣された曹士澂少将（陸士四〇期卒）ら

と、日本側から支那派遣軍総司令官であった岡村寧次大将、支那派遣軍参謀小笠原清中佐ら一二名が密会し、アジアの赤化防止のために、国民政府の招聘に応じて軍事顧問として台湾に渡って支援を行う盟約をした。

同年暮れから一九六九年初頭まで、約二〇年にわたり、総勢八三名に上る日本軍元将校が台湾にわたり、蔣介石率いる国民政府軍を軍事顧問活動として影で支援した。彼らは全員中国名を名乗り、その活動は極秘とされてきた。彼らは、遭難の危険を冒しながら台湾に密航し、大陸奪還を目指す国民党軍の教育強化のために尽くした。彼らが教育指導した台湾の軍人は二万人にも及んだ。蔣介石は、白団の教育に期待し、頻繁に教場に足を運び、学生に対し口癖のように「すべてを日本に学べ」と言い、白団のメンバーには「徹底的に日本の陸軍式教育をやってくれ」と言っていた。ここに、蔣介石が若き日の日本留学以来、日本陸軍の軍人教育を受け、その統率、士気、戦術などの高いレベルを感得していた姿勢が一貫している*29。抗日戦のさなか、共産党とソ連の満州や華北侵入の恐れが高まるにつれ、蔣介石は、日本と和平して、この強い日本軍と共に共産党軍やソ連軍と戦って中国を守れれば、と思い続けていたであろう。

＊29　拙著『ゼロ戦特攻隊から刑事へ』収録の付記「三笠宮上海護衛飛行」では一九四五年二月下旬、特攻用のゼロ戦を国内で調達し、沖縄戦に向けて台湾に帰還しようとしたいたときに、「三笠宮の侍従」と称する高級武官が、大舘氏らに対し、「三笠宮」が上海に渡るための護衛を依頼し、それに応じて「三笠宮」を上海に送り届けた、ということを記載している。その高級武官とは天皇の侍従武官である今井秋次郎中佐であったことも判明した。この今井秋次郎は、砲兵が専門であり、「鮑必中」という中国名で白団に参加していた。興味深い事実である。

また、白団とは別に、根本博元陸軍中将らも、蔣介石の支援を開始した。根本は、終戦時、内モンゴル駐屯軍の司令官だった。根本は、蒙疆地区の四万人の居留民を安全に撤退させるため、総軍の停戦命令があったにもかかわらず、独自の決断により進攻してきたソ連軍と張家口北部で抗戦するなどして日本軍民の命を救った。そして約一年のうちに三五万人の軍人と四五万人の居留邦人を無事に帰国させた。根本は陸軍きっての中国通であり、この終戦処理期間中にも中国側の友人たちと友好を深めていた*30。根本は、日本人の安全な帰国実現に多大の支援をしてくれた国民政府に深く恩義を感じ、国民政府軍の現地幹部のみならず、何応欽中国陸軍総司令や蔣介石にも親しく面謁の機会を得ていた。

*30 根本博は陸士二三期。最終階級は陸軍中将。一九二七年の第一次南京事件では領事館で襲撃を受けて重傷を負った。後述するが、根本博は、北京での新民会の立上げに尽力し、繆斌を招聘し、親交を深めた関係だった。

根本ら八人の同志一行は一九四九年の夏、日向市から台湾に向けて密出国した。そのきっかけは、ある時、台湾の青年李麒麟が、「東亜修好会」の主催者明石元長を訪ね、台湾を共産党の侵攻から救うための協力を懇請したことだった。東亜修好会は、明石が作った台湾を始めとするアジアの留学生の支援団体だった。明石元長の父は明石元二郎だ。元二郎は、日露戦争の時、ヨーロッパでロシア皇帝政府の転覆活動の志士を支援したことで著名だが、晩年台湾総督となって善政に努め、台湾の発展に大きな貢献をした。総督在任中に、病死したとき、自分の遺骸は台湾の大地に埋めてくれと言葉を残し、今もその墓は台湾にあり、花を捧げる人が絶えないという。息子元長も父と共に台湾で少年時代を送った。元永は私財を投じて懸命な努力をし、台湾を救うためは根本博が最適だと考え、根本に相談し、根本は台湾行を決意した。

このような台湾支援の活動は当時国際的に許されるものではなかった。元長らが出港準備を整え、根本の一行は二六トンの小船で出航したが、遭難寸前で沖縄の米海軍に救助された。根本は米軍関係者に蔣介石の反共戦略支援の覚悟を力説した。米軍はこれを理解して根本らを鄭重に取り扱い、その米軍の黙認的支援によって米軍艦で台湾に送り届けられた。根本は、その後三年にわたり、金門島の激しい防衛戦の指揮をとるなど、台湾防衛に大きな貢献をしたと伝えられる。金門島の防衛線の指揮官は、岡村寧次大将が中共に引き渡されるのを救った湯恩伯将軍だった。根本は、一九五二年に帰国するまでの三年間、湯将軍の個人的顧問としてさまざまな作戦指導に当たった*31。

＊31　この経緯は前掲中村祐悦『白団』及び門田隆将『この命義に捧ぐ』（I-14）のほか、野嶋剛『蔣介石を救った帝国軍人』（I-17）に詳しい。野嶋の同著は、台湾の蔣介石文献の第一次資料やフーバー研究所保管の蔣介石日記に直接当たり、広範な関係者からの聴き取りを行うなどの労作である。野嶋によれば、台湾の国防部の正史などの公的文献に白団の事績については記述されているが、根本による金門島防衛戦支援活動の記録はない。その原因について、野嶋は、湯恩伯将軍が、台湾で悲惨な弾圧を起こした二・二八事件の責任者陳儀系統の軍人であり、蔣介石の怒りを買って権力闘争に敗れたことにあったなど、緻密な分析をしている。

岡村らが蔣介石支援の決意をしたのは、以徳報怨への深い感謝のみでなく、岡村が大正初期の青島派遣や北京勤務から終戦まで、そのほとんどを中国で勤務した上、士官学校在学中から同期生らと中国研究を志し、日華両国の合作を理想としてきたことが深くかかわっているという*32。蔣介石の寛容な精神に加えて、大陸における日本軍の降服に関する一切の処理は、中国軍総司令の何応欽将軍が担当した。岡村は、大正初期に陸軍士官学校に留学経験のある何応欽と、以前、両国の合作について語り合ったことがあり、中国の中で最も親しい知友の一人であった。岡村ばかりでなく、根本とも交友の深かった何応欽は、日本軍民の引き揚げ処理に対して蔣介石の精神を忠実に実施していたため、延安の共産政権からは売国奴、漢奸と呼ばれ、幾度も生命の危険にみまわれたという。

＊32　岡村寧次は、一九三二年二月に上海派遣軍参謀副長として転出し、同年八月には関東軍参謀副長に就任した。一九三三年五月三一日には国民政府軍の全権だった何応欽と塘沽協定の締結にこぎつけた。この協定は、しばらくの間、日中関係の安定をもたらした。岡村は、一九四一年四月に陸軍大将に進級し、同年七月に北支

那方面軍司令官に就任した。岡村は司令官着任時に「滅共愛民」との理念から同年一一月に「焼くな、犯すな、殺すな」という三戒の遵守を訓示した。岡村は三戒を始めとする風紀粛正によって放火、殺人、強盗が常態化していた北支那方面軍の規律崩壊を食い止め、一九四三年ごろまでにはかなり規律を取り戻していたと言われている。後述するが、一九四五年二月、蔣介石は、使者を通じ、密かに岡村に日中和平のシグナルを送った。このような点にも、蔣介石は、人物の力と信頼性について正確な情報を把握し、人を選んで和平の働きかけをしていたことが窺われる。

「以徳報怨」が、もっと早い和平の実現で実っていれば？

「以徳報怨」は、人道的理念のみではなく、蔣介石の戦後の国家戦略の基本方策だった。蔣介石は、日中戦争の初期や中期から共産党の面従腹背や事実上の内戦に悩まされ、それを支援するソ連との闘いがますます激しくなることをはっきりと予期していた。カイロ宣言以降の米英ソの中国に対する蔑視と裏切りも早くから感知していた。米英ソは、蔣介石が、貧弱な武器や国内での共産党や反蔣介石勢力との争いに苦しみながら、七年以上粘り強く抗日戦を戦うことによって一〇〇万人の日本軍を中国大陸に引き付けていたことが米英ソの枢軸国との戦いにどれほど大きな貢献をしていたか、ということを正しく理解していなかった。

蔣介石は、カイロ会談に先立つ一九四三年一月のカサブランカ会議にも招かれず、カイロ宣言で保障された中国の主権と領土の保障は、蔣介石を蚊帳の外に置いたテヘラン会談とヤルタ密約でほとんど反故にされた。ポツダム会談にも蔣介石は招かれず、宣言に署名を求められただけだった。中国は対等の連合国の一員とは認められずに見下されていたのだ。これらの情況を蔣介石はひしひしと感じており、日本の敗戦が必至となった戦争末期には、蔣介石にとって、真の敵はもはや日本ではなく、毛沢東の共産党やスターリンのソ連となっていた。蔣介石にとって手を結ぶべき相手は日本となっていたのだ。

列強のエゴイズムを痛感した蔣介石は、日本が今は軍部の狂気によって道を捻じ曲げられているが、二〇〇〇年以上の政治、経済、文化の交流があるアジアの隣邦の日本こそが、戦後の国際社会で中国と真に連携すべき相手であるとの自覚を深めたであろう。日本の驕りによる「東亜新秩序」「大東亜共栄圏」の構想ではなく、近代化に先に成功した日本として、友邦中国の独立と近代化を目指して孫文の辛亥革命を支援した、頭山満や近衛篤麿など多くの人々の「大アジア主義」の正しい復活に、蔣介石は期待していたともいえるのではないだろうか。

これまで述べたことだけでも、読者は既に、繆斌工作や近衛文麿らが関わる戦争末期の重慶との極秘の和平工作において、それが情報収集や攪乱のための謀略ではなく、蔣介石には日本との和平を求める真意があったことを裏付けていると理解できるだろう。

8　蔣介石の二面性——鉄の意志と冷酷さ

蔣介石は、キリスト教に入信し、生活も質素、勤勉だったが、その人格は恐ろしいほどの二面性を持っていた。鉄の意志を持ち、自己が決断した方針貫徹のためには、徹底的に冷酷残忍にもなれる人物だった。その典型は、「黄河決壊作戦」だった*33。

一九三八年五月からの徐州作戦で日本の進撃を食い止めるために黄河を決壊させたことは著名だ。蔣介石は、日本軍の進軍を阻止するため自国民への膨大な犠牲もいとわず黄河決壊を命令した。六月四日から堤防切り崩しの作業を開始し、三昼夜にわたる作業を続けたのち、九日、ついに堤防を決壊させた。黄河の水は東南の大平原に流れ込み、これにより、河南、安徽、江蘇三省の平原が水没し、二〇余県が洪水の被害を受け、一一都市と四〇〇〇の村が水没した。被害の程度に諸説はあるが、水死者は一〇〇万人、被害者は六〇〇万人とも言われ、その後遺症は数年間続いたという（『蔣介石秘録12』（I-1）一四五頁～、児島襄『日中戦争4』（A-21）三八二頁～」など）。

蔣介石自身は自己を厳しく律する清廉な人物だったとの印象を持たせるが、その配下の国民党の幹部たちの多くは、古い中国の汚職体質を根深く持っていた＊34。台湾で一九四七年二月二八日に発生した二・二八事件は、大陸から渡ってきた国民党幹部の汚職・腐敗体質への住民の怒りの爆発に対し、陳儀行政長官・警備総司令の指揮で国民党政府が徹底的に苛酷な弾圧を加え、膨大な数の住民を虐殺したものだった。当時、台湾の人々は「犬（日本）が去って豚（国民党）が来た」と批判していた。その後蔣介石が台湾に移ってからも、戒厳令や国家言論法によって言論の自由を厳しく制限するなど強権的な政治が長く続いた。それは、息子の蔣経国の総統時代にも続いた。一九八七年に至り三八年ぶりに戒厳令が解除されたが、台湾が民主化の軌道に乗ったのは李登輝が総統となった一九八八年からのことだった。このような蔣介石の台湾統治の強権的な姿勢と、敵国日本に示した「以徳報怨」の姿勢との落差は大きい。

＊33しかし、ユン・チアンが『マオ　誰も知らなかった毛沢東』（I-29）で描く、毛沢東の冷酷、残忍さは、蔣介石の比ではない。ユンは「毛沢東の最大の武器は、冷酷非情さだった～」として、毛が敵対する国民党軍や関係者に対してのみならず、共産党内部での対立・競争関係にある幹部に対して行った残虐で非道な行為を詳細に論じている。そして「蔣介石は冷酷非情さにおいて毛沢東に遠く及ばなかった」とし「蔣介石が毛沢東に負けた理由はそこにあるだろう」との論者のコメントを引用している（上巻五二五頁～）。

＊34アメリカの国務省から派遣されたジョン・デービスやジョン・サービスらの一派、また、ＯＳＳの中国での工作員たちは、蔣介石と国民党の腐敗体質を批判し、ワシントンにそのような報告を送り続けていた。日中戦争やＯＳＳに関する戦後のアメリカの文献でも、その流れによる蔣介石・国民党に対する批判的なトーン

で論じているものが少なくない。

9　蔣介石が選んだ「人」へのメッセージは一貫していた

蔣介石は、和平工作に当たっては、傀儡政権である南京政府やその背後にある日本の外務省の「組織」は相手としていなかった。また、満州事変以来煮え湯を飲まされ続けてきた日本の陸軍の「組織」も相手にはできなかった。しかし、これらの「組織」は相手にできなくとも、「人」を相手とし、最終的に天皇に通じるルートでの和平を模索していた。日本人は「組織」や「手続」を重んじる。しかし、中国人は「人」を重んじる。いわば人脈の世界だ。

蔣介石が、日本に和平の打診をするルート・窓口とした人に対する選別眼には目を見張るものがある。勇猛な将軍でありながら中国軍民への残虐非道をさせなかった岡村寧次大将、盧溝橋事件発生当時、不拡大のため心血を注ぎ、一貫して重慶との和平を模索していた今井武夫、満州に逃れようとするユダヤ人を救済した安江仙弘、日中戦争拡大を阻止できなかったことを悔いて、実弟水谷川忠麿やブレーンだった中山優らを通じて水面下の和平工作に取り組んだ近衛文麿、繆斌工作を支援した東久邇宮、野人ではあったが中国社会に深く食い入って重慶との和平を模索し続けた吉田東祐らが、それだ。

これらの人々に伝えられた、蔣介石の和平の意図は、①日本の敗戦は必至で疑う余地がないこと、②しかし、日本が敗戦により壊滅することは望んでいないこと、③むしろ恐れるのは日本の敗戦により中国がソ連の勢力圏に入ってしまうこと、④そのために、日本との和平が必要であること、⑤中国は、アメリカと日本との和平の橋渡しをする用意があること、などであり、これらは見事に一致している。蔣介石がこれらの和平のシグナルを送ったのは、テヘランやヤルタで、スターリン、ルーズベルト、チャーチルから裏切られたことを蔣介石が早くから見抜いていた時期とも符合している。

「以徳報怨」は、もっと早く実現する可能性があったのだ。日本敗戦後の「以徳報怨」は、蔣介石が、遅ればせながらも、敗戦日本を蔣介石の陣営に取り込み、共産党とソ連の中国支配を防ごうとしたものだったといえよう。

第3章
アメリカに日本との和平の意思はあった

前章で、蔣介石は、抗日戦のさなか、殊に日本の敗戦が必至となったころから、密かに日本との和平を模索していたことが様々な事実から推認できることを述べた。戦争が末期に近づくにつれて、重慶から日本の心ある人々への密かなルートを通じ、中国に日本との和平の意思があること、また、それは連合国との和平につながるものでなければならず、重慶はそのために日本とアメリカの仲介をする用意があることが伝えられていた。

蔣介石は、ヒマラヤ越えの空輸や一九四五年一月に再開されたビルマの援蔣ルートを通じてアメリカやイギリスなどから、十分とはいえないが武器や軍需物資の支援を受けていた。また、アメリカの陸軍航空隊のクレア・リー・シェンノート将軍が率いる航空部隊フライング・タイガースは、中国本土での日本との戦いに参加していた。戦争末期近くになると中国の奥地の基地からＢ24やＢ29で日本や台湾などに渡洋爆撃も行っていた。一九四二年一月に二六か国の連合国が締結した連合国共同宣言では、連合国は日独伊の枢軸国と単独では和平しないことが明らかにされていた。

このような状況にあって、蔣介石自身は日本との和平を望んでいたとしても、蔣介石がアメリカに日本との和平の仲介を申し出た場合、アメリカがそれに応じる意思があったのか否か、蔣介石は、アメリカがその申し出を拒絶した場合、どのような方策を考えていたのか、が大きな問題となる。

1 蔣介石には日本との単独和平のカードもあった

単独和平を認めない二六か国の連合国共同宣言があったとはいえ、蔣介石には、いざとなれば日本と単独で和平するというカードを失っていたわけではなかった*1。

*1 周仏海日記（Ⅰ-22）の一九四三年一〇月五日には、「家に重慶から上海駐在に派遣された徐采丞を招く。彼は重慶側は単独和平を行わないという二六か国協定に調印したが、保留条件をつけてあり、中国はもしも領土保全及び平等自由を確保できるなら、日本と単独で和平を行う自由を保留するものであるという。この言葉が確かかどうかはまだ不明である。……しかし、重慶が当時このように熟慮したかどうか、また英、米がそのような留保に同意したかどうかは判らぬ」と記載されている。これはカイロ会議前のことであり、単独和平のカードが消えていたわけではないことを示唆しているであろう。

蔣介石は単独和平のカードを米英の軍事支援引出しのために使っていた

蔣介石は、中国に与えられる軍事支援よりも、アメリカがイギリスやソ連を支援する方が遥かに大きいことに不満を持っていた。なんといっても、八年に近い日中戦争を戦ってきて最も甚大な損害を受けていたのは中国だった。蔣介石は米英から軍事的支援を受けてはいたが、蔣介石が中国大陸で一〇〇万人以上の膨大な日本軍に対して抗戦を続け、釘付けにしていたからこそ、アメリカやイギリスは太平洋や東南アジアへの日本軍の圧力を軽減されていた。蔣介石が一方的に恩恵を受けていたのではなかった。

そのような蔣介石は単独で日本と和平しようとすればそれはできないことではなかった。蔣介石にとって、連合国との合意によらない、中国と日本の単独和平ということは、当時、選択肢にないわけではなかった。また、蔣介石は、日本と単独和平するという姿勢をちらつかせることをアメリカやイギリスの軍事支援を引き出すためのカードに使っていた面もあった*2。

アメリカは、蔣介石が日本と単独で和平することを恐れていた。もしそうなれば中国大陸から撤兵する膨大な日本軍が太平洋戦線や本土防衛作戦に投入されることになってしまう上、中国大陸を日本攻撃の拠点として利用できることもできなくなるからだ。一九四三年一一月のカイロ宣言には、中国を単独和平させず連合国に引き留めておくため、という考慮も含まれていた。カイロ会議には、当初スターリンが中国の参加に強く反対した。しかし、ルーズベルトがこれに蔣介石を加えることとしたのは、そうしなければ蔣介石の中国が日本と単独で和平してしまうおそれがあるため、中国を連合国側につなぎとめる必要性を感じていたからだった。

＊2　鹿錫俊は、「(要旨) 英米は、三国同盟により中国の抗日戦を一層必要としたが、援助は不十分で中国との同盟結成にも躊躇していた。そのため、蔣介石にとって、英米側の対中願望を利用して、日本との妥協・講和をほのめかすことを含むあいまいな態度をとることは、英米の対中支援を増大するとともに、英米中同盟の形成にも寄与できた。……蔣介石の対英米外交は、日独伊同盟後、日本の南進を阻止するために、中国の抗日戦を一層必要とした英米の心理状態を逆用して「別の道を探る」ことを圧力として使い、英米の対中援助を増強させるという方針を貫いた（『蔣介石の「国際的解決」戦略』（I-4）一八一～一八九頁）としている。

カイロ宣言によってそのカードを使うことは困難になった

ただ、単独和平のカードは、戦局が進むにつれて使いにくくなった。カイロ宣言で中国の主権と領土が厚く保障された上、中国のアメリカ大使館や軍の中には、共産主義者やそのシンパが多く、延安の共産党に強く肩入れしていたので、蔣介石が単独和平のカードをちらつかせれば、ますます重慶政府がアメリカから見放されるおそれが強まったからだ*3・4。

＊3 鳥居民『昭和二十年（2巻）』（A-71）（二八六頁〜）は、「蔣介石は、……執拗な和平の働きかけを巧みに利用してきた。アメリカとの交渉における切り札として使ったのである。……アメリカが約束通りの援助をよこさないのなら、われわれは日本と単独和平を結ぶぞと脅迫することもあった……ところが一九四四年の後半からはそのカードが使えなくなった」としている。その理由について鳥居は、延安の共産政権が力をつけてきたこと、スティルウェルをはじめとして親共産的なジョン・デービスやジョン・サービスらが延安に肩入れを強める一方、一号作戦（※大陸打通作戦）による重慶政府軍隊が総崩れ状態になりかけたことなどから、蔣介石が日本との和平カードを使おうとすれば、アメリカは重慶を見放し、ますます延安への武器供給などの支援を強化しかねないとのおそれがあったことなどを挙げている。ただ、鳥居は、当時蔣介石は日本との和平をまったく考えていなかった、としているが、この点については、私は本書で論じるとおり賛同できない。

＊4 ウェデマイヤーは、『ウェデマイヤー回想録』（H-6）（四二五頁）で、「アメリカ陸軍公刊戦史の中国・ビルマ・インド編」を引用し、「それに中国が四年半にわたって独力で日本と勇ましく戦ったことの認識はない……アメリカ軍の幕僚長たちは、日本が昆明の周囲に設けられているアメリカ軍の飛行場群を占領せぬかと、ただ、それだけを心配していた……中国の基地は、もはや対日戦では、絶対不可欠のものとは考えられなくなった。残る問題は、ただ、『もし蔣介石が日本と単独和平を結んだ場合には、それによってどんな問題が生じて来るか、ということだった』」と批判している。蔣介石の理解者だったウェデマイヤーは、親共産主義者の大使館員やアメリカ軍幹部らが、アメリカとアメリカ軍の利害のみにしか関心がなかったこと、ソ連を極

東地域の戦闘に引きずり込むと中国とアメリカにとって重大な結果を招くことについてはまったく考慮していなかったこと、アメリカは赤軍の中国進出を防止しないで、その中国侵入を歓迎し、アメリカの伝統的な友人である中国を事実上見捨ててしまったことを厳しく批判している。他方、この公刊戦史の記載から、蔣介石が日本と単独で和平すれば中国のアメリカ軍基地が日本と蔣介石の手に渡ってしまうことをアメリカは強く恐れていたことが窺われ、それが蔣介石のカードになり得たことを裏付けるものであろう。

再び可能性が生じた単独和平のカード

しかし、前章で述べたように、カイロ宣言の後のテヘラン会談やヤルタ密約によってカイロ宣言の保障が大幅に反故にされ、蔣介石は裏切られた。蔣介石は当時からその状況をかなり正確に把握していた。したがって、蔣介石は、中国を裏切った米英ソなど連合国に対し、忠実に連合国共同宣言を守って単独和平はしないとするべき「義理」はなくなっていたといえよう。

とはいえ、単独和平のカードは、重慶政府とアメリカとの敵対関係を招きかねない危険があるため、それは最後の切り札だ。日本との和平が、アメリカを始めとした連合国との和平につながるのが最善であることは当然だ。前章で述べた、重慶からいくつかのルートで日本側に伝えられた蔣介石の和平の呼びかけからそれが強く推認されよう。その手順としては、①まず蔣介石が日本と単独で和平してそれを踏まえて米英との和平を仲介する、②アメリカと先に協議して合意し、同時に和平する、ことなどが考えられたであろう。

２　鍵はアメリカの日本との和平意思の有無にある

そうであれば、どんな手順を踏むにせよ、戦争末期において、アメリカが蔣介石の申し出を受け、蔣介石を仲介者として日本と和平する意思があり、それが国家として決定される可能性があったのか、ということが鍵となる。

本章では、当時、アメリカにそのような意思はあり、戦争末期の蔣介石と日本の和平交渉にアメリカも乗ってくる可能性は十分にあったということを論証していきたい。

以下は主に、チャールズ・ビーアード『ルーズベルトの責任（上・下）』（H-15）、ハミルトン・フィッシュ『ルーズベルトの開戦責任（THE OTHER SIDE OF COIN）』（H-16）、ハーバート・フーバー『裏切られた自由（上・下）』（H-18）、ジョン・アール・ヘインズほか『ヴェノナ　解読されたソ連の暗号とスパイ活動』（H-19）、渡辺惣樹『誰が第二次世界大戦を起こしたのか』（A-57）、長谷川毅『暗闘　スターリン、トルーマンと日本降伏』（H-14）、須藤眞志『ハルノートを書いた男』（H-5）、コーデル・ハル『ハル回顧録』（H-4）、ジョセフ・グルー『対日十年（上・下）』（H-2）、廣部泉『グルー』（H-3）、『ウェデマイヤー回想録』（H-6）、ジョン・エマーソン『嵐の中の外交官』（H-9）、ピョートル・ウラジミロフ『延安日記（上・下）』（H-10）、ジョゼフ・マッカーシー『共産中国はアメリカが作った』（H-20）、コーネル・シンプソン『国防長官はなぜ死んだのか』（H-21）、田中英道『戦後日本を狂わせたOSS計画』（H-25）、藤井厳喜『騙される日本人』（A-82）のほか、文中及び前章で引用した諸文献を踏まえた検討である。

第二次大戦は、コミンテルン・共産党と自由主義陣営との暗闘だった

中国において、蔣介石の国民党と毛沢東の共産党が抗日のために合作しながら、その裏側には戦後の中国の支配権の争奪のための熾烈な争いがあったことは既に述べた。アメリカから派遣された軍人や外交官の間には、蔣介石を敵視して延安の共産党を支持支援する共産主義者やそのシンパと、重慶の蔣介石を支

持支援するグループが鮮明に分かれていた。彼らが本国に伝える情報や意見が、アメリカの対中国の国家意思を左右したので、この両派の違いと対立関係が与える影響は大きかった。したがって、蒋介石が和平のカードを切ることができたか、更に、蒋介石がアメリカをも日本との和平に引き込むことが可能であったか否かは、このアメリカにおける共産党勢力と反共産主義・自由主義勢力との拮抗関係や力のバランスも鍵となる。

ルーズベルトの側近や国務省には、多数の共産主義者やそのシンパ、ソ連のスパイ、などがいた。ソ連を連合国側に引き込んだ第二次大戦の開始、ハルノートによって日本を決定的に追い詰めて真珠湾攻撃の火ぶたを切らせてアメリカに参戦の世論を形成させたこと、テヘランやヤルタ会談などでのルーズベルトのスターリンに対する大幅な譲歩、無条件降伏に固執することによって日本の降伏を送らせてソ連の参戦に間に合わせたポツダム宣言などの背後には、スターリンが操り、あるいはその影響を受けた共産主義者らの画策があったことが、戦後のアメリカでの調査や研究で明らかになっている。中国の状況もそれと相似形だった。

戦後の長い間、アメリカでは、第二次大戦はファシズムに対する自由主義、民主主義の戦いだとされ、ルーズベルトが指導したアメリカの戦争を批判することはタブーだった。しかし、チャールズ・ビーアードは、一九四八年に公刊した前掲書で、ルーズベルトは、アメリカ議会や世論を開戦賛同に誘導するため、日本を挑発し、日本に開戦の火ぶたを切らせた、と厳しく批判した。そのため、ビーアードは学界などで迫害された。その後も、一九七六年、ハミルトン・フィッシュが、前掲書で、ルーズベルトを、同様に厳しく批判した。フィッシュは、共和党の下院の外交委員会の中心人物だった。フィッシュは、開戦当初はルーズベルトを支持し、議会で開戦に賛同する演説をしたが、後にハルノートを知って、ルーズベルトへの強い批判者に転じた。その後も、ルーズベルトを擁護・称賛する伝統的な「釈明史観」に対し、次第に

「歴史修正主義」という考え方が有力となってきた。この大戦は、スターリンのソ連によって操られたもので、それに騙されたルーズベルトに起こすべきでない戦争を起こさせ、結果として、スターリンの率いるソ連のヨーロッパや東アジアへの支配と勢力を拡大させただけだった、ヤルタ密約は完全な誤りであり、アメリカの若者は、自由のためでなく共産主義のために命を落としたのだ、という説だ。

アメリカ政治の中枢に食い込み、支配した共産勢力

ルーズベルトは政権を取るとすぐに、一九三三年一一月、ソビエトを承認した。ソビエト代表のリトヴィノフ外務委員は、アメリカ政府の転覆や社会秩序を混乱させる目的を持つ団体や組織を作らないと言明した。しかし、リトヴィノフはアメリカ共産党幹部に、「あんな調印文書は紙きれだ、ソビエトとアメリカとの外交関係の現実の中ですぐに忘れられる」と語ったという。その後、ソビエトはダミーの工作機関を多数設立し、多数の共産主義思想の確信者やそのシンパたちが政府組織に採用され、知識人の多くもその思想に染まってしまった。

ルーズベルトは、大恐慌から脱却させるためのニューディール政策を強力に推進した。過去になかった大統領の三選を成功させ、ヨーロッパの戦争に対する非介入論が根強い中で、イギリスをドイツから敗北させないために、チャーチルを強力に支援し、武器供与法を成立させ、中立法を改正させ、開戦後には連合国の戦争指揮の中枢となった。

ニューディール政策は社会主義的な傾向が強く、ルーズベルトを支持する勢力には、アメリカの共産主義、社会主義者らが多かった。ルーズベルト自身が共産主義者だったとは思われないが、ルーズベルトの人事政策は、左も右も広く抱擁する傾向が強かった。ホワイトハウスに起居し、ルーズベルトの最側近、懐刀で商務長官を務めたハリー・ホプキンスは、ドイツとソ連が開戦したとき、モスクワに派遣されてス

ターリンと会談し、直ちにソ連への軍事支援を考えてルーズベルトに進言した。ホプキンスは、スターリンが、ヒトラーに劣らない独裁者で国内で凄惨な殺戮をしていたことを見抜けていなかった。

当時、アメリカ国内では、フーバー元大統領を始めとして、独ソの戦争には介入せず、両国が疲弊するまで徹底的に戦わせるべきだとの主張が根強かったにも関わらず、ホプキンスとルーズベルトは、ソ連への大規模な軍事支援を決断した。ルーズベルトの妻のエレノアは、傑出した女性で、ルーズベルトを支えつつ、黒人の公民権問題や軍隊における地位の向上、貧困者の救済、女性の人権問題、ユダヤ難民の救済などに生涯を尽した。そのためにエレノアの支持層の中には左翼勢力が多く含まれていた。戦後は国連でアメリカ代表を長く務めた*5。

ルーズベルトは、ファシズムと戦い、友邦イギリスを守るため、他国の戦争への不介入・孤立主義が主流だった世論や議会に対し、炉辺談話で国民に語りかけ、共和党の有力者を軍部や政府の中枢に取り込むなどして国論の統一に導いた。その政治的手腕、力量が歴代大統領の中で傑出していたことには疑いがない。しかし、ルーズベルトは、その大きな功績の半面、最大の誤りを犯したと強く批判する見解が有力となってきた。それはルーズベルトが、共産主義やソ連に対してほとんど無警戒であり、テヘランやヤルタで、スターリンの強欲さを糊塗した巧みな振る舞いを見抜けず篭絡されてしまったことにある。ヤルタでは、ルーズベルトの悲願だった戦後の国連創設のためにスターリンの協力・譲歩を取り付けることと、死期も近まった体力・精神力の衰えが、スターリンの一人勝ちを招いてしまった。

＊5　ドリス・カーンズ・グッドウイン『フランクリン・ローズベルト（上・下）』（H‐36）は、ハーバード大学で教鞭をとり、ホワイトハウスで勤務し、メデイアでも活躍した著者による力作で、一九九四年の原著はベストセラーとなった。ルーズベルトやエレノア、ホプキンスらの大戦中の努力や活動を詳しく伝えている。エレノアについては、共産主義者ないしそのシンパだと批判されることが多いが、同書が伝えるエレノアの実

像はそうではない。エレノアは、リベラルではあったが共産主義者ではなかった。元社会党員で戦闘的な人民戦線組織の学生連合のリーダーだったジョー・ラッシュとの深い友好をもったが、二人は、「共産主義的方法に代わる社会民主主義的な方法の可能性について」目標を共有していた（上巻一九五頁）。エレノアは、カリフォルニアでの日系人に対する資産の剥奪や強制収容などの迫害に対しても、周囲の批判を顧みず強く反対した。

ただ、同書は全体としてルーズベルト擁護・称賛の傾向が強い「釈明史観」に立っている。例えば、ハルノートについては「合衆国が何か月も主張してきたことを繰り返していた」などとし、ルーズベルトが最後まで日本との開戦を望んでいなかったかのような記述をしている。また、蔣介石が極めて乏しい武器・軍事力の下で日本と七年以上戦い、一〇〇万人の日本軍を釘づけにしていたことの評価は全くなく、蔣介石に対しては批判的なトーンの記述をしている。半面、スターリンとソ連に対する評価は甘く、ヤルタ密約で蔣介石を裏切り、戦後の極東やヨーロッパの共産化を招いたことについては、ルーズベルトの弁護論に偏っている。アルジャー・ヒスを始めとするルーズベルト側近の共産主義者たちについては、まったく触れていない。

一九四九年、下院非米活動委員会は、政府職員のうち三〇〇〇名が共産党員であったことを発表し、一九五五年九月二八日、公務員監視委員会は、機密保持計画の下で、一九五三年から五五年の約二年間の間に二万七二〇名の政府職員を解雇したと上院調査委員会に報告した。その中心人物にアルジャー・ヒスがいた。ヒスは、大統領補佐官に上り詰めたが、ヤルタ会談でルーズベルトの補佐役を務め、実質的に牛耳ったといわれる。イギリスの諜報機関ＭＩ５、ＭＩ６の調査では、ホワイトハウスと国務省では一二七名のコミュニストが執務にあたっていたといわれる。アルジャー・ヒス、モーゲンソー財務長官のもとで財務次官補を務めたハリー・デクスター・ホワイト、蔣介石の顧問として送り込まれていたオーエン・ラティモア、ルーズベルトの補佐官ロークリン・カリー、トルーマンの下で国務長官を務めたディーン・アチソンらが主な人物だった。

また、戦後に共産主義者弾劾のマッカーシズムを巻き起こしたジョゼフ・マッカーシーは、大戦中陸軍参謀長を務めたジョージ・マーシャル将軍がその元凶の一人だとし、またOSSの内部に多数のソ連のスパイやその支援者が潜入していたと主張し、攻撃した。マッカーシーの活動は余りに過激であったため彼は失脚することとなった。しかし、彼の主張が極端に偏り過ぎた面はあったとしても、基本的には正しかったことが、その後、一九九五年に公開されたヴェノナ文書*6や、ソ連のスパイから転向したエリザベス・ベントリーらの証言などによって裏付けられた。

＊6 ヴェノナ文書は、ジョン・アール・ヘインズほか『ヴェノナ　解読されたソ連の暗号とスパイ活動』(H-19)がその詳細を明らかにしている。一九四三年、アメリカ陸軍によって始められたソ連暗号の傍受・解読作戦によって解読された文書だ。マッカーシズムの嵐や、下院非米活動委員会の活動によって、戦時中ソ連や共産党に協力した人々への追及が厳しくなされたが、否認して追及を逃れる者も少なくなかった中で、ヴェノナ文書は、歴史の空白を埋めることとなった。ルーズベルト政権の下でソ連や中国共産党を応援し、日本敵視政策を推進していた者たちの多くがソ連の工作員や協力者だった。ヴェノナ文書からだけでも、ソ連情報機関と秘密の関係をもった三四九人のアメリカ市民、移民、永住者が特定された。原爆スパイ活動の真偽について争いがあったローゼンバーグ夫妻が間違いなくソ連のスパイであり、原爆開発情報をソ連に流すことによってソ連の原爆開発計画を大きく促進したことも裏付けられた。アメリカの共産党は、その内部にソ連のスパイ活動遂行の秘密組織を有し、KGBの指揮指導の下に活動していた。アメリカ財務省ナンバー2で、ハルノートの原案作成者であり、国連創立の時のアメリカ代表団にも参加していたハリー・デクスター・ホワイト（下院非米活動委員会出席の三日後、自殺）、ルーズベルトの信任厚い大統領補佐官だったロークリン・カリー（戦後コロンビアに逃亡）、ルーズベルトの側近としてヤルタ会談に参加したアルジャー・ヒスらがソ連のスパイあるい

は秘密の協力者であったことも裏付けられるなど、アメリカ政府中枢の高官までが含まれていた。ソ連のスパイやそれを支援する協力者を始めとする共産主義者たちの政府機関への浸透は、特にOSSにおいて顕著だった。その原因は、OSSが新たに設置され、急速にその陣容を拡大した機関であったため大量の新規職員を採用したこと、ドノヴァン長官の方針が、政治、経済、外交、社会など極めて広範な分野における諜報活動を行う組織とするため、職員には、大学などアカデミズム、ジャーナリズム、ビジネスなど多様な分野から人材を登用したことなどにあった。OSS内にいた共産党員の数は軽く五〇人を超えておそらく一〇〇人前後であり、その中のソ連のエージェントは、二〇人近くに及んだと著者は見ており、ヴェノナ文書などによって、OSS内の一二人のソ連エージェントが特定された。田中英道は『戦後日本を狂わせたOSS「日本計画」』（H-25）で、OSSには、ソ連・コミンテルンとは異なるフランクフルト学派の二段階革命論の隠れマルクス主義者たちが多数いたこと、それらが、戦後の日本社会や中国に及ぼした深刻な影響について詳論している。

フーバー元大統領の「裏切られた自由」

歴史修正主義の集大成は、生涯をかけてそれを綿密に論証した、ハーバード・フーバー第三一代アメリカ合衆国大統領による『裏切られた自由（上・下）』（H-18）の労作だ。二〇一一年にアメリカで公刊され、二〇一七年に渡辺惣樹により邦訳出版された。フーバーは、貧しい鍛冶屋の息子に生まれ、両親に早く先立たれて親戚に養われたが、刻苦努力してスタンフォード大学で鉱山学を学んだ。鉱山会社に入り、オーストラリアや中国、ビルマでの鉱山事業に目覚ましい活躍をして大成功を収め、富を築いた。フーバーはその富によって第一次大戦中にヨーロッパに取り残されたアメリカ人の帰国救援や、大戦中に飢えたヨーロッパの人々への食糧支援に極めて大きな貢献をした。大戦後のハーディング、クーリッジの両大統領の下でフーバーは八年間商務長官を務め、一九二八年に共和党候補として大統領選に勝利し、就任した。七か月後に発生した大恐慌によりフーバーの経済政策が批判され、一九三二年、大統領選挙で民主党のフランクリン・デラノ・ルーズベルトに敗れて退陣した。しかし、フーバーは、ルーズベルトのニューディール政策が社会主義的傾向にあること、またルーズベルトがコミンテルンの共産党勢力に大きな影響を受けた政権であり、ソ連を政府承認したことなどを厳しく批判し続けた。

フーバーは、ヨーロッパのドイツをめぐる緊張関係については、アメリカは徹底的に中立の立場に立つべきであり、英仏はポーランド救済のためにドイツと戦うべきでなく、ヒトラーとスターリンに徹底的に戦わせるべきだと考えていた。アメリカが武器供与法を改正してイギリスを支援したことも厳しく批判していた。そして、アメリカの役割は、その最後の段階で、真に戦後の和平を確立するために登場することだと考えていた。フーバーは、「ハルノート」は、当時アメリカの若者を戦場に送らない、と宣明していたルーズベルトが、側近の共産主義者たちの陰謀とも相まって日本に開戦させるための最後通牒であり、真珠湾攻撃もそれによって引き起こされたと洞察した。

フーバーは、一九四三年一月のカサブランカ会談後の記者会見で、ルーズベルトがドイツ、日本、イタリアに無条件降伏を要求することを決定したと述べたことも厳しく批判した。このような苛酷な要求は、ドイツや日本を徹底抗戦に追い込むだけであり、終戦は遅れ、その分ソ連の参戦可能性を増し、その取り分を大きくするだけだったからだ。

フーバー

カイロ・テヘラン会談の内容は長い間秘匿されたが、フーバーは長期間の丹念な資料収集によってこれを分析した。カイロ会談公式声明が「日本が中国から盗んだ満州、台湾、澎湖諸島は、中華民国に返還されなければならない。それだけではなく、日本は暴力と欲望にまかせて獲得した領土から放逐されなくてはならない。三国は、奴隷状態に置かれている朝鮮の人々を憂い、時機を見た上で、朝鮮は自由となり独立すべきである」との部分は、歴史的事実や現実の状況を無視した内容であるとフーバーは批判した。フーバーは一九〇九年に初めて訪れて見聞した朝鮮の貧しさ、不衛生、通信・教育などのインフラの欠如、無秩序などの悲惨な国情が、日本の三五年間における支配によって、劇的に改善したことを述べている。

ポツダム宣言に至るまでの両勢力のせめぎ合い

日本の敗色が濃くなったころから、アメリカの軍や政府の中では、日本を完全に無条件降伏させるべきだという勢力(ハードピース派)と、無条件降伏を緩和して天皇制を許容することにより、日本を早期の降伏に導くべきだという勢力(ソフトピース派)の対立が激しくなった。ハードピース派の中心勢力は、ルーズベルト側近の共産主義者やそのシンパたちであり、無条件降伏要件を固守することで、ソ連が参戦できるまで日本の降伏を遅らせようと意図していた。また共産主義者でなくとも、日本を軍国主義国家としか見ず天皇制を拒否する人々も多かった*7。また、共産主義者やそのシンパでなくとも、軍事作戦上、ソ連を参戦させ、米ソが挟み撃ちにすれば米兵の犠牲も少なく、日本を無条件降伏させることができるという考え方も強かった。

*7 一九四五年六月に行われたギャラップ調査では、天皇は「アメリカ人が嫌い恐れていた日本の軍国主義の源泉であり象徴である」と見られ、国民の三三パーセントが天皇を戦犯として処刑することを望み、一一パーセントが投獄、九パーセントが国外追放を望み、わずか七パーセントが、傀儡の役割としてでも、天皇制維持案を支持していた(ロナルド・スペクター『鷲と太陽(下)』(H-37)三四七頁)。

ソフトピース派の人々は、駐日大使を務めていたジョセフ・グルーがその中心だった。グルーは、天皇は平和を愛し国際協調を重んじており、天皇制の存続は日本が平和国家として再生する上で重要な意味を持つので、それを保証することが日本を早期の降伏に導くことになると考えていた。また、ソ連の参戦前に日本を降伏させることによって、ソ連や共産中国が戦後の東アジアで勢力を拡大するのを防ぐことになると考えていた。軍においても、たとえば、一九四五年二月、マッカーサーはルーズベルトに長文の報告書を提出し、無条件降伏とは言いながらも天皇の地位は容認すること、日本を降伏させるためにソビエトに譲歩する必要はないことを主張した。対日強硬派のスティムソン陸軍長官でさえ、「個人的な意見だが、日本に降伏条件を伝える場合、現在の皇室による立憲王室の存続の考えも排除しないという表現であれば、日本は承諾する可能性が高まるだろう」との覚書をトルーマンに提出していた。海軍のフォレスタル長官も、ソ連は不誠実な敵であり、その参戦は不要で、天皇制を認めて早期に戦争を終わらせるべきだと考え、ポツダム会議の当時、ポツダムに飛んでトルーマンにソ連の参戦をさせないよう説得しようとすら試みていた。フォレスタルは、戦後国防長官となった後も、大戦中のアメリカの国策を共産主義者が誤らせたことを糾明する活動を続けたが、不審な死を遂げた。前掲『国防長官はなぜ死んだのか（H-21）』はその究明をし、その死は共産主義者による暗殺だったと主張している。

《グルーらが主張した早期和平》

グルーは、日米開戦直前まで、駐日大使として、近衛文麿の日米諒解案交渉推進を強力に支援するなど開戦を避けるため懸命に努力した。グルーは開戦後、アメリカに送還されてからも、アメリカ各地で、日米の早期和平を説き続けた。グルーの親日的考え方は、真珠湾攻撃への恨みや天皇は日本の軍国主義の最高指導者だという考えに染まっていたアメリカ国民社会からは容易に理解されず、批判されていた。

しかし、グルーは一九四四年一二月に国務次官に就任したことにより、日本を降伏に導く政治戦略に深く関わることとなった。グルーは実質的に国務長官の立場だった。グルーは、国務長官、陸海軍長官で構成される三人委員会などを中心に、無条件降伏を緩和して天皇制保持を容認し、日本を早期降伏に持ち込む方針を徐々にまとめていった。スティムソン陸軍長官やフォレスタル海軍長官も、日本の徹底抗戦下で日本本土への上陸作戦を敢行することが、アメリカ将兵の膨大な犠牲を生じさせることから、グルーの考え方を理解するようになった。

統合参謀本部は一九四五年四月になると、統合情報委員会に日本の降伏の可能性についての研究を命じた。その報告書では、「もし日本人に彼らの指導者に、絶対的敗北は不可避であるが、無条件降伏は民族のせん滅を意味しないことを確信させることができるならば、日本の降伏は早期に勝ち取られるかもしれない」とした。この報告書では、無条件降伏の修正は、日本本土への上陸作戦による多大の戦死傷の犠牲のみならず、ソ連の参戦を回避する手段としても考えられていた。統合参謀本部は、無条件降伏の再検討と共にソ連との軍事協力の再検討も開始した。一月から三月までの間、統合参謀本部はソ連の軍事協力に関する様々な不信感を募らせ、ソ連の参戦はアメリカの日本本土進攻の絶対条件ではないと考え、四月までには、ソ連が参戦して満州の関東軍を釘付けにしなくとも、自力で日本を降伏させられるとの自信を持つに至った。四月二五日、統合参謀本部は日本本土上陸のオリンピック作戦の政策採用を決定し、六月一八日、トルーマンはそれを承認した。しかし、沖縄戦での膨大な戦傷者にかんがみ、本土決戦でのアメリカ軍の被害を最小限に食い止めるためには、なおソ連の参戦を歓迎することともされていた。ソ連の参戦を不要とするか、アメリカ将兵の犠牲の軽減のためにこれを必要とするか、統合参謀本部は揺れ動いていたのだ。

グルー

また、戦時情報局に配置換えになったザカリアス大佐は、一九四四年から日本の国内政治の情報収集に乗り出しており、日本海軍に米内光政と高木惣吉を中心とする和平派が存在することを確認していた。さらに捕虜となった海軍将校やスカンディナビアのある国の外交官（※おそらくスウェーデンのバッゲ大使）

の内部情報と照らし合わせ、日本に和平派が存在することを確認した。ザカリアス大佐はフォレスタル海軍長官を説得して、この和平派を積極的に終戦に向かわせるための心理作戦のプログラム「OP-16-W」を開始した。アメリカが要求する無条件降伏は、日本民族と国家の破滅を意味するものでないということを一連の短波放送で日本に流すことを目的とするものだった。ザカリアスの意見はフォレスタルを無条件降伏修正論に導く力となった。

これらのグルーや統合参謀本部における無条件降伏修正論は、トルーマンに対して方針再検討のための相当な影響力をもたらした。

《対ソ政策が揺れ動いていたトルーマン》

ルーズベルトが一九四五年四月一二日に病死したため、副大統領のハリー・S・トルーマンが大統領に就任した。トルーマンは、ルーズベルトのようなソ連や共産主義に対する宥和主義者ではなかった。しかし、トルーマンは外交経験に乏しく、ルーズベルトからも外交政策の説明や引継ぎをほとんど受けていなかったという。そのため、トルーマンの対ソ政策は、周囲からの影響を受けやすかった。

トルーマンは、当初、ソ連との戦後協力や対日戦争の参加は望ましいと考えていた。しかし、ソ連のポーランドの傀儡政権問題などを批判していたチャーチルは、トルーマンに対し、就任直後から、スターリンに迎合しないよう強く働き掛けた。また、一九四三年から一九四六年までモスクワのアメリカ大使を務めたウィリアム・アヴェレル・ハリマンもルーズベルトの対ソ宥和政策に批判的で、トルーマンに対し、「我々は共産主義イデオロギーと戦いに正面から立ち向かわなければならない」「ソ連が国際問題において、世界の他のすべての諸国家が認めている原則にもとづいて行動するという幻想を断ち切って、われわれは新しい対ソ政策を構築しなければならない」などと警告し、トルーマンはこれに共鳴した。トルーマンは、ソ連に対して断固且つ公平な態度をとると言い、「単にソ連から好かれるために、アメリカの原則や伝統から逸脱するいかなる譲歩も行うつもりはない」「これからは是々非々の立場で行く」と断言した。

しかし、ルーズベルト亡きあとも、トルーマンの周囲を固めていた共産主義者らの強硬派の抵抗は根強かった。トルーマンは、就任後まもなく、ヤルタ協定の密約を発見して驚いたが、一九四五年四月二二日にワシントンに到着したモロトフと会談した際、トルーマンは、ヤルタ協定の条文を完全に支持すると回答した。秘密協定とはいえ、前大統領が確約した内容を直ちに反故にするわけにはいかなかったのだ。しかし、トルーマンは、その後の会談で、モロトフにソ連のポーランド政策を厳しく批判し、これを知ったスターリンは激しく反発した。トルーマンの対ソ姿勢は揺れ動いていたといえよう。

《原爆実験がトルーマンにカードを与えた》

四月二五日、原爆製造の「マンハッタン計画」の主任だった陸軍中将レズリー・グローブスは、トルーマンに「おそらく四か月以内に、われわれは一発で一つの都市を完全に破壊できる人類史上最も恐ろしい武器を有することになる」と報告した。その後の報告では、最初の鉄砲型原爆は八月一日ころまでに完成し、二発目の内部破裂型原爆は七月の初めに実験用として制作完了されるであろうとされていた。トルーマンは、日本の降伏を勝ち取るための重要なカードを遠からず手にできることになった。

トルーマンは、モロトフにヤルタ密約を守ることを伝えてはいたが、五月一一日ころから、国務、陸海三省の指導者の間で、ヤルタ密約の再交渉の是非をめぐり検討が開始された。ソフトピース派は、ソ連の参戦の必要性は低下しており、ソ連が戦後中国での領土権益の拡大や日本占領への参加を求めてくるなどソ連のアジアでの膨張を助長することに対する警戒心から、無条件降伏の要求を緩和して、ソ連参戦前に日本の早期降伏を導くべきだとしてヤルタ密約の見直しを主張した。これに対し、ハードピース派は、ソ連の戦争参加は依然として軍事的に有効であり、ヤルタでルーズベルトがソ連に約束したことを見直すべきではないと主張し、両者の意見は激しく対立した。結局、ヤルタ密約を再交渉する方針は纏まらなかったが、グルーは、日本の無条件降伏を修正するキャンペーンを粘り強く行った。グルーは、国務次官特別補佐官のユージン・ドゥーマンに指示して大統領声明の原案を作成させ、日本人を代表する平和的な責任ある政府の樹立後の占領軍の撤退や、それには「現在の皇室のもとでの立憲君主制を含むこととする」という文章を挿入させた。これにはハードピース派からの強い反発があったが、グルーはトルーマンに、「日本人にとって無条件降伏を受諾するための最大の障害は、この『無条件』が天皇の永久退位と天皇制の解体を意味するという解釈である」と懸命に説得した。トルーマンは、更に話し合いを指示し、激論の末、この声明案は棚上げになった。

この間、ハリー・ホプキンスは五月二六日から六月六日までモスクワでスターリンと会談した。スターリンは、ソ連の参戦はヤルタ密約で決定された条項が中国政府によって承認されることが前提であると指摘し、また、日本に対しては無条件降伏が好ましいと明言した。これが戦争を引き延ばそうとするスターリンの格好の口実だった。スターリンは、すべてのクリル諸島や北海道の北半分の獲得はもとより、ソ連が日本の占領にも加わることを望んでいた。そのためスターリンは、対日戦参加のための軍事力の極東輸送を着々と進めていた。しかし、スターリンの心配の種は、トルーマンの強硬な態度からアメリカが自分の力だけで日本の降伏を勝ち取ることができると確信するようになれば、ソ連の参戦を回避する政策をとり、その時にはヤルタの密約を破棄するのではないかという恐れだった。スターリンは日本がソ連参戦の前に降伏してしまうことを危惧し、そのため、戦争の終結を遅らせようと考えていた。

イタリアは既に崩壊し、五月七日、ドイツが降伏するに至り、残るは日本の降伏問題のみとなった。

六月九日、トルーマンは宋子文外相と会見して公式にヤルタ条約の内容を通達してアメリカがこれを遵守する考えを明確にした。一四日の再度の会見で、宋は密約が中国の主権を侵害していることに大きな懸念を表明した。これはヤルタ密約の公式な通告だった。しかし、蔣介石がヤルタ会談の当時から密約の存在と内容を既にかなり把握していたのは、前章で詳しく述べたとおりだ。

《ソフトピース派とハードピース派の対立は解けなかった。しかし両派は拮抗していた》

その間も、政権内部の有力な政策決定者であるソフトピース派の人々は、日本内部の穏健派が早期終戦を受け入れられやすくなるよう、無条件降伏要求を何とかして修正する努力を行っていた。フーバー元大統領は、六月初め、トルーマンに書簡を送り、英米が日本民族の殲滅、日本の政体の破壊、かれらの生活様式への干渉を意図しないことを明確にすれば、日本の穏健派が降伏条件の受諾をより容易にできると伝えていた。六月一二日、スティムソン、フォレスタル、グルーらは、再び検討し、無条件降伏の要求を放棄することに躊躇はない旨合意してトルーマンに上申し、グルーはトルーマンに、将来の政治体制の性格については日本人の決定に任せることを明確にする声明を発表するよう訴えた。しかし、トルーマンはこの判断を先送りした。トルーマンは、真珠湾攻撃を卑怯な騙し討ちだとの強い怒りを持ち続けていた一方、アメリカの犠牲を最小限にとどめなければならないというジレンマに陥っていた。

トルーマンは、無条件降伏の修正について結論を出していなかったが、これに固執した場合の結果を知る必要があった。大統領の最大の関心は、アメリカ兵の人的犠牲を最小限にすることにあった。ソ連の参戦は絶対必要な条件ではなくなっていたが、それでもソ連軍が満州と中国北部の日本軍を釘付けにするのであればそれは好ましいことだと考えていた。

六月一八日、ホワイトハウスの閣議室で、トルーマンが各軍参謀長らと日本本土上陸作戦の会議を開催した。トルーマンは九州上陸のオリンピック作戦を承認した。会議においては、降伏要求に当たっては、アメリカ軍の死傷者をできるだけ減らすため、また、原爆の使用を避けるためにも、立憲君主制の下での天皇制の維持を含めて日本が民族国家として存続する権利を認めるという声明を出すべきだというソフトピース派の意見と、原爆が無条件降伏をゆるぎないものとさせるので降伏条件を緩和すべきでないというハードピース派の意見が対立した。また、ソ連の参戦を必要とするか否かについても考えはなお分かれていた。スティムソン長官やグルーは、ポツダム会談に向けて、宣言では天皇制を認める条項を含めるよう、トルーマンに対し働きかけていたが、それに反対するハードピース派の巻き返しも激しかった。

ポツダム会談

ポツダム会談は、一九四五年七月一七日から八月二日までベルリン郊外のポツダムで開催された。スティムソンやグルーは、会議前、トルーマンに対し、ポツダムでの宣言には日本の天皇制保持条項が含まれるべきだと要請した。しかし、グルーもスティムソンも代表団への参加を許されず、七月三日に国務長官に就任していたジェームズ・F・バーンズが参加することとなった*8。スティムソンは、無条件降伏要求を修正させるために、自ら部下を引き連れてポツダムに乗り込んだが、スティムソンは会議への出席を許されなかった。トルーマンは、ポツダム会議の前には、まだ、日本を降伏させるためにはソ連の参戦が必要だと考えていた。しかし、七月一六日、原爆実験が成功し、その報が会議に出発したトルーマンに伝えられた。これによって、トルーマンはソ連を参戦させなくとも原爆を使用することによって日本を無条件降伏に追い込めるかもしれない強力なカードを手にした。結局、スティムソンやグルーの努力は実らず、トルーマンやバーンズは、ソ連の参戦前に日本を降伏させるためには、原爆を使用する必要があると判断し、ポツダム宣言は天皇制保持条項を含まない強硬なものとなった*9。最後通牒はソ連が参戦する前に出されるべきこと、ソ連はこの最後通牒の署名から除外されるべきこと、原爆はソ連の参戦前に、日本を降伏させるために投下されるべきこと、の明確なシナリオが描かれた*10。

＊8　入江昭『日米戦争』（A-50）（二九九頁～）によれば、バーンズもトルーマンと同様、原爆実験成功によってソ連の参戦は必須ではなくなったと考えていた。しかしバーンズは、州知事や上院議員の出身で外交には素

人であり、天皇制に対する厳しい議会や世論に対して極めて敏感だった。そのためディーン・アチソンの「天皇制は時代遅れの封建的遺物であり、将来も軍閥に利用される危険がある」との意見に左右されたという。また、トルーマンとバーンズは、無条件降伏条件の緩和、とくに天皇制の保障については、日本への融和策として世論の厳しい批判を招き、大統領が政治的な「磔」にかけられることを強く恐れていたという（ウォルター・ラフィーバー『日米の衝突』（H-1）三二七頁）。

＊9 これに至るハードピース派とソフトピース派のせめぎあいの複雑な経過については長谷川毅『暗闘 スターリン、トルーマンと日本降伏』（H-14）に詳しい。

＊10 トルーマンが原爆投下を決断した理由は、それによってソ連の参戦前に日本を降伏させるためであり、原爆投下を正当化するためにはポツダム宣言が天皇制の保持を明示せず日本にとって受け入れがたいものにする必要があったという見方が一般的である。そのほかに、戦後国際社会で支配を拡大しようとするソ連に対する威圧の目的や、原爆を開発した関係者の原爆の効果・成果を実際に確認したいとの願望も後押ししていたと指摘されている。

アメリカが最も恐れ、避けたかったのは、日本本土の上陸作戦によるアメリカ将兵の犠牲だった

ルーズベルトは、「アメリカの若者を戦場に送らない」と宣言して大統領となった。民主主義国家であるアメリカにおいては、戦争における将兵の戦死傷の犠牲が大きければ大きいほど、軍部や為政者は国民や議会から厳しく追及・批判される。兵士の犠牲など一顧だにせず、特攻作戦を遂行した日本との決定的な違いだ。アメリカは開戦以来、既に膨大な犠牲者を出していた。間近に迫る日本本土上陸作戦においてアメリカ将兵に予想される膨大な犠牲は、国民のみならず、軍部、為政者において戦慄すべき事態だった。硫黄島や沖縄での日本の激しい反撃によるアメリカ兵の膨大な犠牲はそれを現実のものとしていた。一九

四五年六月一五日に統合軍事作戦委員会が統合参謀本部に提出した報告書では、九州と関東平野での作戦で、一九万三五〇〇人の死傷者、そのうち四万人が戦死すると見積もっていた。ハードピース派であれソフトピース派であれ、アメリカ将兵の犠牲を少なくすることは、国民の総意であり、日本を降伏させる上で最大の要請であった。アメリカが、ソ連の参戦を望んでいた理由は、ソ連が参戦すれば、日ソ中立条約に依存していた日本の政・軍部に衝撃を与えるとともに、満州を中心とする厖大な日本陸軍の戦力を、現地に釘付けできることだった。また、日本が、米ソから挟み撃ちにされることによって、アメリカ将兵の犠牲が少ない段階で降伏するであろうとの期待があった。

アメリカは特攻作戦を恐怖していた

一九四四年秋から開始された特攻作戦がアメリカの将兵に与えた恐怖は凄まじいものだった。

《特攻の効果はどのようなものであったか》

特攻に使われた航空機は、一九四四年一〇月から翌年八月までの一〇か月間で、陸海軍併せて約三六〇〇機に及んだ。その戦死者についてはさまざまな数字があるが、特攻隊戦没者慰霊平和祈念協会が編集した『特別攻撃隊全史』によれば、航空機による特攻では、海軍二五一七人、陸軍一四四〇人、計三九五七人だった。アメリカの対特攻回避戦術の進歩もあり、特攻の命中率は次第に低下したが、それでも特攻出撃機の約一一パーセント（一六パーセントの説もある）が米英艦船に体当たりした。

太平洋戦争終結後、トルーマンは、日本に「戦略爆撃調査団」を送り込んだ。シビリアン三百人、将校三五〇人、下士官兵五〇〇人で構成され、対日戦争における米軍による航空攻撃がおよぼした効果についてあらゆる面からの徹底的な調査を開始した。その報告書の一つが『JAPANESE AIR POWER　米軍戦略爆撃調査団報告』（H-38）だった。この報告は、「カミカゼ」特攻についても詳細な分析をし、それが米軍に与えた恐るべき影響について次のような指摘をしている（一八七頁〜）。

「日本人によって開発された唯一の、もっとも効果的な航空兵器は、自殺機で、戦争末期の数か月間に、日本陸軍と日本海軍の航空隊が連合軍艦船にたいして広範に使用した」

「フィリピン作戦での自殺攻撃による合計六五〇機の損失は、極めて大きな効果を上げたことは明白である。これらの攻撃が主目的とした連合軍の上陸阻止は失敗であったが、命中と至近命中は二六・八パーセントに達している。日本側はこのような成果をあまり知らなかった」

「沖縄作戦で日本軍は戦闘によって三〇〇〇機以上を喪失したが、そのうちの一九〇〇機が自殺攻撃機であった。これらの自殺攻撃機は、トン数と死傷者の数において、アメリカ海軍が過去の単一作戦でうけたよりも大きいダメージを与えた」

《特攻の効果は、むしろアメリカ軍に対する心理的な影響が大きかった》

特攻が、相当大きな戦果を挙げたとはいえ、アメリカ軍に対して決定的な損失を与えるまでには至っていなかった。しかし、特攻の効果は、むしろそれがアメリカ兵に与えた心理的な恐怖をもたらしたことだ。

JOHN WUKOVITS『HELL FROM THE HEAVENS』（H-43）は、ウルシー環礁の米軍基地を根拠地とし、フィリピン、沖縄、硫黄島で戦ったアメリカの駆逐艦ラフィーの乗組員らが、度重なるカミカゼ攻撃を受けて戦った記録だ。これによれば、一九四五年四月一六日、沖縄の海で、ラフィーの乗組員らがカミカゼの特攻を受けて九死に一生を得たが、カミカゼの攻撃は「悪夢」であり、どんなミサイルも武器も、カミカゼの自殺攻撃がもたらす激しい火災や死に及ぶものはなく、乗組員らにすさまじい苦悩と恐怖をもたらしたものはなかった（七四頁〜）。
「乗組員らにとって、カミカゼ特攻兵士の自殺攻撃の心理は、彼らアメリ兵士にとって、あまりにも異質（too alien）であり、一体どうして正気の人間が、いかに愛国心があろうとも、燃える火の玉である飛行機に乗って敵船に突入することができるだろうか、と想像を絶するものであった」

「彼らにとって、日本人とは何か特別の怨恨に満ちた者のように思われた」

「日本の航空兵が、敵艦に遭遇するまでの数百マイルの間を、もし敵艦を発見すればただ死ぬことのみを考えながら飛行を続けるという心理を理解することは到底できなかった」

「カミカゼの攻撃は、あたかも、巣を襲われたスズメバチの逆襲のようであった」

「我々はただ、自分たちが、海面に浮いているターゲットに過ぎないようにすら感じた」

「いつカミカゼの攻撃を受けるかもしれず、明日は死ぬかもしれず、それはまるで雄牛の目玉の上に住んでいるかのような気持であった」

また、WILL IREDALE『THE KAMIKAZE HUNTERS』（H-44）（五頁）は、ヨーロッパ戦線において連合軍が勝利した後、対日本攻撃に参加するためヨーロッパから太平洋に転戦したイギリスの航空母艦フォーミダブルが、カミカゼ特攻を受けて激しく戦った記録だ。フォーミダブルと友船ビクトリアスは、三機の特攻攻撃を受け、死者は五人、負傷者は三〇人近くにとどまったが、その損害はむしろ「心理的」なものであった。カミカゼ攻撃は、乗組員らに対し、太平洋における戦いが、これまで経験したヨーロッパ戦線とはいかに異なり、驚くべきものであった。「パイロットがひたすらに敵艦に向かって突入するというカミカゼは恐怖の武器であり、この世のものとは思われなかった（unearthy）」という。

有名な軍事評論家でニューヨークタイムスの従軍記者であり、沖縄戦を報道したハンソン・ボールドウィンも次のように述べている（伊藤正徳『帝国陸軍の最後4　特攻編』（D-26）二五八頁〜）。

「悪天候が時々休息を与えてくれる以外は、自殺機が連日連夜襲って来るために、この四〇日間は将兵の休む暇はないのだ。〜照準器の上に頭を垂れてガックリと寄りかかっている将兵を甲板の随所に見る。艦長達の眼は真っ赤になって頬はこけ、命令は刺々しくなっている。〜全員が正しくヒステリーへと追い込まれていくのであった」

《それはアメリカにとって、来るべき本土上陸作戦に対して大きな恐怖を与えた》

前掲米国戦略爆撃調査団報告は、特攻が本土上陸作戦に及ぼす影響について次のような分析をしている。

「一九四五年一一月に本土侵攻が行われたとしたら、それがどこであろうと、日本空軍は自殺攻撃を持続してかけるのに十分な燃料を持っていたに違いない。五時間にわたるのべ一万機による自殺攻撃には、最大約五万バレルの燃料が消費されるが、終戦時にあった日本の燃料ストックは、一〇〇万バレルを超えていた」

「日本空軍が実際に、たとえば五〇〇〇機の自殺攻撃機を出撃させることができたとしたら、そして戦争全期を通じての平均成功率（沈没艦船の一・八パーセント、損傷艦船の一八・六パーセント）を達成したとしたら、自殺攻撃部隊は約九〇隻を撃沈し、さらに九〇〇隻に損傷をあたえたであろう」

同報告は

「これらの自殺機の使用により、上陸作戦時の連合軍艦船が、連合国空軍が計画した多様な効果的対策にもかかわらず、大きな損傷をうけたであろうことに疑問の余地はない」

と結論付けている。

これらのように、アメリカ軍や政府にとって、特攻の与えた効果は、本土上陸作戦を目前として、アメリカ軍に及ぼす甚大な犠牲という点から、通常の上陸作戦よりもはるかに深刻なものであった。

余談であるが、連合軍では、このような攻撃を非人道的、狂信的としながらも、神風特別攻撃隊員らに対しては「連合軍ではこのような攻撃を非人道的、狂信的としながらも、神風特別攻撃隊員たちにたいしては、尊敬を払っているのである」と敬意を抱いている（前掲『神風特攻隊〝地獄の使者〟』一九六頁）。『ゼロ戦特攻隊から刑事へ』はその英語翻訳版『Memoirs of a Kamikaze』（タトル出版）が二〇二〇年に出版され、海外で大きな反響を呼んだ。多くの人々から、同書への感想などのメッセージが寄せられた。その中には、まだ存命のアメリカやイギリスの旧軍人、パイロットやその子息らからのものが少なくなかった。彼らに共通するのは、特攻作戦自体は愚かで誤ったものであったとしても、大舘氏ら若き特攻兵士たちが国と国民を救うためその命を捧げたことへの尊敬の念だった。

レイテ沖海戦以来、特攻の凄まじい攻撃を体験し、沖縄戦で更にその恐るべき脅威にさらされた米軍の将兵にとって、来るべき本土上陸作戦における特攻攻撃にさらされることの恐怖は、想像を絶するものがあっただろう。日本兵士の恐るべき闘争心は、サイパンや硫黄島で米軍に膨大な犠牲をもたらした。

現実に、本土上陸に備えた日本の陸海軍が準備したのは「一億総特攻作戦」だった。

これに加えて、もし、日本と重慶・蒋介石が早期に和平することにより、中国大陸から数十万人の日本兵が帰国して本土防衛の総特攻作戦に参加することになれば、それがアメリカの本土上陸作戦による犠牲者を厖大に増加させることになるのは当然のことだった。このことは、アメリカにとって、本土上陸作戦の前に日本を降伏させることがどれほど大きな意義を有することであったかを考える上で見逃せないことだ。

蒋介石が日本との和平を進めることは、アメリカのソフトピース派への大きな支援となり得た

《蒋介石は日本との早期和平を求めていた》

前章で詳述したように、蒋介石は、日本軍と日本の国家が潰滅する前に、日本と和平したいと考えていた。戦後社会における蒋介石の真の敵はもはや日本ではなく、毛沢東の共産党やスターリンのソ連となっていた。蒋介石はカイロ会談で架けられた梯子を外され、テヘラン会談、ヤルタ密約で、米英とソ連が蒋介石の中国を裏切ったことを感づいていた。

もし蒋介石が一九四四年暮れころ以降、アメリカに密かに日本と和平する意図をもちかけていたらどう

なっていたであろうか。蔣介石の和平仲介の申し出をアメリカが受け入れれば、中国のみならず、アメリカも日本との和平を実現できる。天皇制の存続が明確に保障され、併せて日本軍の名誉を守りつつ海外からの早期撤兵も保障される、ということとなれば、日本は早期に降伏できたであろう。日本の陸海軍中央や政府は、公に言葉は出せなくとも、もはや敗戦は必至であり、和平をするしかないという考えに至っていたからだ。

蔣介石としては、日本と早期に和平し、日本軍の撤兵については、日本との合意により、満州や華北地域を中心に、国民党軍と連携して共産軍やソ連軍の侵攻を押しとどめるために必要な兵力は残存させ、華中華南の国民党軍と戦っていた数十万の日本軍を日本に帰還させればよかった。現にこれは蔣介石が、遅ればせではあるが、「以徳報怨」で実行したことであり、リップサービスではなかった。日本軍の武器弾薬は共産軍に奪われることなく、国民党軍が接収できる。こうなれば、前述した八月一五日の敗戦以降の共産軍やソ連軍の満洲は華北へのなだれ込みと、武器財産の強奪を防げたはずだ。そして、戦後は、日本と蔣介石の国民党ががっちりと連携して中国を発展させ、東亜を安定させることができた。

《日本を早く降伏させれば、膨大なアメリカ兵の犠牲を避けることができた》

蔣介石はカイロ会談で天皇制の保持を認める旨、既に発言していた。そのような蔣介石の提案に応じ、アメリカも日本と和平すれば、本土上陸作戦は無用となり、恐れられた膨大なアメリカ将兵の犠牲はゼロとなる。しかも、ソ連参戦前に日本が降伏すれば、戦後のアジアにおける中国共産党やソ連の勢力拡大に歯止めをかけることになる。ハードピース派とソフトピース派の意見が対立し、拮抗していた状況の下で、このような蔣介石の申し出がなされれば、ソフトピース派への強力な支援となり、トルーマンにその決断をさせることになった可能性は十分にあるだろう。

なぜなら、グルーが国務次官となった一九四四年一二月以来、すでにグルーや、マッカーサー、スティムソン、フォレスタルらが、無条件降伏を緩和し、天皇制を保持できることを明確に日本に示すことによって降伏に導くべきだとの考え方が一致し、トルーマンに強く働きかけていた。日本の降伏を遅らせてソ連の参戦を間に合わせようとするハードピース派とソフトピース派の力関係は拮抗しており、むしろ後者が優位を示すこともあった。

ソ連に参戦させるために日本の降伏の引き延ばしを図っていた大統領側近や国務省の共産主義者たちは、蔣介石からこのような申し出がなされた場合、大統領がそれに応じるのを懸命に妨害し、阻止しようとしたであろう。また、アメリカの世論は天皇制に極めて厳しかった。しかし、本土上陸作戦による膨大なアメリカ兵の犠牲が避けられることになれば、それは全国民が賛同して歓迎することであり、天皇制否定の強硬論をはるかに凌駕するものだっただろう。天皇制は外国の制度の問題にすぎないが、アメリカ兵の犠牲は、家族や社会の、深刻で現実的な自分たち自身の問題だった。無条件降伏要求を緩和し、更には、中国を仲介として日本と早期に和平することで本土上陸作戦による数十万人のアメリカ兵の犠牲を回避できるとなれば、両派の拮抗のバランスが一挙に崩れてソフトピース派を勢いづけ、ハードピース派を圧倒できていたであろう。

《蔣介石の単独和平のカード》

もし、蔣介石が、側近のハードピース派の抵抗や妨害のためルーズベルトやトルーマンを説得することが困難となった場合、蔣介石が取り得る最後のカードは、中国が単独で日本と和平すると通告することだ。それは、単独での和平を禁じた連合国共同宣言には反する。しかし、ルーズベルトやスターリンやチャーチルは、九か国条約や大西洋憲章などはなから無視して身勝手極まりない列強の権益確保をしており、蔣介石を裏切ってテヘランやヤルタで中国を売り渡していた。蔣介石の約束違反など言えた義理ではない。蔣介石は、日米開戦前、既に四年半にわたって日本との孤独で困難な戦いを続けていた。イギリスやソ連に提供された膨大な軍事援助に比べ、蔣介石はわずかな軍事援助しか受けていなかったが、その戦いによって、一五〇万人の日本軍をアジア太平洋地域に釘付けにしていた。だからこそ、アメリカはヨーロッパ戦線に力を入れるとともに、太平洋戦線でも有利な戦いを展開することができたのだ。

もし、蔣介石がこう伝えたらどうなったか。

「アメリカが応じないなら中国は単独ででも日本と和平します。そして、満州や華北の防衛に必要なだけの日本軍を残し、残りは速やかに日本に帰還させます。アメリカはそうなってもいいのですか」

当時、中国には一〇〇万人以上の勇猛な日本軍がいた。ただでさえアメリカが本土上陸作戦でのアメリカ将兵の犠牲を恐れていたところに、例えばその半分の数十万人の日本軍が本土に帰還し、一億総特攻作戦に加わって上陸するアメリカ軍と戦うこととなる。そうなれば本土上陸作戦の困難さは増大し、遥かに多くの将兵の犠牲が強いられる。蔣介石は日本との和平ができれば直ちにそれを実行できていただろう。そのころはまだ原爆実験も成功していなかった*11。

つまり、もし、アメリカが蔣介石の説得に応じようとしないのであれば、蔣介石の単独和平の通告は、テヘラン・ヤルタで蔣介石を裏切ったアメリカに対する強力なブラフともなり得たのだ。当時、心ある人々を通じて重慶から伝えられた和平の提案には、重慶が、日本との和平について仲介者となり、アメリカをも引き込む用意があるとの考えが自信をもって述べられていた。そこに蔣介石のこのような深謀遠慮があったことは確かであろう。

第2章で述べたように、蔣介石がスティルウェルと更迭問題で闘っていた時、蔣介石は、ルーズベルトに「もしスティルウェルを更迭しないなら、中国は独自の道を行く」と宣言した。その時の言葉は、更に山中に退却して抗日を続けるということだったが、「独自の道を行く」と言うことは、蔣介石が日本と単独で和平するという選択肢も含み得るだろう。蔣介石は、しばらく使えなくなっていた単独和平のカードを再び一気に切ることが可能な状況になっていたのだ。

＊11 ウェデマイヤーは、その回想録（Ｈ－６）（四二六頁）で、蔣介石の中国が四年半にわたって日本と戦っていたこと、中国は、ソ連やイギリスにアメリカが与えた莫大な軍事援助に比べ、ほんの僅かな援助しか受けていなかったこと、中国がそのような厳しい状況の下で、一五〇万の日本軍を中国大陸に釘付けにしていた事実をたびたび強調する。そして、蔣介石は、日本から提案された和平条件をくりかえし拒否したが、もし中国がこれを受け入れていたならば、約一五〇万の日本軍は、フィリピン、小笠原諸島、マリアナ群島および沖縄におけるアメリカ軍との戦いに使用するため、中国から撤収されていたであろう、としている（四七五頁、四八〇頁など）。欧州戦線もアジア太平洋戦線もすべて知り尽くしていたウェデマイヤーがこのような認識をしていたことは、蔣介石がアメリカに和平を働きかけ、それに応じなければ単独和平のカードを切る上での最大の力となったことを示唆するだろう。

蔣介石の働きかけでアメリカを引き込んだ早期和平が実現していれば、「自由」は裏切られなかった

フーバーは、ルーズベルトがソ連を連合国の一員としたことの誤りを批判し、ルーズベルトとチャーチルの戦争指導がいかに間違っていたかを明らかにした。ソビエトを連合国にした過ちの結果がポーランドや東ヨーロッパと中国の共産化であり、ドイツの分裂だった。朝鮮戦争もその延長線上で起きた。どの場面でもアメリカ政府内部に進入したソビエトのスパイや容共的思想を持つ高官が深く関与していた。

しかし、蔣介石は当時からそのことをしっかりと見抜いていた。アメリカにもグルーを始めとしてそれを理解している要人が少なくなかった。本書の中心テーマであり、次章に述べる繆斌工作が、蔣介石の真意に基づくものだったことは、すでに前章と本章で述べた状況からほぼ浮かび上がってくるのではないだろうか。

OSS(戦略情報局)の全貌

ＣＩＡの前身となった諜報機関の光と影

太田　茂著　本体 2,700円【9月新刊】

最盛期３万人を擁した米国戦略情報局ＯＳＳ〔Office of Strategic Services〕の設立から、世界各地での諜報工作や破壊工作の実情、そして戦後解体されてＣＩＡ（中央情報局）が生まれるまで、情報機関の視点からの第二次大戦裏面史！

陸軍中野学校の光と影

インテリジェンス・スクール全史

スティーブン・C・マルカード著　秋場涼太訳

本体 2,700円【8月新刊】

帝国陸軍の情報機関、特務機関「陸軍中野学校」の誕生から戦後における“戦い”までをまとめた書 *The Shadow Warriors of Nakano: A History of The Imperial Japanese Army's Elite Intelligence School* の日本語訳版。

明日のための現代史

〈下巻〉1948～2022　戦後の世界と日本

伊勢弘志著　本体 2,900円【9月新刊】

第一次世界大戦から今日のウクライナ戦争まで世界史と日本史の枠を越えた新しい現代史通史。2022年から高校の歴史教育が大きく変わった！新科目「歴史総合」「日本史探究」「世界史探究」に対応すべく編集。

既刊 〈上巻〉1914～1948

「歴史総合」の視点で学ぶ世界大戦

本体 2,700円

芙蓉書房出版

〒113-0033
東京都文京区本郷3-3-13
http://www.fuyoshobo.co.jp
TEL. 03-3813-4466
FAX. 03-3813-4615

第４章

繆斌工作は真実だった

内閣で取り組み、天皇の耳にまで達した唯一の重慶との和平工作

繆斌《みょうひん》工作とは、南京の国民政府の考試院副院長であった繆斌が、蔣介石の和平の意思を伝える使者として戦争末期の一九四五（昭和二〇）年三月、来日し、小磯國昭首相や東久邇宮とも会談し、和平の道を開こうとしたものだ。かつて日本は、重慶の国民政府を対手とせず、戦闘継続によって重慶政府を屈服させようとしていた。しかし戦局の悪化につれ、やはり重慶の蔣介石を相手として和平工作をすべきだとの考えが政府・軍部の方針となり、和平条件も、以前より大幅に譲歩したものとなった。しかし、その工作は、日本政府や軍部は前面に出ず、南京政府を通じて行うものとされた＊[1]。そのような時期に、繆斌工作は南京政府を通さず、重慶政府と直接に和平交渉を進めようとしたものだった。南京政府を通さず水面下で重慶との直接和平工作を試みたものは、近衛文麿が関わったものや陸軍の今井武夫らが取り組んだものなど幾つかあった。しかし、時の内閣で検討され、天皇の耳にまで届いたものとしては繆斌工作が唯一だった。

＊1　一九四四年八月三〇日の最高戦争指導会議決定で、「対重慶政治工作ニ付テハ……総理大臣ニ於テ外務大臣

ト連絡シ国民政府ヲ通シ其ノ自発的形式ニ於テ之ヲ実施ス　本工作ハ右系統以外ニ於テ一切之ヲ実施セシメサルモノトス」とされた。また、同年九月五日の最高戦争指導会議決定「対重慶工作実施ニ関スル件」で、工作の方針は、「対重慶政治工作ハ大東亜戦争完遂ノ為速カニ重慶政権ノ対日抗戦ヲ終始セシムルヲ主眼トス　之レガ為先ツ彼我ノ間ニ直接会談ノ機ヲ作ルヲ以テ第一目標トス」とされた。工作の要領として「国民政府ヲシテ彼我ノ間ニ直接会談ノ機ヲ作ル如ク工作セシム　之レカ為成シ得レハ国民政府ヲシテ適当ナル人物ヲ重慶ニ派遣セシム」とされた。和平条件の腹案としては、完全なる平等条件によること、中国と米英との関係については支那の好意的中立をもって満足すること、蔣介石の南京帰還、統一政府の樹立を認めること、両者間の調整は支那の国内問題として両者の直接交渉に委ねること、在支米英軍が撤退すれば日本軍も完全に撤兵すること、満州国については現状不変更、などであった（『敗戦の記録』（A・71）一六三頁〜）。過去の居丈高で苛酷な和平条件からは、遥かに後退、譲歩したものであり、それだけ戦況が日本側に苦しくなっていたことを反映していた。また、国民政府の「自発的形式において実施す」といいながら、その実は、和平条件もすべて日本が決め、国民政府を指示・指導して行わせようとしたものであり、このような方策自体が南京政府の傀儡性を端的に示していた。

この二つの決定が、後述する重光外相の繆斌工作反対論の主な根拠とされてしまった。

この工作を熱心に進めた主な人物は、小磯國昭総理とその陸軍同期の親友だった山縣初男元陸軍大佐、東久邇宮稔彦王、朝日新聞社から小磯内閣の国務大臣兼務情報局総裁となっていた緒方竹虎、元朝日新聞記者の田村眞作らであり、また石原莞爾も支援していた。

中国側で工作を担った重要な人物は、戴笠、陳長風（顧敦吉）、蔣君輝、の三人だ。

しかし、この工作は、中国の現地では、南京の日本大使館の谷正之大使、清水董三書記官、支那派遣軍総参謀副長今井武夫らが徹底的に反対・妨害した。内閣では、重光葵外相が猛烈に反対し、杉山陸相、米内海相もこれに追随して反対ないし消極姿勢に終始した。重光の働きかけにより木戸幸一内大臣も反対した。それらの反対意見が天皇に擦り込まれた結果、最後には天皇が自ら小磯総理に工作中止の引導を渡し、工作は水泡に帰した。のみならず、これは小磯内閣が倒れる主な原因にもなってしまった。

繆斌は、日本の降伏後、上海で悠々と過ごしていたが、一九四六年三月、突然、漢奸として逮捕され、わずか二か月後の五月、銃殺刑に処せられた。

繆斌工作に関する文献資料

この工作に直接に関与した人々による主な資料は、工作の真実性を否定するものとして、当時の外相重光葵による『重光葵手記』（G－5）、支那派遣軍参謀副長だった今井武夫による『支那事変の回想』（B－13）、『日中和平工作　回想と証言』（B－14）、『木戸幸一日記　下巻』（J－5）、『昭和天皇独白録』（F－2）などがある。

工作の真実性を主張する立場の主な資料には、繆斌と同行して訪日する予定が陸軍などの妨害で実現しなかった蒋君輝による『扶桑七十年の夢』（B－31）、工作を熱心に推進した田村眞作による『繆斌工作』（B－24）、『愚かなる戦争』（B－25）、小磯國昭の回想録である『葛山鴻爪』（B－32）、緒方竹虎に関する高宮太平『人間緒方竹虎』（B－28）、渡邊行男『緒方竹虎　リベラルを貫く』（B－30）、三好徹『評伝緒方竹虎』（B－29）がある。また、工作を強く支援した東久邇宮の『私の記録』（F－13）、佐藤元英監修『東久邇宮稔彦王』（F－14）、石原莞爾に関する武田邦太郎ほか『永久平和の使徒　石原莞爾』（B－33）などがある。

この工作の真実性を徹底的に究明しようと努力した人による最も重要な文献は、横山銕三『繆斌工作成ラズ』（B－23）だ。横山は、中国語専門の学校を出て、戦時中、日中の友好・和平のために北京で組織された新民会において、中央指導部長であった繆斌に部下として三年間仕え、一貫して日中の友好と和平に腐心した。

繆斌は、日本の歴史・文化に対する深い教養を持ち、中国が共産党やソ連、また欧米列強ではなく、日本と手を携えて相互に発展していくことが最も重要だとの信念を持っていた。繆斌を深く尊敬していた横山にとって、日中和平のため尽くした繆斌が漢奸として処刑されたことは痛恨の極みだった。横山は、その無念を晴らし、繆斌の功績を世に理解させるため、新民会の同志ら多くの支援者の協力を得て、一九八四年に上海に渡り、繆斌工作に直接関与した生き証人の証言を得るなどして、一〇年間におよぶ執念の調査を続け、一九九二年に同書を刊行した。

しかし、これまで、同書以外に、この工作の真実性を本格的に検討した文献資料は見当たらない。繆斌工作が蒋介石の和平の意志に基づく真実のものであったか否かについては、未だに評価が分かれている。日中和平工作史研究の第一人者である戸部良一教授は、論文「対中和平工作１９４２〜４５」(B-3)でこの工作を概括的に検討しているが、その真偽については、当時蒋介石に日本との和平の意思があったか否かにあるとし、判断を慎重に避けている。

前坂俊之は、『別冊歴史読本　東條英機暗殺計画と終戦工作』(A-79)(四六頁〜)掲載の論文「小磯内閣が蒋介石政権との和平を託した繆斌工作」で、工作の真実性を肯定しており、その論旨の骨格は私の本書の主張とほぼ同様である。城山英巳『マオとミカド』(I-30)(三三六頁〜)は工作の真実性について断定はしていないが、肯定説の論拠となる事実を簡潔にとりまとめている。

他方、鳥居民は『昭和二十年　第1部(3)』(A-74)(二〇頁)で、蒋介石は日本との和平を望んでおらず、蒋が戴笠にゴーサインを出し繆斌が東京に来ることになったのは謀略だった、とする。前掲戸部論文が引用する他の参考文献として、①衛藤瀋吉「対華和平工作史」(日本外交学会編『太平洋戦争終結論』所収)(B-34)、②鳥居民「小磯内閣の対重慶和平工作」(『国際関係論のフロンティア1』所収)(B-35)、③渡邊行男『繆斌事件』（『中央公論』一九八八年九月号）（B-36）がある。

これらはいずれも、既存の資料に基づいた二次的な概括的検討や紹介にとどまる。鳥居と渡邊は、当時蔣介石やアメリカには和平の意思はなかったとして工作の真実性に否定的である。しかし、これらの文献には、本書で詳細に検討するように、カイロ宣言以来、テヘランやヤルタで蔣介石が米英ソから裏切られ、もはや日本と連携しなければならないと考えるようになったとの視点での検討はなされていない。

私は『ゼロ戦特攻隊から刑事へ』の執筆を契機に数年間日中和平工作史を研究してきたが、当初、繆斌工作の真実性には半信半疑だった。しかし、現在では、様々な情況証拠を総合した推論として、この工作は真実だったとの確信に至っている。これが実現していれば、一九四五年の六月ころまでに日中が和平し、米英も含めた和平につながる可能性が十分にあっただろう。以下に述べる私の推論が妥当であるか否か、読者の判断を仰ぎたい。

情況証拠を総合した工作の真実性の論証

刑事事件の捜査や公判も、歴史研究も、過去に起こった事件・事実の有無と内容を、様々な証拠によって立証・論証していくという点で通じるものがある。蔣介石は、戦後、繆斌工作を、「日本の焦りを象徴する茶番だった」とし、その真実性を否定した。誠に失礼な言い方で恐縮だが、いわば蔣介石は起訴された事実を否認している被告人のようなものだ。

犯罪捜査や公判において、被告人が否認する事件は多い。犯罪の立証には、①罪体、②犯人性、③共謀や犯意（故意）の三つの柱がある。「罪体」とは、（誰が実行したかはさておき）、何者かによって犯罪が行われたという客観的事実だ。「犯人性」とは、当該行為を行ったのは、被告人自身だった、ということだ。「共謀」とは、複数人によってその犯罪が実行された場合、それらの者の間で犯罪を共同して実行する意思の連絡があったことであり、「犯意（故意）」とは、被告人にその罪を犯す意思があったということだ。

刑事事件で被告人が否認する場合、そもそも、「そのような犯罪行為自体が存在しない」、あるいは「そのような行為は犯罪には該当しない」と主張して罪体を否認する場合もある。他方、罪体については争わないが、「それを犯したのは誰か他の人間であって被告人ではない」と「犯人性」を争うこともある。第三者がその犯罪を行ったことは争わないが、「それは被告人と意思を通じたものではない」と「共謀」を争うこともある。更には、被告人が当該行為を行ったことは認めた上で、例えば殺人罪の場合、「人を殺す意図はなかった」と「犯意（故意）」を争う場合もある。

これを、繆斌工作にあてはめてみよう。「罪体」と「犯人性」に相当するのは、繆斌が、和平工作に取り組み、蔣介石の使者と称して来日して工作を進めたという客観的事実だ。これには全く疑いがない。問題は、それが、蔣介石の指示に基づくものであり、蔣介石に真に日本との和平の意思があったか否かだ。すなわち、まず、繆斌と蔣介石の間に、この工作を推進しようとする「共謀」があったか否かだ。更に、繆斌にこの工作を指示した蔣介石の動機・目的が、真に日本との和平を実現することにあったのか否か、が「犯意」の問題だ。

繆斌工作の真実性を否定した重光や今井らは、「繆斌は重慶からの回し者であり、この工作は謀略だった」と主張した。つまり、重光らですら、蔣介石の意思によって繆斌が派遣されたことは前提としている。つまり、工作の存在（罪体）はもとより、「犯人性や共謀」についても、それを肯定しているのだ。したがって、この工作の真実性は、つまるところ、繆斌を派遣した蔣介石に真に日本と和平しようとする意思があったか否かという「犯意」の問題に帰着するのだ。

刑事事件においては、「罪体と犯人性、共謀の存在や犯意」が、立証すべき「主要事実」だ。しかし、その主要事実を直接証明する証拠（例えば被告人の自白、犯行状況を撮影した画像など犯罪を直接証明する物的証拠）がない場合には、「情況証拠」を総合して主要事実を立証する。「情況証拠」を構成するのは、多数かつ様々な「間接事実」だ。「間接事実」とはジグソーパズルの一片のようなものであり、その一片だけを見ても事件の全容は見えない。しかし、それらを有機的に関連させて組み合わせていくことにより、事件の全貌が明らかとなる。

刑事事件において重要な間接事実の一つは「被告人の犯行の動機」だ。繆斌工作の真実性を立証するための重要な間接事実は「蔣介石に、当時日本との和平を求める動機・目的があったか否か」だ。これについては、テヘラン・ヤルタ会談以降、連合国の中で孤立し、共産党と内戦状態にあった蔣介石には密かに日本と和平しようとする意思があったことを既に第２章で詳述した。

これを踏まえつつ、本章では、この工作の経緯や内容を詳細かつ正確に把握したうえで、①それを担った人物が信頼に値する人々であったか、②考えられた和平の条件が当時の情況下で合理的なものであったか、③繆斌らが工作を行う動機に不審さや疑問点はなかったか、④工作に関わった人々が戦後この工作をどのように回想したか、⑤工作を否定して妨害した重光や今井らの反対の論拠は正しかったか否か、⑥中国のみでなくアメリカをも和平に引き込める可能性はあったか、⑦繆斌はなぜ「漢奸」として処刑されたのか、⑦蔣介石は何故この工作の真実性を否定しなければならなかったのか、などの様々な間接事実を検討し、この工作の真実性を論証していきたい。

第1　繆斌工作の概要

1　工作の発端から始動まで

田村眞作、緒方竹虎が繆斌を動かし小磯総理に提言したが、陸軍は非協力

田村眞作は、北京の新民会の活動を通じて、一九三九年の春、繆斌と初めて会った。その出会いで、日本が滅びる前に中国と和平しなければならないという相互の強い思いが一致し、以来田村は繆斌と家族同様の仲となった。田村は、繆斌の日本の歴史や文化についての深い教養や日中の和平と連携を願う強い思いを畏敬していた。

一九四四年七月、サイパン陥落のころ、田村は、戦況はもはや決定的で重慶との和平が絶対に必要だと考えた。田村は、上海から帰国し、緒方竹虎に、繆斌のルートこそが今、蔣介石に直接届く唯一のルートだと力説し、繆斌を日本に呼んで和平の道を開くよう進言した。前年に中国を視察し、上海で繆斌に会ってその思想と人物を信頼していた緒方は、それを決断し、繆に宛てた招請状と、南京の総軍司令部の松井太久郎総参謀長宛てに繆斌渡日への協力を依頼する手紙を書き、田村に託した。緒方は小磯総理に提言し、賛同を得て、八月一五日、田村に内閣嘱託の身分を付与し、田村はこの手紙を持って上海に戻った。

繆斌は、訪日に喜んで同意し、重慶の特務機関の上海地区の責任者であった陳長風（顧敦吉）中将と会って重慶側の意向を打診し、陳が活発に動いて重慶側の了承を伝えた。

しかし、南京総軍の動きは鈍く、田村に対し、なんの返答もない上、九月四日、今井武夫が大東亜参事

官から大使館付武官に転じて南京に着任してからは陸軍の非協力姿勢は一層鮮明になった。
九月に入り、田村は再び帰国して緒方と会った。緒方の話で、同月、南京政府軍事顧問から陸軍次官に栄転していた柴山兼四郎が、緒方に対し「重慶工作は、南京総軍に一任しており、南京では周仏海を通じて工作しているから繆斌工作は見合わせてもらいたい」と要請があったことを田村は知った。これは、前述のように、同月五日、最高戦争指導会議が、重慶との和平工作は南京政府を通じて行うべしと決定していたからだった。

小磯と緒方の招請状は握りつぶされたため、繆斌は、自分の代わりに繆斌の理解者であった江亢虎考試院長に訪日を依頼した。江は一〇月一七日から一〇日間滞在し、小磯、重光、本間雅晴にそれぞれ複数回会見した。江と重光との二回の会談で、江は、和平のためには南京政府が蔣介石に政府を譲る決意が必要だとし、繆斌が和平の橋渡しをする意思があることを告げた。それに対し、重光は繆斌の素性や権限、そもそも重慶にその本心があるのかを問い、水掛け論的な応酬となった（江藤淳監修『終戦工作の記録（上）』（B―1）（三七五頁〜）に対談記録あり）。

一二月一〇日、谷大使と共に上京していた今井武夫らが小磯と会談し、今井は「偶然拾った繆斌路線に飛びついて無批判に推進することのないよう」と進言した。こうして、小磯や緒方が動かそうとした繆斌工作は、中断させられてしまった。

小磯は盟友山縣初男を登用して工作を開始

一九四四年一二月上旬、上海の相内重太郎（元満鉄社員）から山縣初男に次々と来電があり、蔣介石に確実に繋がっているルートが見つかったとして「全面和平の内工作はすでに出来ている。一日も早く上海においでの上、実行に移されたい」と督促された。山縣は小磯に報告し、小磯は繆斌工作の再開を決断した。小磯は、一二月二八日、山縣を総理官邸に呼び、和平工作のための総理代表として上海に行く使命を与えた。

小磯が緒方に探知させていた重慶側の和平条件の輪郭は、①満州問題は別に協定す、②日本は支那から完全に撤兵す、③重慶政府は取り合えず南京に留守府を設置し、三か月以内に南京に遷都す、④留守府は重慶系の人物をもって組織す、⑤現南京政府の要人は日本政府において収容す、⑥日本は英米と和を講ず、というものだった（小磯國昭自叙伝刊行会『葛山鴻爪』（B-32）八一三頁）。

山縣は一九四五年一月一八日、上海に飛び、三週間滞在して工作に取り組んだ。南京総軍司令部の佐藤賢了*2に面会して陸軍の協力を求めようとしたが、今井武夫は佐藤賢了に会わせなかった。佐藤は、レイテの敗戦後、救国の道は対重慶を端緒とする全面和平しかないと決意し、自ら軍務局長を辞して南京赴任を希望した経緯があった。しかし、佐藤も今井も、重慶との和平工作は陸軍が自らやるべきとして他の者の関与を許さなかった*3。

*2 佐藤賢了は陸士二九期、陸大三七期。東條英機の側近の一人。一九三八年の国家総動員法の国会審議のとき、議員のヤジに「黙れ」と一喝して退席して物議をかもすなど強気で知られた。一九四二年軍務局長となり、一九四四年一二月一四日、支那派遣総軍副長に赴任した。このような強硬派の佐藤ですら和平を求めざるを得なくなっていた。

*3 そのころ、近衛文麿の実弟水谷川忠麿らが、繆斌工作と並行して、重慶との何世禎工作に取り組んでいたが今井や佐藤は、何世禎工作も妨害して潰し、一月末にこの工作は水泡に帰していた。

山縣は、繆斌らと和平の方策について協議を重ねた。繆斌は山縣にこう説いた。

「今こそ重慶と和平する最後の機会だ。重慶と日本とは立場は違うが和平が東亜の保全に絶対に必要なことは知悉しているはずだ。このままで戦争が継続されては日本は滅亡する。そして支那は戦勝国となるが、その背後にはソ連が爪を磨いて待っている。米英の向背も予断を許さない。結局支那も分割されるか、大国の植民地に転落するかも知れぬ。蔣介石は将来を憂慮している。日本は速やかに重慶に手を差し伸べろ」

山縣はこの意見に動かされ、二月二〇日、繆斌らと協議した和平の実行案を携えて東京に帰った。小磯はこの報告を聞いて緒方に諮り、繆斌一行の東京招致を企画した。二月下旬、小磯は重光に繆斌招致の同意を求めたが、重光は陸海相に異存がなければ同意すると言った。小磯が米内に意見を求めると、陸相が同意するならいいと言った。杉山に意見を求めると即座に同意した。しかし、重光らは面従腹背で、まともに取り上げる気持ちは全くなかった。

緒方から招致の連絡を受けた繆斌は、間もなく承諾の返答をした。繆斌は、事は急を要するため、交渉の結果をすぐ無電で重慶に報告し、その回答を待って正式な日支の談判に移したいとして、無電機と技師数名の同行の許可を求めた。緒方と小磯は了解し、小磯は直ちに杉山に手配を依頼したが、杉山は乗り気でなかった。小磯は柴山陸軍次官に、無電機及び通信手、暗号翻訳者並びに重慶からの使者の帯同の了解を求めた。柴山次官から支那総軍にこれを伝達したが、現地は、重慶のスパイが東京から重慶と無電交信は許すなどもってのほか、という態度だった。柴山自身も本音はその気がなかった。やむなく繆斌一人のみを、無電機も補助者もなしで三月一六日に来日させることとなった。陸軍や外務省の妨害は更に続いた。今井は、三月の繆斌上京の後を追って上京し、帝国ホテルに陣取ってこの工作潰しに「狂奔」した＊４・５。

＊４　「狂奔」という言葉は、高宮太平が『人間緒方竹虎』（Ｂ-28）の中で使った言葉で、戦後今井はこれに反論したが、高宮から「モノには立て《〔ママ〕》ヨコの見方があります」と返事がきたという（今井貞夫『幻の日中和平工作』（Ｂ-15）二八一頁）

＊５　『大本営機密戦争日誌』（Ｄ-５及びＤ-18）には、一九四五年三月二〇日の欄に「繆斌の和平思想ハ（イ）国民

政府抹殺、（ロ）即時無条件全面撤兵、（ハ）最近ハ重慶ヲ仲介トスル日米和平ニ変化シアリ、陸軍トシテハ斯カル工作ハ相手トセザル方針ナリ」と記載されている。これは繆斌の和平工作案の内容を著しく歪めた悪意による記載である。その背景には、当時陸軍内では重慶との和平よりもソ連や延安の共産党を志向した和平の構想が強かった情況があったのであろう。

中国側の動き—重慶が登用した教育者蔣君輝

繆斌工作の中国側の動きを知る上で最も信頼性が高いのは、蔣君輝による『扶桑七十年の夢』（B-31）だ。繆斌工作に加わった蔣君輝が、戦後来日し、八二歳となったとき、「日華相剋修羅の間においても（蔣君輝）先生はなお友情を棄てることなく和平の達成に肝胆を砕き、殊に終戦間際には和平工作に参画し、又終戦に際しては在華日本官民にして先生の隠れた努力により助命されたもの少なかざることは知る人ぞ知ることである……日華戦うべからずとする信念をもって実践した人の記録は他に類がなく、読む者の心を打ち、襟を正さしめねば已まない」と、蔣の人徳と功績を讃える有志による刊行記念会が刊行したものだ。

蔣君輝は、軍人でも外交官でも政治家でもなく、学者・教育者だった。一八九二年、江蘇省で代々農耕を営む家に生まれたが、父は農耕のかたわら、塾を開いて児童の教育、剛直な性格による様々な喧嘩紛争の裁断、人に尽くしても一切謝礼を受け取らない廉潔さ、神仏への篤い信仰による慈悲の人で、蔣は、無限大の無形の遺産を父から受けたという。蔣は、青年時代、東京高等師範に入学卒業し、日本文化・歴史を深く学び、若いころから日中の交流連携の重要性を深く考えていた。多くの知己を得て近衛文麿とも信頼を築いていた。

支那事変勃発後、蔣は、現地の実情を毎週一回近衛首相に知らせていたが、近衛から会いたいという話が来て、一九三八年六月三〇日東京に行き、七月四日、有馬頼寧邸で近衛と会見した。蒋は、長時間、南京などでの現地軍の横暴に対する民怨沸騰の様をつぶさに報告した。蒋は、「戦争は日本が勝っても収穫は民衆の怨みばかりで、今は一日も早く撤兵した方がよいでしょう」と思わず内政干渉ともいえる失言をしたが、近衛は澄んだ目で静かに見つめて「ご苦労様でした。これから私たちは再検討をしよう」と言ったという。蒋は、近衛の胸襟の寛大さに感服し、「国民政府を対手とせず」との声明の取消しを勧めた。この時期は、近衛が「対手とせず」声明の失敗を反省し、宇垣一成を外相に登用して対重慶工作に取り組んでいたころのことだった。

その後、日本軍による焼殺、姦淫などの事件は少なくなったが、経済・貿易上のトラブルは増え、商売上日本商人の優先、独占、日本人の軍関係利用による中国人の財産横領、家屋の占用などはしばしば生じていた。大東亜戦争勃発後の日本軍の管理政策は、中国経済を代表する紡績会社などの軍管理による操業の停止、文化出版業務の営業停止、物資の軍用原料への転用など、中国人を窒息させ、中国五千年の文化を消滅に追い込まんとしていた。そのような中にあっても日中関係を真に憂慮する日本人はいた。蒋君輝は、このような努力を続ける中で、日中関係を真に憂う多くの人士との知己を深めた。当時、上海には、木村武雄代議士の「木村公館」があり、日中の和平を求める多くの人士が集まっていた＊6。

＊6　木村武雄は、山形県出身で衆議院議員に一二回当選した大物政治家であり、中野正剛の東方会に入会し、石原莞爾と共に東亜連盟の重鎮だった。東條政権にたてつき、一九四二年の翼賛選挙では非推薦で当選した。木村は、一貫して日中の和平を求め、木村公館を拠点に同友の士と活動していた（石川正敏『政治なき政治　木村武雄・評伝』（B-57））。

蒋が当時交遊した人々には、木村武雄、橋本三郎、伊藤六十郎、和田勁、中山優、橘撲、三品隆以、辻政信、米内山治郎、田村眞作、川又務、岡田家武らがいた。彼らの決断や努力により、中国の工場の軍管理の解除や、中国人に対する横暴、狼藉な仕打ちや措置の解決などが図られたことも少なくなかったという。

東亜海運の課長川又務*7は、「このような危険な状態を救う力は現地にはない。貴方（蔣）が東京に行くなら私も同行し、あらゆる手配をしよう」と言い、「今日の情勢を一変させる能力者は東亜連盟の石原莞爾将軍一人だけだ」と言って、蔣の上京と石原への紹介の手配をしてくれた。

＊7 川又勉は民間人だったが、日本の中国への経済的侵略や圧迫を批判しており、木村公館に出入りして和平運動を支援していた。大川周明日記にも、川又の名がしばしば登場する。石原莞爾に私淑し、日中の友好和平のために尽くした良心的な軍人の三品隆以は、著書『我観石原莞爾』（D-29）（二一二頁）で、「中国人は乱世のうちによく人を観る。当時、彼らの最も信頼した日本人は、大川周明博士と満州建国大学教授中山優先生及び川又務氏の三者であった」としている。

一九四一（昭和一六）年、一月二日、蔣君輝は再び訪日し、大川周明の大川学院に滞在した。大川は、元来、中国からの日本の全面撤兵による日支事変の解決を主張していた。石原莞爾は事変の不拡大に奔走したが、東條英機に憎まれて京都の第一六師団に追いやられていた。上京間もなく、蔣は、大川学院で初めて石原莞爾と会った。蔣は、日本軍の暴虐と民衆の憤慨をつぶさに語り、日本軍の大陸からの全面撤兵を望んだ。

石原は「よく聴かせてくださいました。よくわかりました」と言った。大川は「問題は東條だ。石原将軍は中国の皆さんと同じ主張だが、東條が反対している……蔣先生は学者で日本人の教え子も中国人の教え子も何千人かいる。先生が書かれた日本語教科書は政府の検定教科書として何十万部か出している。先生の教科書を読んだものは誰も蔣先生を知っている。私の知る中国人の友人の中に蔣先生ほど誠意を持っている人は他にいない。蔣先生の率直な話は中国人の気持ちを代表している」と言った。

蔣はそれから一月末まで、大川が手配した帝国ホテルに逗留し、毎日尋ねてくる様々な人士と懇談を重ねた。また、山地悠一郎『昭和史疑』（B-56）（二三頁〜）によると、蔣君輝は、一九四三年一月にも訪日し、目黒において、石原莞爾、大川周明、川又務らと、中国企業の日本軍による管理の解除工作を議論した。話は日本軍の撤退にまで及んだ。その後、出版業、紡績業などの日本軍の管理は逐次解除の方向に向かったという。しかし、それらの人士の努力も空しく、日中関係は更に悪化の一途をたどった。

２　工作の開始

重慶側の大物顧敦吉（陳長風将軍）が蔣君輝を説得

以下は、蔣君輝の『扶桑七十年の夢』による。

一九四五（昭和二〇）年二月二日の夜半、蔣君輝の自宅勝手口にノックが続いた。ドアを開くと男が立っており、「顧敦吉です、光華大学在学中、先生の生徒でした」と言った。男は当時の教員の名前などをすらすらと答えたため、蔣は、彼が光華大学の教え子であったことを確認した。「明日まで待てない火急の用がある」との再三の懇請により、招き入れて話を聞いた。顧は、次のように熱心に説いた。

「現在私は現地で政府から非公開、つまり秘密の仕事をさせられています。先生がどんなお仕事をしておられるか、こちらではすっかり知っています。傀儡政府にも、日本人機関にも特殊関係を持っておられず、反戦派の日本人と手をとって我が同胞を苦難の中から救われたことをしばしば聞いています……今夜こんなにおそくお邪魔に上がりましたのは、……命令を受けて重大問題を先生にお願いに上がった訳でございます……日本はごく近々全面降伏を迫られつつあることを悟っております。なるべく最悪の事態を避け、もし中国と接近の道があれば、早く中国と和平を求め、中国を通じて連合国に対し和平を要請し、戦争を終結したいと望んでいます。この意見を持っている者は日本側は内閣総理大臣小磯、情報局総裁緒方、皇族東久邇宮たちです。この話をわが方にもって来た者は中国人繆斌で、繆斌と日本人との間の連絡者は山縣大佐です。この話を今持ち出すことは日本にとって誠に時宜を得たものというべきですが、我が方はその真相を知りません。二月二〇日に繆斌が自分の案として日本に行き、主脳者と話し合う手はずで、日本から飛行機を一台提供することに話が決まっています。同行者は繆斌、無電技手二人、顧問一人、外に二人の都合七人で、その中で最も重要で一番難しい人選は顧問役で、そのことでご説明申しましょう*8。今度の繆斌の渡日は、今後わが中国の対日政策に絶大な利害関係があります。

繆斌は確かに日本人間に顔が広く、自分と親戚関係があって自分の父親たちを憲兵から救い出したこともあります。けれども、中国人の中ではこの人ほど無常反復すなわち信用のできない人はいません。今度かれが日本に行って日本人とどんな話をするか分かりません。それで顧問一人を物色して、繆斌が日本側から聴き取った話を中国にどんなに伝えるか、その間に差違がないかどうか、顧問は繆斌の言動を十分に監督して、自分の意見はさし挟まない。その接触した経過を逸早くわが方に伝達するために無電技手二人を連れていく必要があります。目下のところ日本はすでに七人の座席を許可しています。七人はただ二月二〇日の出発を待てばよいのであります。ところが、肝心な顧問がまだ決まっていません。顧問人選の条件は三つあって、一つは我が政府にも傀儡政府にも無関係でしかも現に日本軍の占領区域にいる者。二つは然諾を重んじ信用し得る者。三つは日本語に熟達し、繆斌と日本人との間の話を漏れなく聴き取れるという者で、私は以上の三条件について人を詮衡せよという命令を受けています。……三人を推薦しましたが、三人とも却下されてもうこれ以上適任者がいないと言ったところ、『上海に蔣君輝が居るではないか、探せ』という蔣（介石）委員長の命令が下りました。今日深夜お邪魔に上がりました訳です。どうぞ非礼をお許しくださって、枉げてご承引を願います」

＊８　この時点では、繆斌は、補助者らと七人で二月に訪日する話が進められていたが、前述の支那派遣総軍などの妨害により、訪日者は繆斌一人となり、訪日時期も一か月近く遅れたことが窺われる。

蔣は、「こんな大事なことを引き受ける能力はない」と固辞したが、顧は食い下がった。

「これは蔣委員長の命令であり、私には伝達の責任があるだけで、他にどうすることもできません。……本問題の発端は日本と繆斌であって、わが政府ではありません。わが政府は日本と繆斌との両者間の本当の話を知りたい。先生は黙って聴かれてわが政府に報告されるだけで宜しいのです。……決して意見を加える必要はありません。わが方の恐れることは、繆斌が嘘を言うことと、日本人が誠意を持たないことです。戦端が開かれてから何回も和平交渉に類する話があったが、いずれも日本側の宣伝の材料になるばかりでした。ですから今度のことも政府は聴くだけは聴くが、非常に慎重に見ています。日本は東條一派は頑固だが、東條以外に沢山の識者もいるであろうし、もし今度のチャンスを失えば後は無条件降伏の一途を残すのみで、決して忍受できるものではないことも日本の識者はよく分かっている筈で、分かっていればこそ飛行機を出して七人を迎えに来るわけでしょう」

蔣は一週間の猶予を求めたが、猶予は許されないという顧の懇請により明後日に返答することとなった。

顧敦吉が蔣君輝に説明した繆斌の和平工作案

三日目の正午、顧から電話があり、蔣は仏租界の某所で顧に会った。蔣はまず、①繆斌自身の案はどんなものか、②連合国は戦争終結をどのように考えているか、を尋ねた。顧は、「繆斌自身の案」を示した。

Ａ　汪政権側において自発的に解消声明を行う。

Ｂ　汪政権解消と同時に重慶側において承認する民間有力者をもって、民意による「中華民国国民政府南京留守政権」を組織する。

C　留守政府成立と同時に、留守府は重慶の中央政府に対し、留守府において暫時の間地方秩序を維持し、中央政府は速やかに南京に遷都されたき旨の通電を発する。

D　留守府は同時にまた日本に対し全面和平のため速やかに停戦撤兵されんことを希望する旨の通電を発する。

E　留守府政権成立後、直ちに停戦および撤兵に関し日華双方より軍事代表を出し、紳士協定を結ぶ。

顧は更に、次のように説明した。

「結ばれる紳士協定に含まれるものは日本の撤兵が重点であり、日本は現在占領している県内から撤兵する。その県から完全撤退までは中国兵は当該県に入らない。兵と兵が顔を合わせないから衝突する不幸な事件の発生はない。一県よりの撤退が完了してから、中国兵がその県に入って治安秩序を維持する。おそくとも二年以内に全中国にいる日本軍は撤退できる。もちろん降伏ではないから日本軍は武装のままで撤退ができる。これと入替りに各県在留日本人の生命財産は中国軍隊が保護する」＊9

＊9　緒方が探知していた条件には、これ以外に「現南京政府の要人は日本政府において収容す」が含まれていた（前述二二六頁）。

連合国に関する②の問題について、顧は重ねて説明した。

「いよいよの時になったら、きっと連合国と歩調を合わせて進行します。私たちは心配要りません。心配なのはむしろ蒋委員長の慈悲心に対して日本側が理解しないで自ら滅亡の道に陥ることであります。今の戦局を見れば日本の敗戦は火を見るより明らかで、東條軍閥に騙された日本国民は盲目にされています。東條軍閥の妄執の犠牲となって万劫不復の災厄を招かんとしている日本国民は何としても救われなければならない。敵は東條とその軍閥であって、国民ではないからであります。現在彼我交戦中にも拘らず、われわれも連合国も日本の国民に対してはみな同情心を持っているでしょう。この点は日本にとって有利なことです。要は予定どおり七人が無事渡日できることで、問題は全く日本側にあります。話がここまで来たので二〇日七人が出発できるよう用意しましょう」

政治家、軍人、外交官ではない蔣君輝にとって、このような危険かつ困難な問題に直接かかわることは恐るべきことだった。しかし、熟慮した蔣は、この工作に自分も献身することを決心した。

顧が蔣に語ったように、重慶側は繆斌の人物を信用していた訳ではなかった。また、この工作は、重慶側の発案でなく、田村、緒方、山縣、小磯ら日本側からの発案で繆斌に持ち掛けて繆斌を動かし、重慶に働きかけたものだ。重慶はそれに乗ろうと考えたのだ。だからこそ繆斌の言動の信頼性を確かめるために、蔣君輝に顧問としての同行を求めたのだ。顧の話はそれまでの日本側の動きと完全に一致する。これらはこの工作の真実性を検討する上で極めて重要なポイントである。

計画を進めたが、繆斌一人の来日しか許されないことに憤慨

翌日から繆斌の家に集まって相談することとなり、顧以外に日本人一名、中国人一名が集まって晩餐をしながら話し合った。それから毎晩夕食後、集まった＊10・11。人数は増減はあったが、繆と顧と蔣君輝の三人は必ずいた。日華和平の方策を論じ合ったが、計画を阻止破壊するような動きも耳に入って来た。

＊10 山縣は、一月一八日から約三週間上海に滞在して繆斌らと協議を重ねて仮協定案まで作ったというので、この日本人は山縣のことと思われる。

＊11 田村眞作は『愚かなる戦争』（B-25）（一五五頁）で、蔣君輝のことを、「よほど小心な男とみえて、からだも顔も相変わらずこわばらせてぎごちない態度だった。私は蔣の緊張振りが気の毒でもあり、吹き出したくもあった」と回想する。田村の人物評は、直情径行な性格からか辛辣だ。しかし、前述のように政治軍事外交には無縁の教育者だった蔣が、日本との和平を試みる者は漢奸として激しい批判の対象となるおそれがあ

る情況の下で、自分が望まないのに与えられた使命の重大さと危険に著しく緊張していたのは当然である。むしろ、この田村評は、蒋が、はったりや山気のない誠実な人間であったことをかえってよく示しているであろう。

三月に入り、ようやく繆斌一人なら渡日を許すが、他の者の同行や無電機・技師の帯同は許さないとの日本側の方針が伝えられた。繆斌一名の渡航しか許可されないことを知り、繆斌らは怒った。蒋君輝は、「まったく当方の希望に合わないので論争した。……東京の話を直ぐ重慶に伝え、その交信を日本が傍受することによって相互の信頼が得られる。この目的達成のために無電の携帯と技手の入国は絶対に必要であった。……結局一人でいくか中止するかのジレンマに陥ったが、繆斌はそれでも自分一人でもいかなければなるまいと決心した」と回想する（『扶桑七十年の夢』一二二頁）。

このように、繆斌一人だけが無電機も携行せず訪日することは、当初の計画とは大きく異なり、問題が極めて大きく、一人で行くか、渡日を中止するかのジレンマに陥ったが、繆斌は一人でも行く決心をした*12。

＊12　この日本側の狭量な対応は、サンライズ作戦のとき、アレン・ダレス側とドイツ軍の和平推進派の緊密な連絡ルートを確保するために、「リトル・ウオリー」を極秘の通信員として派遣し、ＳＳ司令部の建物の中に無電連絡拠点を設置させたこととの対比が鮮明である（拙著『ＯＳＳの全貌』（Ｈ-47）三二頁〜）。

３　繆斌来日と東久邇宮、緒方竹虎らとの会談――東久邇宮は繆斌を信じた

繆斌は、三月一六日、単身、上海を発って渡日した。緒方竹虎は空港に迎え、迎賓館に案内した。

繆斌は、緒方に「自分の権限は三月末を期限とする。自分は直接重慶を代表するものではなく、重慶の

代表は目下上海に在って総ての指示を与えている」と語った。繆斌が、自分の身分や権限を偽ったり誇張することなく、ありのまま語っていることが判ろう。「重慶の代表」とは、蔣介石と戴笠の指示を受けた陳長風中将（顧敦吉）であることは間違いなかろう。

繆斌は、小磯、緒方、東久邇宮ら一連の要人に会見したが、東京滞在中、一度も空襲がなかった（後述する）。繆斌が麻布の東久邇宮邸を訪ねた際、次のようなやりとりをした（東久邇宮稔彦『私の記録』（F-13）七五頁〜）。

東久邇宮　重慶では日本の天皇を認めるか。
繆斌　認めます。
東久邇宮　何故に日本と和平するのか。
繆斌　中国は、日本がこのまま亡び去ることを決して望んでいない。……中国の自衛のためにも日本の存在を必要とする。日本は亡びる前に米国と和平してもらいたい。日本は中国の防波堤であり、今和平が出来れば、ソ連の進出を未然に防ぐこともできる。
東久邇宮　小磯総理の招請で来たのに、何故に最初に私に会うことを欲したか。
繆斌　日本では誰も信用できない。頼りになるのは、ただ天皇御一人だけである。しかし直接お会いできないから、殿下によって雑音なしに自分の考えを取り次いでもらいたいと考えた。
東久邇宮　重慶の中にも、天皇抹殺論があるではないか。
繆斌　今日では変わっているはずである。
東久邇宮　私の願いは、日華和平から日米和平、さらに世界和平まで発展させることである。蔣主席が音頭をとって、世界和平を提唱してはどうか。
繆斌　（感激し）今日のお話を、直接、今すぐにでも、蔣主席に打電したい。無電機を東京に携行することを、日本側が禁じたことが残念である。

東久邇宮は、最初会うまで、実は、繆斌を相当に警戒していたのだが、会ってみると、術策を弄すると いった謀略型の人ではなく、率直に胸襟を開いて話し合えると思った、と回想する。

東久邇宮は、繆斌の人物・言説の信頼性を見抜き、当日、緒方国務相を通じて、小磯総理に繆斌工作について全幅の努力を傾けるように忠告するとともに自身が側面からあらゆる助力をしようと決意した。

東久邇宮が杉山陸相と梅津参謀総長を呼ぶと、杉山は「繆斌は肩書がない、蔣介石の委任状をもってきていない。こんな人物で、日華の和平交渉はできぬ」と言った。東久邇宮が、

「中国では、一国と一国の和平交渉とか、同盟、連合とかにはいきなり国王が直接交渉することはない。はじめは布衣《ほい》（※下位の者が着用する無紋の服）の士が、内々に国王にたのまれたり、大臣にたのまれたりしてやる、そしていよいよ話がまとまったところで、はじめて、公式に談判が開始される……これが中国の建前だと思う。特に、今日の日本と重慶とは戦争をしている。おまけに『相手にせず』といっているときに、どう考えても重慶から正式の使者が来るわけがないではないか。第一に、蔣介石氏の立場として、委任状を日本に持たせてよこす……と考えることすら誤りである。委任状なく、地位もないところがかえって面白い。信用が出来るとか、出来ぬとかいうが、よしんば詐《だま》されてもよいではないか」と言うと、杉山もようやく納得し、梅津にも同じことを言うと、彼も同意したという。

4　ほとんど「因縁《いんねん》」に近い最高戦争指導会議での反対論

三月二一日、最高戦争指導会議が開かれた（江藤淳監修『終戦工作の記録（上）』（B-1）四一一頁〜、「外務省編『終戦史録2』（A-72）七七頁〜）。小磯首相と緒方国務相が繆斌工作の推進を求めた。席上で、工作交

渉を進めるための案が「別紙甲、中日全面和平実行案」として配布された。その内容は、前記の繆斌が考えた案に即し、南京政府の即時解消（自発的な解消声明）、民意による留守府の設置、留守府から重慶中央政府への南京遷都を要請する通電の発出、留守府から日本への全面和平のための停戦撤兵希望の通電の発出など、その要点を記載したものだった。これには、撤兵の所要期間について、前記の蔣君輝や顧敦吉が語った「遅くとも二年以内」という文言は含まれていなかったが、「留守府政権成立と同時に……停戦撤兵の交渉を開始」「停戦及び撤兵に関し日華双方より軍事代表を出し紳士協定を秘密裏に結約す」とされた柔軟なものであって、なんら期間を限定したものではなかった。

しかし、重光外相、杉山陸相、米内海相が強く反対した。

杉山　繆は、元来重慶の廻し者と考へられて居るを以つて今回如何なる資格を以つて来京せる次第なりやこの点を充分に突止めた上に非ざればかかる重大問題の相手とするは考へものなり。

重光　元来繆はむしろ重慶の廻し者と看られ居る次第は既に本会議においても一致したる意見なる処、自分は繆を東京に招くことに付かねがね反対し来たれり……繆招致の問題は自分は何等の関係を有せざる次第なるを明らかにしたし……元来重慶工作は……首相が外相と協議し国民政府軍事顧問を活用し南京政府を通じ行ふことに最高会議にて決定し居れり……元来繆斌は重慶側と密接なる連絡を有しながら北支においては新民会を操り、後中央においては立法院副院長となり日本側一部の諒解を得て重慶側と連絡をし居りたり。汪精衛はこれを知り彼及び彼の一派を捕縛処刑せんとしたるが、後日本側の要請に因りこれを許し考試院副院長に左遷し体裁を繕ひたることあり*13。繆斌及びその系統の者は南京政府にとりては異分子にして南京政府の倒壊を目的とし、上海辺りにおいてしきりにその運動をなしたり……朝日新聞田村特派員の如きも南京反対の情報を繆斌より常に得居りし模様にて緒方国務相が上海にて繆斌と会談されたるはその時代のことなるべし」

などと発言の後、谷大使からの電報数通を読み上げ、配付した。

＊13 重光のこの認識がほとんど事実誤認であったことは後述する。

その要旨は、次の通りである。

電報①「周仏海の内報によれば、曩に重慶に派遣した連絡者から、一月六日付書面で、使者が蔣介石に面会し、南京政府の意向を伝えたところ、蔣介石は現在アメリカと連合している関係上対日和平は不可能であると答えた」

電報②③「最近和平論を持ち出す者は『戦局にして支那人は大体に於て欧州に於ては独逸の敗退は近く必至と観測し東亜に於ても日本も又逐次敗退の他無しとの見込みの下に……此の際和平論を唱えれば日本側は極端なる譲歩を持ってこれに聴従する可能性があり』と考えていることを指摘。『平和論出るところには必ず和平工作ブローカー生まるるは常例』だとし、周彬（※当時外務省は繆斌をこう呼んでいた）の如きは『此の種和平論者の典型である』とし、『彼等は大体重慶側の為情報取の役目を演じ居るものとみて差し支えなく……概ね重慶各機関より派遣せられ居る情報員にして』などとこき下ろしたもの。

電報①は、現地の大使館、重光外相、米内海相、陸軍中央が共通して、重慶側に日本との和平の意思はないと認識した重要な根拠となった。しかし、この電報の報告は、事実が歪められて重大な虚偽が含まれ、極めて問題があるもので、後述（二九一頁～）する。

電報②③は、谷大使らの戦局認識の甘さをも示している。第2章で詳述したように、蔣介石は当時、密かに日本との和平を求めていた。ここに繆斌工作が蔣介石の真意に基づくものであったことを見抜けなかった大きな誤りがあった。

こうして、最高戦争指導会議は、わずか四〇分で終了してしまった。次回続行とはなったが、終了後、陸海外三相のみで、「本件はあまりに無謀の挙にして、会議続行の要なし」と意見が一致した。要するに初めからまじめに取り上げる気がなかったのだ。

5　小磯や東久邇宮らの最後の努力

小磯はあきらめることができなかったが、繆斌は、小磯が総理でありながら指導の実力がないことに失望した。三月二二日、朝日新聞社の太田照彦は、東久邇宮を訪ねて繆斌が東久邇宮とのみ話したいことを伝え、二四日、繆斌は再び宮を訪ね、政府も軍も全く煮え切らないと失望を伝えた。宮は、午後、梅津参謀総長に繆斌工作への協力を要請し、二五日には杉山にも同様の要請をしたが、二人とも面従腹背に終始した。近衛文麿も側面から支援しようとした。二七日午後、近衛が木戸を訪ね、繆斌の話として、東久邇宮が内閣を組織すれば重慶は直に手を差し出す。……今回は支那事変の解決は殿下のほかなく殿下も強く決意している、と進言した。木戸は驚いて東久邇宮を訪ねると、宮は繆斌を擁護したので、木戸は慎重に遊ばされるように、と反対意見を述べた。

一方、緒方は三月末日、最後の頼みで、昵懇の仲の米内を訪問して協力を求めたが、米内は無理にこれを押せば内閣は崩壊すると、応じなかった。四月一日、緒方は柴山兼四郎陸軍次官と会見したが、以前は、重慶工作に理解のあった柴山も「蔣介石の周囲は、否蔣介石自身も、今日となっては一度日本を打倒して、東亜に覇を唱えたい希望が強いようであるから、とても（日華和平は）行われまい」と、軍の同意が到底不可能だと語った。

一方、四月一日夜、朝日新聞の太田照彦が繆斌の書状をもって山形の石原莞爾を訪ねた。石原は直ちに翌二日発ち、三日に上野に着き、繆斌が滞在していた麹町の日本舞踊家五條珠実の家に行き感激の対面をした。二人は日中の運命と世界の大勢を語り明かした。石原は昵懇の東久邇宮にも会った。石原は、阿南惟幾大将にも会い、田村も阿南に会って繆斌工作を説明した。翌五日、陸軍大臣に任命されることになった阿南は、「自主的撤兵ならする。小磯はやめる必要はない。陸軍に繆斌工作を協力させる」と言った。田村は、急いで緒方のところに駆けつけたが、一足遅く、小磯は閣僚の辞表をすでに取りまとめていた。阿南は辻政信を南京に呼び戻して、撤兵を強行させると固く約していた。

6　天皇が工作中止の引導を与えた

小磯は、最後の手段として、天皇への単独上奏を決意し、四月二日、上奏した。昭和天皇実録には「夕刻、……小磯國昭に五五分にわたり謁を賜い、国民義勇隊の組織及び繆斌工作の経緯と内容、さらにその推進方につき内奏を受けられる。これに対し、繆斌工作に深入りしないよう諭される」とある。宮中退出後、小磯は緒方に電話して「もう毒が回っていて駄目だった」と伝えた。

『木戸幸一日記　下巻』（J-5）（一一八五頁）、『重光葵手記』（G-5）（四六四頁〜）などによれば、重光や木戸、米内らは、繆斌工作潰しのために天皇に以下のような内奏をした。

四月三日　宮中より（重光に）突然の御召（重光葵手記）

天皇　此前も聴いた繆斌の事ね……繆斌は一体重慶の廻し者とも見らるべきもので、果たして利用し得るかも分からぬ者を連れて来る等は如何かね……いくら忠誠なる日本軍隊でも、船舶の欠乏の今日、三か月以内に撤兵することなぞ不可能に思はれるし*14、又南京政府、上海市政府を取消することは国際信義に反することである。大義名文〔分〕上考えねばならぬ。昨日小磯総理にその事を談したら、総理は自分の言葉を返して、繆斌を此儘返すは惜しいような談をして居った。それ今日、陸海軍大臣を呼んで意見を聞いて見たら、陸軍大臣は繆斌の如きものを利用する等は以ての外であると云ふて強く反対意見を述べ、次で海軍大臣は一国の総理が彼れの如きものを招致して重要な談をするのは無謀も甚だしいと云ふておった。外務大臣は如何に考ふるか。

重光は、一週間前にも、天皇からの御下問に対し、繆斌は信用できずその招致には反対してきたことなどを内奏していたので、改めてこの工作の不当を述べ、既に繆斌は帰国させることで問題は片付いたと奉答した。しかし、天皇は、繆斌がまだ帰国しておらず残っていることを重光に告げた。驚いた重光は、恐縮し、直ちに総理と会って善処する旨奉答した。

入れ替わりに木戸も内奏し、その間侍従長も小磯批判の発言をした。内奏から戻った木戸は、重光に「（小磯には）御上から強く申して戴く筈なり……一体緒方は不都合だ……小磯は実はああまでとは思わなかった。愛想がつきる……このために政変があっても差し支えない」と伝えた。四月四日午後一〇時宮中廊下で米内海相と話し、明日の最高会議で繆斌問題の結末をつけたいと話し、米内は「賛成……昨日の内奏は余り言ひ過ぎたかも知れぬが、思ふ通りに申上げるの外なきなり」と答えた。

＊14「三か月以内の撤兵」というのは明らかに事実に反する。繆斌らが検討して提示した和平条件案には、撤兵に関して「三か月」などの言葉は全くなかった。一連の記録の中で「三か月」との文言は、繆斌らの計画にあった、留守府の設置から重慶政府の南京遷都までの期間についてのみである。撤兵案は極めて周到なもので、双方の協定により日本軍の名誉も保ちながら二年以内の完了を想定した現実的で合理的な案だった。満州には日本軍を残す含みもあった。敗戦後ですら蔣介石は、「以徳報怨」の精神により、二〇〇万人の日本の軍民の早期帰還を実現させた。この工作をはなから妨害した重光らが、天皇に如何に誤った内奏をしていたかが窺えよう。和平条件として「三か月以内の撤兵」が必要だと内奏されれば、天皇はこの工作は到底実現不可能だとして否定するしかない。もし、意図的にこのような偽りの内奏がされていたのなら、それは天皇から工作中止の引導を渡させるための悪意のある策略のレベルだとの疑いすら生じよう。大本営の「機密戦

争日誌」の三月二〇日の欄にも、繆斌の和平思想として、①国民政府抹殺、②即時無条件撤兵、と悪意のある曲解が記載されている。

天皇は、四月四日、小磯に繆斌工作中止の引導を渡した。昭和天皇実録には「午前一〇時二五分、……小磯國昭に謁を賜う。繆斌工作につき陸海外三相に意見を聞いたが、いずれも反対につき、速やかに繆斌を本国に帰国せしめるよう仰せられる」とある。小磯はこれにより内閣総辞職を決意した。

『昭和天皇独白録』(F-2)(一二四頁~)はこの経緯について天皇の回想を伝えている。

「これは一国の首相ともある者が、素性の判らぬ繆斌と云ふ男に、日支和平問題に付て、かゝり合はうとした問題である。重光は前から繆斌を知ってゐた。彼は最初は汪と行動を共にしたが、後では汪を見捨てた不信の男である。当時日本は危機で、所謂溺れる者は藁をも把む時ではあったが、苟も一国の首相ともあるものが、繆斌如き者の力によって、日支全面的に和平を図らうと考へた事は頗る見識のない事である。繆斌は陸軍の飛行機で日本に来たが、どうして杉山が之を許したか、諒解に苦むが、彼の来朝は朝日の記者、田村といふ者の勧で緒方竹虎が策動したものである。彼は蔣介石の親書を持って居らぬ、元来重慶工作は南京政府に一任してあるのだから日本が直接この工作に乗り出すことは第一不信な行為である、まして親書を持たぬ一介の男に対して、一国の首相が謀略を行ふ事は、たとへ成功しても国際信義を失ふし、不成功の場合は物笑ひとなる事である。この件に付ては、木戸、梅津、重光、米内、杉山も反対であった。私も極力反対であったから、小磯を呼んでかゝる男と交渉することは困ると云つてやった。米内杉山からも小磯に同意見が云ってあったので、小磯も繆斌との交渉を打切る決心をした。東久邇宮もこの問題に関係があるらしいが、之は緒方等におだてられたものであらう。木戸は東久邇宮の処に云つて極力反対してきたそうだ。」

天皇がこれほどはっきりとこの工作中止の引導を渡したのは、重光と木戸らがさんざんに吹き込んだためだった。

このように、天皇の明確な消極論は、重光、木戸、米内らの、多くの事実誤認や曲解を含む反対意見の上奏によって形成されたものであり、重光らの輔弼の責任は極めて重大だといわざるを得ない。

小磯内閣は、四月七日、総辞職に至り、鈴木貫太郎内閣が成立し、阿南が陸相に就任した。

７　石原莞爾との対面

緒方は東久邇宮を訪ねて小磯内閣総辞職の理由と経過を話した。東久邇宮は、繆斌にはまだ宮が用事があるからなお滞在するように伝えた。東久邇宮は、「最高戦争指導会議・陸軍では手のひらを返したように冷淡になり、私は、どんなことがあっても繆斌氏を庇護するつもりだった」と回顧する。石原は、東久邇宮にも会い、最後までこの工作を支援した。東久邇宮は第二師団長時代、煙たがって引き取り手のいない石原大佐を、第四連隊長（仙台）に引き取り、それ以来石原が心服する皇族だった。

繆斌は、広尾の迎賓館を出て、麹町六番町にあった日本舞踊家の五條珠實方に身を隠し、二〇日ほどかくまわれた後、四月二五日、上海に帰った。

８　中国でのその後

重慶への報告――期待を持った重慶は「善後委員会」を設置して準備したが実らず

蔣君輝の回顧によると、繆斌は上海に帰り、陳長風（顧敦吉）中将に、東久邇宮と一緒に撮った写真などを見せて報告した。阿南が田村に言明した「陸軍に繆斌工作を協力させる」との言葉も繆斌から報告された。繆斌と顧は、それらを重慶に報告した。重慶は繆斌を再評価し、日本の誠意を認めた。繆の報告を読んで蔣介石は「皇族を中心に頭山の玄洋社と石原の東亜連盟が動いている。本物だと確信したであろう」と横山は書いている（『繆斌工作ナラズ』一三四頁～）。いよいよ日本の滅亡が時間の問題となった時期に、憂国の士は日本最高の人を結集し、皇族まで参加を決意したと重慶は判断した。

この和平工作実現のため「善後委員会」が設けられ、七処（※日本では「課」に相当）を設けてその人選まで用意された。「かくして、今度こそ日本側が誠意を持つだろうと推察してその出方を待った（『扶桑七十年の夢』二二二頁）。ところが、その後東京からはなんらの楽観的材料は送って来ず、五月二五日、ついに顧敦吉は「和平撤兵の交渉を止めよ」との重慶からの電報を受け取り、この工作は失敗に帰した。

繆斌工作のその後――陸軍はこの工作を見直すも、時すでに遅かった

東久邇宮日記には、一九四五年六月二三日に、緒方と田村と太田照彦が来訪し、緒方が語った次の言葉が記載されている。

「最近、南京の支那派遣総軍は繆斌に対する考え方を変え、好意を示すようになった。南京駐在満州国公使中山優が緒方に語ったところによれば、先般、中山が重慶政府側の要求により、重慶側要人と会見したところ、日本との和平を希望した。また、繆斌は、重慶政府公式の代表として日本に来たことが証明された。中山は最近上京し、わが政府当局と会談しており、重慶との和平交渉が再開される情勢にある」

拙著『新考・近衛文麿論』（一九二頁～）で述べるが、一月末に水谷川忠麿らの何世禎工作を潰した今井武夫らは、その後六月に入ってからその復活を試みた。繆斌工作も、支那派遣総軍は、四月までに妨害して潰しておりながら六月からその見直しを始めたのだ。しかし、時すでに遅かった。当時の陸軍の狭量さ

が、両工作の芽を摘んでしまったのだ。

中山優の痛恨の回顧

中山優は、『中山優選集』（C-20）（三二七頁〜）に「緒方竹虎の横顔」として次の回想をしている。

「終戦当時、繆斌事件というのがあり、繆斌交渉を支持する緒方情報局総裁と、それに反対する重光外相との対立が一因をなして、ついに小磯内閣の崩壊をみるにいたった。私事にわたって恐縮であるが、その繆斌は中国における東亜連盟の同志で、私の友人でもあった。繆君に師事したもとの朝日新聞時代の緒方氏の部下であった田村眞作君などが、この和平交渉の手引きをし、裏面にあって運動した。……そのころ私は余儀ないなりゆきで満州国公使の役を引きうけ南京に赴任した。そうして上海で心ならずして帰国した繆君ともあい、さらにその背後の人で私のもとからの親友の蔣君輝氏や、蔣介石の命をうけて蔣君輝氏に日本との和平交渉の打診を依頼した戴笠将軍直系の陳長風（※顧敦吉）ともあった。彼らにいわせると『日本は必ず負ける。しかし、日本の負けは中国の勝を意味せぬ。英米が中国を重んずるのは、東洋の勢力としての日本が存在するが故にだ。日本亡き後の中国は戦捷国と言っても名のみで、実は米ソの植民地にひとしきものになる。だから、せめて沖縄で日本が抵抗している間に、何とか日本と和平したいものだ。日本を無条件降伏させぬことは中国のためでもある……』というにある。成否はともかくとして、このごに及んでできるだけの努力はせねばならぬ。かく考えて、私は日本側の岡村司令官にも谷大使にも相談せずに、独断で東京に帰り、東久邇宮や、近衛公や、東郷外相や、阿南陸相の間に奔走を試みたことがある」

中山は「蔣君輝氏は、私にとっては古い友人で、大川周明氏はあんな正直な人はみたことがないと感嘆していた」とも回想している。しかし、中山の奔走は、外務省が形だけ取り上げ、河相達夫外務省情報部長が北京・南京に赴いたが、七月中旬のことで、時すでに遅しだった。

第2　繆斌工作にかかわった人々——心ある「国士」たち

数十もあったといわれる和平工作には、和平の真意がなく敵軍攪乱や情報収集のための「謀略」によるものや、工作資金目当ての和平ブローカーによるものなど、取り上げるにもたりない胡散臭いものもあったであろう。

繆斌について、重光や杉山や谷大使らは、「重慶の回し者、和平ブローカー」などの言葉で繆斌の信頼性を否定している。繆斌には、漢奸、ブローカー、猟官者、汚職の官吏、など様々な悪評と、反対に、東亜の先覚者、真の愛国者、偉大な思想家、教育者、包容力のある人情家など、毀誉褒貶が激しい。しかし、重光らの回顧には、重光らが繆斌の人物や信頼性について十分な情報を集め、真剣に検討した形跡は窺われず、風評等に基づいた表面的な評価にとどまり、事実の誤認も多い。工作の真実性については、まずそれを担った人物の思想・経歴・素性などを正確に把握することが必要だ。

和平工作は人によってなされるものであり、しかも多数の人々が関与する。それらの人々の多くがいい加減で怪しげな人物であったのか、それとも、人物、見識、信念、行動などにおいて優れた人々であったかということも、繆斌工作の真実性を立証する一つの「情況証拠」として大きな意味がある。

以下に、繆斌と、この工作を支えた主な人物について述べたい。これらは、以下は、主に前掲『繆斌工作成ラズ』、『扶桑七十年の夢』、田村眞作『繆斌工作』『愚かなる戦争』のほか、参考文献一覧に掲げた緒方竹虎、東久邇宮、小磯國昭らの回想記や評伝と、文中に掲げた参考文献による。

1　繆　斌

生い立ち

繆斌は一九〇三年、江蘇省無錫に生まれ、父は地方で良く知られた道教の士だった。小学校・高級中学を抜群の成績で早期に卒業して上海の南洋公学（※名門の上海交通大学の前身）電気科に入学し、優秀な成績で卒業した。朱子学と陽明学を折衷する東林学派の学風に強い影響を受け、入学間もない時期に上海の国民党組織に正式に加入し、反軍閥闘争に参加した。学生時代には孫文にも汪兆銘にも会い、親しく指導を受けた。

一九二四年、孫文が設立した黄埔軍官学校の電気無線科の教官に就任した。第一次国共合作により、同校は蔣介石校長の下に、政治部主任周恩来を始め、後に中国共産党の大国柱となる葉剣英など筋金入りの多数の人材を擁していた。しかし、幼少期から受けた道教の教育から、唯物論について納得せず、共産主義は東洋的思想の伝統に反する恐るべき存在だとの思いを強めた。その後繆斌の一生を通じて変わらない共産主義との対決はこのときに始まったという。

一九二五年二月に広東軍が起こした反乱鎮圧のため、繆斌は、蔣介石の終生の右腕だった第一連隊長何応欽の隊付国民党員として戦闘に参加し、肉弾突撃の隊長として白兵戦を展開、勝利して勇名を馳せた。一九二六年七月、蔣介石が国民革命軍総司令として北伐を進めた時、第一軍司令官は何応欽で、繆斌は第一軍の党副代表（正代表は汪兆銘）であり、二人は兄弟のように

繆　斌

親しかったという。

汪兆銘、蔣介石、何応欽らとは、このように若い時から革命戦争の渦中で苦楽を共にしていた。一九二九年、何応欽の推薦で繆斌は江蘇省民政庁長の栄職についた。しかし、あまりに若い栄進が周囲の嫉妬を招いたことや、省の主席代理でCC団であった陳果夫や陳立夫らとの確執もあり、根拠の薄弱な売官などの汚名を受けることになるなど、これが繆斌の評価を終生傷つけることとなった。その後蔣介石の勧めで一年間アメリカのコーネル大学に留学して農業を学んだ。

繆斌は誹謗中傷による失脚の時代、上海に引きこもって、国難解決の方法について中国古来の儒学的立場から研究を続け、一九三五年『武徳論』を出版した。これは、「武」は内に国を治め、外に敵を防ぐ為に必要であるが、「武」は常に「徳」をもって用いなければ悪であり、王道徳治の為にのみ「武」は用いるべきであると、「武力」を東洋古来の儒教の立場から論評したもので二〇万語に及ぶ大作だった。近衛文麿側近の優れた漢学者である中山優は、同志的友人であり、繆斌の漢学の素養の豊かさを高く評価していた。

繆斌は日本研究に全力を傾注し、古事記から近代にいたるまでの歴史書を集めて読んだ。中国の古典、儒教、道教等の学殖を身に着けていた繆斌は、これらが中国においては力を失って卑俗化しているのに対し、日本においては経国済民の、また維新の若々しいエネルギーになっていることを驚異に感じていたという。また、繆斌は陽明学派に属し、敬天愛人の哲学に生きた西郷南洲や、陽明学を日本で広めた開祖の中江藤樹の高弟であった熊澤蕃山を尊敬していた。繆斌はこれらの日中の深い文化歴史の理解に基づいて、両国が紛糾に陥っている現状を憂慮し、警告を発し続けた。繆斌は、当時の日本の膨張政策はそれとして認めつつ、日本には世界を制覇する実力がないとした。日中両国が争えばいたずらに共産主義に漁夫の利を得さしめて、共産主義の制覇をもたらし、その結果、人類は精神文明を捨てて機械的奴隷にされてしまうであろう、これを防ぐためには、日中両国が東洋の王道思想に於いて提携しなければならぬと考えた。これは彼の生涯を貫いた思想であった。

繆斌は、一九三五年、このような大局的見地から「中日危機之猛省」と題する長文を書いた。対日和平に努力していた汪兆銘らは喜んだが、国民政府内では主戦派が優位を占めていたため、批判を浴び、繆斌は中央委員の票を得ず落選した。

一九三六年の訪日—多くの知己を得る

繆斌は、一九三六年二月、訪日して日本の軍首脳と政界要人に対し和平を進言し、説得しようとした。繆斌はそのため「中日危機に際し両国の猛省を促す（中日危機之猛省）」の小冊子を日本の各界に配布した[*15]。

＊15　その内容は、①儒仏二教は日中民族の基本精神をなし、武家政治が儒教の影響を受けるに及んで日本の武士道は完成され、更に武士道的儒仏精神と陽明学によって明治維新の大業が完成されたのであり、将来世界の指導精神たるべき王道精神の復興もまたこれによるべきであること、②しかし、中国においては、それが慚愧に堪えない状況にあること、③世界に蔓延しつつある共産主義の欠陥は倫理思想の滅却であり、東方の王道天下思想は日中両国民においてはじめて体認できるものであること、④日清戦争以来、日本は西洋にならった帝国主義による侵略的傾向となり、「信」なく利己的に陥り、中国を完全に制服し得たとしても力をもって人を服させるにすぎず心服ではないこと、⑤日本は王道の名のもとに覇道を行わんとしており、それは数十年にわたる西洋化が人心に食い入ったものであること、⑥共産主義は唯物思想をもって倫理と道徳を破壊し、人類を物質の奴隷たらしめようとしているが、共産主義は新時代の産物ではなく、旧時代を清算しようとする西洋文明の没落過程の最後段階であること、⑦日本は王道によって中国と交わり、東洋の諸民族をし

て、日本が信ずるに足りることを知らしめるべきであり、日中問題解決の道は、日本としてはまずその覇道的武力圧迫をやめ、王道主義に立って中国の更生を援助し、また中国としては、日本の王道天下建設の大理想を了解し、その以夷制夷的政策をやめ、共にこの大理想の下にあって東方の王道主義を復興すべきであり、かくして日中の真の親善と大アジア主義が完成されるであろうこと、というものだった。

来日した繆斌は、日本の要路の心ある人々に会い、日中問題の解決を説いた。最初に訪問したのは権藤成卿だった。権藤は隠れた大学者で、制度学や古代史に詳しく、「自治民範」などの著書もあり、かつて孫文らの日本亡命中も親交を重ねた中国のよき理解者であった。権藤は繆斌の「中日危機の猛省」に最も感応した人物だった。繆斌は権藤に心服し、門下生同様となった。繆斌の「中日危機之猛省」は日本語に翻訳され、右翼や軍関係に配られて多方面から好意的反響があり、北一輝らも含まれていた。繆斌の来日目的の一つは、日本の革新の源流である右翼について調べることであり、北一輝について調べるため北一輝の弟昤吉の案内で北の郷里佐渡にも渡った。繆斌は、頭山満、安岡正篤、紀平正美らや、軍人の林銑十郎大将、鈴木貞一大将らとも会い、暖かく歓待された。繆斌は、帰国後、新民会の会報に、安岡正篤の「中国史ノ興亡ニ見ル中国政治の根本義」を漢訳して掲載した。

新民会の創設と活動など

満州国の建国後、石原莞爾らにより、満州国の理想実現のため満州に「協和会」が設立された。しかし、石原の失脚後、東條英機や甘粕正彦らが牛耳る、指導理念にも乏しく、日本の権益支配をむき出しにする組織に化した。そのため、石原莞爾の指導の下、日中の協和運動を推進するためには、三民主義や共産主義に対抗できる指導理論が必要であると考えて「中華民国新民会」が北京に本部を置いて設立された。石原がバックアップし、当時満州国の総務庁参事官だった山口重次や小沢開作らが熱心に活動した、山口らは、張燕卿＊16や三品隆以大尉＊17ら陸軍幹部と相談を進めた。更に北京の根本博大佐＊18が中心になって現地陸軍幹部で話し合い、陸軍省と協議、成案をまとめた。新民会創設には、軍部から研究を依頼された中国人の名士数人がいた。それらの研究に基づいて根本博大佐がまとめた結論は「三民主義を凌駕する思想として『新民ナル主義』が提案され、それは『王道ヲ表看板トシ道教ヲ取リ入レタル思想』とし、その理由は『政治ノ要諦ハ』大学ニモアル通リ、『民ヲ新ニスルコト』である」などとするものであった。この成案がまとまると根本大佐が東京に赴き、陸軍中央の承認を得て一九三七年末に「中華民国新民会」の設立が決まった。その経緯は、山口重次「日本帝国主義の崩壊」（『満州と日本人』季刊２所収）（Ａ－41）が詳しい。

＊16　清末の大官の子息で日本の学習院を卒業。満州国外交部大臣などを歴任し、戦後日本に亡命して客死したが、頭山満の腹心南部圭助が面倒をみていた。

＊17　三品隆以は、陸士三六期。多くの優秀な軍人の出世コースの陸軍大学を避けて早くから参謀本部と陸軍省の満州問題に専念した。石原莞爾の思想と人物を深く尊敬し、満州が真に日本と対等かつ友好的に発展するために力を尽した。中山優をも深く尊敬していた。戦後ソ連に抑留され、近衛文隆と共に収容所生活を送った。一一年間の抑留後帰国し、石原莞爾の人物・功績を伝えるため『我観　石原莞爾』（Ｄ－29）などの著作活動に励んだ。

＊18　陸軍きっての中国通の一人で、第一次南京事件の時、領事館で襲われて重傷を負った。戦後、満州での日本の軍民の引き上げに尽力、成功し、蔣介石や何応欽の恩義に報いるため、戦後台湾に渡って金門島の防衛戦を指揮した（第２章一七六頁〜参照）。

根本大佐は中国人研究者許修直らの意見を聞き、組織の中心となるべき人物は上海に隠棲していた繆斌が最適であると知り、許修直や腹心の吉村虎雄を上海に派遣して繆斌に出馬を要請した。要請にこたえて北京に出てきた繆斌は根本や小沢開作と会った。繆斌は熟慮の後、これに応じることとし、会の宣言、綱領、組織規程等の案をまとめ上げた。新民会は一九三七年一二月二四日に発足し、中心人物は張燕郷、繆斌、宋介らであった。繆斌は王道精神を基底とした政治を新民会の旗印として、華北に日中共存共栄の模範地区を実現しようと考えた。繆斌は中央指導部長兼監察部長だった。後に小磯國昭の側近として繆斌工作を支援した田中武雄は当時監察部長で繆斌の部下であり、横山銕三も繆斌の部下だった。

根本博大佐は一九三九年三月、興亜院に転じたが、その時繆斌に軍刀一振りを贈って感謝の意を伝えた。

新民会の変節と繆斌の離脱、東亜連盟の創設へ

ところが根本に代わって東條陸軍次官が北京に送り込んできた安藤紀三郎中将は、新民会創設の理念を理解せず、創設の功労者を一掃すべく画策した。中国側の自主性を踏みにじり、繆斌が考案していた道教の教理を表す大極旗を一方的に満州国の国旗に類した五色旗に変更させるなど、軍部の中国支配をむき出しにした会の組織運営を強いるようになった。新民会は中国人の新民会から日本人の新民会に変質してしまった。小沢開作は、「義和団事件では、日本軍の軍紀厳正は各国の賞賛の的であった。それが今度は聖戦の名の下で婦女の凌辱、殺害をやっている。怨みは消えないね。……泥沼だよ。満州は五族協和が現実に合うのだが、華北は中国人の表座敷だよ。王道徳治の新民主義で、中国人に一切を委ねることだよ。それをまたぞろ軍人が干渉する。駄目だ。駄目だよ」と悲憤慷慨したという。

繆斌は、新民会に失望し、一九四〇年一二月、「もう北京に中国人は居られません」との言葉を残して南京に去り、石原莞爾が統率する東亜連盟を中国に創設して、中日の同志的結合による和平の実現に挺身することとなった*19。これが、重光が「(繆斌は)北支においては新民会を操り」と酷評したことの真相だった。重光の理解の浅さが分かろう。

＊19　この新民会変節の経緯は、後述する今井武夫や重光外相の繆斌批判の根拠の誤りに関連する重要な点である。重光や今井は、繆斌が北京の新民会に所属しながら変節して南京政府に加わった節操がない人物であるかのように批判している。しかし、変節したのは繆斌ではなく新民会の方であり、繆斌自身は信念を曲げなかったために、新民会から排斥されたのが真相だった。

繆斌らの努力により、石原莞爾が提唱した「王道和平」を旨とし、汪兆銘を会長として、東亜連盟中国総会が、一九四一年二月一日に成立した。汪兆銘会長のほか、陳公博、周仏海、林伯生ら大臣級の要人が参加し、繆斌は専任者だった。辻政信参謀は、南京に日本人青年会を結成して教育し、東亜連盟を日満華から全アジアに拡大すると豪語していた。

ところが、一九四一年一月一四日、東條陸相の強引な主張で東亜連盟の解散が閣議で決定された。東亜連盟の下部組織は重慶や共産軍の特務組織ともつながっていたという。人脈の網の目社会である中国らしいといえよう。三〇万名ともいわれる重慶特務組織のボスは戴笠であったが、戴は、黄埔軍官学校の四期生で、教官の繆斌が作った孫文主義学会の会員で繆斌とは師弟関係にあった。この戴と繆斌の関係は、繆斌工作の真実性を判断するうえで重要な点だ。

繆斌は、一九四〇年三月「東亜連盟に対する吾人の見解」を公にし「王道戦争は侵略戦争ではない。弱きを助け、強きを抑える戦争である……今最も重要なことは、日本の武力を本当の王道武力たらしめることである」と、日本軍に軍紀粛清を求め、実際にもたびたび軍司令部に出向いてこれを訴えた。また、「今日、ファッショ、民主、いずれの国も共産主義とは両立しない。独ソ不可侵条約の後、欧州戦争において、何れが勝利するかを問わず共産勢力が拡張する……この状況下に、日中両国は一日も早く和平を恢復し、勢力を集中して共産勢力を消滅する必要がある。これこそわが東亜の共同国策である。……最も恐るべきは、その共産主義的国際思想である。これを一個の国家主義思想で対抗しても、必ず国際思想のソ連に玩弄され支配されよう」などと、戦後世界をも見通す慧眼を示していた。

また、経済については「日本だけ利潤を得るような植民地経済ではなく、王道思想に基づく適所適業の総合的経済建設でなければならない。過激な統制経済政策は、人民の自由を奪うので結局は失敗に終わる」と述べていた。

繆斌は、石原莞爾が「日本人は自分から指導者ぶってはならない。他に接するに謙虚であれ」との主張に強く共感し、その精神に感激していた。

東條の腹心の安藤と北支軍が東亜連盟の政治活動を禁じたため、繆斌は雑誌『東亜連盟』の発行と講演の活動しかできなくなった。その雑誌は張君衡が編集長で、張伯武が協力者であり、中国青年の間に飛ぶように売れ、大部分は重慶地区に流れた。敗戦後分かったが、張君衡は重慶国民党華北地区の総元締で、蔣介石に単独で意見を述べ得る立場の幹部であり、張伯武も重慶軍の少将参議で、和平地区と重慶地区を屡往復し、蔣介石と二人だけで撮った写真も持っていた。彼は軍統局の華北総隊長であった。繆斌はこれら重慶側の大物を手中に入れながら、同志の田村眞作らにさえそれを一度も漏らしていなかったという＊20。
＊20　繆斌が様々な人脈で情報を収集していた力には目を見張るものがある。繆斌は、一九三八年七月七日、新民会の名に於いて発した布告で、盧溝橋事件勃発の責任者は共産党と国民党であると既に明言していた。また、石原莞爾が安江機関を介してユダヤ人を通じた和平工作をやっていることを、繆斌が知っていたことに、南部圭助は驚いたという（後述三六七頁～）。
繆斌は一九四一年二月に東亜連盟中国総会の常務理事となり、さらに立法院副院長と軍事委員会委員にも任命されていたが、翌年八月に考試院副院長となった。

2　蔣君輝

蔣君輝が、顧敦吉の強い求めに応じて、繆斌工作に加わり、その詳細な経緯を戦後『扶桑七十年の夢』に著したことは前述した。蔣は、政治家でも軍人でも外交官でもなく、日中の和平と友好を念願していた教育者だった。山地悠一郎『昭和史疑』（B-56）（二三頁～）によると、蔣は、東京高等師範学校に学び、帰国後は光華学、東吾大学（※当時蘇州にあったが廃止され、一九五四年に台湾で復校された）、東亜同文書院などで研究・教育に従事した。中国政府は「駐日留学生監督処」を設置し、一九三五年には約七〇〇〇名の留学生を訪日させたが、蔣はその総務科長として留学生派遣の任務を統括した。戦後、蔣は、日中の和平に尽くしたことから中国での居場所を失い、日本に渡ったが、その人徳や功績を知る多くの日本人との交流は続いた。

神奈川県大和市には、戦争中、約三〇万坪の海軍工廠があった。作業要員計画は約三万人に及び、局地戦闘機雷電などの生産がされたが、その中で約八四〇〇人の台湾の少年工が徴用された。その功績を讃えるとともに夭折した数十名の若者の冥福を祈るため、一九六三年、「戦没台湾少年の慰霊碑」が、同市の善徳寺に建立された。その碑文の雄筆な文字こそが、蔣の揮毫によるものだった。蔣の人徳と功績を讃える人々が『扶桑七十年の夢』を発刊したことと共に、日中の和平と友好に尽くした蔣の功績と人徳が、多くの日本人に知られていたことが判ろう。

代議士木村武雄が「木村公館」を拠点に日中の和平のために活動していたことは前述した。木村の生涯記である、石川正敏『政治なき政治』（B-57）（二八二頁）には、次のように書かれている。

戦没台湾少年の慰霊碑

「蒋君輝という人物がいる。彼は『生きている論語』と呼ばれている人格者で、国民政府からも汪兆銘政権からもひとしくその高風を仰がれていた。小磯内閣の繆斌工作のさい、蒋介石じきじきの指令で、表面は通訳として、実際は蒋総統の代弁者、繆斌の目付役として加わったのが彼である」

蒋は、顧敦吉から、蒋介石の直接の指名によるとして繆斌工作への参加を懇請され、自分は軍人でも外交官でもないので到底その任に堪えないと再三固辞したが、遂にそれを決意した。日中の和平を試みる者は、当時も、戦後も中国においては「漢奸」として激しく批判攻撃されていた。このような情況において、誠実な研究・教育者であった蒋君輝が、同書で詳細に語った工作の経緯と内容について、虚偽や誇張を含めることはあり得ないといえよう。

3 戴　笠

蒋君輝、陳長風（顧敦吉）の背後で繆斌工作を指揮していたのが戴笠だった。戴笠は、国民党の特務機関「藍衣社」の首領だった。藍衣社は、南京政府の特務機関「ジェスフィールド76号」との間でテロ活動も含め熾烈な戦いをしていた。戴笠は、蒋介石の右腕であり、徹底した反共主義者だった。そのため重慶のアメリカ大使館員で延安の共産党に肩入れしていたジョン・デービスらは、「戴は冷酷、残忍なテロリストだ」という激しい非難の報告をワシントンに送り続けていた。戴笠が、単なる「テロリスト」に過ぎなかったなら、日中の和平工作において中国側での指揮を執る人物として疑問が生じる。しかし、戴は、藍衣社のみでなく、中国全土での抗日戦を担う忠義愛国軍（Loyal Patriotic Army）をも指揮し、南京傀儡政府内部も含めて中国全土に広範な情報網をめぐらしていた。中国の古典を愛し、人々から深く尊敬され、豪胆かつ細やかな配慮に満ちた優れた指揮官だった。その詳細は、拙著『ＯＳＳ（戦略情報局）の全貌』第１章２「ミルトン・マイルズと戴笠の友情と戦い」を参照されたい。

４　田村眞作

田村は、朝日新聞政治部で陸軍担当の若い記者時代、一九三六年一二月の西安事件勃発の当時、石原莞爾を訪ねた。石原は、日中関係を憂い、日本の支配権益思想を捨てて蔣介石と真に連携する必要性を語り、田村は深く感銘を受けて石原に私淑するようになった。一九三七年七月の盧溝橋事件勃発以来、田村は日中戦争の拡大を憂慮していたが、翌年の漢口攻略作戦の従軍記者として中国に赴任した。一九三九年春、北京の朝日新聞総局に赴任したが、軍部や興亜院の横暴さ、贅沢三昧で過ごす幹部など、北京が日本色で塗りつぶされていることに憤った。田村は、日中の真の友好を求める活動をしたいと、朝日新聞を辞めて一浪人となった。本社の編集局長だった緒方竹虎は田村を目にかけていた。緒方は、田村に「中国との和平が一日遅れれば一日、日本は泥沼にはまり込んでいくばかりだ。君は中国との和平に全力を打ち込んでくれないか。家族のことは心配するな。僕が何とかする」と励ましていた。

田村は新民会が当初の理想を失っていることにも失望し、新民会にはかかわらず、憲兵隊の監視や抑圧の下で、唯一許された中国語の雑誌「東亜連盟」を発行した。田村は、中国人に日本語を教える学校を作り、多くの中国の若者の信頼を得ていた。

田村は一九三九年に繆斌と知り合い、繆斌が日本色に染まった新民会の中で孤立し、排斥されている状況を知った。また繆斌の日本の歴史文化に関する深い教養と日中和平を願う思いに感銘を受け、意気投合した。田村は、繆斌に石原莞爾の人物、思想などを詳しく語った。繆斌は「石原さんはステーツマンです。私は石原さんに会わなくても石原さんの心はわかります。同志です」と石原を畏敬するようになった。田村は、繆斌に、天皇が御前会議で読み上げた「よもの海みなはらからと……」の明治天皇の御歌や、天皇が日華事変の最中に詠まれた「にしひかしむつみかはして栄ゆかむ　世をこそいのれとしのはしめに」の歌を何度も繆斌に語り、天皇は日中の和平を念願していることを語った。田村は繆斌工作のために奔走したが、繆斌が漢奸として刑死したことに対する万感の無念の思いと繆斌の功績を伝えるため、戦後『繆斌工作』『愚かなる戦争』の二冊を著した。

田村は、直情径行、熱血漢で涙もろかった。緒方は、多少ハラハラしながら見守り、田村がともすれば泣き出すと「センチになるな」と叱っていた。田村の人物評には、時には、思い込みが過ぎて人物評などに必ずしも的を得ていない点も見受けられる。しかし、田村がいささかの私心もなく、自己を犠牲にして日中の友好と和平のために打ち込んでいたことは疑いがない。

5　緒方竹虎

福岡の修猷館中学で学び、抜群の学業成績で、在学中に小野派一刀流免許皆伝となるなど剣道の達人でもあった。一年上に中野正剛がいた。中国貿易を志して東京高等商業学校（現一橋大学）に入学したが、文部省の大学改革方針に反対する学生運動のリーダーとして退学処分となり、早稲田大学専門部の政治経済学科に編入した。若いころから、頭山満の玄洋社に出入りし、大アジア主義思想の薫陶を受けていた。朝日新聞に入社し、主筆、副社長を務め、小磯内閣の国務大臣兼情報局総裁に就任した。戦後、東久邇宮内閣で内閣書記官長を務め、A級戦犯指名（後に解除）、公職追放を受けた。解除後、衆議院議員となり、第四次、五次吉田内閣では副総理を務めた。

緒方は、冷静、沈着、剛毅な人物で、右翼から左翼まで広い人脈を築い

緒方竹虎

ていた。風見章とは思想は異なっても相互に敬意を抱いており、戦後、「君は左に行け、僕は右に行く」と語り合ったという。戦後の国政の中心を担うことが期待されていたが、一九五六年、急性心臓衰弱のため逝去した。

緒方は一九四三（昭和一八）年に、上海で、田村眞作の仲介で繆斌と会って意気投合し、数刻の会談で十年の知己のようになり、東亜保全を誓い合っていた。

6　南部圭助

南部圭助は頭山満の腹心で、「大アジア主義」思想の下に日中の友好連携のために様々な活動をしていた。頭山は、革命に度々失敗し亡命した孫文を庇護し、玄洋社を率いて日本の志士を送り、兵器を援助した、自他ともに認める中国革命の恩人だった。また、蔣介石と頭山とは、蔣介石が清国留学生として日本に来てから、四年後に孫文が辛亥革命を起こし、蔣介石が革命に参加するべく日本を脱出するまで深い信頼関係にあった。

南部は、一九三三年に石原莞爾と出会って私淑するようになった。一九三六年に、繆斌が日本に八か月間滞在したとき、よく頭山邸を訪れていた繆斌に会い、繆斌を多くの右翼領袖に紹介した。

一九三五年七月、現地軍が横暴なやり方で締結した梅津・何応欽協定、土肥原・秦徳純協定は、塘沽協定以来の日中雪解けの気配を逆戻りさせたが、南部はこれに憤慨し、軍に反省を求める「建白書」を林銑十郎陸軍大臣に提出した。南部は陸軍随一の中国通根本博大佐とも相談し、頭山と蔣介石との直接の話し合いを提案した。根本大佐は軍の新聞班長であり、その部屋は入りやすかった。南部も根本の前では不思議に落ち着いた気持ちで話ができたという。南部は軍の反省を求めた上、「軍の考えがまとまったら、頭山翁の出馬をお願いし、蒋介石とさしで話し合ったらどうか」と述べた。その後、八月に入って、根本は「陸軍省と参謀本部と天津軍の考えが纏まった。頭山先生のご意向を直接承りたいから、よろしく頼む」と南部に伝え、根本は、影佐ら五人の大佐・中佐を引き連れて頭山邸を訪れた。根本は威儀を正して翁の意向を伺うと翁は機嫌よく応じたので、根本は参謀本部内で打ち合わせ、参謀本部も、頭山先生がその気なら、と話はまとまった。しかし、林大臣の躊躇と、八月一二日の永田軍務局長惨殺事件により、好機を逸した。根本は、前述のように、新民会の設立に尽力し、繆斌を幹部に招聘したことがあり、繆斌とは肝胆相照らす仲だった。

一九四一年ころ、南部は東亜連盟の活動のため上海のキャセイホテルの客室に拠点をもっていたが、繆斌も同じ階に部屋を確保しており、家族ぐるみの付き合いをしていた。南部は、当時からも繆斌に日中の和平工作に乗り出すようしばしば進言していたが、当時繆斌は、まだ腰を上げようとしていなかった。

7　小磯國昭

一八八〇年山形県生まれで、陸士一二期、陸大二二期卒業。陸軍次官、関東軍参謀長、朝鮮軍司令官を経て、予備役に編入後、平沼内閣と米内内閣で、拓務大臣、朝鮮総督を務めた。陸大時代の成績も芳しくなく、若いころは目立っていなかったが、宇垣一成に評価され昇進を重ねた。そのため陸軍内での人気や評価は高くなく、東條内閣が倒れたのち、総理となってからも陸軍の後ろ盾がなく政治的指導力は弱かった。小磯の軍人、政治家としての

小磯國昭

評価は概して高くないが、繆斌工作には心血を注いだ。

小磯は、繆斌が一九三九年五月ころ二回目の来日をした当時、平沼内閣の拓務大臣を務めていた。そのとき拓務次官であった田中武雄の紹介で、大臣官邸で繆斌と二回会談し、小磯は繆斌が日中の親善提携を必要とする思想の持主だと理解し、評価した。田中は、拓務次官就任以前、華北の新民会の監察部次長だった。その時の監察部長は中央指導部長の繆斌が兼務していたので、田中は繆斌の直属の部下だった。田中は繆斌の性格や人物をよく承知し、相当の人物とみていた。田中は後の小磯内閣においても書記官長として小磯を支えた。

繆斌工作が重光らの妨害によって挫折した際、田中は、「内閣に対する反逆と云うべきである」と厳しく批判した。小磯は、A級戦犯として終身禁固刑を受け、一九五〇年巣鴨拘置所内で食道癌で逝去した。一九六三年、田中武雄が委員長である小磯國昭自叙伝刊行会により、小磯の回想記『葛山鴻爪』が刊行された。

８　山縣初男

小磯の士官学校同期生で小磯の親友だった。若いころから支那問題に関わり、最終階級は大佐で、早く現役を退いて支那各地を遍歴していた。山縣は、かつて貴州、雲南等西南軍閥領袖の軍事顧問として長く中国に在り、のちに大冶鉄山の監督官という地位にあった支那通で、中国在住は四〇年にも及んでいた。小磯の首相就任以来、中国との和平を求める小磯の最も信頼するブレーンだった。一九四四年秋、四七日間の中国旅行を終えた山縣は一〇月一二日に帰京して小磯に会い、人心がすでに日本と南京政府を離れており、重慶との和平は一日を争うが、それができないのは、在中国の日本文武官の強硬派のためであると説いた。一九四四年一二月、山縣は、小磯から、繆斌との和平工作のため小磯の代表として上海に行く指名を与えられ、翌年一月に上海に渡り、繆斌と密接な工作の打ち合わせを行った。

9 東久邇宮稔彦王

一八八七年生まれ。陸士二〇期・陸大二六期、最終階級は陸軍大将。終戦処理内閣として一九四五年八月一七日内閣総理大臣に就任し、初の皇族内閣を組閣した。

東久邇宮は、皇族の中ではユニークな存在、人物だった（以下は主に浅見雅男『不思議な宮さま　東久邇宮稔彦王の昭和史』(F-15) による）。

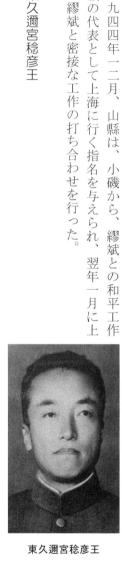

東久邇宮は久邇宮朝彦親王の子息として生まれ、一九〇六年、東久邇宮家が創設されるとともに初代当主となった。宮は幼少時代里子に出されたり、久邇宮家では虐待にもあうなど不遇な時期もあったが、後年みずからを「やんちゃ坊主」と語るなど、奔放な青春時代を送った。陸軍士官学校を卒業し、一九二〇年、フランスに留学した。軍事関係ではなく、社会主義の教師も多い「政治法律学校」に入校し、資本論も読むなどしたという。モネや藤田嗣治ら多くの芸術家と深く親交するなど、自由奔放な留学生活を送った。モネから、「虎」との異名をもつ老政治家ジュルジュ・クレマンソーを紹介されてたびたび会ったが、クレマンソーは宮に、「アメリカは必ず日本に戦争をしかけてくるだろうが、日本はアメリカには絶対に勝てないから我慢しなければならない」と繰り返し語り、宮はこの忠告を忘れなかったという。七年間の留学を終えて一九二七年に帰国した。帰国後しばらく、宮は臣籍降下を強く望んだこともあったという。

東久邇宮稔彦王

石原莞爾との接点も多かった宮は、満州事変勃発の際、これを強く支持していた。しかし、盧溝橋事件勃発以降は、支那事変の拡大を憂慮し、一九三七年八月三日には、原田熊雄に「一体陸軍はどこまで行こうという肚なのか、もういい加減にやめないと」と語っていた。一九三八年三月に、宮が陸軍航空本部長として北京に視察に赴いた際、寺内寿一司令官らに速やかに戦争をやめよ、と説いたが寺内らは激怒するばかりだったという。その二か月後、宮は北支那方面軍に属する第二軍の司令官として大陸に出征したが、漢口作戦には反対だった。宮は、漢口入城直前で軍をとどめて蔣介石と和平するつもりだったと述懐している。また、漢口陥落後には、「中国人の取り扱いに注意してくれぐれも南京事件の二の舞を演ぜざること、漢口を日本軍占領地域内における日華融合の模範地帯たらしむること」などを守備隊司令官に命じていたという。現地で病気となったこともあり、同年一二月には宮は帰国し、翌年軍事参議官となり、終戦まで軍中枢から離れることとなった。

日中戦争が泥沼化し、日米開戦のおそれが高まり、宮は強く懸念していた。一九四一年一月四日の宮の日記には「仏印、蘭印を速に占領して速に南方問題を解決すべしとの意見なれど、私はこの意見には全然反対なり」と記した。また、一月一五日、原田熊雄邸でアメリカ赴任直前の野村大使や広田弘毅らと会談した際、宮は「日独伊三国同盟が有るも、日本は依然、英米と国際関係を継続して国交断絶とならざる如く努力せざるべからず。日本が英米と国交を継続する事に依りてのみ、独逸をして我がまま勝手をさせず、日独伊三国同盟を有効ならしめ得べし。又、ソ連をけん制して日ソの関係を調整し得るならん。……日本は米国に話をして欧州戦争の和平問題に乗り入るを可とせん」などと述べた。

軍事参議官となって軍の中枢からは離れたが、来る者は拒まない人柄から様々な人物の往来が絶えなかった。宮を支持し、その力を借りようとする勢力は、真崎仁三郎や小畑敏四郎など皇道派系の人物が多かった。宮は、泥沼化する戦争を和平によって終わらせようとして、多くの人々と接点を設けていた。宮は、日米戦が始まり、次第に戦局が悪化してからも、日中の和平についてさまざまな試みをしていた。

後に繆斌工作を推進した田村眞作との接点は、一九四一年からすでにできていた。当時、田村が、石原莞爾の主張に沿って代議士木村武雄らとともに、日満支が対等な立場で手を結んで日中戦争を速やかに終結させようとして東亜連盟を推進し、その理解を宮に求めにきたのだった。

宮は子供のころから近衛文麿と親しく、近衛の日米諒解案交渉の際、たびたび近衛と会って近衛のルーズベルト大統領との会見実現を支援していた。東條英機とは一九四一年九月七日に会談したが、陸軍の仏印や支那からの撤退を断固否定する東條と激論になった。宮は、事変解決のため、頭山満を支那に派遣して蔣介石と会談させようと考え、九月二四日、宮邸に頭山満と息子の秀三を招いてそれを勧め頭山はこれを応諾した。宮は緒方竹虎とも親しく、緒方と相談し、緒方も頭山と同行する策を練った。しかし、結局この方策は東條の反対によったものか、実現に至らなかった。

東久邇宮は、皇族・軍人でありながら、柔軟な思想をもち、和平を追求しており、その交友範囲は非常に広かった。宮が繆斌工作を強く推進しようとしたのは、宮のこのような生い立ち、思想、人物によるものだった。

10　石原莞爾

石原について書かれた文献資料は膨大である。日蓮宗の信仰をもち「世界最終戦争」を予測し、遠大な構想のもとに満州事変を起こし満州国を樹立させたが、石原の理想と離れて満州国は傀儡化した*21。盧溝橋事件発生以来、対ソ戦に備えるべく、日中戦争の拡大を防ぐために参謀本部内で悪戦苦闘したが、拡大派に排斥されて一九三七年九月、関東軍参謀副長に追いやられ

石原莞爾

た。その後も東條英機から私怨ともいえる排斥を受け、舞鶴要塞司令官や京都の第一六師団長で冷遇された。一九四一年三月予備役となり山形県鶴岡市の郷里に戻った。その後も石原を私淑する人々が頻繁に石原を訪ね、石原はそれらの人々を支援していた。

石原は、繆斌との直接の縁はなかったが、石原に私淑する田村眞作を通じて、石原と繆斌との思想が深く一致することを知り、繆斌も石原を畏敬するようになっていた。繆斌工作が内閣で挫折しそうになったとき、石原は山形から上京し、東久邇宮と相談するなどして挽回の努力をしたが、功を奏さなかった。失意のうちに帰国しようとしていた繆斌と石原は繆斌がかくまわれていた日本舞踊家五條珠実の家で、夜を明かして語り合った。

＊21　石原は壮大な世界観、戦争観をもった天才的な軍人であり、日中の友好和平に心血を注いだが、その強烈な自信や反対者を見下す言動のため多くの敵を作った。謀略によって満州事変を起こした負の遺産を石原は背負い続けた。天皇は、絶対的な忠誠心を示す東條への信頼が厚く、その短所をよく見抜けなかった反面、石原に対する不信感や警戒心を最後まで抱き続けた。石原は、一九四九年、死が迫ったころ、「今日私は、東亜連盟の主張がすべて正しかったとは勿論思はない。世界最終戦争が、東亜と欧米との両国家群との間に行はれるであろうと予想した見解は、甚しき自惚れであり、事実上明かに誤りであったことを認める……しかし同時に、現実の世界の状勢を見るにつけ、殊に共産党の攻勢が激化の一途にある今日、真の平和的理想に導かれた東亜連盟運動の本質と足跡が正確に再検討せらるべき緊急の必要ありと信ずる。少なくともその着想の中に、日本の今後の正しき進路が発見せらるべきことを確信する」と書き残した（三谷隆以『我観　石原莞爾』（D-29）一一二頁）。

繆斌工作のきっかけを作った辻政信

辻政信は、繆斌工作に直接関与はしておらず、当時はビルマ戦線にいた。ただ、辻は、繆斌工作を担っていた陳長風中将（顧敦吉）が蔣君輝や戴笠、重慶につながるルートを作るきっかけとなる役割を果たした。辻が繆斌からの依頼で、陳長風の家族の命を救ったことがあったのだ。以下は田村眞作『繆斌工作』（B-24）（二二六頁〜）などによる。

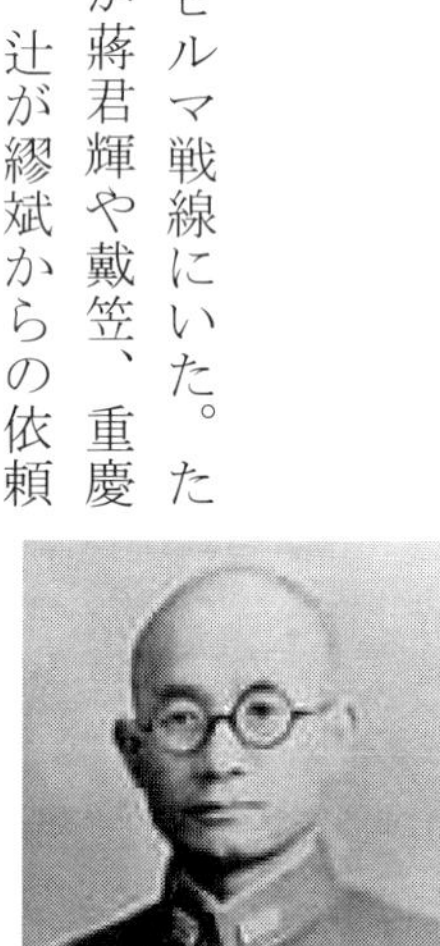
辻　政信

一九四三年初秋、アメリカ留学経験のある農学博士の顧という男が繆斌を訪ねてきた。顧は自分の実弟が上海に潜伏し、日本の憲兵隊から追われ続けている藍衣社の大物であり、その両親と妻、二人の子供が憲兵隊に捕えられたと言った。両親は高齢で拷問にあえば死ぬであろう、何とか救出できないかという必死の相談だった。繆斌と顧とは親戚関係にあった。繆斌はそれを田村眞作に伝えて相談した。田村は悩んだ末、当時南京の総軍司令部に赴任して間もなかった辻政信大佐に打ち明けて相談した。辻は「よし、何とかする、今から一緒に行こう」と言い、すぐに田村とともに上海の憲兵隊に出かけ、山崎憲兵隊中佐と掛け合った。辻は、「つかまっているのは何も知らない老人と女子供だけである。釈放してやっていただけないだろうか、私が責任を持つ」と強引に交渉し、両親と妻子の釈放を成功させた。

この「藍衣社の大物の実弟」というのが顧敦吉であり、陳長風将軍その人だった。顧は、陳長風のほか、張、劉の変名があり、北京の燕京大学出身のインテリだが、戴笠の右腕として上海の藍衣社の地下活動の責任者で、非常に大胆な男だった。

この繆斌と辻が顧敦吉の家族を救った恩義を、重慶は忘れなかった。ある日*22、戴笠から繆斌に対し、辻政信参謀と一緒に重慶に来てほしい、陳長風の家族を日本の憲兵隊から救ったお礼をしたいとの依頼があった。戴笠と繆は黄埔軍官学校時代の「孫文主義学会」を通じて師弟の関係にあった。繆は喜んで辻に伝え、辻と同行して重慶に行くと回答したが、柴山兼四郎軍事顧問が辻の重慶行を許可しなかったため、取りやめになった。繆は落胆し、「私のこと、軍が疑っていること知っています。重慶と東京を引き寄せる。そしてワシントンも合わせる。これが私の使命です。神のみぞ知るでしょうね」としんみりと南部圭助に語ったという。

＊22　この時期について、横山の『繆斌工作ナラズ』（二〇一頁）は「昭和一七年夏頃」としているが、同書九三頁では、陳長風が繆斌に家族救済を陳情した時期は「昭和一八年初秋」としていることから、前後関係が逆転していておかしい。家族救済のお礼としての重慶招待であれば、それ以降のことであり、何らかの誤りであろう。

その後、田村は繆に顧敦吉の紹介を頼み、一九四四年初夏ころ、繆公館で初めて顧と会った。田村は顧の知性、大胆さ、周到さに敬服した。顧は、田村に青酸カリの小瓶を見せ「私が捕まったらこれを飲むだけですよ」と笑ったという。顧は、様々な変名を使い、様々な服装をし、時には中将の軍服まで来て平然と上海を歩き回っていたという。

辻政信が、敗戦後、ハノイからバンコク、ラオスを経て重慶に入り、長期間潜伏してついに戦犯追及を逃れたことは、辻の『潜行三千里』の著書で有名だ。辻政信は、ハノイ潜伏中、陳長風中将（顧敦吉）から、辻を蔣介石と戴笠将軍に引き合わせることに賛成する極秘電報を受け取った。これは、辻が、繆斌や田村の懇請を受けて顧敦吉の家族を救い出したことに対する重慶の感謝によるもので、軍統局による組織を挙げた周到な手配によるものだった。辻の同書には、辻をベトナムから救出し、重慶で蔣介石総統に引き合わせる段取りをつけた立役者として陳中将の名が随所に登場する。

辻政信の毀誉褒貶の激しさ

辻政信という人物ほど、毀誉褒貶の激しい軍人はいないだろう。毀と貶が九割、誉と褒が一割、という程度だろうか。ノモンハン事件における強引な作戦指導、マレー作戦におけるシンガポール華僑の大虐殺（大谷敬二郎『皇軍の崩壊』（D‐13）四四七頁〜）、バターン第二次攻略戦における俘虜の虐待（角田房子『いっさい夢にござ候　本間雅晴中将伝』（D‐34）一九一頁）など、辻の悪名はとどろいている＊[23]。ところが、不思議なことに、辻の周辺には、辻に心酔し、絶賛する人も少なくない。辻は、冷酷、残忍、狂暴ともいえる側面とは裏腹に、妙に潔癖、真面目、一徹な人物だった。陸軍士官学校では三笠宮の教育指導に当たったが、宮を始め学生たちは辻政信に心服した。

田村眞作も辻政信に傾倒した一人だ。田村は、華北の新民会の変節に失望し、南京に移った時、板垣総参謀長から「君と同じ考えを持っている人がこの司令部にもいるよ」と言って辻政信を紹介された。辻が、総軍司令部の権威主義と宴会文化に敵対し、煙たがられる存在だと知って意気投合した＊[24]。その縁から、田村は顧敦吉の家族の救出を辻に頼んだのだった。

＊23　ノモンハン戦、シンガポール攻略戦、ガダルカナル戦などにおいて、辻の強引な作戦、指揮系統の無視、上官の命令の偽造などの蛮行や上記の虐殺の詳細は生出寿『悪魔的作戦参謀辻政信』（D‐51）に詳しい。ただ辻の勇敢、大胆さは傑出し、全身に無数の戦傷を帯びていた。

＊24　田村は、辻の楽しみといえば、街に出かけるとき、ポケットにキャラメルを忍ばせて中国の子供たちに分けてやる喜びだったと回想する。笑うと妙に顔つきがやさしくなり、意外に涙もろい性格であり、道端に萌え出ている草を指さして「この草を見たまえ。日本の軍靴に踏みにじられても、踏みにじられても、またこうして芽を出しているんだ。中国のたくましい力だよ」と言った。また「私のからだには上海事変に受けた中

国軍の弾丸がまだ取り出さないで腕にも足にも残っている。私はこの傷を受けたときはうれしかった。強くなった中国が頼もしくてね」とも語り、田村は、辻にはじめて本当の日本の軍人を見出したように思ったと回想する。辻は、日本人が作った中国の民衆団体と称するものに全部解散を命じて、ビルマに赴任するため南京を去ったが、その時、田村に「辻は謀略として和平を呼号せるものに非ざりしこと繆先生に確実にご伝言され度」などと書置きを残して上海を去った（田村眞作『愚かなる戦争』（B-25）九〇頁〜）。

このような辻と、戦地での冷酷残虐な彼の行動とはどのように結びつくのか、容易にはわからない。あれほど、戦後批判された辻が、地元金沢の選挙区ではトップ当選を続けたというのも不思議ではあるが、このような辻の極端な二面性にそれが窺えるように思われる。

周仏海の辻と繆斌に対する評価とその変化

南京政府の最高実力者だった周仏海日記にも、辻について随所に記載がある。辻の南京着任後間もないころの一九四三年には

八月二六日　日本総司令部の新任第三課長辻大佐を接見する。……これまで東亜同盟の健将として、中国の独立自由を頗る尊重しており、今回我が国に来たことは我々にとって大変有益なことである。

九月六日　辻大佐が来て一時間話す。この人は石原莞爾の直系で、新任の日本軍総司令部第三課長であり、今回の英、米作戦計画はすべて彼の手で編み出されたもので、青年将校中の有力な中堅である。

などと辻を評価する記載がある。しかし、一九四四年になると

三月七日　木村が来訪。話によれば、辻某（辻政信）は国民政府を猛烈に攻撃したとのこと。憤慨し腹立たしさを覚える。

七月一一日　辻大佐の後任として日本軍総部第三課課長、松谷大佐来訪。……この人は落ち着きがあり、

辻のように出鱈目で粗暴ではない模様。

などと、辻に対する評価が大きく変わっている。これも辻の毀誉褒貶の二面性であろうか。

ところで、周仏海日記には、繆斌のことも随所に記載されている。

一九四〇年七月二七日　繆斌が来て、華北の各種情況について話し、毎月機密費として一万元を送ることを承諾する。

一一月一三日　繆斌が上海に来て、李長江の部隊との接触情況を報告する。このことがもし実現すれば、長江北部の共産党の蔓延を防げるかも知れぬ。

一九四一年三月六日　繆斌が李長江＊25を連れて来たが、大いに見込みがある。彼は最初に部下を率いて和平に参加するものであり、相当な満足を与えなければ、広く呼び込むことはできない。その求めるままに応じるなら、財力上負担できない。実に困ったものだ。その場で彼を激励し、さらに李師広の情況について若干話した。

などの記載があり、繆斌が華北の日本軍や新民会に失望し、南京に移ってからは、南京政府と円滑な関係にあったことが窺え、その後も随所に繆斌と周仏海との接触の記載がある。

＊25　当日の注では、李は、繆斌の遊説により、泰洲で部下一万人を率いて日本と汪側に投降した。繆斌はこの功労で、偽立法院副院長に任命された、とある。

ところが、一九四四年に至ると、

一一月一六日　繆斌が来訪し、重慶は米軍が中国に上陸する前に日本が撤兵することを望んでいるという。蓋し重慶も米軍が中国に来るのを望んではいないのであろう。日本の撤兵については、余は極力努力するが、日本が第一段の撤兵を行った後、もし重慶側が和平の表明をせず、逆に日本軍を駆逐し、失地回復を唱えるなら、日本軍の第二の撤兵をできなくさせてしまうので、内地が密かに責任者を派遣して交渉することを望む、と伝える。繆は、その必要はなく、彼が重慶を代表できると言うので、無知にもほどがあるというもので、もう彼とは交渉しない。周仏海も、繆斌は重慶の代表にはなりえないと思い込んでいたのだ。

このように、周仏海は、最初の頃は辻政信や繆斌と友好的な協力関係にあったが、後に関係が悪化し、周仏海は両名を非難するように変化したことが窺える。この点は重要だ。周仏海は南京の国民政府の最高実力者で、日本の谷大使や清水書記官とは、日常的に連絡しあっていた。繆斌工作当時、その人物・素性について、谷大使らは当然、周仏海に尋ねたであろう。周仏海は、「(繆斌が)重慶を代表できると言うので、無知にもほどがある」とこき下ろしたことを谷大使らに伝えたであろう。これが谷大使や清水書記官の繆斌についての本省への報告の根拠の一つになったことは容易に推察できよう。

12　近衛文麿

近衛文麿は、繆斌工作の前後を通じて、水谷川忠麿を使者とした何世禎工作や、中山優を通じた傅涇波のルートでの工作に関与していたが、繆斌工作自体についての関与を示す資料は乏しい。近衛が、蔣君輝とは、信頼関係が深く連絡を絶やさなかったことは前述した。横山銕三によれば、最高戦争指導会議でこの工作がほとんど挫折した後の三月二七日午後、近衛が木戸を訪ね、繆斌の話として「東久邇宮が内閣を組織すれば重慶は直に手を差し出す……今回は支那事変の解決は殿下のほかなく、殿下も強く決意している」と進

近衛文麿

言した、という。繆斌工作は、小磯、緒方、東久邇宮らが直接推進していたため、近衛としては側面からの支援にとどまっていたのであろう。

13　そのほか

繆斌工作を支援した人物には、そのほかにも、元満鉄社員で、中国で和平運動に関与しており、山縣初男との連絡などを担当した相内重太郎や、朝日新聞の中国専門記者として大正期から戦後にかけて活躍し、緒方の指導の下で田村との連絡や情報提供にあたった太田宇之助らがいる。中山優は繆斌と古くから昵懇で、この工作を支援していた。また、本間雅晴中将も繆斌が一九三六年に来日した際、本間少将の親戚の北昤吉代議士（北一輝の令弟）から紹介を受けて会った。北昤吉は繆斌を佐渡にも案内し、親身に面倒を見ていた。

第3　戦後の関係者の回想

ある和平工作について、関与した人々が戦後にその工作をどのように回想したかということも、工作の真実性の情況証拠の一つだ。人間は完璧ではないので、自分がとった行動について後日その誤りに気付くこともあるし、逆にその行動が間違っていなかったと確信を深める場合もある。それらの回想の中には、ときには自己弁護や弁解、正当化、あるいは自己顕示や自己宣伝の色合いが含む場合もある。その回想に具体的根拠があるのか、回想に真摯性があるのか、どのような場でどのようになされた回想であるのか、などによって工作の真実性の情況証拠としての意味の有無ないし大きさが異なってくるものだ。以下に繆斌工作について、それを否定的に回想する人々と、その真実性の確信を深めた人々との回想を整理してみよう。

1　否定的な回想

繆斌工作に関係した者には、その後もこの工作の真実性を否定し、批判するものも少なくない。

駐南京公使で、谷大使と共に繆斌工作潰しに奔走した清水董三は、戦後、角田房子に「小磯さん本間さん（本間雅晴中将）の二人が、どうしてああまで繆斌を信頼されたのか、まっ正直な軍人さんたちが繆斌の弁舌にだまされたとしか思われません」と語った（角田房子『いっさい夢にござ候—本間雅晴中将伝』（D-34）一二三五頁）。

また、戦争中自ら重慶との和平工作に従事し、戦後「周仏海日記」を翻訳した吉田東佑は、訳者注の中で、清水董三書記官が「自分は昭和一〇年ころから繆を知っているが、和平工作などできる男でない」とひどくけなしていたと書いている。しかし、そのいずれも、その否定の根拠について、戦時中の見解を補充するものはない。

今井武夫

繆斌工作潰しに「狂奔した」といわれる今井武夫は、『支那事変の回想』の中で、次のように書いた。

「かつて国民党の北伐戦で活躍し、中央執行委員にも起用されたことがあるが、江蘇省民政庁長在任当時、汚職行為のため蔣介石に忌避されて失脚した。支那事変後は、日本人に助言を依頼して、王克敏や汪兆銘の政権に、就任の自薦運動に狂奔して参加し、その無節操ぶりは中国同僚のひんしゅくを買っていた。今井が、汪兆銘政府樹立工作のため昭和一四年五月東京に滞在当時、繆斌から汪への紹介を頼まれた。そのころ彼は華北臨時政府で、国民党反対を綱領とする新民会の副会長となり、実質的には最高指導者の地位にあったので、今井は『貴下は、新民会の最高責任者であるから、国民党副総裁を名乗り、国民党政権の樹立を考えている汪兆銘とは主義的に同調できないのではなかろうか』と忠告したが、何等の反省なく、華北政権を出し抜いて南京政権参加の交渉を行い、立法院副院長の地位を勝ち得た。このため華北臨時政府からは排撃され、転進した南京国民政府の同僚からも指弾され、単に名義上の地位にあるだけで実質的には重用されなかった。不満を募らせた繆斌は、自ら政府から遠ざかり、上海に逃避中密かに重慶政府と連絡を図り、またその男子は重慶に奔り、彼自身も南京政府に悪声を放ちながら重慶政府に対する日華和平工作を口にするようになった。昭和一九年一〇月初め、大東亜省参事官から支那派遣軍総参謀副長を命ぜられ着任早々、繆斌は二、三回、今井を訪れ『重慶政府の依頼により、日華和平交渉に努力したいから、日本憲兵隊に封印された無線電台の使用を再び許可するよう斡旋されたい』と申し出た。かつて汚職行為により蔣介石から忌避された繆斌が、対日抗戦後七年を経過し益々団結を誇る重慶政府最高幹部の信任を得ているとは考えられず、仮に連絡があってもせいぜい謀略機関の手先に踊らされているにすぎないと思われたが、日華和平派是非実現すべき最高施策なので、しばらくその要請を容れて憲兵隊に、無電台の再開を黙認するよう斡旋した。しかし、電波探知機で彼の無電を常時監視した結果、単に数回戦線付近の電信書と物資売買の情報交換を行ったにとどまり、重慶方面との暗号文、そのた重要電信と思われるも

今井武夫

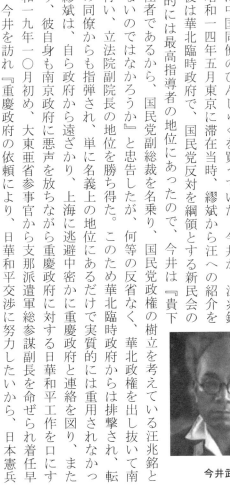

のはキャッチできなかった。長年有名無名の両国人がいろいろの路線を通じて暗躍し、無責任な条件を軽率に申し入れたりしていたので、重慶政府でも、日本の和平路線は不統一で、責任の所在も真意も判然とせず、日本軍の謀略だろうから、相手にできぬ、と観測していることは、しばしば耳にしていた。この重要な時期に一度和平に失敗したら二度と期待できない最終的段階にあるため、日本政府が公然と政府の名で行う和平工作については私心や謀略の疑いのない真面目な人物を仲介に立てる必要があると考えており。繆斌はとうていふさわしくないと考えた。繆斌の和平条件として伝えられた輪郭は、まず前提として南京政府の即時解消と民意を反映した留守政府の樹立を骨子としたものだから、余りにも重大だった。谷大使の上京の機会に、大使館付陸海軍武官もそろって帰朝し、一二月一〇日、小磯総理と会談。繆斌による工作に飛びつくべきでないと力説したが、小磯は執着していた」

重光　葵

極めつけは重光葵だ。重光は、『重光葵手記』（G–5）、『昭和の動乱（下）』（G–7）などの中で、繆斌とその工作を進めた小磯や緒方を次のようにこきおろしている。

「（繆斌は）支那で蔣介石政権の下に国民党員とし政商的生活を営んで居って、重慶政権の宣伝係戴笠等と関係を有って居る……蔣介石が重慶に退却した後に日本軍占領地区に於ける策動の一布石として残された人物とみて差支えない。……彼は日本軍との協力を以て其の表看板とし、而して日本の和平地区内における勢力の攪乱減殺を本業とする辣腕家である……異分子の繆斌も立法院の副院長として政府に入った。彼は上海において無電設備を持って絶えず重慶と通信して居た……目的の主たるものは、和平地区内に於ける日本側の内幕を的確に重慶に知らしめることであり、次には南京政府と日本側を離間して日本側の施策を攪乱することであり、更に日支事変を全面的に支那の思ふ通りに解決して結末を付け様と云ふのである……。情報取のために繆斌の薬篭中のものとなった者として、満鉄の上海調査機関、小川愛次郎の調査機関、札付きのブローカーで大谷光瑞にも食い入っている相内重太郎など。これ等が南京に対抗している海軍を動かし、上海の日本人の世論を造り、陸軍の一部を利用しており、いずれも共産党や重慶側の手に踊らされている……繆斌事件の発端をなす者が朝日新聞の田村某という職業情報取で、極めて単純な熱血漢で感激居士とのこと。軍の一部に愛せられ、東亜連盟派の朝日社会記者出身の美土路等と同タイプ。田村の紹介で緒方が南洋旅行した際に上海で繆斌に会い、大いに歓迎された。朝日新聞は南京派の毎日に対抗してますます上海派となり繆斌に利用された。繆斌の立場は、南京政府の取消と日本の撤兵の約束を取り付けて蔣介石に帰参を願い、その身を全うせんとするもので、上海における重慶工作ブローカーの一人であった」

「小磯内閣が出来て先ず着手せんとしたのが持ち前の謀略外交で、小磯の取り巻きは勝手に外交を私議して謀略外交を進めんとした。小磯は重慶工作に異常の関心を示し、緒方の談を聞いて繆斌を使う意向を示し『今日重慶工作に専念せざれば、悔を百年の後に残すことになろう』（と言った）……緒方の策動は如何にも新聞記者の小細工なり」

「その連絡していた要人は秘密政治警察の戴笠将軍であった。戴は、米国の秘密諜報団ＳＡＣＯの日本軍後方攪乱機関と連絡していた中心人物で、策謀に富む活動家だったが少しも信頼のおける人物ではなかった」

「言論の自由とて無責任なる緒方情報局総裁の新聞操縦ぶりは特に目立つ所である……小磯は二宮や建川等と共に陸軍の策士の部に属し満州事変勃発に関連した当時の陸軍中枢人物で、宇垣系である……彼等は支那問題でも全局を見ず、小策を弄して人気に投ずるのが政策であると思って居る……小磯大将は今日尚重慶工作を主唱し何応欽を捉えて南京政府の首班にする計を立て繆斌を日本に呼び寄せんことを緒方総裁等と画策して居る。又、山縣初男氏の進言を聞いて、ソ連と米英を離間する為に上海に於ける某露人をモスコに派遣すべしと迫って来て居る。大凡そ今日の時態とは雲煙万里懸け隔てたセンスである」

これらの重光の酷評の背景に、重光が当時の中国の情勢、アメリカとの関係などを踏まえた蔣介石の真意を見抜けていなかったことがあり、それは後で検討したい。重光の回想は、感情的で人格的な誹謗中傷が多く、読んでいて胸が悪くなってしまうほどだ。

今井や重光の繆斌の評価に関しては事実誤認や曲解が多いことは後述する。一つ指摘すべきは、今井や重光の戦後の回想の繆斌工作否定論の根拠には、新たな事実や根拠は何もなく、過去の反対論の繰り返しに過ぎないことだ。

２　繆斌工作の真実性を信ずる人たちの回想

他方、繆斌工作に心血を注いだ関係者らは次のように回想している。

緒方竹虎と蔣君輝

緒方竹虎は、繆斌工作が水泡に帰した後、繆斌にその原因について種々質した。陸軍が無電技師の同行を許さなかったことについて、繆斌は「固より支那総軍は私を信用していない。私も支那総軍を信用していないので冷淡に扱われたのは已むをえない」と述べていた。

小磯内閣総辞職の二、三か月後、当時南京政府の東京駐在大使だった蔡培が、緒方竹虎を訪ねた。蔡は、「私は繆斌工作の当時上海にあって、真相を審らかに究明したが、今度は重慶も相当本気だっただけに実に残念であった。今日は一言『惜しかった』という挨拶を呈したく、謝意を兼ねて来訪した」と語ったという（江藤淳監修『終戦工作の記録（上）』（B－1）所収の「緒方竹虎口述」四一九頁〜）。

戦後、蔣君輝は緒方宅を二回訪問した。蔣の回想によれば、一九五四年七月八日緒方宅を訪問した際、緒方から、なぜ繆斌が漢奸一号として処刑されたのか、なぜ五月二五日に交渉停止の電報がきたのかと尋ねられた。蔣君輝は、巷間の推説を語った。

「繆斌は自発的に……工作をしたので、政府（※重慶のこと）はこれを諒察して漢奸処理の際、特別のはからいとしてかれを戴笠将軍の家に留置させていた。ところが戴笠将軍は不幸にも飛行機事故で不慮の死を遂げ、法廷（※東京裁判のこと）はその特別の配慮を知らず、さらには繆斌が『上々御一人（※蔣介石を指す）』とでたらめに和平工作について喋り、しかも……混乱時代に不注意な喋りかたであったため……」

巷間の話とはいえ、これは客観的状況に符合していた。また蔣は、重慶が五月二五日に交渉停止を命じたのは、その日以後、アメリカは原子爆弾を完成させたので、簡単に日本を降伏させることができるようになったからだ、との推論を語った。これを聞いた緒方は、長嘆息をしてしばし身動きもできなかった、と蔣は回想する。

一週間後、蔣がまた緒方を訪ねたとき、緒方は繆斌の刑死を悼み、盛大な追悼会を開きたいと言ったが、蔣は、自分は時期尚早で少し先になされるようにと勧告した（蔣君輝『扶桑七十年の夢』（B－31）一二四頁〜）。

緒方は、次のように回想している。

「蔣君輝の判断によれば、蔣介石はアメリカに対して対日和平工作についてある程度の諒解を取り付けていたのではないかといふ……原子爆弾完成前は米軍が日本本土に上陸作戦を敢行するには、少なくとも百万人の犠牲を払わねばならぬ……だから日支の全面和平が出来、蔣介石の仲介によって日米和平の見透しがつけば、百万の犠牲を払わないで済む。全面的無条件降伏をさせなくても、それに近いところで日本が手を挙げれば、それに応じてもよいといふ位のことは臭はせてゐたのではないか。蔣介石が対連合国方策については政府に一任してくれと言った裏には、かう云ふことも推察される……重慶が繆斌の対日和平に大きな期待をかけてゐたことは間違ひなき事実である」（高宮太平『人間緒方竹虎』（B-28）二一六頁～）。

「私は、顧みて当時の最高戦争指導会議は仮に繆斌工作を一致支持しても、小磯内閣の政治力とその置かれた環境のなかにあって、能く狂瀾を既倒に処理し得たかどうかを疑問に思っている。しかし、何等の代案もなく、ただ南京政府に対する腐れ縁的信義の故に、初めからボイコット的に繆斌問題を押し潰さんとしたところに、果して今日の敗戦を予想した戦局の認識を持っていたかを疑わざるを得ないのである。庸人国を誤まるの悲史の一例を眼前に見た印象は、一生私の脳裏を去らぬであろう。繆斌問題の反対が国を亡ぼしたとは言わない。この庸人的政治がこの亡国に導いたのである」（渡邊行男『緒方竹虎リベラルを貫く』（B-30）一〇九頁）。

蔣君輝が緒方に語った内容には原爆の完成時期など不正確な点は含まれているが、当時アメリカにも日本との和平を考える勢力があったことと大局的には符合している。緒方の洞察は、第2章と第3章で述べた、蔣介石とアメリカに、日本との和平を期待する意思があった状況に合致していることがわかろう。

石原莞爾

石原は、敗戦直後のある日、安藤会長（※一八八四年創業の電気メーカー「キンセキ」）に「信ずべからざるを信じ、信ずべきを信ぜず、遂に国を滅ぼした。何と愚かなことか。蔣総統に米英との和平仲介を頼むのが筋であり、総統は繆斌を密使として渡日させていたのに……外務と軍が繆斌工作に反対して潰してしまった。これほど残念なことはない。あれが最後の機会であったが……」と語った。

安藤は、「将軍があれほど残念がられたのは見たことがない。暗然としたお顔は今も忘れられない。一大痛恨事と嘆かれた」と、一九六一年五月二一日九段会館での繆斌慰霊祭の会場で披露した（横山銕三『繆斌工作成ラズ』（B-23）一二八頁）。

繆斌と共に現地で工作に従事した項家瑞

横山銕三は、繆斌工作の真実性調査のために、一九八四年中国に渡り、様々な関係者に当たる中で、項家瑞という人物から驚くべき話を聞いた。項は繆斌夫人の実弟であり、繆斌が工作のため訪日しようとした際、当初の計画だった七人のメンバーの一人だった。

項は、計画の初期段階から加わり、暗号翻訳と事務総括を担当していた。繆斌も、項自身も、戦後蔣介石から褒賞された。項は戦後、その従弟で、当時新中国の共産党の大幹部であった栄毅仁から、「（栄が）毛沢東から二度も『繆斌はなぜ銃殺されたのか』と熱心に聞かれた」と聞いたという＊26。項は「繆さんは、日本の古事記から明治維新まで日本の歴史を熱心に勉強しました。そして武士道を理解し、日本人に親しみ、いや、日本人が好きでした。それなのに、日本の偉い人は、繆さんを、そんな卑しい人に見ていたのですか」と痛恨に堪えない声で言ったという（前掲『繆斌工作成ラズ』一七頁〜、二五頁）。

＊26 栄毅仁（一九一六〜二〇〇五）は上海を中心に多くの企業を経営していた父の代からの民族資本家であったが、新中国に参加した。文革時代は走資派として迫害されて失脚したが、一九七二年に復活を遂げた。一九七九年、鄧小平によって改革開放が開始されると、国策会社「中国国際信託投資公司（ＣＩＴＩＣ）」を設立し、初代董事長兼総経理に就任し、日本、アジア、欧米諸国を歴訪して外資導入を働きかけた。一九九三年

から一九九八年まで中華人民共和国副主席を務めた。鄧小平指導下の中国共産党との密接な関係から「赤い資本家」の異名を取った。私が一九八六年から三年間北京の日本大使館に勤務した当時、大使館に近いＣＩＴＩＣの高層ビルは中国の近代化と改革開放の象徴だった。

白団長富田直亮元陸軍少将

横山銕三によれば、一九八九年一〇月二一日の中野正剛墓前祭の折、白団長で蔣介石の側近であった富田直亮は、蔣介石が「あれは私がやった。あんなことにならねば、こんなことにはならなかったろう。日本が取り上げなかったことは誠に残念であった」と述懐したことを披露したという（前掲『繆斌工作成ラズ』一五九頁）。

白団は、第2章で述べたとおり、台湾に逃れた蔣介石を支援するための旧日本軍人たちの組織であり、蔣介石に深く感謝されて信頼関係が深かったが、富田はその団長として、蔣介石とは肝胆相照らす仲だった。富田は陸士三二期で、「天才」と呼ばれるほど軍略に通じ、長く中国戦線で大きな活躍をした（野嶋剛『蔣介石を救った帝国軍人』（Ｉ-17）一九三頁）。戦争中も、戦後も、中国の軍や政府の幹部が密かに日本との和平工作を試みていたことは、「漢奸」との厳しい批判を招くため絶対に公にできないタブーだった。富田がそのことを理解していなかったはずはない。

蔣介石は、戦後、公には『蔣介石秘録』で、「茶番だった」と工作の真実性を否定した。しかし、蔣介石は、この工作について、深く信頼する富田にだけは、真実を打ち明けたのではないだろうか。富田も、その重大性を認識しており、蔣介石の逝去（一九七五年）から既に十数年を経過し、蔣介石が日本との和平を希求していたことは、もう披露してもよい時期だと判断し、これを語ったのではないだろうか。それは伝聞供述ではあるが、墓前祭という厳粛な場において富田が参列者にこう語ったことの信憑性は高いというべきだろう＊27。

＊27　私は、中野正剛のご遺族を通じて、この墓前祭の資料が残っていないか調査を試みたが、原資料は見つからなかった。厳格な証明が要求される刑事裁判の世界では、伝聞証拠（いわゆる「また聞き」や書面）には原則として証拠能力は認められない。しかし、①死亡などによる供述不能、②立証のための必要性、③その供述が特に信用すべき情況の下になされたこと、の要件を満たせば、再伝聞や再々伝聞などにも証拠能力が認められる。この話には、「この工作が真実であったとの蔣介石の原供述」、「蔣介石からそれを聞いた富田少将の伝聞供述」「富田氏の披露を聞いた参列者の再伝聞供述」、「それを聞いた横山による再々伝聞供述」などの複数の伝聞過程がある。これら供述者は既に死亡しているので①は満たし、この工作についての他の証拠が乏しい中で②も満たす。また、蔣介石との信頼関係が深く、この問題の機微や重要性を熟知していた富田が、多数の参列者がいる厳粛な場で虚偽や誇張の話をした疑いはないなど、③の要件も満たすだろう。

岡田芳政大佐

支那派遣総軍の情報担当課長だった岡田芳政は、横山銕三に次のようにしんみりと語った。

「この蔣介石の伝言は明らかに繆斌工作をバックアップする意図を持っている。（自分は知らなかったが）これが柴山次官らに報告されていれば、繆斌に対する軍の考えも違っていたろう。実に惜しいことであった＊28。蔣介石が本気で相手にした和平工作は、トラウトマン工作と繆斌工作の二つだけです」

「戦後数年して、南京政府の駐日公使であった陳伯藩氏が、私に『繆斌工作は本物だった……当時繆斌は蔣の親書を陳に見せ、陳は蔣の筆跡を知っていたので、繆斌にこれは本物なので日本に行ったら真っ先に柴山次官のところに飛び込みなさい、軍がそっぽを向いたらおしまいだよ、と言ったが、繆は緒方のところに行ってしまった』と嘆いた」（前掲『繆斌工作成ラズ』九九頁～）

＊28　この蔣介石の伝言というのは、繆斌工作進行中の二月、蔣介石の使者が、岡村寧次大将に宛てて、蔣介石の和平の意思を伝えたことを指している。中国戦線では勝っていた岡村は、蔣介石は生意気なことを言っていると思って相手にしなかったが、戦後そのことを後悔した。岡田芳政課長はこれを当時知らされていなかった（後述三六八頁～）。

小磯の弁護人三文字正平

三文字正平は、東京裁判で小磯の弁護人を務めた。三文字は、戦後、一九八一年（昭和五六年）の『人物往来』二月号に「葬られた繆斌工作」（B-26）と題する貴重な記録を残した。

三文字は、小磯とは古い知己だった。一九四四年七月、東條内閣が倒れ、朝鮮総督だった小磯に大命が降下された。三文字は京城で直ちに小磯に会い「今度の内閣は戦争を終局する内閣ですよ……速やかに上京し、組閣して戦争を停止しなければなりません」と進言し、三文字自身も小磯の後を追って上京した。三文字は、八月初旬頃、小磯に、「終戦をやる第一の方法はソ連を通じて米英と停戦するより外ないと思う」と話したが（※当時はまだヤルタ会談の前だった）、これは進展せず、そこで繆斌工作が進められることとなった＊29。三文字は、小磯や山縣初男と密接に協力しながら工作を進めた経過を詳細に回想している。

＊29　三文字は、小磯内閣の組閣時、当初、蔵相、軍需相と重光外相の三人が、東條内閣当時のまま留任となっていたのに反対し、三相とも交代させるべきだと小磯に強く進言した。しかし、木戸幸一や米内海相が、重光だけは残すようにと動いたために重光が留任することとなった。三文字は、同稿の冒頭に「小磯内閣のガン・重光の留任」と題してこれを厳しく批判している。

繆斌が蔣介石の意思を受けて来日したことを示す資料には、この工作のために重慶と交信した厚さ一〇センチくらいの暗号電報綴りもあった。その中に、次のようなものがあった。
「礼□子電悉、繆斌請求指示事項、可照前在滬与山県所、商定之原則進行、万勿譲、並将洽談情形、随時具報、為要　　礼廻午義仁甲渝六七〇号」

（訳文）
「三月一五日の電報承知した。繆斌の請求して来た指示事項は、前に上海で山県と商定した原則に照し進行させ、決して譲歩するな。なお交渉の様子をその時々詳報せよ。

三月二四日午の刻、重慶義仁甲六七〇号*30」

*30 「礼□子」「礼廻午」というのは、当時中国で用いられていた「韻目代日」という表記法によるものであろう。「滬」は上海の、「渝」は重慶の、古い略称である。

この内容は、訪日出発の前日、繆斌が蔣介石に日本との和平交渉について、新たな指示事項の有無などを問い合わせたところ、蔣介石が、以前から山縣との間で協定していた内容通りでいいので、その通り進め、譲歩はしないよう念を押すとともに交渉状況の随時報告を求めたものだと解される*31・32。

*31 横山銕三によれば、これは繆斌が持参した証拠品のうち、今日伝えられる唯一の電文だという（『繆斌工作成ラズ』一〇七頁）。横山の調査では、「義仁甲」とは蔣介石の電文暗号名だと分かったという。横山がその方面の権威である譚覚真氏に問い合わせたところ、「あの時期このような内容の電報のやり取りがあったと云うこと自体大変なことで驚いている」という返事をもらったという。譚氏は、一九三一年から早稲田大学に留学し、その後一九三四年から国民政府外交部事務官を務め、日中戦争中は、南京政府において、臨時政府駐日弁事処秘書長や駐日大使館顧問を歴任した。戦後日本に亡命した。慶応大学出身でニューヨーク在住のノンフィクション作家譚璐美はその娘である。

*32 三月一五日とは、第2章で述べたように、蔣介石が日記に次のように書いた日だった。

「ヤルタ密約をめぐる詳細な情報は、三月一五日に、駐米大使魏道明から届いた。……魏道明大使からの電報を読み、ルーズベルトとスターリンの間で行われた極東地域に関する話し合いをくわしく知ることができた……ヤルタ会談で果たして中国は売られてしまったのだろうか。もしそうならば、このたびの黒海（※ヤルタ）会談では、ソ連の対日参加が決定した、と断定できる。そうだとすれば、われわれの抗日戦争にかけた理想は夢まぼろしになってしまうであろう」

連合国の裏切りを察した蔣介石が、日本との和平に大きく舵を切ろうとしていた心境が浮かび上がるだろう。

三文字は、東京裁判で、小磯がソ連を通じた和平工作と繆斌工作に努力していたことを有利な事情として主張しようとした。ところが、そのための詳細な口述書を作成しているところに、重光の弁護人が来訪して、「それを書いて出されると重光は死刑になる」と言って、重光に関する問題は書かないよう懇請された。三文字は、小磯自身のためもあるが、真実は残すべきだと考えて口述書案を作成し、小磯に示した。しかし、小磯は「これを書くと重光が死刑になる。重光を死刑にするのは小磯だということになるから書けない」と言った。三文字は、「貴方の弁護は辞める」とまで言って食い下がったが、小磯は応じなかった。結局、口述書は「小磯はソヴィエト及び重慶を通じて和平を図った」という一行に留めた。三文字は「小磯は遂に刑務所内に於て不帰の人となった。この工作に反対した重光は再び脚光を浴びて政界に入り、今や外交の中心に存在する。不思議な時代だと思うが、二度と国の道を誤ってもらっては困る。繆斌は戦後漢奸として逮捕され一九四六年死刑に処せられた。これを以て日本では、現在、繆斌に対して二重人格者などという奴輩があるが、これは全くの誹謗の言である。アメリカからの帰りに渡日した何応欽は、『惜しいことをした。私がアメリカに行かずに中国にいたならば、決して彼を殺しはしなかったものを』と語っていた。繆斌の人格については生証人として何応欽氏が現存している」と結んでいる。

付言すると、三文字は、東條英機、松井石根、土肥原賢二、板垣征四郎、木村兵太郎、武藤章、広田弘毅の七人が死刑を執行されたのち、その遺体や遺骨、位牌の引き取りのために奔走した。その後、三文字らの努力によって、一九六〇年、愛知県西尾市の三ケ根山に「殉国七士廟」が建設された（一般社団法人殉国七士奉賛会公式ＨＰ）。

そのほか

横山銕三によれば、阿南陸相の秘書官であった稲葉正夫大佐は、後日、原書房の成瀬社長、小城相談役に「繆斌工作は本物であった」と語ったという（『繆斌工作成ラズ』二二七頁）。

田村眞作の『繆斌工作』（Ｂ－24）（一八三頁）によれば、杉山元陸相は終戦直後、自刃する前に「あの時、繆斌工作をやっておけばよかった。惜しいことをした」と側近に漏らしたという。田村は「彼も暗愚なる日本軍閥の一人であった。しかしごうがんな重光に比べれば、まだ杉山には、これだけの素直さがあった」と回想している。

これらの回想が示す事実には伝聞が多く、一つの事実だけで繆斌工作の真実性を決定的に示すものはない。しかし、置かれた立場が異なり、相互の関係も薄かった多くの人々が回想する事実が相互にこれほどよく符合していることは、繆斌工作の真実性を証明する情況証拠として意味が少なくない＊33。また、これらの人々の回想が、戦後新たな事実も加えて回想しているのに対し、重光や今井の否定の回想は、戦前の工作中の反対論の根拠に新たに加えるものは何もなく、一歩も出ていないことがわかろう。

＊33　刑事事件において、ある事実について数人が同様な供述をしたとしても、その数人が親しい関係にある場合なら、真実を述べている可能性がある反面、口裏合わせの通謀により虚偽を述べていることもあり得る。しかし、接触がなく口裏合わせの機会がない数人の供述が一致するという場合にはその信用性は高くなる。

第４　繆斌工作の真実性の検討

１　その鍵は、当時蒋介石に日本との和平の意思があったか否かにある

重光や米内らは蒋介石に日本との和平の意思がないと思い込んでいた

重光らの繆斌工作に反対した最大の原因は、当時、「重慶政府には日本と和平をする意思がない」と思い込んでいたことにあった＊34。和平の意思がないのに蒋介石が和平のために「使者」として繆斌を日本に送り込んだのは、日本からの情報収集工作ないし攪乱のための「謀略」だと考えていた。その主な根拠は、重光が三月二一日の最高戦争指導会議で配付して紹介した谷大使からの報告電報が、南京政府が派遣した使者に対し、蒋介石が和平の意思はないと明確に答えたということにあった。また、重慶政府は、連合国、特にアメリカから軍事的支援を受けて戦っており、カイロ宣言で中国の主権と領土の回復について保障されていたことなどから、重慶政府が単独で日本と和平しようとする動機はないという状況判断もあった。

＊34　広田弘毅も二月九日の天皇への重臣上奏で、「支那ニ対シテハ如何ナル方策ヲ講ズルモ蒋ハ身動キ出来ヌ情勢ニ在り」と述べていた（『昭和天皇実録第九』五五四頁）。

また、米内海相は、重慶との和平は全く駄目だと思っていた。米内が、井上成美や及川と協議し、一九四四年の夏から、極秘で高木惣吉少将に和平工作の研究を支持したことはよく知られている。しかし、米内は一九四五年五月一七日に、高木に対し、「重慶工作と重慶経由の工作は、どちらも駄目と思う。私は

昨年からそういう考えをもっていた」と話している（実松譲編『海軍大将米内光政覚書　高木惣吉写』（Ｅ－20）一一一頁）。

また、井上成美は、早くから非戦論で和平を強く求めていたが、重慶との和平には全く否定的だった。一九四〇年二月下旬、上海で支那方面艦隊の第一、第二、第三遣支艦隊司令長官の会議があった際、休憩中に第三艦隊司令長官の野村直邦中将が、井上に「自分にも重慶と特別のルートがあるに付、一つやってみようと思うがどうかね」と聞いてきたが、井上はすかさず「クビを覚悟ならどうぞ！」と冷たくあしらったという（工藤美知尋『海軍大将井上成美』（Ｅ－23）二〇四頁）。

海軍の最高幹部が重慶との和平工作に全く期待していなかったのは、一つには、海軍には重慶の蔣介石に通じる工作のルートの手がかりをまったく持っていなかったことにあろう。しかし、より重要なのは、海軍は、元々ソ連に対する敵対心や共産主義への警戒感が乏しく、和平工作の相手方にはもっぱらソ連しか頭になかったことだ。

高木惣吉が中国撤兵と並んで対ソ外交支援のために行おうとしたのが対重慶和平工作の中止だった（樋口秀美『日本海軍から見た日中関係研究』（Ｅ－3）二八四頁〜）。この点は海軍の戦争責任論についての重要な問題であり、拙著『新考・近衛文麿論』で詳しく述べる。したがって、当時海軍の幹部は、蔣介石が密かに日本との和平を求めているということは、知る由もなかった＊35。

＊35　高木惣吉は、昭和二〇年八月から、米内や井上成美の命を受けて極秘で和平工作の研究に専念していた。しかし、高木は、もっぱらソ連や延安共産党を志向した工作を進めていた。『高木惣吉日記と情報・下』（Ｅ－13）には、繆斌工作の進行中、これに関する情報は全く記載がない。工作中止後の四月七日に、米内から、初めて工作が天皇の引導で中止されたことを伝えられたという記載があるのみだ。重慶との和平工作は、米内も高木も全く眼中に置いておらず、米内は高木に相談すらしなかったことが明らかだ。

陸軍においては、阿南陸相や今井武夫を始め、重慶との和平を求める者たちもいたが、それは少数にとどまっていた。陸軍幹部の大勢は、むしろソ連を引き込もうと考え、中国共産党を延安「政権」と呼称するなど、重慶政府よりも延安政権との関係を深めようとしていた。つまるところ、陸海軍の中央では、幹部の大半が、蔣介石に日本との和平の意思があることを洞察しておらず、真剣に重慶と和平工作をすることに考えが及んでいなかった。

蔣介石に和平意思なしとした最高戦争指導会議での報告には重大な誤りがあった

三月二一日の最高戦争指導会議で、蔣介石に和平の意思がないことの根拠として提出された電報は次のような内容だった（外務省編『終戦史録２』（Ａ-72）八三頁）。

「周仏海の内報によれば曩に重慶に派遣せる連絡者周文隆より一月六日付書面をもってその後張群、熊式輝、何応欽列席の下に蔣介石に面会し、国府側の意向を伝へたる処蔣は現在米国と連合し居る関係上対日和平は不可能なり　但しこのルートは筋宜しきをもって（十語脱）趣なり　なお李思浩の内報によれば同人の息子は二月上旬重慶に到着せる旨通報ありたり　連絡の結果については未だ何等報告なき趣なり」

しかしこの電報の内容は著しく事実に反する。周仏海の克明な日記に示された経過は次の通りだ。

一九四四・九・三　午後、周作民を接見し、重慶に人を派遣することと中日和平問題について相談する。ついで李思浩も来てこの件を話し、彼の息子を二週間後に重慶に行かせ、布雷に託して中日関係に関する各種意向を伝えてもらおうと思っているという……恐らく結果としては徒に労するのみで成果はないかも知れぬ。

九・一三（※柴山兼四郎が来訪して、日本政府が南京政府の「自発的形式」で重慶と和平工作をすることを要請し、その和平条件を伝えたことの詳細を記載）

九・一四　公博（※陳公博）を呼び、彼に上海に行き、作民（※周作民）と賛侯（※李思浩の字名。李思浩は、南京政府の財政金融分野の幹部で、重慶との和平工作でも周仏海を支えていた）に会ってもらって具体的に相談し、二人のうちで重慶に行くのに一番よいのを選んでもらうよう頼む。恐らくいずれも行きたがらないであろう。

九・二八　周作民を招き、重慶に人を派遣することについて相談し、その場で張公権の妹婿朱某（※朱文雄のこと）を派遣することを決定する。朱は、何敬之……のいずれとも気軽に話すことができ、これまで二回も重慶に赴いたことがあるからである。

一〇・八　午後、周作民、朱文雄を接見する。朱は重慶に派遣する者であり、口頭で何敬之（※何応欽の字名）、張岳軍（※張群の字名）との談話内容を伝え、彼の今回の重慶行きでかなりの手掛かりをつけるよう切望する。

一〇・一四（矢崎最高顧問に）重慶に人を派遣した経過を告げ（た）。

一九四五・一・一三　黙邨（※丁黙邨）が来て、重慶に派遣した趙某がすでに戻ってきており、蔣先生には一度、何敬之、陳立夫には数度会い、結果は極めて良好であると言う。

※丁黙邨は、南京政府の特務機関ジェスフィールド七六号の首領。この和平打診ルートは、周仏海→周作民→朱文雄のルートとは異なる。

三・一一　謝企石（※顧祝同の秘書）が顧墨三（※顧祝同の字名。重慶の重鎮で国民革命軍の上将だった）の指示を携えてやって来て、顧の意向を伝達するとともに、重慶に赴いて意見交換を行ったが、いずれも南京が重慶と協調し、一緒になって共産党掃討に当たることを望んでいるという。

三・一四　周作民が来て、重慶はわが方の建議について、四月以降に回答することを承諾するという。
三・二二　余と作民が重慶に派遣した朱文雄から電報があり、われわれが提案した和平建議は、四月以降にならなければ回答できないとのこと。
四・三〇　張子羽（※重慶側の者で和平工作を担い、周仏海とは頻繁に接触があった）が来て、重慶と連携して和平を促進することを語る。
五・一一　公博（※陳公博）と最近の事を話す。重慶がたびたび人を派遣し、共同して反共に当たることの交渉に来、しかも日本軍が共産党掃討に加わることを望んでいる。国共摩擦の激しさはここから窺える。
五・三一　作民が来て、朱文雄が上海に戻ってきたが、概ね具体的な結論はないが、ただ朱は、岳軍（※張群の字名）及び天翼（※熊式輝の字名）に度々面会したといい、蔣先生も朱に重慶で待機するよう命じ、中日単独和平は不可能であり、必ず英、米をも引き込んで同時に進行すべきことを表明し、もし日本側に表示があれば、蔣先生も適当な時期に英、米にも話してもよいとのこと。

この経過を見ると、周仏海は柴山兼四郎から重慶との和平交渉を要請されたが、周自身は期待薄で乗り気でなく、渋々と対策を講じていたことが窺われる。そればかりか、むしろ、重慶の側から南京政府に対し、共産党との戦いのために連携することの打診すらあったことが分かる。

これらの経過は、最高戦争指導会議で、蔣介石に和平の意思がないことの根拠として報告された電報内容と、以下のように著しく異なっている。

①電報に記載された「周文隆」という人物はそもそも存在しない。これはおそらく派遣の人選をした周作民と使者である朱文雄の名前を混同したのであろう。周作民は南京政府の幹部で周仏海の右腕的存在で

あり、和平工作に腐心していた。朱文雄は、南京政府の人間ではなく、上海の企業の経理にすぎなかった。朱は、妻が張公権の妹であった縁故を利用してちょくちょく重慶と往来して商売をしていた。張公権は、浙江財閥の大物で重慶政府側の人間だった。要するに、周仏海は、周作民と相談し、縁故関係を頼りに朱文雄を重慶に派遣したのであって、南京政府として正規の使者を送ったというものではなかった。民間人にすぎない朱文雄は、蔣介石と直接会見したことはなく、人脈ベースで側近の張群や熊式輝と数回面談したものと思われる。「張群、熊式輝、何応欽列席の下に蔣介石に面会し」などというものではなかった。人脈社会の中国らしいやり方である。

②「周文隆より一月六日付書面をもってその後張群、熊式輝、何応欽列席の下に蔣介石に面会」して和平不可の意思を伝えられた、ということに対応する日記の記載は全くない。一月中に、重慶側から和平意思に関する回答や意向が示された形跡はない。三月一四日の段階で「四月に回答する」とされ、五月三一日段階ですら「具体的結論はない」とされている。

③むしろ、重慶側は、三月から五月にかけて、南京政府が重慶側と協力して共産党を掃討し、それに日本軍を参加させることすら持ちかけたり、五月には、蔣介石が日本との和平について英米と相談する意向すら示していた。これは、第2章で詳述した、当時、蔣介石が日本との和平に舵を切ろうとしていた考え方と一致する。

④前記電報は、蔣介石に和平の意思なしとしながら、末尾に「但しこのルートは筋宜しきをもって（十語脱）趣なり」との記載がある。これは、蔣介石が、結論はともかく、この交渉ルートを評価しており、交渉継続の意図があるという意味にもとれる。推測だが、この部分は蔣介石の和平意思完全否定の報告の妨げとなるので、「十語脱」としてぼかしたと考えるのは勘繰りすぎだろうか。原文が残っていれば確認したいものである。

つまるところ、この電報は著しく事実に反しており、意図的な虚偽ないし粉飾の可能性すらあろう。当時陸軍が繆斌の示した極めて合理的な和平条件を「即時無条件撤兵」などと、悪意をもって歪めて記録したり、スウェーデンやスイスを舞台として行われたダレスとの和平工作について、現地外交官らが悪意をもって中央に報告したこと、また東郷外相が、藤村海軍中佐による工作と、後述の北村・吉村らによる工作とを混同すらしていたことをも想起させる。

要するに、カイロ宣言以来、蔣介石に和平の意思はないと思い込んでいた外務や陸海軍の中央は、これを否定する現地の報告を鵜呑みにするだけで、蔣介石の真意を真剣に探ろうという意思も熱意も皆無だったのだ。

周仏海日記に現れる経過からは、非公式とはいえ南京政府の使者であった朱文雄からの和平の打診について、重慶側は、これを拒絶することなく接触を継続していたことが読み取れる。これは繆斌工作とほぼ並行した時期だった。重慶・蔣介石側も周仏海側も、対立関係にあるとはいえ、様々なルートでの交渉や接触を維持継続していた。あるルートから和平工作の打診があるとき、その真意などを測る参考とするため、別のルートから入る和平の打診についても拒絶することなく、並行して対応することには合理性がある。おそらく、当時、進められていた繆斌工作における日本側の真意と実現可能性について、重慶側はそれを瀬踏みするために、南京政府側から持ち掛けられる和平の打診についても、窓口を閉ざすことなく、いわば「転がしながら情報収集を行っていた」というのが真相だったと思われる。

蔣介石は日本との和平を求めていた

第２章で詳述したように、蔣介石は当時、連合国の中で孤立を深めていた。カイロ宣言で約束された中国の主権と領土の保障も、テヘラン会談からヤルタ密約に至って踏みにじられていたが、蔣介石は、当時からその状況を様々なルートで把握していた。また、表面的な「国共合作」の旗の下で、共産党との事実上の内戦の芽は早くから生まれ、日本の戦局悪化に伴ってますます激化していた。蔣介石は、このまま日本が降伏、壊滅すれば、延安の共産党がソ連の支援を受けて中国を支配することになると強く恐れていた。アメリカでは、国務省を中心とする共産主義者やそのシンパたちが、重慶政権を非難中傷し、延安の共産党を礼賛する報告や活動に力を入れており、蔣介石の立場を苦しくしていた。また、イギリスは、強欲な東南アジアの植民地支配回復をもくろみ香港返還に応じようとしないことも蔣介石は知っていた。蔣介石とその右腕の戴笠のイギリスに対する反感と憎しみの強さは、アメリカ海軍から中国に派遣され、SACOを中国と共に設立して戴笠と深い信頼関係を築いて共に抗日戦を戦ったミルトン・E・マイルズが極めて詳細に記録している（拙著『OSS（戦略情報局）の全貌』（H-47）に詳述）。

蔣介石は、今は日本が軍部の横暴に支配されて侵略戦争に走っているが、元来は日本と中国は東亜の友邦であり、辛亥革命を支援した日本の友人知己を多く知っており、日本こそが真に連携すべき相手であるとの考え方を、終始失っていなかった。また、天皇は本来国際協調と平和を志向しており、天皇自らが侵略戦争を主導したのではないことも蔣介石は知っていた。軍部や外務省は相手たりえず、最後に日本の意思を決定するのは天皇しかない、ともよく認識していた。蔣介石は、今、日本と和平することが必要だと強く考えていたのだ。

「謀略」には二つの意味がある

重光や米内、杉山らは、繆斌工作を「謀略」と決めつけていた。それは、前述のように、当時、蔣介石に日本との和平の意思はない、と思い込んでいたためだった。和平工作における「謀略」とは二つに大別される。一つは、和平の真意はないが、和平を求めているふりをすることによって相手方と接触交渉するものだ。その目的には、①相手方と接触してその動きを探り、情報収集を行うこと、②相手方の強い攻撃の矛先を緩めさせるなど有利な情況を導くために、和平の意思があるふりをして攪乱しようとするもの、があろう。一九三九年暮れから一九四〇年九月まで試みられた今井武夫らによる「桐工作」や、一九四〇年初めから一一月末まで進められた、松岡外相主導での西義顕、田尻愛義らによる「銭永銘工作」は、南京政府の樹立やその承認を思いとどまらせるための謀略の面もあったとの指摘がある。

もう一つの「謀略」による和平工作は、真に和平を求めてはいるが、正規の外交交渉のルートに乗せるには状況がまだ熟さないため、水面下で、外交ルートのバックチャンネルとして、和平に導くためのお膳立てを行うものだ。アメリカのＯＳＳのダレス機関による「サンライズ作戦」が、北イタリア戦線のドイツ軍を、密かにヒトラーに背きつつ、連合国への降伏に導いたものは、まさにこのような「謀略」による和平工作の真髄だった。小野寺信大佐が試みたスウェーデン王室を仲介者とする和平工作、スイスにおいて、国際決済銀行の北村らが、岡本清福陸軍中将や加瀬公使らと連携してダレス機関を窓口として試みた和平工作、またバチカン工作なども、すべてこの意味の「謀略」による和平工作だった。しかし、これらの工作は、いずれお膳立てが整い、正規の政府間交渉を開始する時期が熟せば、本来の外交ルートの俎上に乗るべきものだ。

重光をはじめとする繆斌工作を潰した人々が、この工作を「謀略」だと決めつけたのは、つまるところ、蔣介石に和平の意思がないと思い込んでいたためだった。和平の意思がないのに和平をもちかけてくるのは、「謀略」だということが理の当然となる。

これに対し、東久邇宮が次のように杉山や梅津に語ったことは、極めて卓見であった。

「中国では、一国と一国の和平交渉とか、同盟、連合とかにはいきなり国王が直接交渉することはない。はじめは布衣《ほい》の士が、内々に国王にたのまれたり、大臣にたのまれたりしてやる、そしていよいよ話がまとまったところで、はじめて、公式に談判が開始される……これが中国の建前だと思う。特に、今日の日本と重慶とは戦争をしている。おまけに「相手にせず」といっているときに、どう考えても重慶から正式の使者が来るわけがないではないか。第一に、蔣介石氏の立場として、委任状を日本に持たせてよこす〜と考えることすら誤りである。委任状なく、地位もないところがかえって面白い。信用が出来るとか、出来ぬとかいうが、よしんば詐《だま》されてもよいではないか」

杉山は、最高戦争指導会議で「繆斌は元来重慶の廻し者と考へられて居るを以って今回如何なる資格を以って来京せる次第なりや」などと述べた。重光は、谷大使からの「柴山次官をして南京政府に申し入れたる重慶側との交渉の件については……蔣介石において日支和平は不可能と考へ居るとのことなり」との前記電報を読み上げて同様に反対した。しかし、これらは、蔣介石に和平の意思があったことの洞察を全く欠き、組織論、官僚的発想の形式論、建前論の域を出ない「因縁（インネン）」の類であった。「やんちゃな宮様」と呼ばれ、自由で柔軟な発想に富んだ東久邇宮の考えは、職業外交官として過剰ともいえる自信をもっていた重光や谷大使らよりもはるかに洞察力があり、正鵠を得ていた。

なお、この工作を、繆斌や陳長風の背後で実質的に指揮していたのが戴笠であることは、疑いがないが、戴笠が、それを蔣介石の指示や了解なく、特務機関としての独自の判断による「謀略」として行っていたことは考えられない。なぜなら、当時は大陸打通作戦も終了し、日本の敗戦は時間の問題であって、中国としてはそれを待つだけでよく、情報収集や、日本軍の攻撃の矛先をかわそうとする「攪乱」のための「謀略」として和平工作を行う必要性は全くなくなっていた。また、和平工作を行っていることが延安の共産党に漏れると直ちに重慶は激しい非難攻撃にさらされる。そのような、メリットはない反面、重大なリスクを伴う工作を、戴笠が蔣介石の了解なしに行うことはあり得なかっただろう。

２　重光が固執した南京政府は和平交渉の窓口にはなりえなかった

一九四四年九月五日の最高戦争指導会議では、従来、重慶政府を屈服させるべきとしていた方針を改め、従来よりも大幅に緩和した条件での和平工作を進めることとした。しかし、それは南京政府を通じてやるべきこととされた。日本が「国民政府を対手とせず」と声明し、汪兆銘工作によって南京政府を樹立させ、それを承認した経緯による建前論だった。特に、「対支新政策」を真剣に推進し、南京政府の強化に努力してきた重光としては、南京政府を無視ないし軽視し、外交ルートを通さないで行う和平工作に対しては激しい嫌悪感と怒りを感じたであろうし、その心情は理解できないではない。また、物事の筋と信義を重んじる天皇としてもそう考えることは自然だった。

この新方針は、南京政府の最高顧問から陸軍次官への栄転が決まった柴山兼四郎中将から、その離任前の一九四四年九月一三日、周仏海と陳公博に伝えられた。周仏海日記にはこう記されている。

「柴山中将が……言うには、日本政府は情勢が不利であり、時期も適していず、成功は難しいことは知りながらやはり積極的に全面和平工作を行うことを願っており、ただ日本政府は表に出ずに、わが政府がこれを行い、しかも外部には日本側によって発動されたものであることを知られないようにすべきであるとして要点を挙げる。①純粋に平等な立場で和平すること、②もし米国が重慶にある空軍を撤退すれば、日本は直ちに全面撤兵すること、③重慶と英、米の関係は、重慶側の意見、決定を尊重すること、④保証の問題については、重慶側の意見を確かに知ってから決定すること、⑤南京と重慶、汪と蔣の問題に関しては、中国の内政であり、双方が協議して決めるものとするという」

しかし、このような南京政府を通じた和平交渉は、重慶政府が相手とすることはおよそあり得ない空しいものだった。

南京政府は樹立当初から傀儡化していた

第1章で詳述した通り、一九四〇年三月に樹立された南京の汪兆銘政府は、その立ち上げの時から、既に傀儡化していた。影佐禎昭らが汪兆銘を引き出すために、一九三八年一一月二〇日に高宗武らと協議して漕ぎつけた「日華協議記録」の内容は、その後間もない一一月三〇日に御前会議で決定された「日支新関係調整方針」によって大幅に後退した。更に一二月一九日の汪兆銘の重慶脱出直後、一二月二二日に出された第三次近衛声明では、汪らが最も期待していた日本軍の撤兵条項が欠落してしまい、汪は梯子を外された。汪に続く領導らは誰もいなかった。同月に新設された興亜院は、官民の関係組織による中国権益の争奪合戦の場となった。

翌年に入ってからの梅華堂での影佐や高らとの協議は、興亜院の圧力を受けて苦渋に満ちたものとなり、日本の露骨な権益要求に怒り、失望した高宗武や西義顕らは工作から離脱し、翌一九四〇年一月、高らはその要綱を香港で新聞に暴露した。汪兆銘はこのような苦渋の中でも政府樹立方針を維持し、同年三月三〇日、南京で国民政府遷都式が挙行されたが、盛り上がりのない淋しいものだった。

同年一一月三〇日、日華基本条約が批准され、日満華共同声明が出され、日本は南京政府を承認したが、このスタート時点から、その傀儡性は明らかだった。南京政府を傀儡化せず立派に樹立し、発展させて日中和平の模範を示すことによって、蔣介石の抗日姿勢を改めさせようと考えた汪兆銘工作の失敗は、誰の目にも明らかであった。

重光が推進した「対支新政策」も付け焼刃だった

重光葵は、一九四二年初頭、南京に中華民国大使として赴任し、一九四三年四月二〇日には東條内閣の外相に就任した。この間、重光が取り組んだのは、南京政府の強化だった。それが、中国を安定させ、和平につながると考えたのだ。

重光の強い働きによって、一九四二年一二月二一日、御前会議が「大東亜戦争完遂のための対支処理根本方針」を決定した。それは、

「国民政府参戦を以て日支間局面打開の一大転機とし日支提携の根本精神に則り専ら国民政府の政治力を強化すると共に重慶抗日の根拠名目の覆滅を図り真に更新支那と一体戦争完遂に邁進す」

とし、その実施要領として、

「国民政府に対し勉めて干渉を避け、極力其の自発的活動を促進す」「租界や治外法権などの特異の諸事態の撤廃乃至調整を図る」

経済政策として

「勉めて日本側の独占を戒むると共に支那側官民の責任と創意を活用する」

重慶方策として

「帝国は重慶に対しこれを対手とする一切の和平工作を行わず状勢変化し和平工作を行はむとする場合は別にこれを決定す」

というものだった（この時点ではまだ、対重慶工作は一切禁止されていた）。

翌一九四三年一月、日本が南京政府に対し租界還付、治外法権撤廃を認めた「日華新協定」が調印された。同年一〇月には先の日華基本条約を破棄して日支新同盟条約を締結した。これらの措置により、形式的には、南京の国民政府は日本と対等の地位を得ることとなった。また、重光は東條首相に働きかけ、一九四三年一一月七日に「大東亜会議」を開催した。

重光は、日中戦争や日米戦争の開始や拡大に反対し続けた優れた職業外交

重光　葵

官であり、このように南京政府との信義を重んじてその発展強化に懸命に努力した。しかし、重光が進めたこれらの政策は、その主観的意図や期待とは異なり、客観的には重慶や英米などからまったく評価されず、成果は期待できなかった。欧米列強の植民地支配に苦しんできたアジアの諸国が連携して自由と独立を勝ち取っていこうという大東亜会議の精神、理念には、歴史的に正しい意義の側面もあった。しかし、日中、太平洋戦争は、その開始時点からこのような精神や理念を掲げて戦ったというのではなく、宣戦布告なしに開始された日中戦争がずるずると拡大し、様々な政策判断の誤りも含む曲折を経て日米開戦に至って戦争が泥沼化した。戦況が極めて悪化してから開催されたこの会議の精神や理念は、いわば「後付け」のものであったと言わざるを得ないだろう。イギリスを始め欧米列強が、その実は露骨な植民地支配の維持を目論みながら、国際外交の場では理想や正義を掲げて自国の正当性を主張するような老獪さやしたたかさは、日本の為政者の及ぶところではなかった。

重光が打ち出したこのような「対支新政策」は、実質的には「新政策」の名には値しなかった。影佐らが重光堂で会談し、南京政府を傀儡化せず、日本と対等の立場でそれを発展成長させようとした考えの焼き直しのようなものだった。

だから、重光が、日本の敗色が濃厚となった状況で、南京政府の充実強化を強調しても説得力はなかった。露骨な傀儡化を進めた日本の軍部や政府が、いまさら南京政府への干渉を避けてその強化に努力すると言ったところで、それはいわば、イソップの狼少年の譬え話のようなものだといっても過言ではなかろう*36・37。

＊36　大蔵省出身で、企画院総裁、南京国民政府最高経済顧問、初代の大東亜大臣を務めた青木一男は、重光葵と共に、対支新政策や大東亜会議の開催に懸命に努力した。青木は、日米開戦前、企画院で日本は米英を相手に長期戦に堪える国力を有しないとした第二委員会報告を決定して近衛総理に提出し、日米開戦に強く反対

した。青木は、軍の圧力にも屈せず信念を通した硬骨の人だった。武装兵二人を連れた辻政信大佐から、陸軍の統帥人事権を侵犯したので生かしておかぬと因縁を付けられて恫喝されたが、「文句があるなら東條大臣に言え」と一蹴して追い返したこともあった。戦犯として巣鴨に収容されたが、起訴されず三年後に釈放され、参議院議員を四期務めた。青木は、一九四〇年三月、南京国民政府の遷都式の後、一一月三〇日に日華基本条約が締結された際、汪兆銘から最高経済顧問就任を懇請され、これを受けるとともに外務省外交顧問にも任命された。青木は汪と深い信頼関係を築き、南京政府の育成発展のために努力した。その経緯を青木は「信念の政治家汪精衛先生の思い出」として回想している（青木一男『わが九十年の生涯を顧みて』（A-14））。もし、重光や青木のような人が、一九三八年一二月の汪兆銘の重慶脱出の当時から、汪兆銘政権が傀儡化しないよう、影佐らの梅華堂での交渉を支援し、興亜院の利権争奪合戦を阻止し、当初から汪の期待に沿って南京政府が樹立されていたとしたら、歴史の展開は変わっていたのではないだろうか。

＊37　第1章一一〇頁で述べた通り、マーティン・S・キグリーは著書『バチカン発・和平工作電　ヒロシマは避けられたか』（B-48）で、当時、バチカンでさえそれを見抜いていたことを指摘した。

「対支新政策」について、盧溝橋事件発生当時から戦争指導課で事変の不拡大のために奮闘し、梅華堂における汪兆銘らと影佐禎昭らの苦渋の協議の状況を知っていた堀場一雄は的確に回想している（堀場一雄『支那事変戦争指導史』（D-15））。

堀場は、既に一九四〇年四月二六日、南京国民政府の遷都祝典が行われたとき、日本からの慶祝使節の祝辞朗読を聴き、次のように慨嘆していた（四〇六頁〜）。

「一様に善隣道義の思想を強調せるを聴き、天井を仰いで失笑せり……強硬権益の思想が横行し、戦勢が衰えるに及んで道義解決の思想抬頭せしこと幾度ぞや。予は久しく各界の強行権益の思想に抗し疲れたり　是事変解決のならざる根本原因なり　今また道義の辞令看板を翳したるのみにあらざるか」

更に堀場は、重光らの対支新政策の努力により一九四三年一〇月三〇日に日支新同盟条約が締結されたときもこのように慨嘆していた（六九一頁）。

「勢盛んにして権益を謂ひ、時非にして道義を叫ぶ～事変中幾度かこれを反復せし。今や南方戦局漸く非にして先の権益者流支那に向かって内容空疎なる大乗道義を説き、従来の国策を蔽履の如く葬れり。是明瞭なる彼等自体の屈服なるのみならず、屈服を国家に強いるの暴挙にして二重の罪過たり。……理念への復帰余りに遅く時期甚だ悪し」

中国側から見れば、日本の軍部と政府には裏切り続けられたという思いが深かった。南京政府立上げの時の梅華堂での苦渋の協議を知る者にとって、「対支新政策」には「いまさら何を」という思いがあっただろう＊38。

＊38　周仏海日記の一九四三年二月二三日には「日本が租界を返還し、治外法権を撤廃したことは固より感謝すべきことであるが、人民はこのことについてあまり喜びを示していない。それは切実な利害問題、例えば物価高騰の類が解決されていないためである」と書いているなど対支新政策を評価する記載はほとんどない。

重慶から見れば、南京傀儡政府を通じる和平工作の申入れは、その背後で日本の軍部や政府が操っていることが歴然としており、いわば「子供の使い」のようなものだった。まして、第2章で詳述したように、当時、重慶政府と共産党は、お互いに相手が密かに日本と通じ、協力しようとすることを非難中傷しあい、日本と通じようとする者を「漢奸」として攻撃していた。また、連合国内では単独和平を行うことは認められていなかった。重慶の政府や関係者の周囲には延安の共産党の特務機関の目が光っていた。したがって、南京政府から派遣された使者に対し、重慶に日本との和平の意思があるとは口が裂けても言えなかった。谷大使や重光らはこれらを全く洞察できていなかった。

また、南京政府にとっても、重慶側からは裏切り者として敵視され、侮蔑の対象となっている自分たちが重慶との和平交渉を担わされることは苦痛であり、嫌な負担だった＊39。周仏海日記には、南京政府の軍事顧問だった柴山兼四郎から重慶との和平交渉を指示された周仏海が、この交渉に乗り気でなく、交渉の進展ないし実現にほとんど期待を示していなかったことを示す記載が随所にある。もし重慶と和平交渉を行うなら、南京政府にその役目を押し付けず、日本が自らやってほしいというのが本音であっただろう。

＊39　重慶政府は、汪兆銘らの脱出後に汪らを永久除名し、逮捕令を出していた。汪兆銘政府が樹立された日、重慶政府は、新政府に参加した汪兆銘以下一〇五人に再び逮捕令を出した（堀場一雄『支那事変戦争指導史』（D-15）三九〇頁）。小磯は、当時、重慶は南京政府の要人を国民党から永久除名し、逮捕令を出しており、相手にするはずがないと考えていたが、この認識は正しかった（横山銕三『繆斌工作成ラズ』（B-23）六六頁）。

和平交渉は南京政府を通じて行う、ということは必然でも何でもなかった。最高戦争指導会議の決定は、法律ではなく政策判断の問題に過ぎないので、日本政府や軍部が直接行うのがよいと方針を変更すれば、そう決定すれば足りた。現に最高戦争指導会議の決定は、重慶は屈服させるとの初期の方針から、重慶とは一切交渉しない、重慶と交渉するがそれは南京政府を通じる、その方針にはこだわらず陸軍による工作も許容する、と何度も変更された。一九四〇年に今井武夫が行った桐工作は、汪兆銘らの事前の了解を得て陸軍が直接に重慶工作を行ったものだった。

もともと、汪兆銘や周仏海が重慶を脱出して上海に至り、南京に国民政府を樹立したのは、蔣介石を敵視し、訣別するためではなかった。南京政府が立派に成長してその実績を内外に示すことにより、いずれは蔣介石と再び合流して中国の統一政府を樹立することに真の目的があった。だから、周仏海らとしては、もし日本政府が、従来の方針を大幅に改め、重慶も受け入れられるような条件で、その交渉窓口を南京政府に押し付けず、日本が自ら和平交渉を担ってくれるというのなら、それは大いに歓迎すべきものだっただろう。重光が南京政府を介すべきだと固執したのは「対支新政策」による南京政府への思い入れが強かったこともあろう。また、軍部は、それまで戦争によって屈服させようとしていた重慶政府に対し、今さら和平交渉を行うことへの面子もあっただろう。しかし、自らは前面に出ず、南京政府を通じ、交渉条件はすべて日本が決めて背後から操るような和平工作は「姑息」なやり方だった*40。内心では和平したいと思いながら、「和平工作は南京政府を通じて行うべし」と固執したことが繆斌工作を潰した大きな原因であることは見逃せない。

＊40 周仏海は、南京政府を通じて重慶と和平交渉をするという日本の期待について日記に次のように書き、日本への不信を露わにしていた。

一九四三年一一月二日（※訪日して東條首相と会談）　東條は重慶との和平を望むとは発言しなかったが、全体としてはそれを切に望んでいることがにじみ出ている。重慶との和平を望むが、日本側は直接にはそれと接触せず、南京が行うことを望む。日本側の中国の物事に対する無理解はこのことからもわかる。余は度々側面からこのことを訴えてきたが、日本当局はまだその点を自覚していない。

一九四四年六月五日　日本側は絶望となれば、必ず自分自身の政策及び方法の不賢明さを咎めず、かえって我々が措置を講じなかった、と我々のせいにするに違いない。

３　周仏海日記などに見る南京政府の実情

南京政府自体、重慶との工作には自信がなく、南京政府の解消にはこだわっていなかった

重光らが南京政府の解消を伴うような和平工作を拒絶し、和平工作は南京政府を通じて行うべきだとしたことは、周仏海ら南京政府の要人にとっては、有難迷惑なことだった。もともと、汪兆銘や周仏海らが重慶を脱出し、南京政府樹立に至ったのは、蔣介石を敵視し、対立したからではなく、和平工作の路線の違いが原因だった。和平が実現するのであれば、汪兆銘も周仏海も南京政府を解消して重慶政府の傘下に入ることになんの躊躇もなかった。

汪兆銘は、一九四四年一一月一〇日、名古屋で客死したが、一九三九年にハノイから上海に脱出する船中で影佐らと会談した際、こう語っていた（松本重治ほか『人間影佐禎昭』（B-5）四八頁〜、塚本誠『ある情報将校の記録』（B-21）二七四頁〜）。

「自分の運動の目的は……和平を招来せむとする外何ものでもなく和平さへ出来れば政権は誰が握らうがそんな事は敢て問ふ所ではない。自分の和平運動の目的は重慶政府をして和平論に傾かしめ抗戦を中止せしめむとするにある。従て将来重慶政府にして自分の運動に合流し来る場合に於ては既に運動の目的を達したのであるから自分は断然下野する事は何等の躊躇を要しない」

また、第１章（三八頁）で述べたように、一九三九年五月、訪日した汪兆銘は、平沼首相らと会見した際、「和平が実現したら自分はいつでも身を引く」と言い、南京に成立する政府の存続や自己の地位には全く拘泥しない考えを語っていた。

西義顕らは、汪兆銘工作の限界を自覚し、松岡洋右の強力な後押しの下に、一九四〇年初頭から、重慶との直接和平工作である銭永銘工作に取り組んだ。これは南京政府の承認と時間を争う形で進められた。西は、工作に当たり、汪兆銘との信義に背かないため、南京政府に行って汪兆銘にこの工作を進めることの了解を求めた。汪は涙を浮かべて蔣介石に対する憎しみの情を語り聞かせたが、最後の結論として、この工作の推進に同意を与えた。周仏海が、汪の同意を文書で松岡宛に書いた。汪は、こう語った。

「自分は、個人の感情としては、蔣介石を絶対に許せないほどのものを持っている。……けれども中日全面和平という終局の大義のためには、よしんば相容れない蔣介石が、この上さらに自分の親を殺すほどの所業を自分に加えることがあると仮定しても、自分はなお彼と再び協力することを辞するものではない」

西は深い感銘を禁じえなかった（葦津珍彦『大アジア主義と頭山満』（A-25）一二二頁）。

繆斌が考えた、南京政府の解消、留守政府の設置は、それによって和平が実現するのであれば、汪の考えに合致こそすれ、それに反するものでは全くなかったのだ。

周仏海の克明な日記には、重慶脱出から南京政府樹立に至る当時から一貫して、その目的は和平の実現にあり、それが実現するのなら、自分たちの政権維持には全くこだわらない考えであったことが頻繁に記載されている。また、樹立された南京政府が、当初の影佐らによる協議・構想の理念を離れて傀儡政権化してしまったことを嘆いている。さらに、一九四四年秋から、南京政府が重慶と和平工作をするよう日本側から指示されたことについて、その実現の可能性が乏しく、無力感にかられていたことが感じ取られる。主なものを拾ってみよう。

一九三八・一二・二八（※重慶脱出直後）今回の行動には決して反蒋の意図はなく、完全に和平を主張することにある。

一九三九・一・一　重慶政府とは方法を講じて連絡をつける必要があり……道は異なれども帰するところは同じで、全国の停戦和平を常に目標と（する）。

一・一三　余は日本側に交渉して、彼らにこれ以上蒋先生の下野問題を提起しないよう求めることを請け合ってもいい。

一・一七　短期的には国府は南京に戻るが、軍事委員会はやはり重慶にあるものとする。

一・三〇　将来、和議成立の暁には余は一切を捨て去り、一平民となる。

三・二二　余は一切を犠牲にし、もしも全面和平が成就するものなら、新政府そのものは再検討してもよい。
四・二〇（重慶の情報工作者陳肖賜に対し）わが国はいま和平するのがよろしいことを告げ、このことを陳果夫、立夫に伝達し、蔣先生に伝達してくれるよう要請し、和平に有益なことなら蔣先生の命に従うことを伝えた＊41。
＊41　周仏海の終戦までの長い日記では、ときどき蔣介石の頑固さ、厳しさを批判する記載もみられるが、基本的に一貫して蔣介石を「先生」として崇めている。
五・二六　余らは今回の和平運動についてはもとより一切を犠牲にする準備をしており、もしも和平が到達するのであるなら亡命をも惜しまぬつもりである＊42。
＊42　前述（三二六頁）のように、繆斌工作の和平交渉案では「現南京政府の要人は日本政府において収容す」とされており、周仏海らの意図にも合致するものだった。
八・二四　余は、汪、蔣が合作し、共に国難を挽回することを主張する。
九・一一　中国は統一されるべきであり、南京と重慶は合作すべきである。
一〇・二　遷都の本来の目的は中日合作の模範を示し、重慶に抗戦の不必要を悟らしめることにあったのだが、現在の現象から論ずると、余は南京にいつまでもいたいとは願わない。
一二・一二　日本人は相変わらず誠意に欠け、認識不足である……日本人の度量の狭さ、気魄のなさはやはり先天的なもののようでいかんともしがたい。
一九四〇・一二・二〇　武漢、重慶にいたときの日本に対する観察が非常に誤っていたものであり、それが今事実となって表れており、いずれも抗戦派の理論の正しかったことを十分に証明していることを深く感ずる。……認識不足についてはもとよりその罪を受けるべきものだが、国のために一心となり、いかんともしがたい状況のなかを国家のために一縷の生き延びる道を残さんとすれば、天日鬼神に対することができよう。

一九四一・一・二九　伊藤が来訪。余は全面和平の実現に努め、成功した暁には直ちに下野すると伝えた。

四・一〇　局面の打開もできず、調整も進展せず、和平も実現できず、人民の苦しみも解消できず、ことごとく予期したことに反する結果となっている

四・二八　日本軍部の中国に対する誤った認識は少しも改まっておらず、相変わらず自覚のないままであり、このような情況で事変の解決を主張しても、全面和平は（実現しない）。

六・一四（汪先生に建議）蔣が和平に応ずるなら我々は下野してもよいと意思表示するのがよい。

九・一六　もし南京と重慶の合作ができるなら、我々は個人の地位を犠牲にしなければならない。余個人としては求めるものはないが、ただ上海で安全に一庶民となることができるなら満足である。

一〇・八（日高公使に）南京政府は全面和平の障害には決してならず、余個人についていえば、和平が期待できるならすべてを犠牲にしてもよい。

一一・二九　我々の立場としてはもし撤兵が行えるのなら、南京政権の取り消しも惜しむに足らぬ。

一二・三　日本の中国に対する根本理念が改められていないので、あらゆる措置において我々が期待したところのものと反するものになっている。

一九四二・二・七（香港から戻った影佐の話）重慶は絶対に和平しない、日本には重慶との和平を望んでいるものがいるが実は夢想に過ぎない、と断定する。その観察は非常に正しい。

六・二三（重光大使に対し）国民政府を強化せずには全面和平は決して実現しがたいと告げる。重光は大変賛成する。

一〇・二九　余の今後の唯一の志願は、飛行機で重慶に行き、中日和平と南京、重慶統一の具体的方法を交渉することである。このことがもし実現すれば、余も無駄に一生を過ごしたことにはなるまい。目的が達成すれば、直ちに政治生活から離れ、読書著述をもって余生を送るつもりだ。

一九四三・二・二三　日本が租界を返還し、治外法権を撤廃したことは固より感謝すべきことであるが、人民はこのことについてあまり喜びを示していない。それは切実な利害問題、例えば物価高騰の類が解決されていないためである。

一〇・二　日本が約束したことの多くが実行できないのでは、どうして重慶に日本の約束を信用させることができようか。

一一・二（訪日して東條と会談）東條は重慶との和平を望むとは発言しなかったが、全体としてはそれを切に望んでいることがにじみ出ている。重慶との和平を望むが、日本側は直接にはそれと接触せず、南京が行うことを望む。日本側の中国の物事に対する無理解はこのことからもわかる。余は度々側面からこのことを訴えてきたが、日本当局はまだその点を自覚していない。

一九四四・六・五　日本側は絶望となれば、必ず自分自身の政策及び方法の不賢明さを咎めず、かえって我々が措置を講じなかった、と我々のせいにするに違いない。

七・三一　日本参謀本部の某中佐が言うには、彼は間もなく訪ソし、日本は延安政権を承認するであろうとのこと……おそらく全て日本側の期待通りにはいくまい……病が重くなってからやたらに医者を探すというのが、日本の今日のことである。

八・二五　子平が密かに伝えるに、昨年上海で、顧某より一台の無線を送られ、日本に持っていくよう請われたとのことで、それによると、日本が崩壊する際、中国は必ず日本と提携するとのこと。しかもこれは命を奉じて行っているものであるとも言ったという。思うにそれはカイロ会議以前のことであり、恐らく今はこの考えはないだろう＊43。

＊43「子平」とは張子平であり、周仏海と通じていた重慶側の人間だった。顧とは顧敦吉のことであろう。これは繆斌工作の真実性の情況証拠の一つとして重要な情報である。ただ、カイロ会議以降の蔣介石の連合国内での孤立状況を知らなかった周仏海は重慶の和平意思を否定的に見ていた。

九・一三（柴山中将が来訪して、最高戦争指導会議の方針で、重慶との和平工作を南京政府と通じて行うこととしてその条件を告げられたことを記載）

九・一四　柴山が来て続きを話す。公博を呼び、彼に上海に行き、作民と賛侯に会ってもらって具体的に相談し、二人のうちで重慶に行くのに一番よいのを選んでもらうよう頼む。おそらくいずれも行きたがらないであろう

これらの記載から、①周仏海は重慶脱出と南京政府樹立の当時から、蔣介石と訣別する意思はなかったこと、②和平が実現するのなら、南京政府にも自分たちの地位にこだわりはなく、重慶との合作、南京政府の取り消し、下野・亡命などいずれもいとわないと考えていたこと、③南京政府に対する日本の軍部や政府の無理解を嘆いていること、③日本から指示された重慶との和平交渉について周仏海の実現の期待は薄かったこと、④周仏海も、重慶はカイロ宣言以後は日本との和平の意思がないと思い込んでいたこと、がよく読み取れるだろう。

南京政府の解消は、むしろ周仏海らの望むところだった

汪兆銘や周仏海ら南京政府の要人は、南京政府の維持存続に未練はなかった。もともと、南京政府の樹立は中国の自主独立尊重の下に日中和平の実を上げることによって蔣介石の抗日の考えを改めさせること

が目的だった。それは、前述の、汪兆銘が影佐や平沼首相に話していたことや周仏海の日記にははっきりと示されている。しかしその期待は裏切られ、完全な傀儡政権化した南京政府に、周仏海らはもはや期待を失っていた。汪兆銘や周仏海らにとっては、南京政府を解消することで和平が実現するというのなら、それはむしろ望むところだった。

重光が対支新政策で南京政府の強化に真剣に努力したことに疑いはない。だからこそ、その解消を前提とした繆斌工作に過敏なまでに反発したのは、承認した政府を尊重すべき外交官としては無理からぬものがあった。しかし、その思いに反して、今日の目で客観的に見れば、南京政府の強化と維持方策はもはや空虚なものとなっており、いわば重光の独り相撲のようなものだった。周仏海らにとっては、ひいきの引き倒しであったといっても過言ではなかろう。繆斌工作を推進した人々に対する重光の批判は、極めて感情的で人格的非難に満ちている。外交のプロとして対支新政策の実施に真剣に努力した重光にとっては、どこの馬の骨ともわからない連中が、南京政府の解消を謳い、外交ルートによらず、勝手に重慶と和平の交渉を進めようとするのは許せないという怒りがあったのだろう。

頭山満は、蔣介石と汪兆銘の合流を期待していた

大アジア主義の下に、中国の革命と自主独立を支援し続けた巨人頭山満は一九四四年一〇月五日死去した。汪兆銘も、一一月一〇日、名古屋で客死した。

葦津珍彦『大アジア主義と頭山満』（A-25）、読売新聞西部本社『大アジア　燃ゆるまなざし　頭山満と玄洋社』（A-26）によれば、師の孫文のみでなく、蔣介石も汪兆銘も、相互には激しく対立しながら、共に頭山を崇敬し、大アジア主義の精神的な巨柱として頼りとしていた。汪のみならず、当時、訪日する中国の要人たちは、天皇に次いで、総理大臣よりも先に頭山に挨拶するのが常だったという。陳公博以下の

南京政府の要人たちは、しばしば頭山邸を訪ねて、自分たちの志とするところは、日華の協力を基礎にして東洋の解放をなしとげようとした孫文や頭山の大アジア主義にほかならないと力説していた。蔣介石も一九二七年の訪日中、自ら希望して頭山邸の隣家に起居し、頻繁に頭山邸を訪ねていた。一九二九年五月、頭山が犬養毅と共に孫文の「英霊奉安祭」参列のために訪中したとき、蔣介石は南京で二人を晩餐会に招待し「両先生は故孫総理の友人であり、我が革命の恩人」と感謝の気持ちを述べて歓待した。

松岡洋右

頭山は卓見の人で、軍事力の乏しい南京政権だけの力で日華の和平がなるとは思っておらず、そのためにはもう一人の門弟蔣介石が必要であると考えていた。両者の政治的対立は激しかったが、頭山は「汪も蔣も孫の門弟、中国の為を思う心は一つ」として両者の合流を願っていた。盧溝橋事件発生後、近衛文麿は、自らの訪中による蔣介石との談判が実現しなかったため、頭山を代わりに派遣しようとして動いたこともあった。松岡洋右が西義顕らによる対重慶の銭永銘工作に取り組んだのも、松岡が古くから頭山の対中国認識に学び、その教えを聞いた外交官だったからだったという。松岡に対しては様々な批判が多いが、対中関係についての認識には的確なものがあった。

歴史に「Ｉｆ」はないとはいえ、繆斌工作の当時、頭山や汪兆銘が健在であり、また重光外相らに大アジア主義の精神的主柱である頭山の意見を聴こうとする度量があったとすれば事態は変わっていたであろう。緒方竹虎は、中野正剛や広田弘毅らと共に玄洋社で頭山に学んだ弟子の一人だった。緒方は必ず繆斌を頭山に会わせ、頭山は最後の御奉公として、蔣介石と南京政府を合流させようとするこの工作を支援していたであろう。汪兆銘も、和平が真に実現するのなら南京政府の解消にはこだわらず、また、南京政府やその要人の立場と名誉、処遇にも十分に配慮した繆斌の和平案に同意したであろう。重光も、対支新政策を積極的に進め、大東亜会議の開催に尽力していたのであり、頭山の考えを無視することはできなかったであろう。

4　蔣介石は、和平工作を外交ルートに乗せることは絶対にできなかった

当時、蔣介石は延安の共産党と事実上の内戦状態にあった。前述したように、蔣介石と延安の共産党とは、それぞれが密かに日本と接触しながら、相手方が日本と接触した情報を掴めば「漢奸」だと誹謗しあうという、ねじれた対立関係にあった。共産党は、重慶政府の中に様々なスパイや協力者を送り込んでおり、重慶政府の動向を絶えず監視していた＊44。もし蔣介石が日本と和平交渉を始めたことが漏れれば、それは延安の共産党からの恰好の批判攻撃材料となるのみならず連合国からの批判や疑惑を招いてしまう。だから、日本との和平工作は、徹底的に秘密を守って水面下で進めるしかなかった。外交ルートに乗せるのは、そのような下交渉が整って合意にこぎつける見込みが立ってから一気に行うべきことだ。

サンライズ作戦で、ＯＳＳのダレスらが北イタリアのドイツ軍を降伏させるために行った極秘の謀略を想起されたい。ダレスは、連合国側の代表として、初めてレムニッツァーとエアリー両将軍をドイツのヴォルフ将軍と会見させるとき、両名を変装させ、偽名でスイスに乗り込ませたのだ（1章八九頁）。ましてや、南京の傀儡政府の使者はいわば「子供の使い」だ。また、蔣介石は、南京政府の背後にいる、これまで散々裏切られ苦渋を飲まされてきた日本の軍部や外務省を全く信用していなかった。このようなことを洞察できずに、派遣した使者が蔣介石から和平を拒絶されたという不正確な報告を鵜呑みにし、蔣介石に日本との和平の意思がないと断定した谷大使や重光の判断は、今日の目で見れば、「脳天気」だったといっても過言ではなかろう。

＊44　国民党も共産党もそれぞれ強力な特務機関を設け、多数のスパイを相手方の組織の中枢部にも送り込んでいた。国民党の特務機関は、戴笠が率いる軍事委員会調査統計局（軍統、藍衣社）と陳果夫、陳立夫の率いる中央委員会調査統計局（中統、ＣＣ団）だった。共産党の特務機関の最高指導者は康生と周恩来だった（ロジェ・ファリゴほか『中国情報機関』（Ｉ－26）。ミルトン・マイルズの前掲書には、戴笠配下のスパイが、日本軍や南京政府の内部に送り込まれて内部情報を収集して報告していたことが詳しく語られている。

他方、共産党の方も、水面下で日本軍と通じていた。遠藤誉『毛沢東　日本軍と共謀した男』（Ａ－46）は、中国共産党のスパイが、岡村寧次大将の支那派遣総軍との間で、中共軍が国民政府軍との戦いを有利に進めるために水面下で協力していた状況を詳述している。

５　繆斌は、蔣介石が和平の窓口とするのにうってつけの人物だった

繆斌工作は、重慶側が発案して積極的に持ち掛けたのではなかった。繆斌とその支持者である日本の有志が発案して重慶側に提案したものだ。蔣介石は、それに乗る「賭け」をしたのだ。繆斌は和平工作の窓口とするにはうってつけの人物だった。なぜなら、周囲に潜む共産党のスパイから日本との和平交渉の動きを察知されれば、直ちに妨害や非難にさらされることになる。和平交渉の窓口や使者に、蔣介石の意を受けていることが明らかにわかるような側近や腹心の人物を用いるのは極めてリスクが大きい。万一その工作が共産党やアメリカの軍や政府の親共産主義者らに漏れてしまっても、「言い訳」ができる人物でなければならない。繆斌はそれに最適の人物だった。

繆斌は蔣介石と袂を分かっていた

重光、杉山、今井武夫らは、「繆斌はかつて汚職行為により蔣介石から忌避された」「繆斌が、対日抗戦後七年を経過し益々団結を誇る重慶政府最高幹部の信任を得ているとは考えられず、仮に連絡があってもせいぜい謀略機関の手先に踊らされているにすぎない」などとこきおろした。

これらの批判は情報不足で底が浅いものではあるが、「繆斌と蔣介石との関係が外部からはそのように見られていた」ということが「壺」なのだ。たしかに繆斌は若いころ、蔣介石や何応欽の下で活躍した経歴はあったが、その後蔣介石とは袂を分かっていた。共産党と合作して抗日する蔣介石を繆斌は公に厳しく批判していた。

だから、もしこの工作が失敗に帰して明るみに出た場合でも、蔣介石は「あれは日本と繆斌が勝手にやった謀略だ」と弁解ができた。蔣介石にとって、繆斌は利用価値がある反面、いざとなったら切り捨てることもできる人物だった。蔣介石が、戦後に「秘録」で繆斌工作を「茶番だ」と全否定したのはまさにそのような意味で理解できよう。

蔣介石は、繆斌を信じていたわけではなかった

前述した、顧敦吉が蔣君輝に繆斌工作への協力と日本への動向を懇請したときの顧の語った内容を読み返すと、蔣介石や戴笠、顧らの深謀遠慮が浮かび上がる。

「……繆斌は確かに日本人間に顔が広く、自分と親戚関係があって自分の父親たちを憲兵から救い出したこともあります。けれども、中国人の中ではこの人ほど無常反復すなわち信用のできない人はいません。今度かれが日本に行って日本人とどんな話をするか分かりません。……本問題の発端は日本と繆斌であって、わが政府ではありません。わが政府は日本と繆斌との両者間の本当の話を知りたい。先生は黙って聴かれてわが政府に報告されるだけで宜しいのです。……わが方の恐れることは、繆斌が嘘を言

うことと、日本人が誠意を持たないことです……」

顧は、このように繆斌を信頼しているわけではないことを率直に語っている。そのため、誠実で信用のおける蒋君輝を繆斌の監視役として同行させようとしたのだ。

つまり、蒋介石は、繆斌という人物を全面的に信用し、自ら積極的に人選して送り出したのではなかった。だからこそ、繆斌工作は、もしそれが共産党や連合国に途中で漏れたとしても、「あれは繆斌と日本の自作自演にすぎず、重慶が関与したものではない」と言い逃れることができたのだ。

重光らが繆斌工作に反対した理由は、工作の「逆説的真実」を示している

重光らは、繆斌が所属組織を転々としたり、かつて汚職で摘発されたりした節操がなく信頼できない人物であること、蒋介石の使者であるとの資格を証するものが何もないこと、などを理由にこの工作に反対した。深く内部事情を知らない者からは、外見上そう見られてもやむをえなかった。しかし、これこそが、蒋介石にとって繆斌を工作に用いる格好の動機となった。日本と和平工作をしていることが延安の共産党やアメリカの軍部政府の親共産主義者らに知られれば立ちどころに批判攻撃の材料にされることは明らかだ。もし、蒋介石が、信頼できる側近を派遣し、「親書」でも持たせてしまえば、弁解の余地はない。しかし、このように信頼性を外見上疑われている繆斌であれば、延安などにバレてしまったとしても、「あれは、繆斌が勝手に独り相撲をとっただけだ」と突き放せば足りる。そして歴史はそのとおりとなった。つまり繆斌の信頼性に対する重光らの反対理由は、この工作の「逆説的真実」を示しているのだ。

重光らの反対理由については、もう一つの「逆説的真実」がある。重光も杉山も、最高戦争指導会議で、「繆は、元来重慶の廻し者と考へられて居る」「元来繆はむしろ重慶の廻し者」と主張し、繆斌が、少なくとも重慶から派遣された使者であることは認めていた。それは天皇にも上奏され、天皇もそう認識して

いた。「和平ブローカー」の類の者のなかには、相手方から指示や権限を与えられていないにもかかわらず、自分が相手方の使者であると偽って、工作資金をせしめようとするなど、いわゆる「語り」「詐欺まがい」のようなものもあったであろう。しかし重光も杉山も、少なくとも繆斌が重慶から派遣されたということを前提としていた。ということは、この工作の真偽は、つまるところ、蔣介石の和平の意思の問題のみに収斂《しゅうれん》するのだ。

蔣介石の大きな賭けだった

蔣介石が、信頼できる様々な人脈のルートで、日本に和平のシグナルを送っていたことは前述した。しかし、それらのルートと比べ、繆斌工作のルートは、総理大臣の小磯や国務大臣の緒方が強力に進め、東久邇宮や石原莞爾らも支援していたもので、推進人物のレベルの高さは、他の様々な工作の群を抜いていた。もしこれが成功すれば、必ず天皇に通じて和平の決断がなされる期待は大きかった。成功すれば、一気に日本と和平し、共産党やソ連への対抗態勢を構築できる。大きな賭けではあるが、繆斌にやらせてみよう、というのが蔣介石の肚であっただろう。もし失敗すれば、繆斌を切り捨てればよい。

中国四〇〇〇年の乱世の歴史に生き、辛亥革命以来国内外の軍事や政治の激動の争いを戦ってきた蔣介石の深謀遠慮は、重光や杉山、米内らをはじめとする反対派の官僚的で組織の建前論的な発想が到底及ぶところではなかった。

日本で公刊されている蔣介石日記には、既に述べたように、蔣介石が、ヤルタ密約によって中国が裏切られたことの情報を早くから得て痛憤していたことが記載されている。しかし、繆斌工作はもとより、戦争末期に行われていた幾つかのルートの対日和平工作について、蔣介石がこれを了解して進めさせていたことに関する記載は全くない。日記や回想録といったものは、「最も公正な第二次大戦史」と評価されたウェデマイヤーの回想録でも、ミルトン・マイルズや戴笠のＳＡＣＯでの活動をウェデマイヤーが連邦議会を動かしてまで弾圧しようとしたことに全く触れていないように、不利なこと、後悔されること、後世の強い批判を招くこと、は記載しない場合が少なくない。繆斌工作など戦争末期の対日和平工作は、絶対に秘密で進められなければならなかった。その上、この工作は、蔣介石が自ら発案、指示したものではなく、向うから飛び込んできたものであり、それを進めさせることは「賭け」であった。それが結局失敗した以上、蔣介石は、その真実を日記などに到底記載できるものではなかった。蔣介石にとっては、「茶番」として否定するしかなく、「墓場まで持っていくしかない」事実だった。深く信頼する白団団長の富田直亮元少将のみには、その真実を打ち明けたのだ。

6　繆斌は真に和平を求める以外に工作をする動機はなかった

繆斌が、当時、和平工作に乗り出す動機としては、真に和平の実現を求めていたこと以外には一切理由がない。当時、数十以上あるといわれた和平工作を試みる者の中には、いわゆるブローカー的な怪しげな人物もいた。和平工作をするふりをして、工作費名目で金をせしめようとする輩もあったであろう。

しかし、繆斌はこのような「和平ブローカー」の類ではなかった。繆斌の前夫人は早く亡くなったため、栄家の娘と再婚していたが、栄家は中国の民族資本を代表する大家の一つで、南海、上海はじめ各地に紡績工場や製粉工場を経営していた。上海には、「繆公館」と呼ばれる広壮な邸宅に住み、経済的には裕福であり、金稼ぎを目的として和平工作をする必要は一切なかった。繆斌が帰国するとき、小磯から工作資金の提供を申し出られたとき、自分が日本から金を受け取る理由はないと断った。繆斌をかくまった五條珠美は、繆斌が、お世話になっているせめてものお礼をとの気持ちで便所の掃除までする姿に「中国の大人とはこのようなものか」と感銘したという（横山銕三『繆斌工作成ラズ』（B-23）一三〇頁）。

金でなければ、考えられるのは売名だが、これもあり得ない話だ。当時の中国において日本との和平を試みることが、「漢奸」としてどれほど激しい非難を受けることになったかは想像に難くない。しかも、日本が戦争に勝利する可能性があったのなら、将来日本から庇護されることを期待し、日本に擦り寄り、売名のために和平工作を行うことは考えられよう。しかし、日本の敗戦が必至という状況にあって、日本との和平を試みることは、漢奸の非難を受けるリスクのみがあるだけで何らのメリットはない。その究極の結果として繆斌は処刑されたのだ。

７　繆斌の戦局の推移や予測は極めて的確だった

繆斌は、アメリカ軍は中国上陸作戦をしないことやソ連の参戦を正確に見通していた

繆斌は、三月一六日、来日して緒方竹虎に会ったとき、こう語っている（高宮太平『人間緒方竹虎』（B-28）二〇〇頁～）。

「今次の渡日については蔣委員長の諒解を得ている。また、前掲の全面和平実行案の実現については、日本政府との折衝の期限について、蔣委員長から内命を受けている。日支全面和平は、固より日米和平の前提として考えている。これによって中日両国が戦争の徹底的荒廃から救われ、東亜の保全を維持し得るのみならず、世界の平和克復に資することができる…〃米国の次期作戦は琉球を志向……その次は済州島……その後は艦砲射撃と空襲を以て徹底的にたたき、最後に日本本土上陸作戦を敢行するだろう。米国は支那大陸では作戦しない＊45。若し中日全面和平の前提として日本が中国において停戦するならば、中国としては米軍の支那大陸上陸を許さない。ソ連は米国の対日攻撃が決定的段階に入った場合、

必ず武力を以て満州に侵入してくるであらう」

繆斌の戦局の洞察は極めて的確であり、当時の日本の軍や政府の誤った認識・判断とは比べるべくもない*46。

*45 周仏海は、三月二五日の日記に「中国大陸への上陸は結局のところ逃れられず、大陸は外国軍の決戦場になってしまうのであろうか」、二七日の日記に「余は……（米軍は）中国の回廊を通過して太平洋を打通しようとするものであると思う。上海上陸の可能性はますます増え、憂慮すべき事態である」と、いまだに米軍の中国上陸を予測していた。繆斌の認識の方が遥かに正確だった。

*46 中国大陸の日本軍は、アメリカ軍の中国沿岸上陸を予想し、それに備えて満州の兵力を大幅に南下させていた。ミルトン・マイルズが一九四二年にアメリカ海軍から中国に派遣されたのも、アメリカ海軍が数年後に中国に上陸作戦を行うことが想定されていたからだった。しかし、一九四五年三月の段階で、繆斌がこれを明確に否定したのは、アメリカの作戦変更についての確かな情報がなければできないことだった。済州島には、戦争末期の一九四五年三月から、陸軍の九六師団が、連合国の上陸作戦に備えて配備され、防御陣地を構築していた。

繆斌の来日中は、その言葉どおり東京空襲はなかった

繆斌と当初訪日に同行する予定だった前述の項家瑞は、戦後、横山銕三にこう語った（横山前掲書二七頁～）。

「……交渉期限も指示してきたネ……一月末か二月初めには、交渉期限は三月末厳守と云う指令を受けていた……繆さんは、米軍の諒解がなければこの和平工作は出来ない。この件は蔣介石が直接やっている。米軍諒解の証明は自分の在京中は、東京空襲を行わない約束でなされた。三月中はもちろん、後の

二日間も空襲は無かった、と。この話は帰国後何度も聞きましたネ」
また、東京で繆斌は南部圭助にも会い、こう語っている（同一三二頁）。
「私の上京は米軍も諒解している。私の在京中は東京空襲はしないことになっている……中日和平はもとより日米和平を前提としている。米国には蔣介石が責任をもって話をつける、と云っている」
東京空襲の記録は、二月から四月までを見ると以下の通りだ。
二月　一七日、一九日、二四日、二五日、二六日
三月　四日、五日、七日、一八日、三〇日、三一日
四月　二日、四日、七日、一二日、一三日、一五日、一八日、一九日、二四日、二五日、二八日、二九日、三〇日
このように二月下旬と四月はほぼ連日に近い空襲があった。繆斌の三月の滞在中は、三月末日を除けば、一八日に一回だけだ。しかし、三月一八日以外の二月から四月にかけての空襲は、極めて激しく、毎回B29が少ない時でも七八機、多い時は三二五機が来襲している。これに対し、三月一八日、三〇日、三一日の東京空襲は「機種不明の一機」が来襲しただけで損害もわずかだった。他方、この間、三月一七日には神戸に三三一機のB29、一九日には名古屋に三一〇機のB29が来襲し、二三日には沖縄に、二七日には九州に激しい空襲があった（早乙女勝元監修『東京空襲写真集』（A-68）、NHKスペシャル取材班『本土空襲全記録』（A-70））。つまり、繆斌滞在中の東京空襲は、その言葉どおり、ほとんどなきに等しかった*47。これは、繆斌が、おそらく戴笠から陳長風を通じて、繆斌の在京中に空襲はないとの確かな情報を与えられていたことを強く裏付ける。このようなことは繆斌が推測やハッタリで言えることではない。もし、その言葉に反して繆斌の東京滞在中に大空襲があれば、たちどころに繆斌の情報や人物が信用できないことの証拠になってしまう。何よりも繆斌自身が東京空襲で死んでしまうかもしれない*48・49。

＊47 横山銕三がアラバマ大学のロナルド・H・スペクター教授（※『鷲と太陽』（H-37）の著者）に依頼して、米国公文書館の資料調べをした結果、「これは、三月一〇日の東京大空襲後は、沖縄上陸作戦の準備のため、空襲目標が九州の西南部に集中するよう設定されていることを、重慶駐在のマイルズ少将は知り得たからで、そこで戴笠とのやりとりの際『繆斌在京中、東京空襲は行わない』と回答したものであろう」と伝えてきたという（横山前掲書三〇頁）。

前述の項家瑞は、横山に対し「重慶の戴笠将軍と南京の周仏海とは毎日交信しているから、戴笠から周仏海に、繆の東京行きについて必要な時は協力するよう指示がでていたのですね。それで繆さんは、東京にある南京政府の大使館を通じて周仏海に連絡し、周仏海から戴笠に連絡した。そして二日間の延期を許可するという指示を、繆さんは東京で受け取った、という訳です」とも語った。横山は、繆斌工作は米国のOSSが重慶政府の軍統局と合作して設置したSACOを通じて連合国の作戦と密接に関係していたのだとする（同二七頁）。

ただ、この点について私は若干の疑問を持っている。周仏海日記では、周仏海がある時期から繆斌を全く信用せず、相手にしなくなったように書いており、繆斌滞在中に繆斌の滞在延期のために周仏海が戴笠と連絡を取ったとの点については何ら記載していない。この日程延長の折衝は、周仏海を通さないルートで行ったのか、あるいは周仏海は依頼されてその労を取りはしたものの、彼自身は繆斌を信用していなかったので取るに足りないこととして日記には記載しなかったのかもしれない。

また、蒋介石とアメリカの連絡はSACOを通じて行っていたということにも疑問がある。この点は、後述する。

＊48 政治評論家で東京朝日新聞にいた嘉治隆一は、次のように回想している（外務省編『終戦史録2』（A-72）九四頁〜）。

「筆者がこの問題について仄聞したのは（繆斌来日の）前年の夏のことであった……彼のもたらした案の内容や、彼の観察していた太平洋戦争の前途に対する見通しなどは、……今にして思えば、極めて妥当なものであり……ヤルタ会談の内容をどこまで知っていたかどうかそれは疑問であるが、どうも、その大体の輪郭は知っていたのではないかと思う……それほどの大事件を連合国に内示せずしてただ重慶の一存で日本に持ち出せるとしたら、甚だおかしいと筆者が（繆斌に）質問したら、直接にそれに対して答えることなく『自分が東京にいる間、東京の空襲は遠慮される筈です』と言っていた。果たして如何なる理由によるものであるかは判らないが、その間に限って彼の言の通り、東京空爆が遠のいていた事実は何としても不思議なことであった……彼が重慶との間にどの程度の諒解をもっていたかどうかそれは永久の謎である。しかし、いわゆる中国通の一部が伝える所によれば、彼は重慶から『許去』という程度の黙契は得ていたのではないかと思われる」

＊49　この工作を行うことを「米軍も諒解していた」との繆斌の言葉については疑問がある。私が調べた限り、アメリカがこの「工作」を知っていたことを裏付ける資料はない。当時、重慶が日本と和平工作を進めることは極秘であった。中国のアメリカ軍の中には延安の共産党を支持し、それと通じている者が少なくなかった。この工作をアメリカに伝えて同意を得たりアメリカをも和平に引き込むことは、工作実現の見通しが立ってから電光石火行うべきことであり、繆斌来日の時点ではまだその情況になかったと思われる。しかし東京空襲の情報については、和平工作ではなく、中国で米中が協働する軍事作戦の問題なので、抗日戦を戦っていた戴笠がそれを把握することはできたはずであり、それが繆斌に伝えられていたのだと思われる。ただ、蔣介石や戴笠らが、この工作に日本がこれに乗りさえすれば、いずれアメリカを説得できることに自信を持っていたことは事実であろう。

8　繆斌らが考えた和平条件は極めて合理的なものだった

考え抜かれた和平条件

小磯が緒方に探知させた重慶側の和平条件の輪郭は、小磯の回想記である『葛山鴻爪』（B-32）（八一二頁）によれば、次の通りである。

①満州問題は別に協定す
②日本は支那から完全に撤兵す
③重慶政府は取り敢えず南京に留守府を設置し、三か月以内に南京に遷都す
④留守府は重慶系の人物をもって組織す
⑤現南京政府の要人は日本政府において収容す
⑥日本は英米と和を講ず、

また、蔣君輝が「繆斌自身の案」として記憶するところによれば、次の通りである。

A　汪政権側において自発的に解消声明を行う。
B　汪政権解消と同時に重慶側において承認する民間有力者をもって、民意による「中華民国国民政府南京留守政権」を組織する。
C　留守政府成立と同時に留守府は重慶にある中央政府に対し留守府において暫時の間地方秩序を維持し、中央政府は速やかに南京に遷都されたき旨の通電を発する。
D　留守府は同時にまた日本に対し全面和平のため速やかに停戦撤兵されんことを希望する旨の通電を発する。
E　留守府政権成立後、直ちに停戦および撤兵に関し日華双方より軍事代表を出し、紳士協定を結ぶ。

さらに、蔣君輝は、日本軍撤退の方策について、こう回想する。

「結ばれる紳士協定に含まれるものは日本の撤兵が重点であり、日本は現在占領している県内から撤兵する。その県から完全撤退までは中国兵は当該県に入らない。兵と兵が顔を合わせないから衝突する不幸な事件の発生はない。一県よりの撤退が完了してから、中国兵がその県に入って治安秩序を維持する。おそくとも二年以内に全中国にいる日本軍は撤退できる。もちろん降伏ではないから日本軍は武装のまま撤退ができる。これと入替りに各県在留日本人の生命財産は中国軍隊が保護する」

これらを見ると、満州問題については柔軟な対応の余地を残していること、南京政府の立場や名誉を尊重して自発的な解消という形をとること、南京政府の要人を日本が収容するなど、その生命や立場の保護にも配慮していることなど、南京政府の解消が円滑になされるよう十分に配慮され、極めてよく練り上げられたものだったことがわかる。

さらに、日本軍撤兵については、「完全撤兵」の旗印は掲げつつも、「中国全土からの撤兵は二年以内」として極めて現実的なものとしている上、「降伏」とせず武装したままでの撤退を認めるなど、日本軍の名誉によく配慮したものとなっている。

これが決して甘言ではなく重慶側の真意であったことは、日本が無条件降伏した後においてすら、蔣介石が「以徳報怨」の号令の下に、岡村寧次大将を始めとする武装解除された日本兵を捕虜とは扱わず「徒手官兵」と呼ぶなどして、日本軍の名誉に十分配慮した降伏受け入れをしたことからも裏付けられよう。

「満州にはもう少しいてくださいと頼むようになりますよ」

日本の撤兵については、興味深いエピソードがある。田村眞作は、『愚かなる戦争』（B-25）（一六四頁）で、次のように回想している。

「重慶は満州に対してはソ連の侵入に備える意味からも、日本軍の駐屯を希望していたし、華北に対しても、延安の中共軍勢力に対する重慶側の対策が完成するまで、ある期間の駐屯を希望していた」

「繆さんは意味深い笑いを浮かべながら私に言っていた。『満州と華北はなかなか複雑です。重慶側からは今度はあべこべに日本軍にもう少しいてくださいと頼むようになりますよ』」

「K（※顧敦吉）は、『撤兵接収は円満に行きますよ』と言い、繆さんは『歓送会を開いて日本軍を送ります』と言っていた」

これは極めて意味深長な言葉だ。蒋介石としては、満州も中国の主権下の領土である以上、日本軍撤兵という旗印は下せない。しかし、それは「即時全面撤兵」を意味するのではなかった。蒋介石の肚には、国民党軍の態勢が整い、満州や華北に進駐できるまで、ソ連と共産党の侵略の防波堤として日本軍を必要な限度で残留させ、その他の軍隊は名誉を保って円滑に撤退させようという考えがあったことは容易に推察できる。敗戦後、蒋介石や何応欽が、「以徳報怨」の下に、船舶の提供など甚大な協力をして二〇〇万人を超える日本の軍民の早期帰還を実現したことが想起される。敗戦前なら遥かに容易だったはずだ。

中国人は、建前や大義名分は重視するが、実際の運用や行動においては極めて現実的、合理的、打算的だ。日本が、リットン調査団報告が満州における日本の権益についても相当な配慮をしていたにも関わらず、これに対して過度に反応して国際連盟を脱退してしまったこと、また、蒋介石は満州に対する日本の関与についてはかなりの理解をしていたにも関わらず、トラウトマン工作などの和平交渉において、日本は満州国の「承認」の二文字に固執して蒋介石の退路を断ってしまったのとは大違いだ。

繆斌工作についても、同じことが言える。繆斌工作の中国側の真意を十分に確認しようとの真摯な姿勢があれば、上記の繆斌らの方針が、日本の軍部や南京政府側にもよく配慮されたものだと理解できたであろう。しかし、重光であれ、現地の谷大使らであれ、そのような姿勢は全く欠けていた。そのため、「日本の全面撤兵」は即時撤兵を意味し、また南京政府の「抹殺」を求めているものと曲解し、思い込み、最初から拒絶反応をしてしまった。

前述のように（二四二頁）、四月三日　天皇は、重光を御召の際、こう語った。

「此前も聴いた繆斌の事ね……繆斌は一体重慶の廻し者とも見らるべきもので、果たして利用し得るかも分からぬ者を連れて来る等は如何かね……いくら忠誠なる日本軍隊でも、船舶の欠乏の今日、三か月以内に撤兵することなぞ不可能に思はれるし、又南京政府、上海市政府を取消することは国際信義に反することである」

「三か月以内の撤兵」など、まったくの嘘だ。重光や谷大使、木戸らが、はなからこの工作を潰そうとしていたため、重慶側の前記のように十分に練られて配慮された和平方策の真意を知る努力を全くせず、天皇に正しい情報を全く上げていなかったことがよく分かるだろう。

「謀略」には二つあり、外交ルートに乗せる前にバックチャンネルとしてそれまでのお膳立てをする「謀略」が重要な意義を持つことは前述した。しかし、それは、飽くまで担当者が行う現実の工作段階での話である。謀略も含んで進めた交渉過程が煮詰まって国策のレベルまで高まり、天皇に裁可を仰ぐ段階に至れば、もう「謀略」の域は脱していなければならない。天皇ご自身まで「謀略」に関わらせてしまうことがあってはならない。したがって、工作を具体的に指揮指導する為政者らの天皇に対する輔弼の責任は極めて重い。

9　繆斌刑死の経緯と理由

繆斌が逮捕された時期を今井武夫は誤っていた

今井武夫は『支那事変の回想』（B-13）（二〇二頁）で「中国国民政府軍が、奥地から南京、上海付近一帯に進駐するや、彼（繆斌）は真先に漢奸として逮捕せられ（た）」と書いている。しかし、これは誤りだ。

横山銕三『繆斌工作成ラズ』（B-23）（一四五頁～）などによれば、漢奸の逮捕は、一九四五年九月、一〇月頃に各地で盛んに行われ、一段落した。汪兆銘夫人陳壁君の逮捕は八月二五日だった。一時日本に亡命して帰国した陳公博は一〇月三日に逮捕された。何応欽は、一〇月、漢奸の逮捕はほぼ終わった、と重慶で新聞発表したという*50。

＊50 劉傑『漢奸裁判』（B-39）（一七八頁～）によれば、九月九日からの漢奸の逮捕は一九四五年末までに一段落し、逮捕者は四二九一人に上った。実際に逮捕を担当したのは、戴笠指揮下の軍統だった。汪兆銘の妻の陳壁君は早々と八月二五日に逮捕され、一九四六年四月に無期懲役判決を受けた。南京政府外交部長の褚民誼は一〇月に逮捕され、一九四六年四月に死刑判決を受けた。政府主席だった陳公博は八月二五日に日本に亡命したが、一〇月三日に帰国し、拘束された。ところが、戴笠の軍統は、「政治的解決」を主張していたため、陳公博の裁判は遅れ、一九四六年三月一八日に起訴され、四月一二日に陳は死刑判決を受けた。周仏海については、戦時中から重慶との水面下での接触があり戴との関係も深かったので、すぐに逮捕はされず、一九四五年九月三〇日には重慶に飛んで軟禁状態とされ、長い間起訴はされなかった。しかし、一九四六年三月一九日に戴笠が飛行機墜落事故で死んでから一気に情勢が変わり、周仏海は一九四六年秋に南京に護送されて起訴され、いったん死刑とされたが無期に減刑された。

しかし、繆斌はこの間、悠々と上海の公館で過ごしていた。周仏海よりも遥かに優遇されていた。繆斌は、南京に凱旋してきた何応欽に、兄弟同様の知遇に基づいて、自動車一台を送って歓迎の意を表したという。

繆斌は蒋介石から褒賞された

一連の漢奸の逮捕も終わり、戦勝に沸き返っていた一九四六年二月春節の少し前、繆斌は蒋介石から褒賞され、八万元を授与された。繆斌は一族を招いて盛大な祝宴を催した。繆斌工作で訪日予定の一員だった項家瑞も共に褒賞された。これは繆斌工作が不成功に終わったとはいえ、和平工作に努力した労を褒賞したことは明らかだった。横山銕三は、このことは、共産党の大幹部で南京大学歴史系総支部書記の路哲が、一九八五年二月発行の『南京大学学報　第一期』の七二頁に掲載された「繆斌の所謂新民主義」の文中で、繆斌の人物を酷評しつつも「抗戦勝利後、繆斌は蒋介石から褒賞された」と記述していることかも明らかだとしている（『繆斌工作成ラズ』一四二頁）。前述したように、項家瑞は、横山に、「毛沢東が、戦後、栄毅仁に『繆斌はなぜ殺されたのか』とたびたび尋ねていた」と語った。重慶のために和平工作を行い、蒋介石から褒賞されていた繆斌が処刑された理由を、毛が理解できなかったことを示すだろう。

繆斌の逮捕令は、陳公博らの逮捕よりもはるかに遅く、一九四六年三月一七日に戴笠が墜落死した二日後のことだった。最初に収容された場所は、青幇の首領杜月笙の公館だった。蒋介石や戴笠の右腕であった杜と繆斌は旧知の中であり、蘇州の監獄に移されてからも身の回りの世話をする女中付であったという。

繆斌が褒賞された理由について、推測であるが、もう一つ考えられる。繆斌の和平工作は失敗に終わったが、帰国後の報告で、重慶は、「善後委員会」を設置するなど和平の可能性を期待していた。蒋介石の「以徳報怨」の方策は、日本の敗戦後にあっても、ソ連や共産党の支配拡大に対抗するために日本との連携を強めることに目的があった。

繆斌は東久邇宮を含む日本の要人から信頼され、太いパイプを築いていた。蒋介石はそこに着目し、繆斌がこれからの日本との連携強化のために「使える人間だ」と考えたのではないだろうか。

繆斌逮捕の理由は蔣介石の東京裁判対策だった

横山銕三を始め、繆斌工作の真実性を主張する人々は、繆斌が逮捕され、処刑されたのは、当時東京裁判において木戸日記が証拠として提供され、その中に繆斌工作についての記載があったため、これが公になると、戦争末期に蔣介石が密かに日本と和平しようとしていたことが明るみにでて、延安の共産党はじめ連合国側から厳しい批判にさらされるのを恐れたからだとする。そして、なんら摘発の対象となっておらず、褒賞まで受けていた繆斌が摘発されたのは、戴笠という後ろ盾を失ったからだとする。上記の事実経過に照らせばそれは十分に推認されよう。

田村眞作の『繆斌工作』（一九四頁〜）によると、一九五一年の春、田村は山縣初男元大佐から手紙を受け取った。それには次のように書かれていた。

「数日前上京、何応欽氏と昨日（四月三〇日）面談しましたが、その際繆さんのことを聞いてみたら、何さんは涙を浮かべて左の話をしました。『繆さんは善い人です。愛国者です。殺されたのは陳果夫との関係です*51。私は繆さんを捕えたと聞きましたから、早速それはいけない、早く解放しなさいと手紙を出しましたけど、間に合いませんでした。誠に残念でした』」

何応欽と繆斌は、一九二六年七月、蔣介石が国民革命軍総司令として北伐を進めた時、第一軍司令官は何応欽で、繆斌は第一軍の党副代表として共に戦った仲だった。また、繆斌は、政治路線では蔣介石と対立しながらも、蔣介石や戴笠の腹心の陳長風中将の家族が日本憲兵隊から逮捕された時、それを救出し、そのお礼として重慶から招待の声がかかったことも前述したとおりだ。田村は繆が断じて漢奸ではなかったことがはっきりとし、嬉し涙が止まらなかったとともに、やはり繆は蔣介石側近の対立抗争の犠牲にされたのだ、と回顧している。

＊51　繆斌は、戴笠の軍統系との関係が密接であったが、陳果夫と陳立夫とは古くから政治的に対立関係にあった。

戴笠の墜落死によって、軍統系は一挙に力を失い、ＣＣ団の力が強化された。

横山銕三は、何応欽の威令をもってても釈放できなかったのは、東京裁判の証人喚問を封じることにあったのだろうとする。三月二二日の収監から五月二一日の処刑までの間に、中国国内の内戦が決定的となり、共産党は世論指導の材料に繆斌工作を取り上げて「蔣介石は対日投降を策した」と国民政府を非難した。これが繆の政敵にとって彼を葬る最高の好機となったという。

今井が「（繆斌が）真っ先に漢奸として『逮捕』された」としたのは明らかな誤りだ。しかし繆斌が真っ先に漢奸として「処刑」されたのは事実だ。今井は「逮捕」と「処刑」を取り違えていた。陳公博は前期のように拘束されたのは一九四五年一〇月三日だったが、処刑は、繆斌よりも遅い一九四六年六月三日であり、その間は約八か月あった。繆斌は逮捕されてから処刑まで僅か二か月という極めて短期間であり、他の南京政府の要人と比べるとその迅速さは突出していた。つまり、繆斌は、一番遅く逮捕され、一番早く処刑されたのだ。これは繆斌の逮捕と処刑がその口封じのためであったことを推認する事実の一つであろう。

繆斌の辞世の詩

繆斌の裁判において、繆斌が用意した資料には、当時この工作のために重慶と交信した厚さ一〇センチくらいの暗号電報綴りもあった。繆斌は裁判で、王道和平の信念について弁論したあと「俺のことは蔣主席に聞け」と云って後は黙した。裁判ではまともな審理はなされず、繆斌の主張はことごとく退けられ、五月八日、死刑の判決が下り、上告も許されなかった。僅か一二日後の二一日早朝、繆斌は、辞世の詩を書いた後、従容として銃殺された。

浩気帰太真

丹心照万民
平生慕孔孟
死作和平神
（浩気、太真（※道教の言葉で宇宙究極の真理）に帰し、赤心、万民を照らす。平生、孔孟を慕い、死して和平の神とならん）

中山優は、こう回顧している（田村眞作『繆斌工作』（B−24）二三九頁）。

「繆斌氏の行動の奥に光る東洋的叡智に合掌させられる……あの人のよい繆斌氏とは昵懇であったため、あの辞世の詩は悠々たる勝利者の心境である。……同年齢の私としては敗残無為の自分の、人間修業の未熟を顧みて慚愧に堪えないものがある」

繆斌の後ろ盾だった戴笠の墜落死の謀略説

戴笠の墜落死は暗殺だとの説がある。フランスのジャーナリスト、ロジェ・ファリゴ、レミ・クーファーは、共著『中国諜報機関』（I−26）（一二二頁）で「戦後戴笠は暗殺された」としている。横山銕三がその根拠を問い合わせたところ、ロジェ・ファリゴから返事があり、それによると、戴笠の飛行機はOSS型の爆弾で爆破されたという（『繆斌工作成ラズ』（B−23）二一一頁）。

ミルトン・マイルズは、海軍から中国に派遣され、蔣介石や戴笠と深い信頼関係を築き、中米合作社（SACO）を立ち上げ、戴と一心同体となって抗日ゲリラ戦を戦った。マイルズは『A Different Kind Of War』（H−7）の中で、戴の勇気と決断力、信義、粘り強さ、民衆からの畏敬と信頼を絶賛している。

しかし、アメリカ国務省を中心とする親共産主義者たちや、アメリカ大使館、OSSの幹部には、延安の共産党を支持し、蔣介石と戴が最も嫌うイギリスとのつながりが深く、蔣介石や戴笠を中傷攻撃する者が多かった。戴は「冷酷なテロリスト」とのレッテルを張られて誹謗中傷されていた。蔣介石や戴から信頼の厚いマイルズは、大使館やＯＳＳの幹部からは批判され、孤立していた。

　戦後、マイルズは帰国し、戴から心のこもった手紙を受け取った後、戴の死を知った。マイルズが知ったところでは、アメリカ海軍のクーク将軍が、青島に海軍のための宿舎とオフィス用地の確保が必要となり、戴にその手配を頼み、戴は快く引き受けた。戴は多忙の中に、「小さな将軍」と名のついた海軍の飛行機で青島に飛んだ。戴は現地の大勢の地主たちを回り、彼らはその要請に快く応じ、必要な用地の確保ができることになった。戴は蔣介石に報告すべく即座に南京に飛ぼうとしたが、その飛行機がすぐに準備できなかったため、中国の飛行機を調達し、南京地方に疎いパイロットに操縦をさせて出発した。その日は曇天で有視界飛行だったが、数時間後、南京北部のどこかから、天候のために引き返す、との無電があったのち消息が絶たれた。マイルズがこの悲劇の知らせを聞いたのは一九四六年三月二一日のことだったという。

　つまり、戴が青島に飛んだのはアメリカ軍の要請だった。海軍自体は、国務省やＯＳＳのように戴とは対立していなかったが、少なくとも戴がアメリカの要請で青島に飛ぶということは、当時ＯＳＳは把握できていたであろう。マイルズが書いた戴笠墜落死の経緯は、ＯＳＳによる謀殺説のある程度の裏付けにはなり得るだろう＊52。

　横山銕三は、陳果夫、陳立夫が率いるＣＣ団が、繆斌の口封じの前にその庇護者である戴笠を先ず消したという可能性もあると指摘している。

＊52　Maochun Yu『OSSin CHINA』（H‐11）によれば、周恩来が指揮する延安のスパイたちの活動については、蔣介石の無電を傍受して解読していた上、重慶の政府には、多数のスパイたちが暗躍していた。中国のＯＳは、満州地方への諜報網を広げるために延安の共産党との関係を深めており、その反面として、ＯＳＳ内

部には、共産党の諜報網が張り巡らされ、特に雲南や上海などには、ＯＳＳが雇用したタイピスト、通訳などを装った共産党の多数のスパイが送り込まれていたという。戴笠は、共産党にとって蒋介石以上に憎むべき敵だった。戴が死んだとき蒋介石は慟哭し、その後の国民党の運命も、戴が生きていればこうはならなかったとの思いがあったという。想像の域ではあるが、戴の墜落死の陰に共産党の陰が見え隠れするようにも思える。

10　蒋介石は「組織」ではなく「人」を選んでいた

重光や木戸、そして天皇が、和平工作は南京政府を通じた外交交渉で行うべきだと考えていたのは、最高戦争指導会議の決定に基づいた「正論」ではある。しかし、それは、単純、生真面目な組織論、官僚的思考だった。中国は「法治」の国でなく「人治」の国だ。四〇〇〇年の興亡、乱世を経てきた中国人には日本人の考えが及びえない深く複雑な思考があり、その中心は「組織」よりも「人脈」を大事にすることにある。政府などの組織というものは、いずれは潰れたり廃止されたりする。しかし、人と築いた信頼関係は、組織がなくなっても壊れることはない。たとえ現在は対立する組織に所属する者であっても、個人的な信頼関係が築かれていれば、組織の対立は建前上のことであり、自在に交流したり情報を交換しあうのは中国社会では当たり前のことだ。周仏海日記を読むと、対立する重慶側に属してはいるが、昔から縁のある人々との間では、頻繁に訪問を受けたり、食事をしたり情報を交換しあっていることが分かる*53。

このような中国人の感覚と人間関係は、基本的に政府などの組織の安定度が比較的高く、いったん組織の一員となった者の多くは、長く忠誠心をもってその組織で働き、対立する組織の人間との接点を設けることは少ない日本社会とは大きく異なる*54。

＊53　重光は、前述のように最高戦争指導会議で、「元来繆斌は重慶側と密接なる連絡を有しながら北支においては新民会を操り、後中央においては立法院副院長となり日本側一部の諒解を得て重慶側と連絡をし居りたり」などと、南京政府に所属しながら重慶と連絡をしていたことを非難している。しかし、重慶との連絡は、繆斌よりも周仏海の方が遥かに頻繁に行っていた。組織としては対立しても、過去に共に働いたり、何らかの恩義を受けたり与えたり、知人や縁者としてのつながりなどから、周仏海と重慶側の人間との接点は極めて多かった。

＊54　余談だが、興味深いエピソードがある。晴気慶胤（陸士三五期）は、一九三九年二月から、汪兆銘政権軍事顧問として、影佐の諒解を得て、周仏海と協議し、上海での藍衣社による南京政府要人に対するテロ取締まりのために、丁黙邨や李士群らを支援して膨大な資金を提供し、ジェスフィールド七六号に有名な特務機関を立ち上げた。「七六号」と呼ばれたこの特務機関は、広大な敷地と堅牢な建物に守られ、無電鉄塔、留置設備、無電室、暗号解読室、情報室、兵器修理室、印刷所、兵舎、兵器倉庫、衛生所などを完備した強固な施設を有し、藍衣社など重慶側の特務工作ソ組織や人員に対し、すさまじいテロ工作を行った。

ある時、七六号の李士群らは、藍衣社の最高幹部で、首領戴笠の代理を務める王天木を長期間の追尾の末、拉致に成功した。晴気は、李らが王を拷問などするのかと思っていたが、李は「家族も呼んで優遇し、一緒に起居して理と情を尽くして説得し、味方に引き込むよう努力する」というので、晴気が「どうしても転向しないときは」と尋ねると「どうしてもだめならアッサリと逃がす」と言う。晴気は、一か月も寝食を忘れてせっかく捕えた獲物を逃がすとは何たることかと呆れた。しかし、李は「王ほどの人物になると、いかに肉体の苦しみを受けてもききめはない、転向しない大物は殺すか放すしか途がない。しかし、転向しなくてもこちらに害を加えさえしなければ殺さなくてもよい。こちらに捕まった後に長く優遇を受けた大物は、敵に再び帰っても敵から疑われて責任ある地位にはもうつけない。その上、こちらとしてはこれを敵側を攪乱する宣伝のたねにして敵の勢力を自壊させることができるので、なまじ止めておいたり殺したりするよりも面白いことが起きます」と朗らかに言った。晴気は「中国人とはなるほどうまいことを考えるものだ。夷狄に苦しめられた四千年の間に覚えた駆け引きのうまさは、一本調子の日本人がとうてい及ぶところではないとつくづく思った」と述懐する。晴気は、陸大卒業後、参謀本部支那課に勤務。中国の研究員として二年間華中に滞在して語学と民情の研究をし、日中戦争勃発を支那課勤務で迎え、以来、土肥原機関付、影佐機関付、汪兆銘政権軍事顧問、北支那方面軍情報参謀として中国大陸で勤務し、一九四四年秋に参謀本部支那課長として内地に帰り、終戦を迎え、一貫して中国関係情報勤務のエリートコースを歩んだ。このような「支那通」の軍人でさえ、中国人の懐の深さ、人脈構築の自在さ、深謀遠慮は想像を超えるものだった（晴気慶胤『上海テロ工作七六号』（B‐12））。

蔣介石は、日本の軍部や政府の「組織」を全く信用していなかった。中国は日本に騙されどおしだ。蔣介石にとっては、山東出兵、満州事変、塘沽協定、梅津・何応欽協定、土肥原秦徳純協定、盧溝橋事件の現地不拡大協定など、謀略と既成事実の積み重ね、協定の破棄が日本の軍と政府の常套手段だと思っていた。かつては「国民政府を対手とせず」と侮辱した日本が、無電台一つですら日本軍の許可なしには設置できない子供の使いのような南京政府を通して和平の申入れをしてきても、到底本音を言うことはできなかった。そのような組織を窓口とした和平工作は、天皇に達する前にどこかで歪められたり妨害されるであろうと考えていたのだろう。蔣介石は、そのような「組織」を窓口とした工作でなく、真に中国との和平を求め、中国の主権と独立を尊重し、対等・互恵の原則に立って日支が交流・連携すべきだと考えている、心があり、力のある「人」を通じた工作を求めていた。そしてそれらの「人」を通じて水面下で交渉をし、歩み寄った和平の案が、いずれは天皇に上げられ、天皇が和平の決断をすることを期待していた。

この視点で、一九四四年秋ころから終戦が近くなるまでの間、蔣介石との和平交渉の打診の窓口となった人物とその回顧を分析すると、蔣介石は、実に的確にこのような「人」を見極めて選び、その「人」に対して密かに日本との和平の意思を伝えていたことがわかる。

今井武夫は、陸軍にありながら、盧溝橋事件発生後、現地での停戦交渉に心血を注ぎ、また桐工作では、重慶との直接和平を試みた良心的軍人だった。

岡村寧次大将は、塘沽協定で日中の小康状態をもたらし、北支那方面軍司令官当時、「滅共愛民」との理念から「焼くな、犯すな、殺すな」という三戒の遵守を訓示した、敵ながらあっぱれで尊敬に値する軍人だった。岡村は、戦後、蔣介石の「以徳報怨」に深く感謝し、「白団」を結成して台湾での対共産党との戦闘を支援した。

安江仙弘陸軍大佐は、シベリアルートで逃れてきたユダヤ人を助け、蔣介石と関係の深いサッスーン財閥らユダヤ人から深く尊敬されていた。

何世禎工作において窓口となった水谷川忠麿男爵は、近衛文麿の実弟だった。近衛は、盧溝橋事件発生以来、事変の拡大を阻止できなかったものの、それを深く悔いて、その直後から戦争末期までの間、様々なルートで重慶との和平に腐心していた＊55。

＊55　蔣介石は、近衛第二次内閣組閣の時、七月二三日の日記に「近衛は虚名を好み、また決断力がない。八方美人で中心となる思想がなく、闘争の経験に欠け、徹底してやり抜くだけの意志力はさらにない。いたずらに国民の再組織をとなえ、新政治体制をとなえてはいるが定見はない」と手厳しく書いていた（『蔣介石秘録13』（I－1）五六頁）。しかし、その反面、近衛の国民的人気と天皇に最も近い人物であることも認識していた。前述（六三頁）したように、吉田東祐は戦争末期に取り組んだ重慶との和平工作で、朱泰輝を通じ呉紹澍から「日本の政治家、とくに天皇に一番近い近衛の具体的な意思表示がなければ、蔣は動かないだろう」と伝えられていた。

頭山満、南部圭助、中山優、近衛文隆、小野寺信、吉田東祐なども、中国の人々から信頼され、深い人脈を築いていた。これらの人々は、高い地位の者もいるが、無官の野人であっても真に日中の和平が東亜の安定と発展のために必要だとの信念を持った「国士」というべき人々だった。蔣介石やその右腕の戴笠らが和平のシグナルを送った人物選定眼の的確さには目を見張るものがある。

蔣介石が、組織を相手とするのでなく、これらの選んだ「人」を通じた密かなルートで送った和平のシグナルは、このまま日本が壊滅してしまうのではなく、和平することによって、共産主義からアジアを守り、日支が手を携えて東亜の復興を図ることこそが重要だとするもので、その趣旨はほとんど合致していた。

ただ、繆斌だけは毛色が違った。繆斌は、蔣介石の腹心ではなく袂を分かった人物だった。繆斌工作は、蔣介石が自ら仕掛けたのではなく、繆斌や日本側の働きかけにより、いわば「飛び込んできた」ルートだった。しかし、それは蔣介石自身が苦心して見つけたルートよりも、小磯、緒方、東久邇宮らによって最初から内閣が扱うものとなり、天皇につながる可能性を持っていたという意味で傑出したものだった。しかも、万一失敗に終わっても、繆斌を切り捨てることによって延安共産党や連合国からの非難攻撃をかわすことができた。大きな「賭け」をするに値する人物だった。

11 アメリカをどうやって和平に引き込むか

蔣介石は、アメリカも和平に引き込もうとしていた

中国は連合国の一員だったため、蔣介石は、単独で日本と和平することは本来は許されなかった。また、戦局が悪化し、日本の敗戦が確実になってからは、軍事的支援を得ていた中国が単独で日本と和平するこ

とは更に困難になった。それは、前述の密かなルートで伝えられていた蔣介石の和平の意思について、蔣介石がアメリカとの和平の橋渡しをする用意があるとしていたことからもわかる。

しかし、第3章で述べたように、早い時期においては、日本に深く攻め込まれ、重慶に拠点を移した蔣介石が単独で日本と和平してしまうのではないかという危惧は、連合国の間でも共有されていた。特にアメリカはそれを最も恐れていた。カイロ宣言で、中国の主権と領土の独立を保障したのは、中国を連合国から離脱させず、引き留めておくことにも目的があったといわれる。

他方、もし、重慶政府が日本とアメリカとの和平の橋渡しを務め、アメリカも同意した和平にこぎつけることができれば、それはアメリカにとっても大きな意味があった。当時、アメリカには、日本の無条件降伏に固執するハードピース派と、天皇制の保持を認めて日本を早期に降伏させようとするソフトピース派が拮抗していた。しかし、日本の本土上陸作戦による膨大なアメリカ将兵の犠牲を避けたいという考えは、どの派にも共通でアメリカ国民の総意に合致するものだった。

もし、蔣介石が窓口となって日支の和平をアメリカも含めた和平につなげていくことが可能だとすれば、膨大な犠牲を伴う本土上陸作戦は不要となり、それはソフトピース派を大きく後押しすることになる。この方策は、対日戦への参加によって中国と日本の領土や利権の大きな見返りを期待していたスターリンには困ることになる。しかし、対日戦を最も激しく長く戦っていたアメリカがそれを決断すれば、当時まだ日ソ中立条約が生きていたソ連は公然と反対できないであろう*56。イギリスは、東南アジアでの植民地支配の復活を強欲にもくろんでいたが、イギリスは、対日戦ではさしたる貢献をしていない上、ソ連の戦後の国際社会への支配拡大を警戒していたため、アメリカが和平するといえば、反対はしなかったであろう。むしろ、ソ連が欧州のみならずアジアでも勢力を伸ばすことを防ぐため、ソ連参戦前の和平を歓迎したかもしれない。イギリスは王国であり、日本の皇室とのつながりの歴史もあったので、チャーチルは天皇制の廃止にこだわらなかっただろう。また、容共的だったルーズベルトとは異なり、チャーチルは若いころから基本的に反ソビエトだった*57・58。

*56　想像的な推論だが、ソ連の参戦前にアメリカが日本と和平する方針に切り替えたとすれば、スターリンは、参戦の実力行使による権益の獲得ができなくなるので、五月以降日本から働きかけた連合国との和平の仲介に応じ、和平推進に積極的に関与することによって日本に恩を売るという方向に切り替えたかもしれない。

*57　ウインストン・チャーチル『第二次大戦回顧録抄』(H-33)、アンソニー・マクカーテン『ウインストン・チャーチル』(H-34)によれば、チャーチルは、ポツダムでトルーマンと会談したとき、「私は、もし日本軍に対して『無条件降伏』を押しつけるならば、アメリカ国民やイギリス国民の生命を、大いに犠牲にしなければならないということを告げた。なんとか将来の平和と安全のために必要な条件を認めさせ、その上でその他の必要な要求を認めさせて日本軍の名誉を生かしてやることと、日本民族の生きる道を与えてやることを考えてやるべきだと、私は思った。これに対してトルーマン大統領は、真珠湾を奇襲攻撃した日本軍に、軍事的名誉などというものは、全くないとそっけなかった」という。チャーチルは一九二四年、自由党から保守党に復帰したが、反ソビエトの姿勢を明確に打ち出し、労働党が掲げる英ソ同盟を強く批判していた。チャーチルの回顧では、全体的に、近代化に成功した日本や、日本軍の勇敢さなどについて好意的な評価をしていることが興味深い。

*58　しかし、大戦におけるチャーチルの確信的願望は、ヒトラーのファシズムからのイギリスの防衛のみならず、アジアやアフリカにおける大英帝国の植民地支配の維持と確保にあった。チャーチルは、スターリンのヨーロッパやアジアへの支配拡大に対しては、ルーズベルトと異なって、強く警戒していた。しかし、この姿勢を露わにすることは、戦後のイギリスの植民地支配の維持の戦略のためには不利になる。チャーチルが、テヘランやヤルタで、スターリンに迎合するルーズベルトに対し、歯止めを利かせられず、会議の主導権を握

れなかった主な原因はそこにもあった。

また、このような日本との和平について、蔣介石は、アメリカがもしこれに反対した場合、「単独和平」のカードも持っていた。なぜなら、蔣介石は、カイロ宣言による中国の主権と領土の独立の保障をテヘラン会談、ヤルタ密約で裏切られ、その情報を的確につかんでいた。もしこの背信性をルーズベルトに突きつけ、正面切って「アメリカが和平しないなら中国単独でも和平する」と迫れば、ルーズベルトは苦しい立場に追い込まれる。なんといっても中国大陸で七年以上の苦しい戦いをしていたのは中国だった。つまり、単独和平の意思を示すことは、アメリカに対する強烈な「ブラフ」ともなり得た。なぜなら、中国が単独で和平するとすれば、中国大陸に釘づけになっていた一〇〇万人以上の日本軍の中から少なくとも数十万人が本土防衛のために帰還が可能となる。もしそうなれば本土上陸作戦におけるアメリカ軍の犠牲は、想定されていたものよりも遥かに甚大なものとなるであろう。

蔣介石は、これらをしっかりと見極めた上、日本との早期和平に切り替えるようアメリカを説得できるとの自信の下に、様々なルートで日本に和平のシグナルを送っていたのであろう。

アメリカとの折衝の窓口をどうするか

繆斌工作では、繆斌が、自分の権限は三月末日までであること、自分の東京滞在中には空襲はないであろうこと、アメリカ軍は中国上陸作戦はとらないこと、など、アメリカから提供されたと考えられる正確な情報に基づいて交渉していたことは前述したとおりだ。この点について、横山銕三は、当時、アメリカはＯＳＳを中国に派遣しており、ミルトン・マイルズらＳＡＣＯと蔣介石や戴笠との密接な関係から、これらの情報提供や繆斌工作の支援はＯＳＳが中心となって行っていたであろうことや、アメリカの和平への引き込みもこのルートを通じて行おうとしていたことを示唆している。

ただ、この点については、私は横山とは異なる視点をもっている。

《中国のOSSは、SACOや蔣介石、戴笠、ミルトン・マイルズらとは対立関係にあった》

第1章で詳述したように、OSSは北イタリアのサンライズ作戦では、アレン・ダレスらの活躍により、ドイツ軍の降伏を導くことができた。しかし中国のOSSはヨーロッパとは状況がかなり異なっていた。中国のOSSは、当時、アメリカの政府やアカデミズム、マスコミ界に蔓延していた共産主義者やその影響を強く受けた者が多く派遣されており、また彼らの多くは、蔣介石が最も敵視し、憎んでいたイギリスとのつながりも深かった。重慶のアメリカ大使館やOSS、アメリカ軍には延安贔屓の共産主義者やそのシンパがたくさんいた。国務省からスティルウェルの顧問として派遣されていたジョン・デービス、ジョン・サービスらは、蔣介石とは対立し、延安の共産党を支持しており、「ディキシーミッション」を延安に派遣して共産党との直接の軍事協力すら試みていた。そのため、OSSや、大使館員らの多くの者と蔣介石や戴笠との関係は険悪だった。OSSのドノヴァン長官は、当初、OSSの要員をSACO協定に従って戴笠やマイルズの指揮下のスタッフとして送り込んでいたが、次第にSACOの主導権をOSSが奪うための画策をし、マイルズは次第に権限を奪われて排斥されるようになっていた。

一九四四年一〇月にスティルウェルが放逐されてウェデマイヤー将軍が着任し、またパトリック・ハーレーがガウスの後の大使になって、蔣介石との関係は格段に改善された。また、ハーレーは、デービスやサービスを、一九四五年二月に重慶から放逐していた。しかし、陸軍や大使館の共産主義のシンパの影響は残っていたであろうし、周恩来が指揮する共産党のスパイたちは、蔣介石や戴笠の周りで目を光らせていた。

このような状況にあって、蔣介石や戴笠は、繆斌工作を試みていることは、工作の確実な目途がつくまではOSSや大使館には絶対知られてはならず、極秘で進める必要があっただろう。サンライズ作戦では、関係組織間の対立や軋轢はなく、ダレスらは一枚岩で作戦を進めていた。しかし、中国戦線でのＯＳＳは、海軍のマイルズらとの対立、陸軍との主導権争い、蒋介石の延安共産党との事実上の内戦状態やイギリスとの深刻な対立などで、問題が錯綜していた。繆斌工作の情報がＯＳＳや大使館に漏れれば、直ちに深刻な妨害や非難を招く恐れは強かった。

私は、当初、横山銕三の前記の推論を踏まえて、繆斌工作について、ＯＳＳがその状況を把握し、背後で支援していた可能性が高いと考えていた。そのため、前掲のマイルズを始めとするアメリカのＯＳＳに関する文献の中に、それを示す事実が含まれているだろうと期待して読み進めた。しかし、これら文献にはそのような事実は全く含まれていなかった＊59。

＊59　ただ、私が目を通した文献資料には限りがある。この視点を踏まえた、ワシントンの国立公文書館のＯＳＳ関連文書やスタンフォード大学のフーバー研究所に保管されている蒋介石日記などの原資料の検討が望まれる。

だとすれば、前述の、繆斌が、緒方や南部圭助らに語った、戦局に関する的確な見通しや、訪日中の東京空襲がないことなどについて、繆斌は、誰からそのような根拠を聞き出したのだろうか。それはＯＳＳを介さなくても十分に可能だっただろう。

なぜなら、これらの情報は基本的に戦局や作戦についての軍の情報である。蒋介石の総参謀長でもあったウェデマイヤー将軍は蒋介石との信頼関係が厚かったので、抗日戦遂行のための戦局の見通しや、沖縄、日本本土上陸に向けてアメリカが採ろうとしていた作戦について、蒋介石には十分伝えていたであろう。またマイルズは、中国沿岸部などでアメリカ海軍を支援するために、抗日作戦を戴笠と連携して遂行していた。だから、このラインでも戴はマイルズから海軍が採ろうとしている対日作戦の情報を聞き出すことは十分に可能だっただろう。これらのルートで、アメリカ軍が当初想定していた中国本土上陸作戦を取りやめたことや、東京への空襲情報を聞き出すことは十分に可能であり、それを戴笠が、陳長風中将を通じて繆斌に伝えていたのではないだろうか。これは現段階の私の推論だが、これらに関してOSSや海軍に関する原資料の調査研究が進むことを期待したい。

《繆斌工作を伝える窓口は、ハーレー大使とウェデマイヤー将軍だっただろう》

アメリカへの和平交渉の協議の窓口として蔣介石が考えていたのは、パトリック・ハーレー大使とウェデマイヤー将軍の二人ではなかっただろうか。しかも、それは和平交渉の見通しが立つぎりぎりの段階までは伏せておき、その見通しが立ってから、電光石火、蔣介石がこの二人にそれを伝えると同時にワシントンの中国大使館を通じてルーズベルトに申し入れる、ということを蔣介石は考えていたのではないだろうか。

蔣介石と決定的に対立したスティルウェル将軍や、親イギリスで反蔣介石だった前任のガウス大使と比べ、一九四四年秋に着任したハーレー大使とウェデマイヤー将軍は、蔣介石の良き理解者となった。二人とも基本的には反共産主義者であり、蔣介石が、七年近くも孤独で困難な抗日戦を戦ってきたこと、それによって膨大な日本軍を中国大陸に釘付けにし、アメリカがヨーロッパ戦線やアジア太平洋戦線に力を注ぐことができていたことをよく理解していた。ウェデマイヤーは、もし蔣介石が日本と和平すれば、大陸に釘付けにしていた一〇〇万人以上の日本軍が太平洋戦線や沖縄、本土での戦いのために投入されることとなり、それがアメリカにとってどれだけ重大な問題をもたらすかを、極めてよく理解していた。

しかし、いかにウェデマイヤーとハーレーに蔣介石との信頼関係があったとしても、連合国の和平や戦後構想の根幹に関わる日本との和平工作について、単なる見込みや可能性程度の段階では、蔣介石は彼らに話すことはまだできなかっただろう。これほど重大な問題を中途半端に話すことは適切でない上、共産党のスパイの目も周囲に光っていた。

できるとすれば、それは繆斌の派遣が成功し、最高戦争指導会議で正確な状況把握を踏まえた真剣な議論がなされ、重光や杉山らも徹底的な反対はせず、天皇に蔣介石の和平の真意と和平交渉の基本方針が正しく上奏されるなどこの工作推進の輔弼が正しく行われ、天皇が裁可する確実な見通しができた時点であろう。そのためにこそ、繆斌が重慶と無電連絡ができる要員と機器を帯同して訪日することは極めて重要だった。前述したように（二四五頁〜）、蔣介石は繆斌の帰国後、その報告を受けて、この工作にかなり期待し、「善後委員会」を設けてその実現のための具体策の検討を進めさせ、日本側の応諾の回答を五月二五日まで待っていた。この段階ではまだ、ハーレーやウェデマイヤーには相談できないだろう。しかし、もし日本側から天皇の裁可による和平交渉開始の応諾の意思が伝えられれば、直ちにハーレーとウェデマイヤーにそれを伝え、電光石火の対日和平に舵を切るという肚だったのではないだろうか。

もしそれが実現していたとすれば、アメリカがこれに応じる可能性は高かった。ハードピース派とグルーらソフトピース派の拮抗状態が一気に変わってソフトピース派が勝ち、蔣介石が支持していた天皇制保持を認める条件付き降伏方針に転換できていただろう。なによりも、それによって数十万のアメリカ将兵の犠牲が回避され、アメリカ全国民が支持できるものだったからだ＊60。原爆実験もまだ成功していない時期だった。

百歩譲って、ハードピース派が抵抗し、アメリカの国策決定が遅れるようであれば、蔣介石は単独和平のカードを切りさえすればよかったのだ＊61。しかし、それに至る前にこの工作はついに挫折してしまった。

＊60　ポツダムで、バーンズ国務長官がグルーらが提案した天皇制保持条項を宣言に含めることを拒んだのは、バーンズが、外交関係よりもアメリカの世論に対して最も敏感であり、アメリカの世論が天皇制に厳しかったためだった。しかしバーンズも、天皇制保持条項を明確に示すことによって、日本が早期に降伏し、数十万

人のアメリカ将兵の本土上陸作戦による犠牲がすべて回避されるということになれば、直ちに方針を転換できたのではないだろうか。

＊61　余談であるが、保阪正康の『昭和陸軍の研究（上）』（D-2）（三一二頁～）、『昭和の怪物七つの謎』（A-5）（一三〇頁～）に興味深いエピソードがある。保阪は一九九一年、台北で、総統府資政（顧問）の陳立夫に何度か会って蔣介石政府の裏面を聞いた。その時、一九三七年秋から進められたトラウトマン工作当時の驚くべき話を聞き出した。当時、陳立夫は、トラウトマンに対し、単なる日本との和平についての条件交渉の域をはるかに超えた壮大な戦略を提案していたという。それは、ドイツと日本と国民党が大同団結し、赤のソ連と白の帝国主義・植民地主義を倒す構想だ。「いままで戦っていた日本軍と中国軍が、ある日突然、鉾先を変えてソ連に向かって進軍を始める……西からはドイツ軍がソ連に攻め込む。東と西から攻め込まれたらソ連はひとたまりもない……まずソ連の共産主義を倒すのです。共産主義は決していい思想ではない。この点でドイツや日本も同じ立場に立てる……そしてソ連を経由して三国の軍隊は陸と海からイギリスを攻めて帝国主義・植民地主義のイギリスを倒し、アジアアフリカの植民地を解放する。これにはアメリカはどうにも手が打てないだろう」というものだった。そして、日本はアジア各国から植民地解放の先進国として評価され、アジアに経済ブロックを作り、中国は独自に経済システムを作り、ドイツはヨーロッパやアフリカに経済ブロックを作っていくという構想だった。トラウトマンはこれに同意し、ヒトラーやリッベントロップにこの構想を説いたが、受け入れられず、外務省を去ることになったという。

この陳が語った構想は、繆斌工作当時の蔣介石の真意を彷彿とさせる。ドイツをアメリカに置き換えればよい。激しく戦っていた国民党政府が突然日本と和平をし、アメリカを引き込む。そして、電光石火、延安の共産党を攻撃する。盧溝橋事件以来やむを得ず中止していた剿共戦の一気の再開だ。ソ連までは攻撃しないとしても、日本軍と協力し、華中、華北、そして満州に進出してソ連の侵入を食い止める、そしてアジアをイギリスの植民地支配から解放するというものだ。荒唐無稽とはいえないだろう。西安事件や盧溝橋事件により、それまでの「安内攘外」の方針から、一気に国共合作に転じたことの裏返しのようなものだろう。

12　日本政府や軍幹部の客観情勢認識の恐るべき不足と甘さ

政府や軍中央の絶望的な情況認識の不足と甘さ

繆斌は「重慶の回し者」であり、繆斌工作を「謀略」だと決めつけたのは、政府や軍部の客観情勢の恐るべき認識不足と甘さにあった。アメリカを始め連合国から軍事的支援を受け、カイロ宣言によってその主権と領土が保障された中国が、日本と和平しようとするはずがないとの思い込みがあった。テヘラン会談やヤルタ密約が蔣介石を裏切ったことも知らず、中国は一枚岩の連合国の陣営内だと思い込み、蔣介石が連合国内で孤立し、苦悩を深めていることなど思いも至っていなかった。

それに加え、戦況の客観認識にも大きな問題があった。海軍は一九四四年一〇月のレイテ沖海戦以降、ほぼ壊滅状態に陥っていたが、虚偽に満ちた大本営発表は為政者の間に戦局の誤った認識を摺りこんでいた。谷正之大使が台湾沖航空戦大勝利の恐るべき虚報を鵜呑みにし、致命的に悪化していた戦局の認識が足りなかったのはその典型だ。特に、大陸においては、日本軍は多数の戦闘局面ではほぼ勝利し、また一九四四年四月から一二月にかけて行われた大陸打通作戦では、中国南西部の支配領域を大幅に拡大していたため、岡村寧次大将を始め、派遣軍総司令部では「戦争に負けている」との認識はなかった。和平工作は、その前提として、戦局について、わが方の有利不利など客観情勢を正しく認識することが不可欠だ。しかし、蔣介石を理解し、重慶との和平の必要性をよく認識していた岡村大将や今井武夫も、現地の陸軍の実感として「日本は負けていない」という意識から逃れることができなかった。

岡村大将が、一九四五年二月、蔣介石から和平の意図を伝えられた時、「生意気なことを言っている」と無視したことはその表れだ。あるとき、中山優が岡村を訪問し、対談の中で中山が「若し日本が負けたら」という言葉を口にしたとき、岡村は語気を強めて「絶対に日本は敗けない。敗けるとは何たることか」と中山を詰問し、一歩も引かず反論する中山との間で大変な激論に発展したという（『中山優選集』（C-20）四一七頁～）。岡村は、ポツダム宣言受諾直前まで、日本軍の降伏などはまったく考えていなかった。

第1章（六六頁～）で述べたように、今井は、繆斌工作や何世楨工作を妨害したのち、七月に何柱國上将との会談に漕ぎつけ、何上将から厳しい条件を知らされたことを回想している。

「戦後日本は、満州を始め、海外の全兵力を撤収するは固より、朝鮮、台湾、樺太等を譲渡せねばならぬ。本件は既に連合国として協議済みであるから、今更変更の余地がない」

「百雷一時に落下したような衝撃を感じ……彼我余りの条件の相違に驚き、従来われわれ日本人が考えていた希望的観測が如何に甘くて手前勝手であったかを痛烈に思い知らされた」

水面下で工作していた人々の方が戦局を正確に見抜いていた―「アヘン王」里見甫の地獄耳

他方、軍や外務省ではなく、水面下で日本の降伏と和平を模索していた人々の方が、戦局の深刻さや蔣介石に和平の意思があることをよく認識していた。東久邇宮日記（佐藤元英監修『東久邇宮稔彦王』（F-14）所収）の一九四四年二月二日の欄に興味深い記載がある（二二八頁～）。

「若松華瑶、里見甫来たる。里見は永く上海にいて支那人の知人多く、一日本人として陸軍の意をうけて、重慶政府との和平交渉の第一歩をふみ出しつつある。里見は次のように話した。『蔣介石はカイロ会談でルーズベルト、チャーチルと会談して大いに得意になっていたが、テヘラン会談では、スターリンが蔣の出席を好まずとの理由で、ルーズベルトから出席を断られた。その後になって、実はルーズベルトが蒋の出席を好まなかったことが判り、ウソをついたといって、蒋は米国に対して大いに不満をもった。それから、蒋は日本との和平に心が動きつつある。蒋の基本条件は、日本が重慶政府を中華民国の正式政府と認めて和平交渉をすべしというにある』

里見は、里見機関を作って中国でアヘンの取引をしていたことで悪名が高い。しかし、政府や軍部の為政者よりも、中国社会に深く潜り込んだ里見のような人物の方が、このような連合国内での蒋介石とルーズベルトやスターリンとの対立関係の情報を正しくつかんでいた*62。また、ヤルタ密約については、小野寺信大佐を始め、それを早くからつかんで中央に報告されたが、中央がそれらの情報を黙殺ないし握りつぶしたことの指摘は少なくない。

＊62 佐野眞一の『阿片王　満州の夜と霧』（B-54）、『甘粕正彦　乱心の曠野』（B-55）によると、若松華揺（先代）は、京都で長く続く西陣織の名家の主人で資産家であるが、東條英機の私設秘書でもあり、政財界や軍部に広い人脈をもち、大戦末期には日中の和平工作にもかかわった。里見は、修猷館中学を卒業後、東亜同文書院で学び、終戦まで満州国や関東軍、支那派遣軍のために様々な活動をした。その前半は、新聞などの報道活動であり、里見は満州で関東軍や満鉄と連携し、国策に沿った報道機関を設けるため、聯合と電通の通信網を統合して満州国策通信社（国通）を創設してその主幹となった。里見は東條英機や甘粕正彦とのつながりが深かった。国通は、戦後の電通や共同通信社、時事通信社の礎となった。盧溝橋事件や第二次上海事変発生後、里見は上海に移り、終戦まで膨大な阿片の取引を行い、阿片王の異名をとった。しかし、里見は、その悪名にも関わらず、私欲はなく、剛毅で人の面倒をよく見る男で、その交友範囲は、日本軍や南京政府のみならず、蒋介石の国民党にも広がっていた。里見が取り扱った阿片は今日の価格で数十兆円もの規模に及んだ。当時阿片は、中国の国家社会や日本軍、居留民の間の極めて大きな財源だった。里見は、関東軍、支那派遣軍や特務機関の資金工作のために、汚れ仕事の阿片取引を一手に引き受けていた。里見はその取引

の利益を、私腹を肥やすことなく、日本軍や南京政府のみならず、蒋介石の国民党や共産党にまで分配していた。テロが横行する上海で里見が生き延びたのは、その私欲の無さと面倒見の良さ、阿片利益の広範なばらまきで築いた深く広い人脈にあるという。里見はその一方で、日中の和平工作にも腐心していた。上海に住む阿片関係の大物で蒋介石とのつながりの深い人物から、「鈴木貫太郎総理を特使、米内海相を副使として派遣するなら和平交渉に応じてもよい」との話が伝えられたという。これは小磯内閣が繆斌工作に失敗した後のことであるが、この、里見と若松が東久邇宮を訪ねたときのやりとりとも照らし合わせれば、里見はかなり早い時期から日中の和平を模索していたのであろう。

戦後里見は民間人初のA級戦犯として逮捕されたが、不起訴放免となった。里見は裏社会で暗躍することなく静かな余生を送り、一九六五年に死んだ。里見は素性の分からぬ金が届けられても手をつけず、「児玉君や笹川君はいかんなあ。オレにはあんなみっともないことはできんよ」とよく言っており、葬儀後間もなく、遺族は未納の税金の取り立てすら受けたという。生涯私利を求めず遺産を残さなかったため、里見を偲ぶ一七六人もの人々が発起人となって遺児の育英基金を募った。岸信介、佐藤栄作ら政界要人、笹川良一、児玉誉志夫、許斐氏利らフィクサー的人物、鈴木貞一、岡田芳政ら旧軍幹部などばかりでなく、同盟通信社社長の岩永祐吉や松本重治らリベラリストも含めた驚くほど幅広い圧巻の顔ぶれだった。松本重治は、里見を「私利私欲に恬淡な人だ……付き合って気持ちがいい。天馬空を行くようなきっぷのよい男だった」と回顧している。佐野眞一は、上海で児玉機関を作って暗躍した児玉誉心夫や戦後政財界のフィクサーとなった笹川良一より、里見の方が人物として遥かに上であったと評価している。

このような里見であったから、軍部や外務省、南京政府が把握できていなかった蒋介石の和平の意思を、重慶との様々なルートを通じて正確につかんでいたのであろう。上海でアヘン取引を行うためには、元締めである青幇や紅幇などの地下社会とのつながりが不可欠だった。青幇の首領だった杜月笙は、蒋介石の右腕として大戦中も日本軍が占領する上海の地下組織を動かしていた。杜月笙は、周仏海日記に、重慶との和平工作の折衝ルートとしてもしばしば登場している。

一九四五年一月二五日、近衛は京都の別邸「虎山荘」に岡田啓介と米内光政を招き、仁和寺の門跡岡本慈航も同席して数時間密議した。近衛は

「戦局は最悪の事態を迎えている。もはや敗戦はまぬがれられまい。そこで国体の護持をどうはかるかだ……決戦の前になんとか和平の手がかりをつかまないとならぬ……陸軍は容易なことでは乗って来まい……われわれとしては皇室の擁護ができさえすればそれでよい……本土だけになったとしても甘受しなければならないのではないか」

などと言って、陛下に落飾（出家）をして頂き、裕仁法皇として仁和寺の門跡に迎える相談をした（高橋紘ほか『天皇家の密使たち—占領と皇室』（F-8）一一頁〜）。

近衛らは日本の敗戦を完全に見通し、国体が護持されればよく、本土だけになってもやむを得ない、と肚を決めていたのだ。

近衛が実弟水谷川忠麿を派遣して試みていた何世禎工作も、和平の前提条件の基本はそこにあった。むしろ、政府や軍部から弾圧されながら水面下で和平工作に取り組んでいた人々の戦局認識こそが正確であり、これが和平交渉の正しい前提となりうるものであった。繆斌工作における重慶側の提案は、極めて的確な戦局の分析に基づき、日本側への十分な配慮に満ちたものだった。それを、小磯、緒方、東久邇宮、石原ら、これを進め、支援した人々は正しく認識していた。

数々の和平工作の失敗の原因は、戦局や国際情勢の正確な情報や洞察を欠いた軍部や政府の為政者が、その的確な認識をしていた在野の人々の真剣な和平工作を許さず弾圧したことにあった。そこに最大の悲劇と皮肉があった。

13　繆斌工作否定論の「次元の低さ」

今井武夫は、「繆斌は王克敏や汪兆銘の政権に、就任の自薦運動に狂奔して参加し、其の無節操振りは中国同僚の顰蹙を買っていた」と批判した（『支那事変の回想』（B-13）一九六頁）。また今井は、繆斌と会った時「貴下は、新民会の最高責任者であるから、~国民党政権の樹立を考えている汪兆銘とは主義的に同調できないのではないか」と忠告したと回想する（同）。しかし、これは今井の事実誤認ないし認識不足である。

北平の新民会に繆斌が参加し最高幹部の一人となったのは、前述のように良心的な中国通の軍人だった根本博大佐の強い要請によるものだった。また、繆斌が北平の新民会を離れて南京に移ったのは、新民会が創立当時の繆斌らの理想が失われ、中国人の新民会から北支軍が支配する日本人の新民会に変節していたことに失望したからだった。当時北支軍は、南京の汪兆銘と対立し、北支の政権を日本軍のいいなりのものに育成しようとしていた。そのため、変節した新民会も反汪兆銘の組織となった。繆斌は、そのような新民会に失望したため、南京に移ったのだ。変節したのは繆斌でなく、新民会だったのだ。

繆斌は今井が批判したように「汪兆銘と主義的に同調できない」のではなかった。繆斌は、一九三九年七月二二日、北京中央放送局から全国に向けて「蔣介石先生ニ忠告ス」という放送をした。この中で繆斌は、近衛声明が中国と共存共栄を要望しており、汪兆銘が毅然として和平を主張したことの正しさを強調し、他方、蔣介石が、夫人宋美令は西洋思想に心酔し、長男や娘はソ連の共産党の影響を受けていること、西安事変の後、蔣介石が中国民族を共産党に売り渡したこと、ソ連や実利主義者である英仏は、ともに真心から中国を援助しようとするものではないことなどを鋭く批判し、中国復興の道はただ和平にあることを忠告していた（横山銕三『繆斌工作成ラズ』（B－23）二〇六頁～）。「汪兆銘の国民党反対」だったのは北支軍であって繆斌ではなく、今井の認識は誤りだった。

ある組織で自分の居場所を確保しようとして組織に忠実な者はその組織から「変節」したと批判されることはない。しかし、自己の信念を曲げず主張を通す者はその組織が変節した場合、その組織から排斥されることとなる。繆斌は、日本との和平が必要であることと反共産主義という信念を一貫させていた。

中国は、乱立する地方政府の内戦、合流、寝返りなどは日常茶飯事の乱世の世界だ。その中で、繆斌は一貫とした姿勢と主張を貫いていた。それは、中国と日本の連携こそが東亜の発展の基礎であり、そのために日本は「王道精神」の根本に立ち返るべきであり、東亜は共産主義や西欧資本主義に隷属してはならないというものだった。汪兆銘や蔣介石に対しても是々非々の態度を貫いていた。是々非々の態度を貫く人間は、ある勢力にべったりとすり寄る人間と違って、左右のどちらの側からも攻撃されることが少なくない。繆斌にはそのような一貫した思想と姿勢があった。今井が言うような意味で「節操がない」というのなら、最も節操がないのは、剿共戦を突然やめて国共合作をした蔣介石であり、「蔣介石を対手とせず」とし、重慶を屈服させるといいながら、重慶との和平方針を二転三転させた日本の軍部や政府だというべきだろう。

繆斌は、上海から無電で重慶と連絡をとっていた。今井武夫は、「これを常時監視したが物資売買の情報交換と行ったにとどまり重慶方面との電信はキャッチできなかった」としている。しかし、繆斌は、資産売買を装って暗号により通信をしており、暗号翻訳書がないと判読できなかったのであり「盗聴されている事、判っていて、どうして大事なことをその無電台を使って交信しますか」と今井を批判した。この無電台は、重慶の戴笠から届けられたアメリカ製の物だったという（前掲『繆斌工作成ラズ』（B－23）二二頁）。

当初予定されていた一行の中には特別の訓練を受けた女性特務が含まれていたため、日本の軍参謀が「繆斌が女まで連れて行く」と女性特務を愛人呼ばわりした。しかし、一行七人のうち、繆斌と項と蔣君輝以外の四人は女性を含む訓練された重慶の特務であり、日本の憲兵と南京政府の特務の両方から狙われていた者たちだったという（同二二三頁）。品性の卑しさすら感じさせる「因縁」だった。

また、今井は、「上海に逃避中密かに重慶政府と連絡を図り、またその男子は重慶に奔り」と繆斌の息子のことまで挙げ、重慶とのつながりを批判している。しかし、重慶政府との連絡折衝は繆斌よりも周仏海の方が遥かに頻繁密接だったことは前述したとおりだ＊63。

＊63　繆斌には二人の息子がおり、二人とも重慶に出奔した。田村眞作は、『繆斌工作』（B-24）（一〇八頁〜）でその経緯を詳しく回想している。息子たちは、中国人が日本の特高や憲兵からつけ狙われる状況に絶望し、「今はもう、光明は、北京にも南京にも上海にもどこにもない。私たちは光明を求めてこれから重慶に行きます。しかし、この私達の行動は、私達の父や母やまた家族たちとも全然関係のないことです」との手紙を残していったという。繆斌の母親は二晩泣き明かした。繆斌は、その手紙を田村に見せたが手紙には涙の跡がぽたぽたと落ちていた。繆斌は、歴史が好きだった次男を回想しながら、田村に「親の自分としては、子供達がせめて重慶にと々まっていてくれることを願っています。しかし、次男はひょっとすると延安まで行くのではなかろうか、それが心配です……子供たちが残したものをいろいろとしらべました。次男は共産主義思想に興味をもっていたことがわかりました」と言い、田村は繆斌に慰めの言葉も見つからなかったという。このことを、今井は、繆斌が意図的に息子を重慶とのパイプに利用するために送ったかのように批判したのだ。

児玉誉志夫は、『悪政・銃声・乱世』（A-48）（一五四頁）で、繆斌工作の真実性を否定的に書いているが、その理由に、あるエピソードを挙げた。南京総軍のある高級参謀から繆斌工作のために資金提供を依頼され、繆斌が秘匿していた鉄材を高値で買い取ってやることとした。ところが、取引の日に繆斌が「今日は雨が降っているので、鉄材に付いている泥が落ちて目方が軽くなるので、別の日にしてほしい」と言われたことに苦笑した、と書いている。経緯はよく分からないが、本気でそのようなみっともないことを言うのは面子を重んじる中国人として考えにくい。おそらく日を変更する口実のためにジョークのように言った程度のことを児玉がつまみ食い的に批判の種にしたのだろう。

繆斌批判の中には、「繆斌は、かつて売官汚職をしたことがあり、そんな男を蔣介石が使うはずがない」というものがある。しかし、横山鐵三によれば、売官は蔣介石夫人宋美齢の秘書の指示であり、汚職も冤罪であって、蔣介石はこれを良く知っていたはずであり、蔣介石は重光や今井の何千倍も繆斌を知っている、という（『繆斌工作成ラズ』（B-23）三三五頁～）。

余談になるが、中国は「法治」でなく「人治」の国だ。接待、贈答、賄賂を通じて人脈を確保し、便宜を得ようとするのは中国人の長い文化の一側面であるとも言っていい。近年でこそ、習近平の下で汚職防止の厳しい方針がとられているが、私が北京に在勤した一九八六年からの三年間は、人民日報などに、大規模、多数の汚職の摘発記事が掲載されるのは日常茶飯事だった。当時「官倒（グアンダオ）」と言われる「官僚ブローカー」つまり、役人がその権限を悪用して、横領や背任などで私利を貪ることが蔓延し、当局は躍起になってその撲滅の旗を掲げていたが、そう簡単に長い文化が改まるわけにはいかないというのが当時の実情だった。むしろ、汚職の摘発は、しばしば、政敵を倒すための武器として用いられることが少なくない。水面下で広く行われている汚職について、政敵を倒すために摘発の武器を用いるのは珍しくないというのが、中国の実情だといえよう。

基本的に汚職は極めて少なく、組織所属の継続性や組織への忠誠心が高い、潔癖、生真面目な日本人の発想で中国の政治を観察することには限界がある。

繆斌工作に対する批判は、そのほとんどが表面的な事実だけを捉えた「揚げ足取り」に過ぎず、次元の低いものだったことは明らかだ。

第5　安江工作と表裏一体だった繆斌工作

陸軍大佐だった安江仙弘《やすえのりひろ》は、ナチスの迫害から逃れるため、シベリア経由で中国に入ろうとしたユダヤ人を救った。その安江は、中国のみならずアメリカのユダヤ人組織の本部から深い信頼を受け、それを生かして日中、日米の和平工作にも取り組んだ。安江の和平工作への試みは、一九三八年ころから始まっていたが、その最後の時期は繆斌工作と重なっている。繆斌工作が真に蒋介石の諒解と指示のもとに行われた否かを検討する上で、安江工作を知ることは大きな意味がある。以下は、主に安江弘夫『大連特務機関と幻のユダヤ国家』（B-49）、木内是壽『ユダヤ難民を救った男　樋口季一郎伝』（B-50）、丸山直起『太平洋戦争と上海のユダヤ難民』（B-51）などによる。

ユダヤ難民を救った安江仙弘大佐

安江は石原莞爾と陸士の同期（二一期）で、ユダヤ人問題を早くから研究した陸軍随一の権威者だった。安江は、樋口季一郎*64とも同期であり、この三人は肝胆相照らす仲で、中国に逃れたユダヤ難民の保護に取り組んだ。

*64　樋口はユダヤ難民の救済に尽くした後、参謀本部に戻り、ノモンハン事件の停戦に努力し、一九四三年には、

北方軍司令官としてアッツ島玉砕の後、キスカ島の無血撤退を指揮して成功させ、玉砕した守備兵の慰霊を亡くなるまで続けた。早坂隆『指揮官の決断　満州とアッツの将軍樋口季一郎』（D-36）に詳しい。

一九三七年一二月、第一回極東ユダヤ人大会がハルピンで開かれるに際し、関東軍ハルピン特務機関長だった樋口季一郎を補佐するため、安江大佐は陸軍中央から特派され、樋口と共に参加した。

ユダヤ人のドイツから極東への脱出は一九三三年のヒトラー内閣成立からまもなく始まっていたが、樋口がハルピン在勤中の一九三八年三月、「オトポール事件」が発生した。シベリア鉄道で逃れてきた多数のユダヤ避難民が、満州との国境近いオトポールで吹雪の中に足止めを受けたのだ。ハルピンのユダヤ人協会のカウフマン博士から救出の懇請を受けた樋口は、周囲の心配にも関わらず、救済を決断し、満鉄の協力もとりつけて救援列車を手配し、避難民の満州入国を成功させた。安江は、少し前の同年一月に大連特務機関長に着任しており、樋口からの頼みを受けて直ちに全面的に支援した。当時の三国同盟を求める強い空気の下で、ドイツのユダヤ人迫害政策に背くことは容易ではなかったが、樋口や安江のユダヤ人救済の信念は揺らがなかった。

一九三七年一二月、第一回極東ユダヤ人大会がハルピンで開催され、安江は関東軍ハルピン特務機関長の樋口を補佐するため陸軍中央から派遣され、翌年一月には大連の陸軍特務機関長に就任した。

一九三八年五月、ハルピン・ユダヤ会の幹部L・ジックマンが米国ユダヤ人会議に出席した。安江は、極東ユダヤ人会会長ドクター・カウフマンと共に、ドイツを追われたユダヤ避難民について、日本政府及び満州国政府に好意的に取り扱うよう運動した。それはアメリカのユダヤ社会の最高指導者だったステファン・ワイズに伝えられ、反日感情緩和の糸口ができた。ワイズは、ルーズベルト大統領の親友で側近の一人だった。樋口はその年の八月、参謀本部第二部長に転出したが、安江は樋口の意思を受け継ぎ、ユダヤ避難民の受け入れや中国でのユダヤ人組織強化など、その支援救済に力を尽くした。

安江は同年一二月、第二回極東ユダヤ人大会に出席し、翌一九三九年五月、カウフマン会長が日本を訪問し、同年一二月、安江が第三回極東ユダヤ人大会に出席するなどにより、ハルピン、上海などへの多数の避難民の収容について日満政府の対応が進んだ。当時米国の反日感情は悪化の一途を辿っていたが、安江らの努力で中国国内でのユダヤ人居住地が実現したことにより、世界のユダヤ人の対日認識が改められたという。安江は、ノモンハン事件の最中の一九三九年八月三一日、大連ユダヤ民会主催のディナーパーティーで、「カウフマン博士の日本視察が非常に有意義なりしこと、同博士の対日認識が夫の如く深刻にして将来の全世界ユダヤ人の動向に資する所多かるべきこと」を賞賛し、ルゴービン会長から満腔の謝意を表された。一九四〇年六月、安江とステファン・ワイズの間にホットラインがつながった。

安江は、一九四〇年九月、日独伊三国軍事同盟締結の翌日、東條陸相により予備役に編入された。しかし安江は、翌一〇月、私設の安江機関を大連に設けて、八紘一宇の精神からユダヤ人を庇護した。安江は、関東軍参謀長に同期の飯村穣中将がいた時、満州国政府の勅任待遇顧問となった。満鉄総裁付嘱託の身分で、松岡洋右総裁から安江機関の活動費を得ており、後任総裁にも引き継ぎがなされていたので資金面の心配はなかった。石原莞爾は安江や樋口のユダヤ人支援を終始バックアップしていた。安江と石原の連絡は、ハルピン国際ホテル寺村詮太郎社長が当たった。安江機関は、東京の活動拠点として帝国ホテルにスイートルームを常時確保していた。上海には予備の陸軍中尉二人が連絡のため常駐していた。これらの状況は、ジュネーブおよびワシントンのユダヤ人会議に極東のユダヤ人から報告されていた*65。

*65 大連特務機関員として安江に間近に接していた蛯名治三郎は「安江機関長はいかめしい軍人というよりは学者肌のタイプであった……一見如何にも短躯に精気が溢れ眼光は鋭い反面、潮のごとき理性の静けさがあった。語る時は太い声でユーモラスな表現は無類で人を惹きつけた。これらの印象が大連在住の外国人たちに親しまれ、それが拡大されて極東ユダヤ人達の人気を博するに至ったのであろう。事実安江機関長は、その

風貌の如く誠意と人柄と識見は自然にユダヤ人を惹きつけ日本の友とならしめるに成功したと思う……ユダヤ人に対して……特務機関長としての立場は総ゆる方面から疑惑を受けて苦しかったのは事実である。しかし安江機関長は、自己の信念に基づき愛の精神で一貫しようと懸命の努力をされたのである……安江機関長に同行してハルビンに出張した際、あるユダヤ人経営の同地では一流のレストランで夕食をとるべく立ち寄ったところ、客人総立ちとなり敬意を表し、急に曲目を変更して日本の曲を奏でられ盛んな歓迎を受けたのは如何に彼らの間に人気があったかを物語るものである」と回想している（安江弘夫『大連特務機関と幻のユダヤ国家』（B-49）二〇五頁〜）。

開戦直前の一九四一年一一月一日、ハルビンのホテル・モルデンで数百名のユダヤ人列席の下に、世界ユダヤ人会議代表のM・ウスイシキン博士署名の安江のゴールデンブックへの登録証書授与式が行われた。ゴールデンブックへの登録は、ユダヤ世界最高の栄誉であり、安江と同時に登録されたのが、カウフマンと樋口季一郎だった。

安江が取り組んだ日中米の和平工作―安江に伝えられた重慶の和平の意思

安江の子息安江弘夫氏は、回想する。

「一九四五年八月一五日の終戦の日、今は遠くハバロフスクの日本人墓地に眠る父から、当時の国民政府高官より父にあてられた和平交渉に関する親書を示され、『俺がこれだけの事をやったということをお前だけでも覚えておいてくれ』と告げられた。これが私には父の遺言として受け取られ、以来いつの日か父の業績を世に公表したいものと念願してきた」＊66。

＊66　二〇一八年二月、私は、安江弘夫氏の御子息安江仁氏に連絡が取れ、父上が、その親書を残しておられないかとお尋ねした。しかし、仁氏の話では、弘夫氏はすでに亡くなられたとのことで、安江仙弘が子息の弘

夫氏に見せたその親書は、その後、其の他の戦時中の資料とともに焼却してしまわれたということであった。残念ではあったが、以下に述べるとおり、安江大佐が重慶との和平交渉に取り組んでいたことに間違いはないだろう。

弘夫氏が述べる概要は以下の通りだ。

一九四四年七月七日サイパン陥落の日、予備役に編入されて山形で蟄居していた石原莞爾から、大連の安江に「日本既に敗れたり。敗戦の責任はかかって海軍にあり。山本は死場所を求めていたのだ」と伝えた。これは安江に和平工作のゴーサインを出したものだった。かねてから、安江は石原に早期和平を説き、その方法として彼が苦心して築き上げたユダヤ人や回教徒とのコネクションを用いることを考えていた。ヤルタ会談の前の一九四五年一月ころ、ステファン・ワイズから「日本が大陸および南方戦線から全面撤兵し、満州をユダヤ人安住の地として認めるなら和議に応じてもよい」という回答があった。

しかし、陸軍には敗戦意識が全くない上、中央は聖戦貫徹で固まった佐官クラスが押さえていたので、行動は隠密を要した。安江は、重慶とも連絡しつつ、アメリカのユダヤ人組織を通じた対米工作を試みた。安江は早速陸軍中央に連絡して、先方への回答用の無電案について承認を求めた。しかし、矢の催促にもかかわらず「今暫く待て」の繰り返しであり、一九四五年四月、秦彦三郎中将が関東軍総参謀長として赴任するや、その反対によりこの和平工作は霧消した。

安江の対米工作については、石原と安江の連絡役を務め、これを手伝った寺村詮太郎の証言がある。寺村は、石原の門下生で、ハルビンでホテルを経営していた。寺村は、戦後の安江の慰霊祭での弔辞の中で参会者を驚かせる話をした。

「昭和一九年の終わり、太平洋戦争も敗戦の断末魔となったので、ここに共に謀り、某国某ユダヤ人会某有力者に日米和平斡旋を尽力してくれるよう諮り、その賛成を得て翌二〇年三月には効果現れ『日本が南方及び中国大陸から一兵残さず引揚げるなら、米国は満州だけは日本の占領にまかす』という意見がワシントンにあるから、日本軍部から短波でワシントンに連絡せられよとの事でしたから、私は一人で三月に上京し、同志石原莞爾兄と謀り、阿南惟幾も陸軍大臣として梅津参謀総長をも協力せしめ、東京の連絡は陸軍省軍務局長永井八津次少将、新京の連絡は関東軍参謀副長池田純久中将として、関東軍の短波でワシントンに連絡することとし、某国有力者の録音を吹き込ませ、いよいよ連絡せんとする際、池田中将から『中央の空気が変わったから一時見合わせてほしい』と（いうので）て、再三迫ったが『暫く待ってくれ、善処する』とのことで待機した。しかし間もなく秦彦三郎が参謀長としてやってきた。安江氏も私も秦氏とは意見の対立がかねてあり、精神も異なっているから、これは秦中将の邪魔と察し、また陸軍大臣に掛け合ったが、相変らず『一寸待ってくれ』とのことで、当時飛行機はなし、中央との連絡は取れず、池田中将やその他これに参画せし関東軍の幕僚も俄かに他に転出したので二人は如何ともし難く、ついに手を引き運命に任せた。せっかくの日米和平工作も水泡に帰した次第です。もし安江さんの案が採用されていたら、今日の世界歴史は如何に変化しておったでしょうか。感慨無量です」

当時安江は大連の自宅にあったビクターの蓄音機にレコードをかけて演奏時間を計っていたことがあり、これは米国へのメッセージを吹き込むためのテストであったことは間違いないと弘夫氏は回想する。

安江は、対米和平と平行して対重慶工作も試みていた。その具体的ルートや方法は定かでないが、国民政府への和平交渉も効果をあげ、安江に直接回答が届いていたという。安江弘夫氏が回想する、終戦の八月一五日に父から示された国民政府高官から宛てられた親書は、「話し合いに応ずる」旨記した丁重な文面であったという。横山銕三は、重慶政府の陸軍総司令何応欽大将から親書が届いたとしており、これが弘夫氏が父から示された親書のことと思われる＊67。

＊67　横山銕三『繆斌工作ナラズ』（B–23）（一九八頁）によれば、「重慶政府の陸軍総司令何応欽大将からも、主旨諒解の親書が安江のもとに届いた。安江は早速軍中央に連絡して、先方への回答用の無電案について承認を求めたが、矢の催促にもかかわらず『今暫く待て』の繰り返しであり、二〇年四月、秦彦三郎中将が関東軍総参謀長として赴任するや、その反対によりこの和平工作は雲散霧消した」という。横山が「何応欽大将」とした根拠は明示されていないが、本項で述べる様々な情況からそれは間違いないと思われる。

安江は、八月下旬、ソ連軍から拘束された。ソ連に送られてから収容所を転々とし、一九五〇年の夏、絞首刑になった。しかし、抑留中の安江を知る人は、安江が同室者の中で室長格となり、仲間の待遇の改善要求などに努力したこと、一時、収容所で満州方面から捕われてきた白系ロシア人たちと一緒になったことがあり、彼らが安江から長年満州で保護を受けて世話になったことを忘れず、よく部屋を訪ねてきて心から敬愛の言葉を尽くして慰めていたこと、モスクワの法廷では、憔悴の姿ながらも悠々厳正な温容を持し、同志七名の首位として裁かれていたこと、などを伝えている。

後日談―安江への恩義を忘れなかったユダヤ人

昭和二〇年代の後半、当時の進駐軍から安江家に連絡があり、ユダヤ教徒で米軍陸軍中佐のゴールドマンが安江の遺族を探しているとのことで、長男が横浜のユダヤ教会堂を訪ねた。長男はゴールドマンから「あなたの御父上は誠に偉い方だった。何かあったら力になるから言ってください」と言われた。その後一人の外人が安江家を訪ねてきたが、それは、第二回極東ユダヤ人大会で安江のエスコートにあたったというミハエル・コーガンであり、戦時中箱根の富士屋ホテルに滞在していたユダヤ人グロスマン（北満製糖社長）の代理として、安江の遺族の生活の面倒を見たいという申出であった。安江家は苦しい経済状態ではあったが、好意だけをいただき、辞退した。コーガンは戦後事業で大成功したが、安江の長男と、コーガンの死去直前まで親しく交際し「安江さんに助けられたユダヤ人の数は五万人に上ります」と言っていたという（安江弘夫『大連特務機関と幻のユダヤ国家』〈B-49〉二五九頁〜）。

なぜ重慶は安江を信頼したのか

本書で私が重ねて強調したいことは、重慶・蔣介石は和平工作のためには「組織」ではなく、「人」を相手としていたということだ。真に信頼できる人物、そしてそれが日本の中央の心ある幹部、そして最後は天皇につながりうる人物、を探し、選んでいたのだ。このことは、繆斌工作を潰してしまった為政者・軍中央の洞察力の欠如、官僚的組織論・建前論の限界の問題の裏返しでもある。

横山銕三は、安江の重慶ルートは、上海のイギリス系ユダヤ人サー・ビクター・サッスーンを通じるものであったので、蔣介石の決心に大きな影響力を持ったと思われると指摘する。サッスーン財閥は、アヘン戦争以来のイギリスの中国に対する窓口で、蔣介石政権成立の基盤である浙江財閥と並んで、蔣介石政権の支柱的存在であった。

なぜ、重慶は、和平に応じる意図がある旨の親書を、陸軍の元大佐に過ぎない安江に送ったのか。横山銕三によれば、日本軍の占領により、サッスーン財閥が上海を引き払った後、後の管理を頼まれたのが、秘密結社青幇の首領杜月笙や黄栄金であった。横山は、繆斌は彼らにも手を打っていたかもしれないし、彼らは戴笠とも深い関係にあったと指摘している（『繆斌工作成ラズ』〈B-23〉一九八頁〜）。

私の想像であるが、蔣介石や何応欽ら重慶の幹部に、安江に対して親書を送ることを働きかけたのは杜月笙ではなかっただろうか。杜月笙が率いる青幇は、その起源は地下の犯罪組織・秘密結社で、主にアヘンの密売などで成長してきた。杜月笙は、一九二七年に蔣介石が敢行した共産党覆滅の上海クーデターで活躍して頭角を現し、蔣介石の右腕の一人となった。杜の青幇は、上海を中心に、金融、新聞など表社会で上海経済を牛耳る組織に発展し、更には社会福祉などの分野にまで活動領域を広めた。青幇は、日本の暴力団や欧米のマフィアなどの犯罪組織とはかなり様相が異なり、表と裏の両社会全体を支配する組織だった。日中戦争が拡大すると国民党は重慶に逃れたが、杜は、重慶で蔣介石を支えつつ、上海への青幇組織を通じて隠然とした支配・影響力を保持し続けていた。そのような杜にとって、日中が和平せず、上海などの華中や華南に米軍が上陸して日米の戦場と化し、上海が荒廃することは是非避けたいと考えていたことは想像に難くない。

南京政府の周仏海の日記には、周らが、様々な人脈を通じて、重慶との間で、ひそかに和平に関する打診や交渉をしていたことや、重慶の日本との直接の和平交渉に関する情報が周の耳に入っていたことを示す記載が多い。その中で重慶の和平工作の窓口的人物として杜月笙の名前は頻繁に登場する*68。

サッスーン財閥の中国での経済活動の躍進には上海から中国国内に持ち込んだ膨大なアヘンの取引が後押ししていた。サッスーン財閥が上海でアヘン取引を始めとした経済活動を行うには、上海の表と裏の社会を取り仕切っている杜との密接な連携や協力が不可欠であったことは想像に難くない。杜の青幇はアヘンの密売によって成長し、上海でのアヘン密売の元締めであったのだから、サッスーン財閥との縁は深かったであろう。このような杜の上海のサッスーンを始めとするユダヤ人との密接なコネクションによって、陸軍の安江大佐は真に信頼できる人物である、との情報が蔣介石ら重慶の要人に伝えられたのではないだろうか。

上海のユダヤ人社会の中で、安江の名と人物は広く知られていたであろう。私は、安江がユダヤ人の救済に努力した、信頼できる優れた人物で、日中米の和平の推進のための工作ルートとして有力であるとの情報が、おそらく上海のサッスーン財閥系統の人々から、杜月笙を通じて蔣介石や何応欽に伝えられていたものと推測している。

＊68 前掲のミルトン・E・マイルズの『A Different Kind of War』（H-7）によれば、日本の敗戦は確実となったため、マイルズと戴笠らは、杭州に近い村に拠点を置き、上海をどのように接収して支配を回復するか作戦を練った。戴は、そのために、杜月笙にその任務を与えた。杜月笙は、その名を聞いただけで人を震えさせるような上海のギャングの首領である一方、港湾、運送、などから、歓楽街やアヘン吸引場所まで上海の表と地下の膨大な組織を実質的に支配し、日本軍の占領下にあってすら、上海に網の目のような情報網を持っていた。しかし、マイルズと会った杜月笙は、紳士的で礼儀正しい男だったという。

安江工作と繆斌工作は時を同じくしていた

この安江ルートと繆斌ルートの工作は時を同じくしていた。安江に親書を送ったと思われる何応欽大将は、蔣介石の右腕であり、繆斌とは青年時代から兄弟同様の中だった。

話は遡るが、繆斌は、一九四一年当時、上海のキャセイホテルの五三五号室に活動拠点を持っていた。当時、南部圭助はマカオから上海に移り、同じ階の五〇一号室に居を構えて繆斌と家族同様のつきあいをしていた。その年、キャセイホテルに本部を移していた犬塚惟重海軍大佐が率いるユダヤ問題特調部が、サッスーン・ハウスに手入れをしてユダヤ教の儀式用祭具を全部没収したことがあった＊69。

＊69 当時、ユダヤ人の支援については、人道的、道義的な動機に支えられた人々と、ユダヤを支援することによってアメリカのユダヤ人勢力の協力をとりつけようとの打算的な考えの人々もあった。犬塚大佐は海軍でユダヤ問題を担当していたが、安江や樋口が道義的な観点からのユダヤ支援の信念を失わなかったのに対し、犬塚は後者の考えに傾斜しており、その対応の姿勢には違いがあった（丸山直起『太平洋戦争と上海のユダヤ難民』（B-51）八八頁〜、関根真保『日本占領下のユダヤ人ゲットー』（B-52）四九頁〜）。

その時、繆斌は南部に「日本はとんでもないことをやってくれた。これでは米国との関係は駄目になる。

私もこの部屋を引き払います」と顔色を変えて語った。南部はこう回想している。

「繆さんが、石原将軍がユダヤ人を通じた和平工作を安江機関を介してやっていることを知っていたのには驚きました。例のサッスーン・ハウスへの犬塚特調部の手入れを知った繆さんの顔色は深刻なものでした。私も初めて繆さんからことの重大さを教えてもらいましたよ」（横山銕三『繆斌工作成ラズ』（B-23）一九六頁）

「繆さんは誰かを介してユダヤ人を援助していたようだ。上海に来て繆さんに会ってから、中国社会の複雑怪奇なことが判って来た。とても日本人が考えていたような単純なものでなく、人脈や閥が広く深くからみあっている……繆さんは肚の座った大物だ」（同一九九頁）

また、南部は、こうも回想している。

「一九四二年の夏の終わりころ、繆さんが頭を痛めて『大連（安江）に頼んで東京から現地（日本の陸海軍）を押さえてもらわねば危ない……ドイツにも困ったものだ。ユダヤの人たちも大変だなあ』といって忙しく動いていた」

この裏付けとなる経緯として、当時アジア地区ゲシュタポ司令官による上海在住の全ユダヤ人大虐殺計画と、それに乗り気な日本の陸海軍と憲兵隊の動きを抑えるため、安江が東京の松岡洋右に手をまわして軍首脳部に伝達し、東郷外相名の緊急措置令によって計画を否定したということがあった（同二〇一頁）。

一九五四年四月二六日、東京青山斎場で在日ユダヤ人協会主催で安江の慰霊祭が行われた。

これらの経緯から、繆斌の人脈の広さと深さ、ユダヤ人救済のためにも心を痛めるような人道的精神を持つ人物だったことがわかる。繆斌工作と並行した時期に、何応欽と思われる人物が、重慶に日本との和平の意思があることを安江に伝えていたことは、当時蔣介石に日本との和平の意思があったことを側面から裏付けているといえよう。

同じ時期、蔣介石の和平の意思は岡村寧次大将にも伝えられていた

船木繁『支那派遣軍総司令官　岡村寧次大将』（Ｄ－30）（三二八頁）によれば、岡村寧次大将は、一九四五年二月二日、懇意にしていた船津辰一郎（※一九三七年の上海事変直前に「船津工作」に取り組んだ人物）が来訪し、上海在住の袁良＊70という人物が蔣介石の伝言を伝えたいので上海に来てほしいと依頼された。同月二四日、岡村は船津立ち合いの下に上海で袁と対談した。袁は「日本のために発言するの用意がある。日本を救うのは余あるのみ」などの蔣介石の伝言を岡村に伝えた。しかし、岡村は、蔣介石は生意気なことを言ってきた位に感じて返事を出さなかった。岡村は蔣介石が日本に留学した陸士時代の区隊長だった。

戦後、岡村は歴史家の中村菊男と対談し、次のように正直な述懐をしている（中村菊男『昭和陸軍秘史』（Ｄ－35）五三頁）。

「こっちはカイロ会談も知らなければ、国内が痛んでいるのも知らないから、（蔣介石は）実に生意気なことを言うと思っておったですよ。ところが、向こうは日本を負けさせたあとのことまで決めちゃっているんだから、非常に親切な言葉なんです。……戦後わかりましたけどね。その時はまるでピントが合わないんですね。私と重慶とは。……向こうはどうかして日本をあんまり痛めないうちに、戦いをやめさせなければと考えていたんですね。私なんぞ何も知らずに、アメリカの方のけん制のために、一ぺん重慶大侵攻作戦をやろうとしていた。実際ものを知らざるもはなはだしいものだと、あとで思いましたがね。……バカだったと後悔しますよ。何も知らずに……」

戦後になっても繆斌工作に関わった人々を誹謗中傷した重光の傲岸さとは対照的だ。

この蔣介石の和平の提案の伝言が岡村に伝えられた時期も、安江工作と同様、まさに繆斌工作が進められていた時期と重なっている。これも蔣介石の和平の真意を裏付けるものだろう。繆斌工作は、真実だっ

たのだ。

＊70 「袁良」は、周仏海日記にも南京政府と重慶との和平交渉の連絡要員を務めていた人物として二か所に記載されている。

おわりに —— なぜ和平工作は実らなかったのか

日中和平工作、対連合国和平工作が、多くの人々の努力にもかかわらず、遂に実らなかったのはなぜか。

すべてに通じる「ちぐはぐさ」、「組織の論理」、「官僚的発想」

一言でいうならば、「ちぐはぐさ」だった。それぞれが和平を求めながら、和平工作の路線や権限について組織間で対立し、自分以外の和平工作の足を引っ張り、妨害した。

汪兆銘工作に懸命に努力した影佐禎昭は、小野寺信による対重慶工作を許さず、弾圧した。今井武夫は、陸軍の良心的軍人として稀にみる人物であり、重慶との和平工作に真剣に努力した。しかし極めて惜しむべきは、自分以外の和平工作路線を許さず、繆斌工作を潰し、何世楨工作を妨害した。派遣軍総司令官の岡村寧次大将は、中国大陸の戦闘では勝っていたため、蔣介石からの和平のシグナルを相手にしなかった。

海軍では、米内や井上らが高木惣吉に和平工作研究を専念させながら、対重慶工作には見向きもしなかった。蔣介石よりも延安の共産党やソ連に中国支配を委ねる方向での和平工作に走った。スイスの藤村中佐によるダレス工作も取り上げず突き放した。

重光や谷大使らを始めとする職業外交官たちは極めて優れた人々でありながら、職業外交官のプライドが邪魔をし、外交ルート以外による和平工作を許さなかった。特に民間人や軍人が関与する和平工作を毛嫌いし、繆斌工作を潰し、スウェーデンの小野寺工作も妨害した。重光は、南京政府を通じて対重慶工作を行わせようとしたが、傀儡化されていた南京政府は蔣介石から全く相手にされなかった。

これらに通じるのは、「組織の論理」と「官僚的発想」による「狭量さ」であろう。

その背景には、日本が急速に近代化を成し遂げたことに伴い、政府にせよ軍部にせよ、その組織と人的制度が確立し、よくも悪くも強固なエリート集団が率いる統一性・結束性の高いものに、成長していたことがあろう。このような結束性の強い組織集団は、おのずと、自分の組織への忠誠心は極めて高い一方で、対立する別組織との間での権限や主導権争いが激しくなる。和平工作で他の組織やルートによるものをことごとく排斥しようとしたのはその表れであろう。

これに対し、四〇〇〇年の歴史を持つ中国においては、組織なるものは長続きがせず、皇帝支配の国家ですら、時がたてば倒壊したり、戦っていた政府や組織同士が突然に合従連衡することはざらだった。中国人は組織よりも「人脈」を大切にする。相手がどの組織に属しているかではなく、その人物に力があるか、信頼できるかが重要だ。それに徹底した合理的な打算も加わる。組織同士は対立していても、四方八方に人脈の網の目が張り巡らされている。蔣介石は、日本の軍部や政府、まして傀儡政権である南京政府は全く信じておらず、ただ、どの人物が信頼でき、そのルートが最終的に天皇に通じ、国家としての最終判断を導くことにつながるかだけを見ていた。「組織」ではなく「人」を見ていたのだ。

たとえ、組織やルートは異なっても、蔣介石やアメリカとの和平を実現するという目的が共通である限り、自分たち以外の組織・ルートによる工作を妨害せず、最後にはどこかで合流すればよい、という懐の深さが、日本の軍部・政府の為政者らにはほとんどなかった。

孫子の兵法を会得していた蔣介石、悪しき成功体験で堕落した軍部、政治家、マスコミ

蔣介石は、「戦わずして勝つ」などの孫氏の兵法を会得していた。国民党軍や国力の弱さを自覚している時には、抗日の強硬な国内論に煽られず、日本の強欲な要求を呑んで臥薪嘗胆した。国際的解決を基本

方針としながら、列強は自国の利益にならない限り本気で中国を助ける気はない、というエゴイズムを見抜き、過剰な期待を寄せることなく、一方では日本との和平を模索した。和平の条件も、その時々の情況に応じて変化させた。網の目のような情報網で国際情勢を的確に把握していた。ソ連とはやむを得ず抗日のための連携をしつつ、戦後のソ連や共産党の中国支配の欲望を見抜き、日本の敗戦が必至となってからは、戦後社会での日本との連携を図るため密かに和平を試みた。

日本人も、日清・日露戦争当時の軍人や政治家は、明治維新の荒波を潜り抜けた人々であり、「敵を知り、己を知らば百戦危うからず」の孫子の兵法を身に付けていた。中国に進出する日本軍も、武士道の精神を失っていなかった。日本が長期にわたってロシアとの戦いを続ける国力がないことを自覚し、開戦と同時に、アメリカを介して講和交渉を進めた。しかし、日清・日露戦争の勝利が悪しき成功体験となり、阿南惟幾が語ったように、士官学校や陸軍大学校は、成績主義のエリート集団になってしまった。

しかし、日本を誤らせたのは、軍人たちだけではない。政治家や議会の堕落、強硬論を煽ったマスコミ、中国を見下してあくなき儲けを求める経済界にも極めて大きな責任があった。ポーツマス条約反対の日比谷公園焼き討ち事件に始まり、盧溝橋事件や南京占領のときのお祭り騒ぎなど、ポピュリズムに染まったマスコミは、日本を誤った方向に押しやった。

お粗末極まりなかったインテリジェンス、外交官と軍人の対立

和平工作における、政府・軍部のインテリジェンスはお粗末だった。蔣介石は、カイロ宣言で約束された保障の大半が反故にされたテヘラン会談やヤルタ会談に参加を許されなかった。しかし、蔣介石は様々なルートでその情報を早くから把握していた。だから日本との和平に舵を切ったのだ。しかし、日本は軍部も外務省も、出先機関がヤルタ密約などの情報を探知して報告したにも関わらず。中央が取り上げて活

かすことができなかった。

それには様々な原因があるが、大きなものは、外務省と軍部の対立だ。吉見直人『終戦史』（A-77）（九九頁～）は次の指摘をしてこの問題を的確に分析している。

「外務省政務局政務一課長だった曽祢益は『軍人なんか馬鹿だから……軍人らしい、全く猿知恵……一番悪い軍人外交……』などと敵意むき出しの発言をしていた」

「当時外務次官であり、終戦工作にかかわっていた松本俊一は、戦後、『(軍人が) 世界の大勢わかりますか。……外務省は敵方の情報も全部知っているんですからね。裏も表も。それを知らないのは陸海軍ですよ。……外務省が敵方の放送も全部聞いているんです。日本の今の戦争の何がどうなっているか、皆知っていますよね。外務省は』と発言した」

吉見は、「しかし、少なくともインテリジェンスの分野に限っていえば、正確な情報を収集する能力は陸海軍武官の方が優れていたようである。当時、在外公使が本省に送った電報には『絶望的な甘さ』すら感じられ、世界の大勢を読み違えていたのはむしろ外務省ではなかったか」とし、「『武官ごときが』という抜きがたい蔑視、あえていえば特権意識が、陸海軍と外務省とのフラットな情報共有を妨げていた」と分析している*1。

＊1　ただ、松本俊一は、ポツダム宣言の早期受諾を主張し、迫水久常と連携して「聖断」による解決に導くなど、水面下の終戦工作では大きな働きをした（長谷川毅『暗闘』（H-14））。

このような外交官の意識や姿勢は、スウェーデンでの小野寺信大佐の和平工作を妨害した岡本季正公使が、六月一八日、東郷外相あてに「同人（小野寺）は、此の重要時期に外務省を出し抜き手柄せんとするものにして其のやり方に無理あるため既に少しずつ馬脚を現し居るものなり……陸軍武官は功名心競争心強く策動家……斯くの如き人物を館付武官として有するは何等本使の輔けとならざるのみならず却て危険」などと罵倒を繰り返したことにも通ずる。

確かに外交の一元化は、国家の基本である。しかし、それに至る過程において、様々な外交ルート以外の情報収集や非公式打診、折衝について外交官以外のルートをバックチャンネルとして適切に活用するという柔軟さや懐の深さというものが当時の多くの外交官に欠けていたと思えてならない。

ただ、当時外務省がおかれていた立場や環境からは、軍人たちに対する外交官の怒りや憎しみの気持ちは理解できないではない。事変を解決しようとする外務省に対し、軍は統帥権の名のもとにその作戦計画を政府・外務省に知らせることなく戦線を拡大した。在外公館付の武官たちの多くは公館の指揮系統に入らず、情報収集に止まらず、勝手に政治やや外交関係にまで立ち入る行動をとった。これに加え、興亜院や大東亜省の創設により外務省の権限は大幅に削減されてしまった。これらが上述のような外交官の軍人に対する怒りや不信を招く原因となったのも事実だろう。

外交官の中にも的確に情勢を把握していた者がいた

しかし、当時の職業外交官たちの中には、情報を正しくとらえて、中央に対して的確な意見具申をしていた人々も少なくなかった。三国同盟締結のとき、外務省の幹部の多くは強く反対した。大久保利隆は、同盟に反対でありながら条約局で締結関係の業務に従事させられた後、駐ハンガリー公使となった。大久保は、ドイツ一辺倒の大島浩駐ドイツ大使から睨まれ、冷遇されながら、独ソ戦でのドイツの苦戦など正確な状況を把握し、ドイツの敗戦が必至であることやソ連の対日参戦のおそれを本国に伝え続けた*2。

＊2 松本俊一は、大久保と同期の親友であり、苦境にあった大久保を支え続けた（高川邦子『ハンガリー公使大久保利隆が見た三国同盟』（G-15））。

日米開戦直前、在英上村伸一代理大使は、「此の際帝国としては国家百年の大計に思ひを致し、一切従来の行掛りに因はれざる画期的の構想と勇断とを以て」日米関係の打開に努めるよう、本省に切々と進言していた（入江昭『日米戦争』（A-53）四九頁～）。対ソ工作は誤りであることを繰り返し懸命に上申した佐藤尚武ソ連大使はもとより、戦局と国際情勢を的確に見抜いてソ連を介するのでなく米英との和平交渉の必要性を進言していた外交官もいた。問題はそれらの的確な情報報告や意見具申を取り上げなかった中央にあった。

　岡本公使は、小野寺工作を妨害したことで批判されているが、他面、岡本は、ヤルタ以来の国際状況を的確に把握し、本省に報告していた。入江昭は、前掲「日米戦争」で、次の指摘をしている。

「ストックホルムの岡本季正公使も、『戦後の復興に英米等の援助を必要とする』ソ連が対米英関係の悪化を敢えてしてまで枢軸側と妥協することは考えられない……ソ連の対日参戦は疑問の余地がない、と本省に報告していた」（二四一頁）

「一九四五年初頭にストックホルム駐在の岡本季正公使が本省に送った報告は膨大な量に上り……一一月一二日、ヤルタ会談に先立って三国間で予備交渉が行われている旨、……諜報者によればソ連は日本との外交断絶を考慮しており……『極東に於ける勢力伸長の基礎即ち第一に支那における共産党勢力の拡大を図り欧州戦争終了後共産党の勢力を足場としてアジアに於ける本来の計画を遂行せんとし居るものの如し』……諜報者によれば、ソ連は『必要とあらば何時にても適当の口実の下に対日戦に参加しべく』……『ソは其の際米の窮状を救う代償として大なる要求を為し得べきを以て、最後の瞬間に参戦する可能性あり』と報告していた」（二六五頁～）

前掲入江（二九〇頁～）や吉見（一一三頁～）によれば、チューリッヒの神田襄太郎総領事は、五月以降、ドイツ崩壊後の米英ソ関係について、かなり的確な情報を送っていた。ソ連の野心が東欧のみならず地中海、中近東、アジアへと「際限なく拡大」する可能性を強調し、ソ連と接近しようという当時の日本指導者の考えに批判的だった。六月一一日の電報では、米国内には「将来の紛争を回避する為対日戦にはソ連を成るべく参加せしめず、米英の力にて済ませたし」という気持が強いようだとも報告した。ソ連に対する不信感を示し、米国もそのような不信感を抱いているので、日本はソ連よりも米国を和平打診の対象としていくべきだという意見だった。七月二一日には、ソ連が日本全土の荒廃を狙い、共産主義の影響力を行使して社会秩序の破壊を狙っていること、そのためのソ連の参戦の可能性を指摘し、確固とした決意の下で戦争を終結に導くため和平への交渉に乗り出すべきことを、切々と具申していた。

なぜ、政府と軍部の「インテリジェンス」がお粗末だったのか？

つまるところ、戦争や和平交渉における「インテリジェンス」の態勢や考え方、伝統の乏しさや貧弱さに原因があった。一九四五年五月に行われ、日本の命運がかかっていた最高戦争指導会議において、鈴木貫太郎首相が、当時、ソ連がヤルタ密約で既に日本を売り渡し、参戦の準備を進めていたにもかかわらず、「スターリンという人は西郷隆盛に似たところもあるようだし、悪くはしないような感じがする」などと発言し、政府・軍部が対ソ一辺倒の和平工作に走ったことがそれを象徴するものだった。

小谷賢（日本大学教授）は『日本軍のインテリジェンス』（J-7）で、次のような示唆に富む指摘をしている。

「太平洋戦争の緒戦を見る限り、陸海軍ともよく相手を研究していたと考えられる。しかし、陸海軍のインテリジェンス能力は軍事情報の分野や作戦計画に対応することはできたが、総力戦や大戦略のレベルになると対応しきれなくなった。なぜなら、そのような情報分析には、経済・産業情報や、相手の文化といったトータルな観点からの視点が必要であり、そのような分析スタッフは当時絶対的に不足していたからである」（二六七頁）

「当時の日本軍の組織的特性としては、優秀な人間を集めた作戦部にすべての情報が集まりそれを分析する。すなわち作戦と情報が同じ所で行われるような仕組みになっていた。この仕組みであると、作戦部が作戦と情報を両方扱うために、作戦や戦略のためにどのような情報や分析が必要なのか、という情報のニーズをすぐに作戦へと反映することはできるが、その反面、複雑な情報分析、評価を必要とする中長期的なインテリジェンス運用には向いていない。このようなシステムのため、日本軍は短期的な作戦レベルの情報運用には秀でていた。しかし、欠点としては、作戦・政策の役に立たない大局的情報や、将来役に立つかもしれないような情報は無視されてしまう。本来、客観的な情勢判断のためにはあらゆる情報を、それがどんなに些細なものであってもそれを検討し、インテリジェンスに組み込んでいくべきなのであるが、作戦部が情報分析を行うと、いかに作戦に寄与するかという極めて短期的かつ主観的な態度で情報が取捨選択され、……その結果中長期的な戦略情報に基づいた情勢判断ができなくなってしまう」（一九八頁〜）

小谷は、それらの原因として、作戦部門の情報部門に対する優越と軽視、情報部門の体勢の弱さや人材の絶対的不足、軍部内はもとより、外務省など他の組織との間でも情報の共有や集約がまったく行われていなかったことなどを指摘する（一九七頁）。

軍事作戦であれば、その計画や遂行や絶対に秘密で行われ、軍人以外の者が関与することは基本的に許されない。作戦のための情報源も限定されがちであり、作戦遂行に役立つ正確な「インフォメーション」が得られれば基本的に足りる。

しかし、和平工作の場合には、より高く深いレベルでの「インテリジェンス」が不可欠である。敵国側に日本との和平の意思があるか、その条件はどのようなものか、和平交渉の窓口やルートとしてはどれが適切か、どの段階でどのような働きかけをしていくべきか、などについて、少しでも役立つ情報を広く深く収集し、分析検討することが必要となる。そのためには、相手国の歴史や文化、国際情勢、政治外交関係の現状や変化の情況などについて、参考となる情報をくまなく収集して分析しなければならない。蔣介石に、当時、日本と和平する意思があったか否か、単独講和を許さない連合国共同宣言の下で、中国との和平を突破口としてどのようにアメリカなど連合国との和平に導いていくことができるかの判断・検討には、このような意味での最高度のインテリジェンスが必要だった。

北イタリアのドイツ軍を降伏に導いたサンライズ作戦は、正しい意味での「謀略」の真髄であり、最高度のインテリジェンスの成果だった。アレン・ダレスがこの作戦を的確に統括指揮した。ダレスらは、ドイツ軍内で、ヒトラーに背いてでも降伏すべきだと考え、指導力・実行力のある将軍らの発見に努め、それらとの連絡ルートを開拓した。そのためには、ＯＳＳや軍の組織を超え、北イタリアの破壊を免れ、双方の戦争の犠牲者を減らしたいと念願する、スイスの軍人、宗教関係者、民間実業家、パルチザンの闘士などから協力者を発掘した。「リトル・ウォリー」をドイツのＳＳ本部内に、秘密の了解により送り込み、潜伏させて和平交渉のための無線通信ルートを確保した。

蔣介石は、日本軍の猛攻をひたすら耐える一方で、戦争の「世界的解決」を目標とし、そのためにはアメリカの参戦が不可欠と考えた。そして、チャーチルの支援も得ながら、仏印だけからの日本軍の撤兵しか掲げていなかった暫定協定案に断固反対し、日本が到底受け入れられず開戦に踏み切るしかないハルノートを突き付けさせることに成功した。しかし、戦争末期には、戦後の中国の真の敵は日本ではなく、ソ連や延安の共産党であるとの強い認識のもとに、日本との和平に舵を切り、日本の心ある人々に対し、様々なルートで和平のシグナルを送るようになった。蔣介石は、ヤルタでの密約について、会談の直後からそれを察知し、パトリック・ハーレー大使にその調査を依頼し、密約が中国を裏切るものであることを突き止め、日本との和平に舵を切った。蔣介石のインテリジェンスの力は極めて優れていた。

米内光政海相ら海軍幹部は、一九四四年夏から高木惣吉を和平工作の研究に専従させたが、高木らは、ソ連や共産主義に無警戒で、スターリンの強欲な魂胆を見抜けず、重慶との和平工作の可能性を潰し、容共的な和平方針のみに走った。また、カイロ宣言によって中国の主権と領土を厚く保証された蔣介石には日本との和平の意思はない、との思い込みもあった。これは外務省幹部の多くにも通じるものだった。

小谷賢が指摘したような視点で、戦争末期に軍や政府によって行われた対中国、対米の和平工作を振り返ると、それらの工作の内容や担当者の意識は、「作戦」の延長であって、戦略的なレベルでの「インテリジェンス」には達していなかったといえるだろう。

今井武夫が、桐工作を始めとして重慶との和平工作に努力した真剣さは、陸軍の良心的軍人の代表として異彩を放っている。しかし、今井が試みた工作は、「戦略」「インテリジェンス」のレベルではなく、いわば軍人による軍事作戦と同じような発想や姿勢によっていたといえるのではないだろうか。今井は真剣さのあまり、自分が軍で関与する以外の他組織、特に民間人による工作への関与や介入を拒んだ。これは軍人が軍事作戦で外部の関与を厳しく排除するメンタリティに通じるであろう。

しかし、元々日本政府は「国民政府を対手とせず」と蔣介石を排斥した。日本軍は蔣介石を敵視し、中国大陸において凄まじい侵略攻撃により無数の戦禍の被害をもたらしていた。そのような日本政府や軍部が表に出て重慶・蔣介石に和平の打診をしても、それが重慶側に信用され、受け入れられるのは困難だということは、当時予想できたのではないか。そのような情況のもとでは、まず、日本に和平の真意があることを、軍が表に出るのでなく、様々な非公式なルートによって蔣介石に認識させ、また蔣介石の方からも組織を窓口とした交渉でなく、水面下のルートで日本との和平の模索を指せるほうが適切であっただろう。何世禎工作や、吉田東祐、中山優らによる非公式な水面下での工作はそのために大いに役立ったはずだ。だとすれば今井としては、和平工作の窓口とルートを支那派遣軍や南京政府に限定させるのではなく、むしろ、民間人を大いに利用、活用することを考えるべきだったであろう。何世禎工作を許さないのではなく、むしろ背後でこれを積極的に支援すべきではなかっただろうか。重光外相にも同じような発想の限界があったといえよう。

里見甫は、上海で「里見機関」を運営し、莫大な阿片取引によって、日本軍のみならず、重慶の国民党や共産党にまでその利益を還元し、深い人脈を築いていた。里見は、一九四四年二月二日、支援者の若松華瑶と共に東久邇宮を訪ね、「蔣介石が、テヘラン会談以降、日本との和平に心が動きつつある」という貴重な情報をもたらしていた。組織論や官僚的発想に固まった政府や軍人よりも、中国の裏社会に広く深い人脈を築いていた里見の地獄耳には、このような極秘情報が入っていたのだ。しかし、これが中央に正しく報告され、取り上げられることは遂になかった。小谷賢が指摘する「あらゆる情報を、それがどんなに些細なものであってもそれを検討し、インテリジェンスに組み込んでいくべきなのである」という姿勢を軍部・政府の中央が持っていたなら、これは重慶の和平意思を示す貴重な情報として評価し、里見を使って更にその情報の真実性を調査させ、背後に迫るということもできていたであろう。

日本との和平に舵を切った蔣介石は、極めて的確な人物の選定眼により、岡村寧次大将、安江仙弘陸軍大佐、吉田東祐、中山優ら、心ある中国の理解者に対して和平のシグナルを送っていた。そのメッセージの内容は、蔣介石は、このまま日本が滅びるのは望まないこと、戦後の国際社会でソ連や共産党の中国支配を防ぐためには日本との和平・連携が必要であること、そのためにアメリカなど連合国との和平の橋渡しをする用意もあることなどで、完全に一致していた。しかし、これらの貴重な情報は軍部や政府の中央には届かず、統合されることはなかった。これらが適切なインテリジェンスにより整理され、分析されていれば、最高戦争指導会議などにおいて、ソ連を妄信した米内らによる、中国はカイロ宣言に縛られていて日本との和平の意思はない、という誤った判断がされることはなかったであろう。

また、インテリジェンスとしての和平工作においては、相手方との妥結に漕ぎつけるための和平条件のギリギリのラインをどう考えるかが重要な鍵となる。今井は、一九四五年七月四日、何柱國上将との会見に漕ぎつけたが、和平のためには日本は満州も返還して本土のみになることが必要だと聞かされた。今井は回想する。

「百雷一時に落下したような衝撃を感じた。数年前までに日本が重慶政府に提案した和平条件に比べれば、天地の差があることを知り、歴史の歯車の速やかな回転と現実世界の厳しさに慄然とした。自分は、小磯内閣の九月の譲歩案すら知らなかったので、何が示した条件は残酷であり、我々の準備不足を思い知らされた」

実直な今井は、自分が努力してきた和平工作が、インテリジェンスとして極めて問題や限界があったことを自覚したのだ。

このような観点に立つと、小野寺信大佐や、岡本清福中将、バーゼルの国際決済銀行の北村孝治郎と吉村侃、加瀬公使らがスウェーデンやスイスで試みた連合国との和平工作には、インテリジェンスの性質が備わっていた。満州に逃れて来たユダヤ人を救った安江仙弘は、米英におけるユダヤ人の政治経済での大きな力を背景として和平工作を試みたが、これもインテリジェンスの性質を有していた。近衛文麿は、和平工作においてしばしば腰砕けになるなどの限界はあったが、多くの人の話を聞き、情報を広く収集し、水面下で和平工作を模索する姿勢があり、それはインテリジェンスの性質をも備えていたといえよう。

しかし、これら、インテリジェンスとしての和平工作を試みた人々の努力やそれがもたらす貴重な情報について、軍部や政府の中央がそれを黙殺し、顧みなかったことに悲劇があった。これらインテリジェンスの見識と能力を備えた人々の努力が、中央において重要視されず正当に評価されなかったのは、小谷賢が指摘する、軍部内における「作戦部門」の「情報部門」に対する優越性や軽視の姿勢と、ある意味で

「相似形」だったといえるのではないだろうか。つまり、軍事の作戦や政治を担う人々は、力を持ってはいたが、彼らには中長期的な戦略的視点を持ったインテリジェンスとしての和平工作を行う発想や姿勢が極めて乏しかった。反面、これらのインテリジェンスを備えた少数の人々が進めた和平工作は、その人々が軍事や政治で実権を持っていなかったために成果を生むことができなかったのだ。

立場と視点の違いによる人物評価の難しさ

繆斌工作を推進した田村眞作は、今井武夫や清水董三書記官を、工作潰しに「狂奔」した人物として怒りを込めて批判している。田村は『繆斌工作』(B-24)(一六五頁～)で「清水書記官がずるそうなさぐりを入れてくる。……もともと清水書記官は、通訳あがりの男で、中国語の上手な通訳官以外にとり得のある人物ではない。それがたまたま南京政府成立の時に、汪兆銘と日本側の通訳を彼が一手にやったために、エラクのし上がってしまった。こんな内容のない男からの現地報告を基礎にして、国家存亡に関する重大な危機に、重光外相が重要会議で発言するのである」と清水を酷評した。

ところが、角田房子『いっさい夢にござ候　本間雅晴中将伝』(D-34)で、角田は清水を「清水董三(元駐華公使)は、東亜同文書院出身で母校の教授を務め、のち通訳官として外務省に入った。中国側に深く信頼され、漢籍の造詣深く、書道の大家でもあった」と評価した(一〇四頁)。清水が角田に「小磯さん、本間さんの二人がどうしてあんまで繆斌を信頼されたものか。真っ正直な軍人さんたちが、繆斌の弁舌にだまされたものとしか思えません」と語ったと書いている(二三五頁)。

清水や今井は、繆斌は信用できないと思い込み、この工作は潰さなくてはならないと考えていた。そこには真剣さこそあれ、悪意はなかった。清水は、汪兆銘工作以来、南京政府の樹立やその強化のために尽力していた。一九三九年四月、清水は、影佐を筆頭に、犬養健、矢野征記書記官と共にハノイに汪を救出に行った。また清水は南京政府が傀儡化されようとする動きに懸命に抵抗した＊3。このように清水は単なる官僚的外交官ではなく、危険を冒してまで汪兆銘工作に尽力し、南京政府が傀儡化しないよう闘った人でもあった。そのような清水は、自分たちが樹立に心血を注いだ南京政府の解消を約する繆斌工作が、外交ルートを通さず、内閣を動かしてまで進められていたことに危機感を抱き、今井と共に工作潰しに奔走した。その心情は理解できよう。

＊3　犬養健の『揚子江は今も流れている』（B‐8）（二六三頁〜）は、設立された興亜院を中心として日本の権益要求が露骨になり、影佐らの梅機関による汪側との折衝が困難を極めたとき、清水がこれに怒って奮闘した状況を次のように伝えている。「執筆者の堀場中佐が原案を抱えて上海に乗り込んできた。堀場は興亜院の態度を和らげるように苦心したが効き目がなかった。梅機関から原案返上論がわき起った。外務省から交渉委員に任命された清水董三は東亜同文書院出身で中国の理解者であったが、堀場から原案を受け取って読むと『今さらこんな要求を汪につきつけるようでは日本の国としての信義が立たない。いっそのこと内約の交渉はこのまま取りやめてはどうか』と忠告までした。万事が占領政策強化一点張りであった。仮にこの原案を実行すれば、華北は事実上中国から独立し、海南島も日本海軍のものとなり、これ以上の傀儡政権はない。憤る清水を影佐がなだめた」。

スウェーデンの岡本公使も、小野寺側の視点に立てば、小野寺工作を妨害した狭量な外交官としか映らない。しかし前述のように、岡本は、情報収集に努めて本国へ的確な報告や上申をしていた。人の評価は、それを見る者がどちらの側、立場に立つかによって大きく異なってくる。しかしそれにしても、惜しむべきは、それぞれの立場で和平のために真剣に努力しながら、人々の立場の違いによって相互の努力が損なわれ、邪魔をし合って実現を妨げてしまったことだ。ＯＳＳのダレスらによるサンライズ作戦が成功した原因は、正規の外交ルートに乗せる前に、ダレスらが、ドイツ軍を降伏させるという共通の目的の下に、軍人、宗教関係者その他の民間人と水面下で協力し、「謀略」を重ねたことにあった。それが、ついにドイツ軍を正規の交渉ルートに乗せて降伏に導いたのだ。

　このような機略、懐の深さと柔軟さが、当時の日本の外交官や、今井武夫、佐藤賢了ら軍人の多くに欠けがちであったことは否定できない。

　組織に忠実で、強い信念を持つ官僚は、えてして対立する組織や意見が異なる人物への敵意をむき出しにすることが少なくない。日本人には真面目で潔癖な国民性がある。しかし、それが時には仇となり、立場や意見の異なる人に対する狭量さをもたらし、大局を誤らせる原因となることもあるのではないだろうか。

　緒方竹虎は、心血を注いだ繆斌工作を重光や米内らから潰された。緒方は重光や米内に対しては、強い怒りがあっただろう。しかし緒方は死ぬまで個人攻撃を口にしなかった。緒方は盟友であった米内の伝記『一軍人の生涯―提督米内光政』（E‐21）を書いたが、同書で語った繆斌工作について、重光や米内を名指しした批判がましいことは一言も書いていない。緒方の側近だった高宮太平が書いた『人間緒方竹虎』（B‐28）（二二九頁）によれば、緒方は生前、高宮に「繆斌問題の真相だけは僕の責任として、是非糾明し発表しておきたい。けれども今はまだその時期でない。重光君が反対党の党首として現存してゐるとき、発表すれば重光君を誹謗するようにとられるかもしれない。だからもう少し先になって差支えのない時期が来たら発表する」と語り、高宮は「副総理室で緒方が語ったことを今もなお忘れられない」と回顧している。重光の狭量さとは対照的である。

　緒方は小学校や修猷館中学時代に修行に励んだ剣道の達人だった。緒方には、武士の情け、惻隠の情、があったのだ。

　小野寺信も、上海での重慶との和平工作を影佐に潰されたが、影佐の批判を口にしていない。路線は異なっても、影佐が日中の和平を真剣に求めていることを小野寺は理解していた。戦後、小野寺は影佐について、「面白い人だったよ。あの人が師団長で私が参謀長やったらよかったかも知れんなあ。待てよ期が近すぎるかな」と語ったという（『偕行』一九八六年四月号「将軍は語る（下）」）。和平路線では激しく対立してもどこかで通じ合えるものがあったのだ。小野寺は、欧州での諜報工作では、たとえ敵側に属する人物でも信頼関係を築いて情報源とし、彼らに対する支援を続けた。

影佐は、戦争末期にラバウルで司令官を務め、「聖将」と畏敬された。高山甚六ら多くの部下将校たちが「神格者のごとき、影佐将軍の恩寵を蒙ることのできたわが身の幸をしみじみかみしめ、今も御威徳を敬慕しつつ感謝の日々を送る」「出ては冷厳無比、敵の心理を寒からしめた猛将、内にあっては部下を愛する事、慈父のような温情を示す智勇兼備の名将」などと回顧している。降伏後、ラバウルに進駐してきたオーストラリア軍の将校を迎えたとき、「敗れたりとはいえ、日本軍の高い士気と厳正な規律、そして礼儀正しさを示して日本人に対して畏敬の念を抱かさせるべきである」として応対の手順などをこまごまと指導し、当日、豪軍将校は大変心象をよくし、別れの握手をし、後日、非公式にまた閣下を訪問して健康を気遣い、半日談笑して帰ったという（『人間影佐禎昭』（B-5）二六四頁〜）。

歴史を動かすのは人である。さまざまな工作において、それに関わる人々が足を引っ張り合ってそれを潰してしまうか、それらの努力がどこかでつながり、融合して実を結ぶことになるかは、それを担う人々の自己を絶対化しない謙虚さや、意見や立場が異なってもお互いが真剣に努力していることの理解と敬意に基づいた懐の深さが大切ではないだろうか。

日本は日中和平に尽くした汪兆銘や繆斌らを忘れるべきではない

私は、本書の執筆過程で、戦争や和平工作に関与した人々について、私なりの評価や批判を加えてきた。

すべて結果が生じ、判明した後世の人間が、当時置かれた状況の下での人々の思想や行動を批判することはたやすい。しかし、和平工作について、振り返れば様々な過ちや反省点があったとしても、当時それに関わった人々が真剣に和平を求めて努力していたことを忘れるべきではない。日本人が日本のために和平の努力をすることは当然である。しかし、とりわけ、汪兆銘や繆斌を始めとして、日本が侵略した中国の人でありながら真剣に日本との和平を求め、その結果漢奸として激しく批判され、客死し、あるいは刑死した人々の人間性と功績を、日本人は決して忘れるべきではないだろう。

東京都中央区の鉄砲洲稲荷神社には繆斌の慰霊碑がある。日本との和平のために命を懸けて尽くした繆斌の遺徳を称え、偲ぶ人々によって建立されたものだ。境内の一隅にひっそりと立つ慰霊碑には、今は訪れる人も少ない。

謝辞

本書は、二〇一六年の『ゼロ戦特攻隊から刑事へ』出版以来、約五年間の研究を踏まえて公刊に至ったが、その間には、様々な方の御協力と御支援を頂いた。まず、門外漢だった私をこの分野の研究に引き込むきっかけとなったのは、同書の主人公大舘和夫氏の「三笠宮上海護衛飛行」の記憶であり、同氏に心より感謝したい。また、共著者である西嶋大美氏からは、その後もその事実関係の継続調査などで協力と激励を頂いた。宮内庁の書陵部主任研究官の植山淳氏からは皇室関係の資料調査で貴重な助言を頂いた。

繆斌の慰霊碑(鉄砲洲稲荷神社)

日中和平工作史の権威である戸部良一教授からは、本研究開始の初期に、三笠宮による和平工作などの戦争末期の和平工作の真偽の解明の鍵は、当時蔣介石に日本との和平の意思があったか否かだ、との核心的な助言を頂き、その後の研究視点の基本軸を定めることができた。蔣介石研究の権威である鹿錫俊教授からは、日本の文献には十分現れていない蔣介石の抗日戦における意思や行動について多くの貴重な指摘を頂いた。私は、早稲田大学勤務当時から、浅古弘名誉教授が主宰する東アジア法研究所の科研費プロジェクト「帝国と植民地法制研究会」の研究員であるが、同教授を始めとして、同プロジェクトのメンバーの各位からも支援や激励を頂いた。日本大学危機管理学部においては、本来の専門である刑事司法制度の研究教育以外に、日中和平工作史の研究もテーマに加えたので、福田弥夫学部長を始め、図書館等の事務局職員の各位から資料収集調査などで大いに協力を頂いた。これらの各位に心から感謝したい。

最後に、本書の執筆や出版に対し常に温かい理解をもって支援をいただいた、私が所属する虎ノ門総合法律事務所代表であり、司法研修所同期の畏友である北村行夫弁護士に、心から感謝したい。また、本書は派手さのない地味な研究ではあるが、その意義と目的をよく理解し、出版を快く引き受けていただいた芙蓉書房出版平澤公裕社長に心からお礼申し上げる。

参考文献・資料

◎A　日中戦争・太平洋戦争関連

（全般）

A-1『昭和史』半藤一利　平凡社　二〇〇九年
A-2『昭和史講義（2及び軍人篇）』筒井清忠編　ちくま新書　二〇一六・二〇一八年
A-3『昭和史の急所』保阪正康　朝日新書　二〇一九年
A-4『昭和史七つの謎』保阪正康　講談社文庫　二〇〇三年
A-5『昭和の怪物七つの謎』保阪正康　講談社現代新書　二〇一八年
A-6『昭和史七つの裏側』保阪正康　PHP研究所　二〇一九年
A-7『日本のいちばん長い日』半藤一利　文春文庫　二〇〇六年
A-8『昭和史追跡』新名丈夫　新人物往来社　一九七〇年
A-9『戦前日本のポピュリズム』筒井清忠　中公新書　二〇一八年
A-10『真実の中国史』宮脇淳子　PHP文庫　二〇一八年
A-11『変動期の日本外交と軍事』近代外交史研究会編　原書房　一九八七年
A-12『語り継ぐ昭和史1〜3』　朝日文庫　一九九〇年
A-13『朝暘門外の虹』山崎朋子　岩波書店　二〇〇三年
A-14『わが九十年の生涯を顧みて』青木一男　講談社　一九八一年
A-15『昭和の名将と愚将』半藤一利・保阪正康　文春新書　二〇〇八年
A-16『戦争の引鉄』新名丈夫　新人物文庫　二〇一〇年

（日中戦争関連）

A-17『日中戦争史』秦郁彦　河出書房新社　二〇一一年
A-18『日中戦争』臼井勝美　中公新書　一九六七年
A-19『人物からたどる近代日中関係史』池田維ほか　国書刊行会　二〇一九年
A-20『決定版日中戦争』波多野澄雄ほか　新潮社　二〇一八年

A-21『日中戦争（1〜5）』児島襄　文春文庫　一九八八年
A-22『近代日本戦争史　第三編　満州事変・支那事変』河野収編集　同台経済懇話会　一九九五年
A-23『日中十五年戦争史』大杉一雄　中公新書　一九九六年
A-24『日中戦争』小林英夫　講談社現代新書　二〇〇七年
A-25『大アジア主義と頭山満』葦津珍彦　葦津事務所　二〇〇七年
A-26『大アジア燃ゆるまなざし―頭山満と玄洋社』読売新聞西部本社　海鳥社　二〇〇一年
A-27『頭山満―アジア主義者の実像』嵯峨隆　ちくま新書　二〇二一年
A-28『人ありて―頭山満と玄洋社』井川聡・小林寛　海鳥社　二〇〇三年
A-29『頭山満伝』井川聡　産経NF文庫　二〇二二年
A-30『日中戦争全史（上・下）』笠原十九司　高文研　二〇一七年
A-31『日中戦争とは何だったのか』黄自進ほか　ミネルヴァ書房　二〇一七年
A-32『日本はいかにして中国との戦争に引きずりこまれたか』田中秀雄　草思社　二〇一四年
A-33『中国人と日本人　交流・友好・反発の近代史』入江昭編　ミネルヴァ書房二〇一二年
A-34『満州事変はなぜ起きたのか』筒井清忠　中公選書　二〇一五年
A-35『満州事変』宮田昌明　PHP新書　二〇一九年
A-36『英米世界秩序と東アジアにおける日本』宮田昌明　錦正社　二〇一四年
A-37『謎解き「張作霖爆殺事件」』加藤康男　PHP新書　二〇一一年
A-38『満州事変から日中戦争へ』加藤陽子　岩波新書　二〇〇七年
A-39『日本人が知らない満州国の真実』宮脇淳子　扶桑社新書　二〇一八年
A-40『満州国の正当性を弁護する』ジョージ・ブロンソン・リー　田中秀雄訳　草思社　二〇一六年
A-41「日本帝国主義の崩壊」山口重次『満州と日本人』季刊２所収　大湊書房　一九七六年一月
A-42『満州国の最後を背負った男』荒巻邦三　弦書房　二〇一六年
A-43『お役所仕事の大東亜戦争』倉山満　三才ブックス　二〇一五年
A-44『昭和12年とは何か』宮脇淳子ほか　藤原書店　二〇一八年
A-45『日中戦争と汪兆銘』小林秀夫　吉川弘文館　二〇〇三年

A-46『毛沢東　日本軍と共謀した男』遠藤誉　新潮新書　二〇一五年
A-47『毛沢東の対日戦犯裁判』大澤武司　中公新書　二〇一六年
A-48『悪政・銃声・乱世　児玉誉志夫』広済堂　一九七四年
A-49『「大東亜戦争」はなぜ起きたのか』松浦正孝　名古屋大学出版会　二〇一〇年
A-50『謀叛の児　宮崎滔天の「世界革命」』加藤直樹　河出書房新社　二〇一七年
A-51『「日中歴史共同研究」報告書　第2巻』北岡伸一・歩平編　勉誠出版　二〇一四年
A-52『戦争まで　歴史を決めた交渉と日本の失敗』加藤陽子　朝日出版社　二〇一六年

（日米戦争関連）

A-53『日米戦争』入江昭　中央公論社　一九七八年
A-54『太平洋戦争（上・下）』児島襄　中公文庫　一九七四年
A-55『なぜ必敗の戦争を始めたのか』半藤一利　文藝春秋　二〇一九年
A-56『陸軍省軍務局と日米開戦』保阪正康　中公文庫　一九八九年
A-57『誰が第二次大戦を起こしたのか』渡辺惣樹　草思社　二〇一七年
A-58『太平洋戦争を読み直す』保阪正康　ＰＨＰ文庫　二〇一六年
A-59『太平洋戦争』新名丈夫　新人物往来社　一九七一年
A-60『日米開戦の謎』鳥居民　草思社　一九九一年
A-61『日米開戦と情報戦』森山優　講談社現代新書　二〇一六年
A-62『日米開戦の真実　大川周明著「米英東亜侵略史」を読み解く』佐藤優　小学館　二〇〇六年
A-63『日本はなぜ開戦に踏み切ったか』森山優　新潮社　二〇一二年
A-64『日本は誰と戦ったのか』江崎道朗　ＫＫベストセラーズ　二〇一七年
A-65『コミンテルンの謀略と日本の敗戦』江崎道朗　ＰＨＰ新書　二〇一七年
A-66『あなたが知らない太平洋戦争の裏話』新名丈夫　新人物文庫　二〇一〇年
A-67『日米開戦の正体』孫崎享　祥伝社　二〇一五年
A-68『東京空襲写真集』早乙女勝元監修　勉誠出版　二〇一五年
A-69『大東亜戦争本土空襲全史』佐藤孔健発行人　standards 二〇一七年

A-70『本土空襲全記録』NHKスペシャル取材班　角川書店　二〇一八年

（終戦関連）

A-71『敗戦の記録　参謀本部所蔵』原書房　二〇〇五年
A-72『終戦史録1〜6』外務省編　北洋社　一九七七年
A-73『われ敗れたり』児玉誉志夫　東京出版社　一九四九年
A-74『昭和二十年（1〜3）』鳥居民　草思社　一九八五〜八七年
A-75『機関銃下の首相官邸』迫水久常　恒文社　一九六四年
A-76『終戦秘史』下村海南　講談社学術文庫　一九八五年
A-77『終戦史』吉見直人　NHK出版　二〇一三年
A-78『かくて太平洋戦争は終わった』川越重男　PHP文庫　二〇〇五年
A-79『東条英機暗殺計画と終戦工作（別冊歴史読本）』新人物往来社　二〇〇八年
A-80『東京裁判（上・下）』児島襄　中公新書　一九七一年
A-81『戦後日本を狂わせたOSS「日本計画」』田中英道　展転社　二〇一一年
A-82『騙される日本人』藤井厳喜　PHP研究所　二〇〇六年
A-83『戦争調査会　幻の政府文書を読み解く』井上寿一　講談社現代新書　二〇一七年
A-84『日ソ中立条約の虚構　終戦工作の再検証』工藤美知尋　芙蓉書房出版　二〇二一年
A-85『「東京裁判」を読む』半藤一利、保阪正康、井上亮　日本経済出版社　二〇〇九年

◎B　和平工作史関連（近衛文麿が関与した工作についてはCに掲載）

B-1『終戦工作の記録（上・下）』江藤淳監修　講談社文庫　一九八六年
B-2『ピース・フィーラー　支那事変和平工作の群像』戸部良一　論創社　一九九一年
B-3「対中和平工作1942-45」戸部良一　『国際政治』（日本国際政治学会）一〇九号　一九九五年
B-4『日中講和の研究』殷燕軍　柏書房　二〇〇七年
B-5『人間影佐禎昭』「人間影佐禎昭」出版世話人会　松本重治ほか　一九八〇年
B-6「汪兆銘政権の樹立と日本の対中政策構想」劉傑　『早稲田人文自然科学研究』五〇号　一九九六年

B-7『昭和史への一証言』松本重治　毎日新聞社　一九八六年
B-8『揚子江は今も流れている』犬養健　中公文庫　一九八四年
B-9『悲劇の証人　日華和平工作秘史』西義顕　文献社　一九六二年
B-10『貴族の退場』西園寺公一　ちくま学芸文庫　一九九五年
B-11『日中戦争と汪兆銘』小林英夫　吉川弘文館　二〇〇三年
B-12『上海テロ工作76号』晴気慶胤　毎日新聞社　一九八〇年
B-13『支那事変の回想』今井武夫　みすず書房　一九六四年
B-14『日中和平工作　回想と証言』今井武夫　みすず書房　二〇〇九年
B-15『幻の日中和平工作　軍人今井武夫の生涯』今井貞夫　中央公論事業出版　二〇〇七年
B-16『日中和平工作の記録　今井武夫と汪兆銘・蔣介石』広中一成　彩流社　二〇一三年
B-17「土井章名誉教授記念論文集」『東洋研究』五六号　大東文化大学東洋研究所　一九八〇年
B-18『田尻愛義回想録』田尻愛義　原書房　一九七七年
B-19『中国の中の日本人』梨本祐平　同成社　一九八三年
B-20『歴史の証言―満州に生きて』花野吉平　龍渓書舎　一九七九年
B-21『ある情報将校の記録』塚本誠　中公文庫　一九九八年
B-22『二つの国にかける橋』吉田東祐　元就出版社　二〇〇一年
B-23『繆斌工作成ラズ』横山銕三　展転社　一九九二年
B-24『繆斌工作』田村眞作　三栄出版社　一九五三年
B-25『愚かなる戦争』田村眞作　創元社　一九五〇年
B-26『葬られた繆斌工作』三文字正平『人物往来』第五巻第二号　一九五六年
B-27「小磯内閣が蔣介石政権との和平を託した繆斌工作」前坂俊之『別冊歴史読本　東条英機暗殺計画と終戦工作』新人物往来社　二〇〇八年
B-28『人間緒方竹虎』高宮太平　原書房　一九七九年
B-29『評伝緒方竹虎』三好徹　岩波書店　一九八八年
B-30『緒方竹虎―リベラルを貫く』渡邊行男　弦書房　二〇〇六年

B-31『扶桑七十年の夢』蔣君輝　扶桑七十年の夢刊行会　一九七四年
B-32『葛山鴻爪』小磯國昭自叙伝刊行会　中央公論事業出版　一九六三年
B-33『永久平和の使徒』石原莞爾　武田邦太郎・菅原一彪　冬青社　一九九六年
B-34「対華和平工作史」衛藤瀋吉　日本外交学会編『太平洋戦争終結論』所収　東京大学出版会　一九五八年
B-35「小磯内閣の対重慶工作」鳥居民『国際関係論のフロンティア1』所収　東京大学出版会　一九八四年
B-36『繆斌事件』渡邊行男　『中央公論』一九八八年九月号
B-37『宇垣一成日記3』みすず書房　一九七一年
B-38『永田町一番地　外交敗戦秘録』中村正吾　ニュース社　一九四六年
B-39『漢奸裁判』劉傑　中公新書　二〇〇〇年
B-40『新「南京大虐殺」のまぼろし』鈴木明　飛鳥新社　一九九九年
B-41『ある終戦工作』森元治郎　中公新書　一九八〇年
B-42『「諜報の神様」と呼ばれた男』岡部伸　PHP研究所　二〇一四年
B-43『バルト海のほとりにて』小野寺百合子　共同通信社　二〇〇五年
B-44『消えたヤルタ密約緊急電』岡部伸　新潮社　二〇一二年
B-45『「スイス諜報網」の日米終戦工作』有馬哲夫　新潮選書　二〇一五年
B-46『最後の特派員』衣奈多喜男　朝日ソノラマ　一九八八年
B-47『幻の終戦工作　ピース・フィーラーズ945夏』竹内修司　文藝春秋　二〇〇五年
B-48『バチカン発・和平工作電　ヒロシマは避けられたか』マーティン・S・キグリー　仙名紀訳　一九九二年
B-49『大連特務機関と幻のユダヤ国家』安江弘夫　八幡書店　一九八九年
B-50『ユダヤ難民を救った男　樋口季一郎伝』木内是壽　アジア文化社　二〇一四年
B-51『太平洋戦争と上海のユダヤ難民』丸山直起　法政大学出版局　二〇〇五年
B-52『日本占領下の上海ユダヤ人ゲットー』関根真保　昭和堂　二〇一〇年
B-53『ゼロ戦特攻隊から刑事へ』西嶋大美・太田茂　芙蓉書房出版　二〇一六年
B-54『阿片王満州の夜と霧』佐野眞一　新潮社　二〇〇五年
B-55『甘粕正彦　乱心の曠野』佐野眞一　新潮社　二〇〇八年

B-56『昭和史疑』山地悠一郎　叢文社　二〇〇八年
B-57『政治なき政治　木村武雄・評伝』石川正敏　時事通信社　一九六三年

◎C　近衛文麿関連

（日記・手記など）

C-1『近衛日記』共同通信社編　一九六八年
C-2『大統領への証言』近衛文麿　毎日ワンズ　二〇〇八年
C-3『平和への努力』近衛文麿　日本電報通信社　一九四六年
C-4『失はれし政治―近衛文麿公の手記』朝日新聞社　一九四六年
C-5『戦後欧米見聞録』近衛文麿　中公文庫　一九八一年

（伝記又は伝記に準ずるもの）

C-6『近衛文麿』矢部貞治　時事通信社　一九五八年
C-7『宰相近衛文麿の生涯』有馬頼義　講談社　一九七〇年
C-8『近衛時代（上・下）』松本重治　中公新書　一九八六・八七年
C-9『近衛内閣』風見章　中公文庫　一九八二年（原著は一九五一年日本出版協同株式会社刊）
C-10『公爵近衛文麿』立野信之　講談社　一九五〇年
C-11『近衛文麿』岡義武　岩波新書　一九七二年
C-12『近衛文麿（上・下）』杉森久英　河出書房新社　一九九〇年
C-13『近衛文麿「六月終戦のシナリオ」』道越治編著　毎日ワンズ　二〇〇六年
C-14『近衛文麿―教養主義的ポピュリストの悲劇』筒井清忠　岩波書店　二〇〇九年
C-15『近衛文麿「黙」して死す』鳥居民　草思社文庫　二〇一四年（原著は二〇〇七年）
C-16『無念なり　近衛文麿の戦い』大野芳　平凡社　二〇一四年
C-17『近衛文麿』古川隆久　吉川弘文館　二〇一五年
C-18『われ巣鴨に出頭せず』工藤美代子　日本経済新聞社　二〇〇六年

（周辺人物による回想など）

C-19『紫山水谷川忠麿遺稿』水谷川忠麿遺稿集刊行会　奈良明新社　一九七一年
C-20『中山優選集』中山優選集刊行委員会　一九七二年
C-21「生涯を中国問題の解決に捧げた哲人中山優」　山鹿市教育委員会『近代の山鹿の偉人たち』所収　二〇一三年
C-22『敗戦日本の内側—近衛公の思い出』富田健治　古今書院　一九六二年
C-23『敗る々日まで』岩淵辰雄　日本週報社　一九四六年
C-24『近衛公秘聞』木舎幾三郎　高野山出版社　一九五〇年
C-25『政界の裏街道を行く』木舎幾三郎　政界往来社　一九五九年
C-26『政界五十年の舞台裏』木舎幾三郎　政界往来社　一九六五年
C-27『一人一殺』井上日召　日本週報社　一九五三年
C-28『濁流』山本有三　毎日新聞社　一九七四年
C-29『朴歯の下駄』野口昭子　全生社　一九八〇年
C-30『近衛家の太平洋戦争』近衛忠大・NHK取材班　NHK出版　二〇〇四年
C-31『近衛家七つの謎』工藤美代子　PHP研究所　二〇〇九年
C-32『夢顔さんによろしく　最後の貴公子近衛文隆の生涯（上・下）』西木正明　集英社文庫　二〇〇九年
C-33『鳩山一郎・薫日記（上）』中央公論新社　一九九九年
C-34『戦火のマエストロ　近衛秀麿』菅野冬樹　NHK出版　二〇一五年
C-35『近衛秀麿—日本のオーケストラを作った男』大野芳　講談社　二〇〇六年
C-36『近衛文麿とスターリンを結ぶ男』吉橋泰男　二〇一九年（Kindle版）
C-37『近衛内閣史論』馬場恒吾　高山書院　一九四六年
C-38『終戦と近衛上奏文』新谷卓　彩流社　二〇一六年
C-39『大東亜戦争と開戦責任　近衛文麿と山本五十六』中川八洋　弓立社　二〇〇〇年
C-40『近衛文麿の戦争責任』中川八洋　PHP研究所　二〇一〇年
C-41『近衛文麿　野望と挫折』林千勝　ワック　二〇一七年
C-42『真実の日米開戦　隠蔽された近衛文麿の戦争責任』倉山満　宝島社　二〇一七年
C-43『松本重治伝』開米潤　藤原書店　二〇〇九年

C-44『あるデモクラットのたどった運命』ハーバート・ノーマン　中野利子訳　リブロポート　一九九〇年
C-45『悲劇の外交官　ハーバート・ノーマンの生涯』工藤美代子　岩波書店　一九九一年
C-46『ハーバート・ノーマン全集　第一巻　日本における近代国家の成立　第二巻　日本政治の封建的背景』岩波書店　一九七七年

(風見章・尾崎秀美・昭和研究会関連)

C-47『風見章日記・関係資料』みすず書房　二〇〇八年
C-48『風見章とその時代』須田禎一　みすず書房　一九六五年
C-49『評伝　風見章』宇野秀　茨木新聞社　二〇一〇年
C-50『昭和研究会』酒井三郎　TBSブリタニカ　一九七九年
C-51『ゾルゲ事件　獄中手記』リヒアルト・ゾルゲ　岩波現代文庫　二〇〇三年
C-52『ゾルゲ事件　上申書』　尾崎秀実　岩波書店　二〇〇三年
C-53『ゾルゲ事件』尾崎秀樹　中公文庫　一九八三年
C-54『ゾルゲ事件　覆された神話』加藤哲郎　平凡社　二〇一四年
C-55『新編　愛情はふる星のごとく』尾崎秀実　岩波書店　二〇〇三年
C-56『尾崎秀美とゾルゲ事件』太田尚樹　吉川弘文館　二〇一五年
C-57『開戦前夜の近衛内閣』尾崎秀美・今井清一　青木書店　一九九四年
C-58『ソビエト・コミュニズム』木村定ほか　みすず書房　一九五二年
C-59『明治維新史研究』羽仁五郎　岩波書店　一九七八年

◎D　陸軍関連

(全般)

D-1『太平洋戦争陸戦概史』林三郎　岩波新書　一九五一年
D-2『昭和陸軍の研究（上・下）』保阪正康　朝日文庫　二〇〇六年
D-3『昭和陸戦全史（1・2・3）』川田稔　講談社現代新書　二〇一四〜一五年
D-4『日本陸軍と中国―「支那通」にみる夢と蹉跌』戸部良一　講談社選書　一九九九年

D-5『機密戦争日誌（上・下）』大本営陸軍部戦争指導班　錦正社　一九九八年
D-6『昭和陸軍の軌跡』川田稔　中公新書　二〇一一年

（回想録）

D-7『宇垣日記』朝日新聞社　一九五四年
D-8『宇垣一成日記3』みすず書房　一九七一年
D-9『軍務局長武藤章回想録』芙蓉書房　一九八一年
D-10『田中作戦部長の証言　大戦突入の真相』田中新一　芙蓉書房　一九七八年
D-11『軍閥　二・二六事件から敗戦まで』大谷敬二郎　図書出版社　一九七一年
D-12『二・二六事件の謎』大谷敬二郎　光人社NF文庫　二〇一二年
D-13『皇軍の崩壊』大谷敬二郎　光人社NF文庫　二〇一四年
D-14『大東亜戦争回顧録』佐藤賢了　徳間書店　一九六六年
D-15『支那事変戦争指導史』堀場一雄　時事通信社　一九六二年
D-16『河辺虎四郎回想録』毎日新聞社　一九七九年
D-17『大東亜戦争収拾の真相』松谷誠　芙蓉書房　一九八〇年
D-18『大本営機密日誌』種村佐孝　芙蓉書房　一九七九年
D-19『昭和陸軍秘録』西浦進　日本経済新聞出版社　二〇一四年
D-20『昭和陸軍謀略秘史』岩畔豪雄　日本経済新聞出版社　二〇一五年
D-21『恋闕　最後の二・二六事件』黒崎貞明　日本工業新聞社　一九八〇年
D-22『アッツキスカ　軍司令官の回想録』樋口季一郎　芙蓉書房　一九七一年
D-23『陸軍葬儀委員長』池田純久　日本出版協同　一九五三年
D-24『日本の曲り角』池田純久　千城出版　一九六八年
D-25『大本営参謀の情報戦記』堀栄三　文春文庫　一九九六年

（評伝・評論）

D-26『帝国陸軍の最後（1〜5）』伊藤正徳　角川文庫　一九七三年
D-27『永田鉄山　昭和陸軍「運命の男」』早坂隆　文春新書　二〇一五年

D-28『永田鉄山と昭和陸軍』岩井秀一郎　祥伝社新書　二〇一九年
D-29『我観　石原莞爾』三谷隆以　三谷隆以著作刊行会　一九八四年
D-30『支那派遣軍総司令官　岡村寧次大将』船木繁　河出書房新社　一九八四年
D-31『最後の参謀総長梅津美治郎』上法快男編　芙蓉書房　一九七六年
D-32『梅津美治郎大将』佐野量幸　元就出版社　二〇一五年
D-33『一死大罪を謝す　陸軍大事阿南惟幾』角田房子　ちくま文庫　二〇一五年
D-34『いっさい夢にござ候　本間雅晴中将伝』角田房子　中央公論社　一九七二年
D-35『昭和陸軍秘史』中村菊男　番町書房　一九六八年
D-36『指揮官の決断　満州とアッツの将軍樋口季一郎』早坂隆　文春新書　二〇一〇年
D-37『陸軍良識派の研究』保阪正康　光人社NF文庫　二〇一三年
D-38『陸軍省軍務局と日米開戦』保阪正康　中公文庫　一九八九年
D-39『大東亜戦争と本土決戦の真実』家村和幸　並木書房　二〇一五年
D-40『秘録　板垣征四郎』板垣征四郎刊行会　芙蓉書房　一九七二年
D-41『多田駿伝』岩井秀一郎　小学館　二〇一七年

（東条英機関連）

D-42『東條英機と天皇の時代』保阪正康　ちくま文庫　二〇〇五年
D-43『東條内閣総理大臣機密記録』伊藤隆ほか　東京大学出版会　一九九〇年
D-44『東條英機暗殺計画』工藤美知尋　光人社NF文庫　二〇一〇年
D-45『三笠宮と東條英機暗殺計画』加藤康男　PHP新書　二〇一七年
D-46『東条英機暗殺計画』森川哲郎　徳間文庫　一九八四年
D-47『わが東条英機暗殺計画』津野田忠重　徳間書店　一九八五年

（辻政信関連）

D-48『潜行三千里』辻政信　毎日新聞社　一九五〇年
D-49『ノモンハン秘史』辻政信　原書房　一九六七年
D-50『蔣介石の密使辻政信』渡辺望　祥伝社　二〇一三年

D-51『悪魔的作戦参謀辻政信』生出寿　光人社NF文庫　一九九三年
D-52『軍人辻政信』長岡弥一郎　不二印刷　一九七六年

◎E　海軍関連

（全般）

E-1『海軍と日本』池田清　中公新書　一九八一年
E-2『日本海軍史』外山三郎　吉川弘文館　二〇一三年
E-3『日本海軍から見た日中関係史研究』樋口秀実　芙蓉書房出版　二〇〇二年
E-4『日本海軍の終戦工作』纐纈厚　中公新書　一九九六年
E-5『海軍の日中戦争』笠原十九司　平凡社　二〇一五年
E-6『海軍戦争検討会議記録』新名丈夫　毎日新聞社　一九七六年
E-7『沈黙の提督井上成美真実を語る』新名丈夫　新人物文庫　二〇〇九年

（日記・回顧録）

E-8『岡田啓介回顧録』中公文庫　一九八七年
E-9『戦藻録　宇垣纒日記』原書房　一九九六年
E-10『海軍大将小林躋三覚書』伊藤隆ほか編　山川出版社　一九八一年
E-11『終戦覚書』高木惣吉　アテネ文庫　一九四八年
E-12『高木惣吉日記』毎日新聞社　一九八五年
E-13『高木惣吉日記と情報（上・下）』みすず書房　二〇〇〇年
E-14『自伝的日本海軍始末記』高木惣吉　光人社　一九七九年
E-15『自伝的日本海軍始末記（続編）』高木惣吉　光人社　一九七九年
E-16『大東亜戦争秘史　失われた和平工作』保科善四郎　原書房　一九五〇年
E-17『鈴木貫太郎自伝』日本図書センター　一九九七年

（伝記・評伝）

E-18『米内光政正伝』実松譲　光人社　二〇〇九年

E-19『米内光正（上・下）』阿川弘之　新潮社　一九七八年
E-20『海軍大将米内光政覚書』高木惣吉写・実松譲編　光人社　一九七八年
E-21『一軍人の生涯　提督米内光政』緒方竹虎　光和堂　一九八三年
E-22『井上成美』阿川弘之　新潮社　一九八六年
E-23『海軍大将井上成美』工藤美知尋　潮書房光人新社　二〇一八年
E-24『山本五十六』田中宏巳　吉川弘文館　二〇一〇年
E-25『山本五十六の乾坤一擲』鳥居民　文藝春秋　二〇一〇年
E-26『山本五十六の真実』工藤美知尋　潮書房光人社　二〇一五年
E-27『山本五十六と米内光政』高木惣吉　光人社　一九八二年
E-28『海軍少将高木惣吉』藤岡泰周　光人社　一九八六年
E-29『終戦の軍師高木惣吉海軍少将伝』工藤美知尋　芙蓉書房出版　二〇二一年
E-30『山本五十六の大罪』中川八洋　弓立社　二〇〇八年

◎F　天皇・皇室関連

F-1『昭和天皇実録　第8巻・第9巻』宮内庁　東京書籍　二〇一六年
F-2『昭和天皇独白録』寺崎英成　文春文庫　一九九五年
F-3『昭和史の天皇　終戦への道（上・下）』読売新聞社編　角川文庫　一九八九年
F-4『昭和天皇の終戦史』吉田裕　岩波新書　一九九二年
F-5『昭和天皇実録　その表と裏（①②）』保阪正康　毎日新聞出版　二〇一五年
F-6『「昭和天皇実録」を読む』原武史　岩波新書　二〇一五年
F-7『侍従長の回想』藤田尚徳　講談社学術文庫　二〇一五年
F-8『天皇家の密使たち　占領と皇室』高橋紘ほか　文春文庫　一九八九年
F-9『英国機密ファイルの昭和天皇』徳本栄一郎　新潮文庫　二〇〇九年
F-10『高松宮日記　第1巻〜第8巻』中央公論社　一九九六〜一九九七年
F-11『高松宮と終戦工作』工藤美知尋　光人社ＮＦ文庫　二〇一四年

F・12『細川日記（上・下）』細川護貞　中公文庫　一九七九年
F・13『私の記録』東久邇宮稔彦　東方書房　一九四七年
F・14『東久邇宮稔彦王』佐藤元英監修　ゆまに書房　二〇一二年
F・15『不思議な宮さま　東久邇宮稔彦王の昭和史』浅見雅男　文春文庫　二〇一四年
F・16『わが思い出の記（帝王と墓と民衆）』三笠宮崇仁　光文社　一九五六年
F・17『古代オリエント史と私』三笠宮崇仁　学生社　一九八四年
F・18『徳川義寛終戦日記』徳川義寛　朝日新聞社　一九九九年
F・19『裕仁天皇の昭和史』山本七平　祥伝社　二〇〇四年
F・20『語られなかった皇族たちの真実』竹田恒泰　小学館文庫　二〇一一年

◎G　外交官関連

G・1『日本外交史24（大東亜戦争・戦時外交）』太田一郎監修　鹿島研究所出版会　一九七一年
G・2『松岡洋右　悲劇の外交官（上・下）』豊田穣　新潮社　一九七九年
G・3『外交五十年』幣原喜重郎　中公文庫　一九八七年
G・4『回想十年（第一巻）』吉田茂　新潮社　一九五二年
G・5『重光葵手記』重光葵　中央公論社　一九八六年
G・6『続　重光葵手記』重光葵　中央公論社　一九八八年
G・7『昭和の動乱（下）』重光葵　中公文庫　二〇〇一年
G・8『外交回想録』重光葵　中公文庫　二〇一一年
G・9『東郷茂徳外交手記』東郷茂徳　原書房　一九六七年
G・10『外交官の一生』石射猪太郎　中公文庫　一九八六年
G・11『泡沫の三十五年　日米交渉秘史』来栖三郎　中公文庫　一九八六年
G・12『加瀬俊一回想録（上・下）』加瀬俊一　山手書房　一九八六
G・13『外務省革新派』戸部良一　中公新書　二〇一〇年
G・14『東亜全局の動揺―我が国是と日支露の関係満蒙の現状』松岡洋右　先進社　一九三一年（再刊　経営科学出

G-15『ハンガリー公使大久保利隆が見た三国同盟』高川邦子　芙蓉書房出版　二〇一五年版　二〇一九年）

◎H　アメリカその他国際関連

（全般）

H-1『日米の衝突』ウォルター・ラフィーバー　土田宏監訳　彩流社　二〇一七年
H-2『対日十年（上・下）』ジョセフ・グルー　石川欣一訳　ちくま学芸文庫　二〇一一年
H-3『グルー』廣部泉　ミネルヴァ書房　二〇一一年
H-4『ハル回顧録』コーデル・ハル　宮地健次郎訳　中公文庫　二〇〇一年
H-5『ハル・ノートを書いた男』須藤眞志　文春新書　一九九九年
H-6『ウェデマイヤー回想録』A・C・ウェデマイヤー　妹尾作太男訳　読売新聞社　一九六七年
H-7『A Different Kind of War』Milton E. Miles　Doubleday & Company 1967
H-8『PATRIC J. HURLEY』DON LOHBECK　HENRY REGNARY COMPANY 1956
H-9『嵐の中の外交官　ジョン・エマーソン回想録』ジョン・エマーソン　宮地健次郎訳　朝日新聞社　一九七九年
H-10『延安日記（上・下）』ピョートル・ウラジミロフ　サイマル出版会　一九七三年
H-11『OSS in China』MAOCHUN YU　Naval Institute Press 1996
H-12『静かなる降伏』アレン・ダレス　志摩隆訳　早川書房　一九六七年
H-13『Behind Closed Doors』Ellis M. Zacharias　G.P.Putnam' Sons 1950
H-14『暗闘　スターリン、トルーマンと日本降伏』長谷川毅　中央公論新社　二〇〇六年
H-15『ルーズベルトの責任（上・下）』チャールズ・ビーアド　開米潤ほか訳　藤原書店　二〇一一年
H-16『ルーズベルトの開戦責任』ハミルトン・フィッシュ　渡辺惣樹訳　草思社文庫　二〇一七年
H-17『操られたルーズベルト』カーチス・ドール　馬野周二訳　プレジデント社　一九九一年
H-18『裏切られた自由（上・下）』ハーバード・フーバー　渡辺惣樹訳　草思社　二〇一七年
H-19『ヴェノナ　解読されたソ連の暗号とスパイ活動』ジョン・アール・ヘインズほか　中西輝政監訳　扶桑社

二〇一九年
H-20『共産主義中国はアメリカがつくった』ジョゼフ・マッカーシー　副島隆彦監訳　成甲書房　二〇〇五年
H-21『国防長官はなぜ死んだのか』コーネル・シンプソン　太田龍監修　成甲書房　二〇〇五年
H-22『敵国日本』ヒュー・バイアス　内山秀夫ほか訳　刀水書房　二〇〇一年
H-23『ブラック・プロパガンダ』山本武利　岩波書店　二〇〇二年
H-24『象徴天皇制の起源』加藤哲郎　平凡社新書　二〇〇五年
H-25『戦後日本を狂わせたOSS日本計画』田中英道　展転社　二〇一一年
H-26『アレン・ダレス』有馬哲夫　講談社　二〇〇九年
H-27『OSS』R.Harris Smith　A Delta Book　1972
H-28『The OSS and CIA 』Charles River Editors 2019
H-29『This Grim and Savage Game』Tom Moon Da Capo Press 1991
H-30『ザ・スーパースパイ』アレン・ダレス編　落合信彦訳　光文社　一九八七年
H-31『秘密のファイル　CIAの対日工作（上・下）』春名幹男　共同通信社　二〇〇〇年
H-32『イギリスの情報外交』小谷賢　PHP新書　二〇〇四年
H-33『第二次大戦回顧録抄』ウインストン・チャーチル　毎日新聞社編訳　中公文庫　二〇〇一年
H-34『ウインストン・チャーチル』アンソニー・マクカーデン　染田屋茂ほか訳　KADOKAWA　二〇一八年
H-35『ハーバート・ノーマン　人と業績』加藤周一編　岩波書店　二〇〇二年
H-36『フランクリン・ルーズベルト（上・下）』ドリス・カーンズ・グッドウイン　砂村榮利子ほか訳　中央公論新社　二〇一四年

（戦記・特攻関連）

H-37『鷲と太陽（上・下）』ロナルド・H・スペクター　毎日新聞外信グループ訳　TBSブリタニカ　一九八五年
H-38『JAPANESE AIR POWER 米国戦略爆撃調査団報告』大谷内一夫訳　光人社　一九九六年
H-39『提督スプルーアンス』トーマス・B・ブユエル　小城正訳　学習研究社　二〇〇〇年
H-40『特攻　空母バンカーヒルと二人のカミカゼ』マクスウェル・テイラー・ケネディ　中村有以訳　ハート出版　二〇一〇年

H-41『神風特攻隊　地獄の使者』A・J・パーカー　サンケイ新聞社出版局　一九七一年
H-42『ドキュメント KAMIKAZE（上・下）』デニス・ウォーナーほか　妹尾作太男訳　時事通信社　一九八二年
H-43『HELL FROM THE HEAVENS』JOHN WUKOVITS　DA CAPO PRESS 2014
H-44『THE KAMIKAZE HUNTERS』WILL IREDALE　PEGASUS BOOKS　2016
H-45『KAMIKAZE CHERRY BLOSSOMS and NATIONALISMS』EMIKO OHNUKI-TIERNEY　The University of Chicago Press 2002
H-46『ゼロ戦特攻隊から刑事へ』西嶋大美・太田茂　芙蓉書房出版　二〇一六年
H-47『ＯＳＳ（戦略情報局）の全貌』太田茂　芙蓉書房出版　二〇二二年

◎Ｉ　蔣介石・中国関連

（日記・回顧録など）

I-1『蔣介石秘録1～14』サンケイ新聞社　一九七五～七七年
I-2『蔣介石秘録（改定特装版上・下）』サンケイ新聞社　一九八五年
I-3『蔣介石書簡集（上・中・下）』鈴木博訳　みすず書房　二〇〇〇年
I-4『蔣介石の「国際的解決」戦略：１９３７～１９４１』鹿錫俊　東京大学出版会　二〇一六年
I-5『中国国民政府の対日政策　１９３１～１９３３』鹿錫俊　東京大学出版会　二〇〇一年
I-6「東亜新秩序をめぐる日中関係」鹿錫俊（井上寿一編『日本の外交』第1巻所収　岩波書店　二〇一三年）

（評伝その他）

I-7『蔣介石』保阪正康　文春新書　一九九九年
I-8『蔣介石　マクロストーリーから読む蔣介石日記』黄仁宇ほか　東方書店　一九九七年
I-9『蔣介石の外交戦略と日中戦争』家近亮子　岩波書店　二〇一二年
I-10『蔣介石』黄仁宇　北村稔ほか訳　東方書店　一九九七年
I-11『日華・風雲の七十年』張群　古屋奎二訳　サンケイ出版　一九八〇年
I-12『抗日戦争八年』蔣緯國　藤井彰治訳　早稲田出版　一九八八年
I-13『白団　台湾軍をつくった日本軍将校たち』中村祐悦　芙蓉書房出版　一九九五年

I-14『この命義に捧ぐ』門田隆将　角川文庫　二〇一三年
I-15『蔣介石神話の嘘』黄文雄　明成社　二〇〇八年
I-16『李登輝秘録』河崎真澄　産経新聞出版　二〇二〇年
I-17『蔣介石を救った帝国軍人』野嶋剛　ちくま文庫　二〇二一年
I-18『蔣介石が愛した日本』関榮次　PHP新書　二〇一一年
I-19『蔣介石の書簡外交（上・下）』麻田雅文　人文書院　二〇二一年
I-20『蔣介石の戦時外交と戦後構想』段瑞聡　慶應義塾大学出版会　二〇二一年
I-21『蔣介石研究』山田辰雄ほか編　東方書店　二〇一三年

（中国関連）

I-22『周仏海日記』蔡徳金編　村田忠禧ほか訳　みすず書房　一九九二年
I-23『結社が描く中国近現代』野口鐵郎編　山川出版社　二〇〇五年
I-24『上海人物誌』日本上海史研究会編　東方書店　一九九七年
I-25『上海東亜同文書院』栗田尚弥　新人物往来社　一九九三年
I-26『中国諜報機関』ロジェ・ファリゴほか　黄昭堂訳　光文社　一九九〇年
I-27『美貌のスパイ　鄭蘋如』柳沢隆行　光人社　二〇一〇年
I-28『魔都上海に生きた女間諜』高橋信也　平凡社新書　二〇一一年
I-29『マオ　誰も書かなかった毛沢東』ユン・チアン、ジョン・ハリディ　講談社　二〇〇五年
I-30『マオとミカド　日中関係史の中の天皇』城山英巳　白水社　二〇二一年
I-31『対日協力者の政治構想』関智英　名古屋大学出版会　二〇一九年
I-32『傀儡政権　日中戦争、対日協力政権史』広中一成　角川新書　二〇一九年
I-33中国共産党その百年』石川禎治　筑摩書房　二〇二一年

◎J　その他（全般）

J-1『近代日中関係史年表』近代日中関係史年表編集委員会　岩波書店　二〇〇六年
J-2『日本陸海軍総合辞典』秦郁彦編　東京大学出版会　二〇一二年

J-3『現代史資料』みすず書房
J-4『西園寺公と政局（1～8）』原田熊雄　岩波書店　一九五〇年
J-5『木戸幸一日記（上・下）』木戸日記研究会　東京大学出版会　一九六六年
J-6『木戸幸一関係文書』木戸日記研究会　東京大学出版会　一九六六年
J-7『日本軍のインテリジェンス』小谷賢　講談社選書メチエ　二〇〇七年
J-8『情報と謀略（上・下）』春日井邦夫　国書刊行会　二〇一四年
J-9『戦史叢書』防衛省防衛研究所所蔵
J-10『江戸の遺伝子』徳川恒孝　ＰＨＰ研究所　二〇〇七年
J-11『日本資本主義の精神』山本七平　ビジネス社　二〇一五年

著者
太田　茂（おおた しげる）
1949年福岡県生まれ。京都大学法学部卒。現在、虎ノ門総合法律事務所弁護士。
1977年大阪地検検事に任官後、西日本、東京等各地の地検、法務省官房人事課、刑事局勤務。その間、1986年から3年間北京の日本大使館一等書記官。法務省秘書課長、高知・大阪地・高検各次席検事、長野地検検事正、最高検総務部長を経て、2011年8月京都地検検事正を退官。早稲田大学法科大学院教授、日本大学危機管理学部教授を8年間務めた。剣道錬士七段。令和2年秋、瑞宝重光章。
著書『OSS（戦略情報局）の全貌』『ゼロ戦特攻隊から刑事へ』『新考・近衛文麿論』（いずれも芙蓉書房出版）、『実践刑事証拠法』、『応用刑事訴訟法』、『刑事法入門』（いずれも成文堂）

日中和平工作秘史《にっちゅうわへいこうさくひし》
――繆斌工作は真実だった――

2022年11月17日　第１刷発行

著者
太田《おおた》　茂《しげる》

発行所
㈱芙蓉書房出版
（代表 平澤公裕）
〒113-0033東京都文京区本郷3-3-13
TEL 03-3813-4466　FAX 03-3813-4615
http://www.fuyoshobo.co.jp

印刷・製本／モリモト印刷

ISBN978-4-8295-0847-3

【芙蓉書房出版の本】

米沢海軍　その人脈と消長

工藤美知尋著　本体 2,400円

なぜ海のない山形県南部の米沢から多くの海軍将官が輩出されたのか。小森沢長政、山下源太郎、今村信次郎、左近司政三、片桐英吉、南雲忠一ら、明治期から太平洋戦争終焉まで日本海軍の中枢で活躍した米沢出身軍人の動静を詳述。米沢出身士官136名の履歴など詳細情報も資料として収録。

山本五十六、井上成美、山梨勝之進、四竈孝輔、堀悌吉、佐藤鉄太郎、米内光政ら、「米沢海軍」と深く関わった人々も登場しダイナミックな内容に

終戦の軍師　高木惣吉海軍少将伝

工藤美知尋著　本体 2,400円

海軍省調査課長として海軍政策立案に奔走し、
東条内閣打倒工作、東条英機暗殺計画、終戦工作に身を挺した高木惣吉の生きざまを描いた評伝。安倍能成、和辻哲郎、矢部貞治ら民間の知識人を糾合して結成した「ブレーン・トラスト」を発案したり、西田幾多郎らの“京都学派”の学者とも太いパイプをつくった異彩の海軍軍人として注目。

ゼロ戦特攻隊から刑事へ《増補新版》

西嶋大美・太田　茂著　本体 2,200円

8月15日の８度目の特攻出撃直前に玉音放送により出撃が中止され、奇跡的に生還した少年パイロット・大舘和夫氏の〝特攻の真実〟

✷2016年刊行の初版は、新聞・雑誌・テレビなどで大きく取り上げられ、主人公・大舘和夫氏は〝生き証人〟として評価され、2020年に翻訳出版された英語版“Memoirs of a KAMIKAZE”により、ニューヨーク・タイムスをはじめ各国メディアが注目

◎増補新版では、「付記　特攻の真実を考える」を加え、新たな知見など40頁増補したほか写真も追加。

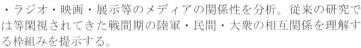

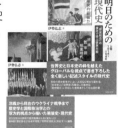

【芙蓉書房出版の本】

アウトサイダーたちの太平洋戦争

知られざる戦時下軽井沢の外国人

高川邦子著　本体 2,400円

深刻な食糧不足、そして排外主義的な空気が蔓延し、外国人が厳しく監視された状況下で、軽井沢に集められた外国人1800人はどのように暮らし、どのように終戦を迎えたのか。聞き取り調査と、回想・手記・資料分析など綿密な取材でまとめあげたもう一つの太平洋戦争史。ピアニストのレオ・シロタ、指揮者のローゼンストック、プロ野球選手のスタルヒンなど著名人のほか、ドイツ人大学教授、ユダヤ系ロシア人チェリスト、アルメニア人商会主、ハンガリー人写真家などさまざまな人々の姿が浮き彫りになる！

外務省軽井沢事務所長大久保利隆公使

太平洋戦争と冷戦の真実

飯倉章・森雅雄著　本体 2,000円

開戦80年！　太平洋戦争の「通説」にあえて挑戦し、冷戦の本質を独自の視点で深掘りする。「日本海軍は大艦巨砲主義に固執して航空主力とするのに遅れた」という説は本当か？“パールハーバーの記憶”は米国社会でどのように利用されたか？

苦悩する昭和天皇

太平洋戦争の実相と『昭和天皇実録』

工藤美知尋著　本体 2,300円

昭和天皇の発言、行動を軸に、帝国陸海軍の錯誤を明らかにしたノンフィクション。『昭和天皇実録』をはじめ、定評ある第一次史料や、侍従長や侍従の日記・回想録、主要政治家や外交官、陸海軍人の回顧録など膨大な史料から、昭和天皇の苦悩を描く。